U0578809

中华古政治史论集

王曾瑜◎著

中国社会科学出版社

图书在版编目(CIP)数据

中华古政治史论集／王曾瑜著．—北京：中国社会科学出版社，2013.1

（中国社会科学院学部委员专题文集）

ISBN 978－7－5161－2023－1

Ⅰ.①中… Ⅱ.①王… Ⅲ.①政治制度—历史—中国—古代—文集 Ⅳ.①D691－53

中国版本图书馆 CIP 数据核字(2012)第 315657 号

出 版 人 赵剑英
出版策划 曹宏举
责任编辑 李炳青
责任校对 王雪梅
责任印制 戴 宽

出 版 中国社会科学出版社
社 址 北京鼓楼西大街甲 158 号（邮编 100720）
网 址 http://www.csspw.cn
中文域名:中国社科网 010－64070619
发 行 部 010－84083685
门 市 部 010－84029450
经 销 新华书店及其他书店

印刷装订 环球印刷(北京)有限公司
版 次 2013 年 1 月第 1 版
印 次 2013 年 1 月第 1 次印刷

开 本 710×1000 1/16
印 张 22
插 页 2
字 数 350 千字
定 价 66.00 元

前　言

哲学社会科学是人们认识世界、改造世界的重要工具，是推动历史发展和社会进步的重要力量。哲学社会科学的研究能力和成果是综合国力的重要组成部分。在全面建设小康社会、开创中国特色社会主义事业新局面、实现中华民族伟大复兴的历史进程中，哲学社会科学具有不可替代的作用。繁荣发展哲学社会科学事关党和国家事业发展的全局，对建设和形成有中国特色、中国风格、中国气派的哲学社会科学事业，具有重大的现实意义和深远的历史意义。

中国社会科学院在贯彻落实党中央《关于进一步繁荣发展哲学社会科学的意见》的进程中，根据党中央关于把中国社会科学院建设成为马克思主义的坚强阵地、中国哲学社会科学最高殿堂、党中央和国务院重要的思想库和智囊团的职能定位，努力推进学术研究制度、科研管理体制的改革和创新，2006 年建立的中国社会科学院学部即是践行“三个定位”、改革创新的产物。

中国社会科学院学部是一项学术制度，是在中国社会科学院党组领导下依据《中国社会科学院学部章程》运行的高端学术组织，常设领导机构为学部主席团，设立文哲、历史、经济、国际研究、社会政法、马克思主义研究学部。学部委员是中国社会科学院的最高学术称号，为终生荣誉。2010 年中国社会科学院学部主席团主持进行了学部委员增选、荣誉学部委员增补，现有学部委员 57 名（含已故）、荣誉学部委员 133 名（含已故），均为中国社会科学院学养深厚、贡献突出、成就卓著的学者。编辑出版《中国社会科学院学部委员专题文集》，即是从一个侧面展示这些学者治学之道的重要举措。

《中国社会科学院学部委员专题文集》（下称《专题文集》），是中国社会科学院学部主席团主持编辑的学术论著汇集，作者均为中国社会科学院学部委员、荣誉学部委员，内容集中反映学部委员、荣誉学部委员在相关学科、专业方向中的专题性研究成果。《专题文集》体现了著作者在科学研究实践中长期关注的某一专业方向或研究主题，历时动态地展现了著作者在这一专题中不断深化的研究路径和学术心得，从中不难体味治学道路之铢积寸累、循序渐进、与时俱进、未有穷期的孜孜以求，感知学问有道之修养理论、注重实证、坚持真理、服务社会的学者责任。

2011 年，中国社会科学院启动了哲学社会科学创新工程，中国社会科学院学部作为实施创新工程的重要学术平台，需要在聚集高端人才、发挥精英才智、推出优质成果、引领学术风尚等方面起到强化创新意识、激发创新动力、推进创新实践的作用。因此，中国社会科学院学部主席团编辑出版这套《专题文集》，不仅在于展示“过去”，更重要的是面对现实和展望未来。

这套《专题文集》列为中国社会科学院创新工程学术出版资助项目，体现了中国社会科学院对学部工作的高度重视和对这套《专题文集》给予的学术评价。在这套《专题文集》付梓之际，我们感谢各位学部委员、荣誉学部委员对《专题文集》征集给予的支持，感谢学部工作局及相关同志为此所做的组织协调工作，特别要感谢中国社会科学出版社为这套《专题文集》的面世做出的努力。

《中国社会科学院学部委员专题文集》编辑委员会

2012 年 8 月

目　录

中国古代主流政治传统浅谈

——以宋代为中心

传统与现代是一对时髦的名词，大致相应于古语的古与今。但今人对这对名词的理解，无疑要比古人丰富得多。20世纪中华民族实现了半复兴，但与先进民族相比，仍处于落后状态，这是不争的事实。由此对中华悠久而丰富的传统出现各种议论，归纳起来，无非是全盘继承、全盘摈弃或是有选择的继承和摈弃，至于如何选择，又各有看法。

研究中华古史的人，自然是对传统接触最多的群体之一。就我个人的感情和心态而论，其实是矛盾的，有时觉得可爱，有时又觉得可憎。

回忆20世纪五六十年代，强调无产阶级要与一切剥削阶级的传统彻底决裂，单纯从口号上看，似乎非常革命。但在经历了十分惨重的全民族劫难之余，人们终于醒悟到，那次劫难在某种意义上，不过是中华古代坏传统的花样翻新、变本加厉和发扬光大而已，不过是以最革命的旗号，复辟着最反动的传统。

在经过了痛苦的反省和思考之后，笔者终于醒悟到，“从坏的方面看，中国传统政治的最大特色便是专制和腐败。专制必然滋生腐败，而腐败又必然依赖专制。这亦可谓是一对难舍难分、形影不离的传统政治遗传基因”。[①]“我们民族的坏传统”，“可否概括为专制、愚昧和腐败六字”。[②]所谓愚昧，可否包括三个层面，一是民众缺乏文化教育，二是统治者实行愚民政策，三是有文化的统治者也可以做出愚昧的决策。历史证明，绝顶聪明的统治者在某些场合可能利令智昏，做出绝对愚蠢的事。

① 《城狐社鼠》，《岳飞和南宋前期政治与军事研究》，河南大学出版社2005年版，第594页。

② 《荒淫无道宋高宗》序，河北人民出版社2007年版。

但是，在面对一些力主全盘摈弃传统的议论，我无论在理智上，还是在感情上，又舍不得完全割弃传统，而是主张对传统实行四分法。“五四运动楬橥民主和科学两面大纛，这是对中华民族的伟大贡献。但是，当时提出‘打倒孔家店’，不免失之偏颇。任何一个民族的历史文化传统，大致总有好的、坏的、适用的和不适用的四个部分。一个民族的进步，离不开继承本民族好的、适用的历史文化传统，也应当吸收外民族好的和适用的历史文化传统。当中华民族处于先进地位时，或不免产生自傲感，不易虚心体察和学习其他民族的长处；反之，当无情的事实证明中华民族处于落后地位时，或不免产生自卑感，将自己的历史文化传统看得一文不值。更有甚者，则是本民族与外民族坏的、应当废弃的历史文化传统反而极度膨胀，恶性泛滥。”①

近日阅读《怀念李慎之》一书，此书第173页谈到，李慎之先生“炽爱中国，所以他对拖住中国使之沉沦的势力与习俗十分疾恨”，他认为，“中国的传统文化自从秦始皇称帝一统天下的二千二百年以来，一言以蔽之，就是专制主义。救治专制主义的唯一出路，就是启蒙”，力主进行一次新的启蒙运动。从中华民族的实际状况看，进行一场以批判专制主义为中心的新的启蒙运动，是一种客观需要，是十分必要的。“我们民族至今仍有很沉重的专制主义包袱，在这个包袱甩掉以前，思想解放运动不可能半途而废，反专制主义的任务也不可能半途而废”。“任何政治权力的干预，只能使思想解放运动延缓或加速，而不能使之终止”。② 但中华文化传统能否简单地“一言以蔽之”，只怕是值得商榷的。

笔者作进一步思考，中华的传统主要可否区分为政治和文化两个层面，而两者似有所差别。中华文化当然有其优点，否则就不可能创造曾经领先于世界的灿烂古文明，也有其缺点，否则就不可能在近数百年间落伍。例如方块字、中医、书法、国画、古乐、民乐、诗词歌赋、戏曲、曲艺、中国建筑园林、中华烹饪，等等，都属文化传统，却不一定必须与专

① 《孟子在宋代亚圣地位之确立及其影响》，《庆祝邓广铭教授九十华诞论文集》，河北教育出版社1997年版，第497页。

② 《中国古代文化专制主义批判》，《凝意斋集》，兰州大学出版社2003年版，第301页。

制主义挂钩。当然，从另一方面看，中华文化传统也确是以专制主义意识为指导思想，专制主义意识至今仍在毒化中华民族的心灵，是应当引起高度重视，并认真批判的。

即使就政治传统而论，只怕也不宜将它说得一无是处。例如中国古代也有忧国爱民、清正廉明、直言敢谏、举贤任能、忍辱负重、临危授命等好的政治传统，至今为人们所称道。在两宋的三百二十年间，也有如范仲淹、李纲、宗泽、岳飞、文天祥等一大批人，他们无疑是好的政治传统的代表。范仲淹“先天下之忧而忧，后天下之乐而乐”的名句，岳飞“文臣不爱钱，武臣不惜命，天下当太平”的箴言，为人们所熟知。但是，若对古史作整体考察，好的政治传统无疑不占主导地位，可以命名为非主流政治传统。至于专制、愚昧和腐败，却在中华古史中占主导地位，可以命名为主流政治传统。本文主要结合宋代的史实，对主流政治传统再作进一步的揭露、论述和批判，今列举如下。

一、草菅人命：马克思曾深刻地批判说，“君主政体的原则总的说来就是轻视人，蔑视人，使人不成其为人”。“专制制度必然具有兽性，并且和人性是不相容的。兽的关系只能靠兽性来维持”①。秦始皇实施“焚书坑儒”，明太祖光是胡惟庸、蓝玉两案即滥杀五万人，清康熙、雍正和乾隆三代厉行惨酷的文字狱，从秦代的“夷三族”扩展到七族，隋炀帝又扩展到“诛九族”。② 中国有一条自古相传的残酷老例，抢江山就不须顾及百姓死活，大量屠戮和虐杀无辜，被视为天经地义。如此之类，都充分地表现了中国古代专制政治的兽性。草菅人命是中华专制政治最可怖、最可憎的罪恶。

宋政似乎有“宽仁为治”的外貌，但宋仁宗天圣诏中也承认司法腐败，“有司巧避微文，一切致之重辟”。③ 重辟和大辟就是死刑。史称宋徽宗时，“吏因缘为奸，用法巧文寖深”。宋理宗时，官吏们“擅置狱具，非法残民”，私设“掉柴”、“夹帮”、“脑箍”、“超棍”等毒刑，受刑者

① 《马克思恩格斯全集》第 1 卷，人民出版社 1956 年版，第 411、414 页。

② 王春瑜：《“株连九族”考》，《“土地庙”随笔》，光明日报出版社 1988 年版，第 21 页。

③ 《宋史》卷 199《刑法志》；另参见《文献通考》卷 167 载宋孝宗乾道五年臣僚言。

“痛深骨髓，几于殒命”。[①] 宋徽宗在位晚年，“御楼观灯”，“众中忽有人跃出”，“出指斥语”。宋徽宗“怒甚，令中使传旨治之。箠掠乱下，又加炮烙”，“又断其足筋，俄施刀脔，血肉狼籍”。[②] 这是皇帝亲自施加的法外惨毒酷刑，又有何“宽仁”可言。宋朝出了如岳飞“莫须有”（岂不须有）那样的千古奇冤，体现秦桧意志而上报的量刑，还是将岳雲定为徒刑，其实只是削一阶官位，罚铜二十斤，“每斤一百二十文足”，[③] 共计两贯四百文。宋高宗却对涉案的九人全部法外加重刑，将岳雲超越流刑，定为斩刑，也同样充分体现了专制的兽性。

中国人也并非不强调“人命关天”，[④] 此种观点正好与草菅人命相悖，但在古代不居主导地位。人命最为可贵，随着人类文明的演进，国际上已制订了一个公认的反人类罪标准，而专制政体大致不可能避免残酷的反人类罪，反人类罪为其首要的最大罪状。这在根本上还是源于贱视人命。

二、禁锢思想言论：是舆论监督权力，还是权力监控舆论，是民主与专制的重大分野之一。从中国古史上看，禁锢思想言论最大的、影响最深的事件也许是以下五次。一是秦始皇的焚书坑儒；二是汉武帝的罢黜百家，独尊儒术；三是宋神宗在王安石的倡议下，将科举改为以儒家经学取士，从此实现了经学、教育和科举的三位一体；四是明朝在科举中采用八股文；五是清朝康熙、雍正和乾隆三代厉行文字狱。

禁锢思想言论既有威逼的一手，又有利诱的一面。教育的功能是多方面的。一旦将教育的功能理解和压缩为只是读经而科举中第做官，又进而以八股文取士，其实是更厉害的禁锢，对中华文明的落伍产生了极严重的影响。胡适曾惊讶于当清代学者的聪明才智施展于古书堆时，西方学者却将其聪明才智施展于自然科学。这无疑是宋明清三代禁锢思想言论的可悲结局。直到鸦片战争前，经学仍然是中国人心目中最大甚至是唯一的学

---

① 《宋史》卷200《刑法志》。

② 《宋史》卷65《五行志》。

③ 《庆元条法事类》卷76《罚赎》。

④ 元杂剧萧德祥《杨氏女杀狗劝夫》第四折：“从来人命关天关地。”王仲文《救孝子贤母不认尸》第三折：“人命事关天关地。”

问，最终沦落到坐井观天的地步。

三、上交谄，下交渎：《周易·系辞下》强调“君子上交不谄，下交不渎”。但在专制主义中央集权的总体制下，既然实行不同形式的等级授官制，必然滋生各种等级和特权的制度与思想，只问品级，不论是非，上交谄，下交渎，必然成为混迹官场的第一要旨。今人所谓个人崇拜，其实不是崇拜个人，而是崇拜权势，渴望权势。《聊斋志异》卷8《梦狼》说：“黜陟之权，在上台，不在百姓。上台喜，便是好官，爱百姓，何术能令上台喜也?”一语道破了阿谀奉承的真谛。宋徽宗的穷奢极侈，在天水一朝的诸帝中无疑位居第一。当时也有言官批评他“金柱玉户”，但蔡京却作记说，宋徽宗“修真观妙，发号施令，仁民爱物，好古博雅”，“言者不根，盖不足恤”。[①] 在蔡京所谓“陛下当享天下之奉”的诱导下，众臣“争以侈丽高广相夸尚”。[②] 更有甚者，宋高宗向杀父之仇称臣，屈辱苟安于半壁残山剩水，竟在一片歌颂声中，被臣僚誉为“书契以来，中兴复古之君，比德较功，莫有望其仿佛者”，“皇帝躬行，过于尧、禹”。[③] 薛昂“始终附会蔡京”，故两次被援引，当仅次于宰相的执政，“至举家为京讳。或误及之，辄加笞责，昂尝误及，即自批其口”。[④] 身为执政高官，居然为宰相避名讳，以至自己打自己嘴巴。

四、虚饰太平盛世：隋炀帝自夸“华盛”，规定洛阳“卖菜者亦藉以龙须席。胡客或过酒食店，悉令邀延就坐，醉饱而散，不取其直，给之曰：‘中国丰饶，酒食例不取直。’胡客皆惊叹。其黠者颇觉之，见以缯帛缠树，曰：‘中国亦有贫者，衣不盖形，何如以此物与之，缠树何为?’市人惭不能答”。[⑤]

宋高宗和秦桧“喜饰太平，郡国多上草木之妖以为瑞”。[⑥] 由于古代有天人感应的迷信学说，将灾情、疫情等都视为人间失政的反映和表现，

---

① 《挥麈录余话》卷1。

② 《宋史》卷472《蔡京传》。

③ 《紫微集》卷1《绍兴中兴上复古诗》。

④ 《宋史》卷352《薛昂传》；《说郛》弓37《闲燕常谈》。

⑤ 《资治通鉴》卷181大业六年。

⑥ 《宋史》卷65《五行志》。

故秦桧隐瞒灾情、疫情等。“严、衢、信、处、婺、建等州皆大水，士民溺者数万，桧隐而不奏。有闻言者，必罪之”。[①]宋时官员隐瞒灾情是有罪的，秦桧不仅知法犯法，反而加罪于说真话者。绍兴十六年“行都疫”，而秦桧的尚书省只是上奏建议“给散夏药”，根本不承认发生了瘟疫。[②]虚饰太平盛世而报喜不报忧，弄虚作假，以至不惜劳民伤财，官府为刀俎，百姓为鱼肉，成为专制政体的一种顽症。皇帝欺瞒胡人，宰相欺瞒皇帝，官员自然也可以欺瞒上司。《朱子语类》卷106谈及地方官，“每常官吏检点省仓，则挂省仓某号牌子，检点常平仓，则挂常平仓牌子，只是一个仓，互相遮瞒”。这是欺瞒上司的一例。

五、贪污行贿：此类行为史不绝书。应当指出，在专制的人治条件下，一是败露率低，二是败露也未必依法惩处，故贪污行贿必然是低风险，高收益，而敢于触犯刑法者众。皇帝、权臣等经常是此类行为的保护伞。人们公认宋初以重典惩治贪官。[③] 但是，大将王全斌等平后蜀，恣为不法，“凡所取受、隐没，共为钱六十四万四千八百余贯，而蜀宫珍宝及外府他藏不著籍者，又不与焉”，“百官表言”王全斌等“法当死”，而宋太祖“特赦之”。后来宋太祖又给王全斌复官节度使，说：“抑卿数年，为朕立法。”[④] 宋高宗时，黄达如“赃污钜万”，而被按劾。但他利用“太后还銮”的机遇上奏，建议将“盛事”“作为歌诗，荐之郊庙”，“将前日异论沮谋者，明正典刑，其力主和议者，重加旌赏”。于是宋高宗大悦，居然发表他出任专门行使监督职权的监察御史。后来在官员的论列下，也仅以“私役禁军，贩易物货”的次要罪名，“降一官，放罢”。他在秦桧死后，还出任徽州知州。[⑤] 一方面制定法律，另一方面又恣意玩侮法律，这也是一条中华自古相传的政治老例。

六、妒贤嫉能：北宋末，国势阽危，唯有李纲尚能挺身救国，而耿南

---

① 《三朝北盟会编》，以下简称《会编》，卷220《中兴姓氏录》。

② 《宋史》卷62《五行志》；《宋会要》食货59之31。

③ 郭东旭：《宋代法制研究》，河北大学出版社2000年版，第150页。

④ 《续资治通鉴长编》，以下简称《长编》，卷8乾德五年正月壬子、癸丑；《宋史》卷255《王全斌传》，两处记载的贪污数字不同，但无疑都是巨额贪污。

⑤ 《建炎以来系年要录》，以下简称《要录》，卷147绍兴十二年十一月壬辰、十二月己巳，卷151绍兴十四年五月戊辰，卷172绍兴二十六年五月乙卯。

仲伙同徐处仁、唐恪等人，“疾李纲胜己，同力挤排”，一力怂恿宋钦宗命李纲承担无法胜任的救太原的重任，唐恪说：“火到上身，自拨，但责以成功，纲须自去，陛下切不可听其避免。”[①] 这又是一种中华自古相传的“窝里斗”，“窝里横”的政治传统。发展到了顶点，则是不管国家存亡，百姓死活，自己不能成功，却必须破坏他人成功，自己不能救国，却必须阻止他人救国。妒贤嫉能的极致当然就是陷害忠良。

七、结党营私：中国成语“结党营私”，确有科学内涵，大凡钻营官场而谋私者，往往必须结党，不结党就无法营私。结党营私和任人唯亲的极致，即所谓一人得道，鸡犬升天。古代皇帝往往十分忌讳臣僚分朋植党，所以结党营私一般是无法公开的。但是，在南宋四个权臣掌政的时代，他们又是并无忌讳地、大规模地任用亲党。史弥远深通擅权的三昧，他“专任憸壬”，而手段却更加隐蔽和狡猾。“亲密友周铸、兄弥茂、甥夏周篆皆寄以腹心，人皆谓三人者必显贵。然铸老于布衣，弥茂以执政恩入流，周篆以捧香恩补官，俱止训武郎而已”。[②] “执政、侍从、台谏、给舍之选”，都是宋时的要员，“或私谒，或请见，或数月之前先定，或举朝之人不识。附会者进”，对他“争为妾妇之道”。所以柴中行评论史弥远的结党营私的特点，是“外示涵洪而阴掩其迹，内用牢笼而微见其机”。[③]在民主体制下，任何政客失去民望，只能下野。在中国古代却有一种多见不怪的怪现象，不管某人如何丧失民望，甚至万众切齿，只要“上台喜”，即通过各种政治关系网的保护，就能长久官运亨通，骑在人民头上擅作威福，恣为不法。相反，真是得人心的好官反而不得势，甚至惨遭陷害。中国古人常哀叹君子斗不过小人。“纵观中华数千年史，其实时势造英雄，英雄造时势的情况，还远不如时势造小丑，小丑造时势的情况多，而后一种情况对民族兴衰的影响，也远比前一种情况多而大。一批小丑主宰国运，一方面是自己演出丑剧和闹剧，另一方面则是给广大民众制造悲剧。小丑主宰国运的现象层出不穷，有其历史必然

① 《会编》卷66《靖康小录》。
② 《宋史》卷414《史弥远传》。
③ 《宋史》卷401《柴中行传》。

性。”“专制政治总是宠爱随风转舵之人，曲学阿世之士。专制政治体制经常会造就小丑神气活现的时势，而小丑也经常会对昏暗腐败政治推波助澜，甚至叱咤风云。”①

八、勾心斗角：在中国传统官场中，勾心斗角和结党营私从来都是相辅相成的两个侧面，有时必须互相勾结和利用，有时又必须互相倾轧和暗算。宋真宗时的王钦若“阴险多诈，善以巧谲中人”。② 人们所熟知的，就是成语中孤注一掷的出典。他在澶渊之盟后排挤寇準，对宋真宗说：“陛下闻博乎？博者输钱欲尽，乃罄所有出之，谓之孤注。陛下，寇準之孤注也，斯亦危矣！”③ 于是寇準罢相。当然，由于宋太祖传下了不杀大臣的誓约，故在个人或派系的倾轧中，杀人不多。这是宋朝有别于前朝后代的特点。一般说来，设法将政敌流放到海南岛，就算是倾陷的终点。勾心斗角的极端，当然是宁可我负天下人，人莫予毒。

九、官迷恋栈，恃宠保禄，因循苟且：《聊斋志异》卷3《夜叉国》说：“问：‘何以为官？’曰：‘出则舆马，入则高堂，上一呼而下百诺，见者侧目视，侧足立，此名为官。’”养尊处优的地位，荣华富贵的待遇，必然造就大批的官迷。《三国志》卷9《曹爽传》注引干宝《晋书》：“驽马恋栈豆。”原意为没有远虑，后世则转为贪恋禄位之意。这是古时常把官迷喻之为恋栈的出典。宋神宗时，邓绾就是个典型的官迷，他有一句名言：“笑骂从汝笑骂，好官我须为之。”④ 蔡京四次拜相，“每闻将退免，辄入见祈哀，蒲伏扣头，无复廉耻”，⑤ 甚至到“老疾目失明，文书案牍不能省阅”时，⑥ 依然贪恋相位。最后宋徽宗命童贯和其长子蔡攸向蔡京索取辞官表，蔡京“以事出不意，一时失措，酒行，自陈曰：‘京衰老宜去，而不忍遽乞身者，以上恩未报，此二公所知也。’时左右闻京并呼其

---

① 《秦桧独相期间“柔佞易制”的执政群》，《凝意斋集》第281页，此文也搜入本书。

② 《涑水记闻》卷7。

③ 《宋史》卷281《寇準传》。关于王钦若的工于倾陷，参见王瑞来《宋代の皇帝权力と士大夫政治》，第六章第二节“诡计て人を中傷”，汲古书院2001年版，第272页。

④ 《长编》卷216熙宁三年十月癸亥；《宋史》卷329《邓绾传》。

⑤ 《宋史》卷472《蔡京传》。

⑥ 《宋宰辅编年录校补》卷12。

子为‘公’，莫不窃笑”。[1] 正如马克思和恩格斯早已指出的，官位既然成为高收益的肥缺，并且又能够以权谋私，官迷现象就不免世代相传，而不能根除。官迷的一大特点，就是恃宠保禄，“因循苟且”。[2] 决不求有棱角，决不敢露锋芒，决不能惹是非，决不做利国益民而影响前程的事，唯上，唯官，唯利，一大批又一大批，一代又一代的官场混混儿，总是前赴后继，野火烧不尽，春风吹又生。

十、玩忽职守：在腐败的官僚政治下，玩忽职守的情况也是屡见不鲜的。北宋末年的李擢就是一个典型。当金军攻打开封城时，宋廷还是按以文制武的惯例，任命了城墙四壁的提举官，“东壁孙觌，西壁安扶，南壁李擢，北壁邵溥”。李擢是中书舍人。[3] 开封城外有护龙河，又有“取虎牢（关）土”建造的城墙，屡经加固，“坚密如铁”。[4] 本来是不易被攻破的。金军攻城之初，就设法填平护龙河。李擢根本“不介意”，“于城楼上修饬坐卧处，如晏阁宾馆，日与僚佐饮酒烹茶，或弹琴谳笑，或日醒醉。守御使孙傅、王宗濋，宰相何㮚皆知而不问，将士莫不扼腕者”。南城偏东的宣化门（俗名陈州门）一带，“已填了三分之二，长一里许”。宋钦宗登南城才发现“城濠填垒殆尽”，大怒，下旨将“李擢推勘远窜”。[5] 导致开封城失守的关键事件，一是部分护龙河被金军填平；二是郭京六甲神兵出战。对于这个严重玩忽职守者，当时在开封围城中，自然不可能“远窜”。南宋初，李擢受邓肃和马伸的弹劾，说他与王时雍等“七人者结为死党，附耿南仲，倡为和议之说，助成敌谋。有不主和议者，群起而辱骂之，欲执送金营”，又受张邦昌伪命，“为侍从者”。[6] 李纲任相时，将李擢处以郴州安置。[7] 但黄潜善和汪伯彦当政后，又将他“进

① 《清波别志》卷中。《宋史》卷472《蔡京传》所载稍异，说只是童贯一人向蔡京索取辞官表，“京泣曰：‘上何不容京数年，当有相谗谮者。’贯曰：‘不知也。’京不得已，以章授贯，帝命词臣代为作三表请去”。

② 《王文公文集》卷1《上时政书》。

③ 《会编》卷64、卷65。《靖康要录》卷12靖康元年十一月八日所载四壁提举官名单有异。

④ 《金史》卷113《赤盏合喜传》。

⑤ 《会编》卷66、卷67、卷68。

⑥ 《要录》卷7建炎元年七月辛丑、卷16建炎二年七月丁酉。

⑦ 《要录》卷6建炎元年六月癸亥。

用”。[①] 此后，李擢又历任兵部侍郎、给事中、工部侍郎、礼部尚书等要职。[②] 宋朝此类有罪不罚，罚不当罪，罪废复用的实例颇多，也是政纪废弛的一个侧面，其结果当然使玩忽职守的腐恶政风代代相传。

十一、独断专行：在专制政体下，由于缺乏有效的监督，不仅是皇帝或权臣，即使是下级官员也往往独断专行。其后果是不能及时纠正失策，甚至将错误的、罪恶的决策坚持到底。宋高宗凭借君主的淫威，以独夫之志逆万众之心而行，又居然战胜了万众之心，而成就了极其屈辱的降金乞和。此类事例，在中国专制政治史上，决非是仅见的特例。

十二、文过饰非，一瞒二骗：明朝有一首小曲《玉抱肚·官悟》最后一句说：“自古君王不认错！”[③] 古代皇帝不认错的常例，就是罢免甚至处死大臣，以示自己一贯正确。当然也有万不得已下罪己诏的特例。即使如此，下罪己诏也经常是避重就轻或心口不一。崇宁五年（公元1106年）发生星变，宋徽宗感觉害怕，下诏曰：“中外臣僚等并许直言朝政阙失，朕将亲览，虚心以改。”[④] 太庙斋郎方轸应诏上奏，弹奏蔡京，宋徽宗将蔡京罢相。等星变过后，宋徽宗又故态复萌，命蔡京再相，“以轸奏示，京奏乞付有司推究事实，轸竟付诏狱，坐此编管岭南”。蔡京对外扬言：“三省若有妄言者，京来日即知也。”[⑤] 直到金军南侵，宋徽宗被迫传位于宋钦宗，传位诏说：“朕以不德，获奉宗庙，赖天地之灵，方内乂安，二十有六年。永唯累圣付托之重，夙夜祗惧，靡遑康宁。乃忧勤感疾，虑壅万机，断自朕心，以决大计。”[⑥] 虽然时危势迫，负有首要罪责的宋徽宗仍无半点引咎自责之意。至于宋高宗在危急关头不得不下罪己诏，实际上却是降金乞和的大计早定，不易故辙。秦桧用《尚书·商书·咸有一德》“德无常师，主善为师”一句为求和政策的失败作掩饰，表白自己一贯正确，就不必赘述了。

① 《要录》卷20建炎三年二月己巳。

② 《要录》卷29建炎三年十一月壬子、卷33建炎四年五月壬子、卷63绍兴三年三月己巳、卷69绍兴三年十月戊子。

③ 转引自王春瑜《牛屋杂俎》，《读〈玉抱肚·官悟〉》，成都出版社1994年版，第66页。

④ 《宋大诏令集》卷155《星变求直言诏》。

⑤ 《宋宰辅编年录校补》卷11。

⑥ 《宋大诏令集》卷7《宣和传位诏》。

文过饰非的手段固然很多，但最常用的还是一瞒二骗。隐瞒和欺骗是中华的传统政风，又是专制政体赖以生存的基本手段。宋太宗不明不白地登基，赵普又出面为他编造“金匮之盟”，只能乞灵于隐瞒和欺骗，如公开真相，岂非是弑逆的大罪。在不少场合下，统治者还必须自欺欺人，说众所周知的谎话。宋徽宗竭天下以自奉，导致严重的失政，在当时已是不争的事实。但如前所述，直到被迫退位时，还是强调自己“夙夜祗惧，靡遑康宁”，而“忧勤”国事。宋高宗对金乞和，却并不力争难兄宋钦宗回归，分明是悌道大亏。然而秦桧养子秦熺却以史臣的身份赞颂他“孝悌绝人，前古帝王所不能及”。[①] 此类众所周知的谎话，无非是适应一时的政治需要，其实还不是为了欺人，明知达不到欺人的目标，却仍须乞灵于控制舆论导向，作阿 Q 式的自我慰藉和麻醉。

十三、沉湎酒色，恣意挥霍民脂民膏：政治在原始社会中本来是作为公共权力，但到阶级社会中不可能不蜕变为统治阶级滥用公共权力。官员们滥用公共权力的必然结果，就是用于谋私利和个人的享受，中国人将此归纳为酒、色、财。寇準可谓宋代名相，但“早贵豪侈。每饮宾席，常阖扉辍骖以留之。尤好夜宴剧饮，未尝点油，虽溷轩马厩，亦烧烛达旦。每罢官去，后人至官舍，见厕溷间烛泪凝地，往往成堆”。[②] 宋时灯油价廉，而蜡烛则是高级消费品。南宋宰相吕颐浩还是主张抗金的，但他“喜酒色，侍妾十数，夜必纵饮。前户部侍郎韩梠家畜三妾，俱有殊色，名闻一时。梠死，诸大将以厚赂娶之。吕力争，用数千缗得一人，号三孺人，大宠嬖之。初则专其家政”，“遂预外事，公然交通韩氏，中外因以媒进。时颐浩六十七岁矣”。[③] 吕颐浩晚年衰病，因纵欲无度，两年后病故。皇帝等最高统治者竭天下以自奉，更往往成为天经地义，例如土贡就是竭天下以自奉的制度化，历代相承，牢不可破。

十四、横征暴敛：历代皇朝始而强调轻徭薄赋，最终总是在各种因素下，导致对百姓敲骨吸髓般的苛征。宋朝是个苛征很突出的朝代，两税本

① 《要录》卷146绍兴十二年八月己丑。

② 《宋人轶事汇编》卷5引《归田录》，文字较《学津讨原》本《归田录》卷1稍详。

③ 《中兴小纪》卷18引《秀水闲居录》。

身有各种名目的附加税，又有和买、和籴、役钱、科配之类，不必在此赘述。直接向百姓勒索的当然是吏胥，“贫民窭户”，“衣不足以蔽肤，食不足以糊口”，“而追胥督吏临门谴呵，责以不可得之积欠，而遂其不可厌之私求，攘衣襦，掠器具，鸡栖豚阱，无不夺取。大吏未去，小吏复来，朝索夕须，剥肤椎髓。偿官之实，曾未毛铢，而吏之所得，车载石量矣”。[①]

十五、司法腐败：司法腐败和横征暴敛是最关百姓疾苦的两件大事。南宋真德秀将“断狱不公，听讼不审，淹延囚系，惨酷用刑，泛滥追呼，招引告讦”列为民间“十害”中的六项。[②] 胡铨谈及南宋滥捕“盗贼”，“皆株引就捕，十室而九”，施用酷刑逼供，“甚至拉胁、签爪、泥耳、笼首，人苟赊死，何求而不得”。[③] 司法腐败的记录，史不绝书。《韩非子·有度》早已强调：“以法治国，举措而已矣。法不阿贵，绳不挠曲。法之所加，智者弗能辞，勇者弗敢争。刑过不辟大臣，赏善不遗匹夫。”然而古代司法腐败的一个重要方面正是人治下的“阿贵”。

以上列举的中国古代主流政治传统肯定是不完全的，但也不会遗漏太多。记得在学生时代，经常给我们灌输的，就是马克思主义哲学中所强调的事物的必然性，强调偶然性之中存在着必然性。强调事物的必然性当然是不错的，可惜如今一些人似乎不愿意谈必然性。从偶然性中寻找必然性，归根结蒂，就是必须正视史实，正视真理。中国古代主流政治传统之所以如此根深蒂固、牢不可拔，成为非常可怕而可憎的习惯势力，其遗传基因又被不断复制，给世界上古老的、人口最多的民族制造了无穷尽的灾难，其必然性就在于一个专制政体，以及在此政体下的各种形式的等级授官制不仅一直维持下去，并且不断地强化。

在自古相传的大一统观念的支配下，古代统治者逐渐发现了中央人事权的重要性，于是就逐渐形成了以吏部为首的六部政制。人们一般认为，六部制正式定型，是在隋朝。但史学家的着眼点是偏重于三省，对六部制的形成和发展研究不足。如果我们粗略地对比一下从九寺（或称十二寺

---

① 《范香溪文集》卷15《实惠》。

② 《名公书判清明集》卷1《咨目呈两通判及职曹官》。

③ 《胡澹庵先生文集》卷11《与吉守吕殿撰》。

等）到六部的演变，就不难发现，户、礼、兵、刑、工五部的职能，都与以前的一个或数个寺相衔接，唯有吏部却在此前找不到一个相应的寺，与其有职能上的衔接。

关于吏部的起源，一般说法是西汉成帝初置常侍曹尚书，“主公卿事”。后东汉光武帝“改常侍曹为吏部曹，主选举、斋祀事”，汉灵帝改名选部，到曹魏时又更名吏部。① 吏部之所以重要，并且成为六部之首，是因其实现了中央对地方官员的掌控、委任等权力，极大地加强了中央的人事权。这在初始并非没有其必要性和合理性。② 吏部的职能扩充并定型后，历朝的等级授官制，最大量的就是吏部授官。如宋朝的吏部，掌控着几万名官员的命运，又必然弊病丛生。

在中国自古相传的大一统观念中，只有中央能够任命地方官，方才意味着统一。如中唐以后不能任命藩镇，蒋介石不能任命山西省长，就意味着藩镇或阎锡山割据。此种观念就是将大一统和等级授官制联结在一起，似乎没有从中央到地方的等级授官，就不足以维护大一统。

但是，诚如马克思早已在总结巴黎公社原则时所昭示：“用等级授职制去代替普选制是根本违背公社的精神的。”③ 大一统其实无非是中华民族的向心力和凝聚力，中国人一般不可能赞成祖国的分裂。况且外国的政治经验业已证明，即使不实行自中央到地方的等级授职制，也照样能够维护国家的统一。时至今日，用等级授职制维护统一的旧观念应当革除。马克思否定等级授职制，是有深刻道理的，因为在等级授职制下追求升官发财，无非取决于“上台喜”，就必然产生各种流弊。史实表明，在各种各样的腐败中，人事腐败居于中心地位，其他腐败都是其派生物，而等级授职制正是贪官污吏同性繁殖的最佳温床。

即使依古代的儒家舆论，中国自古相传的各种可怕而可憎的政治遗传基因，大致是作为反面事物而受谴责的，基本上处于无理地位。但谴责一

---

① 《后汉书志》第26《百官志》；《晋书》卷24《职官志》；《通典》卷23；《职官分纪》卷9；《文献通考》卷52。

② 关于吏部的起源和定型，参见张泽咸先生《汉魏六朝时期的吏部运作述略》，《文史》2007年第1辑。

③ 《马克思恩格斯选集》第2卷，人民出版社1972年版，第376页。

般只是针对体制下派生的弊政，而不针对体制，故无理的老例还是陈陈相因，必然会得到不断的复制。既要维持和强化专制政体及其下的等级授官制，不正本清源，又欲阻断前述的各种政治遗传基因的复制，无疑就像抓住自己的头发上提，而幻想自己可以脱离地球引力一样困难。

（原载《宋史研究论文集》第 11 辑，巴蜀书社 2006 年版）

试论国史上的所谓“盛世”

“盛世”乃一古词，如今不知哪位文人匠心独运，古词新用，遂风靡一时。最有资格对“盛世”一词作出权威性诠释者，当然是史学界。然而史学界却又有人高擎出“盛世修史”的大旗，甚至将所谓“宰相监修国史”的古史学糟粕，也当作优秀传统、时新发明，欲今人发扬光大。所谓“宰相监修国史”，其基本点无非是仰承当政者的鼻息，恣意篡改历史。南宋秦桧“既监修国史，岳飞每有捷奏，桧辄欲没其实，至形于色。其间如阔略其姓名，隐匿其功状者，殆不可一、二数”。[①] 秦桧和养子秦熺等编纂的当代史，“多所舛误”，[②]“凡所纪录，莫非其党奸谀谄佞之词”。[③] 这是“宰相监修国史”的一件代表作。再如清朝修《明史》，竟将清朝祖宗曾经臣属于明朝的史实，随意涂抹干净，这又是篡改历史的实例。纵然有苏秦和张仪的诡辩之才，只怕也难以将“宰相监修国史”的古史学糟粕，说成是值得发扬光大的精华吧。

事已至此，“盛世”一词，已不可不辨。古书上使用诸如治世、乱世、盛世、衰世之类词汇颇多。如《吕氏春秋·至忠》说：“忠于治世易，忠于浊世难。”同书《观世》说：“天下虽有有道之士，国犹少。千里而有一士，比肩也；累世而有一圣人，继踵也。士与圣人之所自来，若此其难也，而治必待之，治奚由至？虽幸而有，未必知也，不知则与无贤同。此治世之所以短，而乱世之所以长也。”《荀子·大略》说：“义胜利者为治世，利克义者为乱世。”这是以古时义利之辨为标准的。《周易·系辞下》则用“衰世”一词。《后汉书》卷52《崔骃传》引崔篆《慰志赋》说：

① 《鄂国金佗粹编》卷20《吁天辨诬通叙》。

② 《要录》卷198绍兴三十二年闰二月丙戌。

③ 《挥麈后录》卷1。

“何天衢于盛世兮，超千载而垂绩。”崔骃又上书说：“今宠禄初隆，百僚观行，当尧舜之盛世，处光华之显时。”但对“盛世”一词都无解释。

古人对盛世的内涵没有作出全面的、规范性的诠释，有成百上千的浮词，例如臣僚们自称“叨居盛世”之类，也有许多人的议论，偏重于某些弊病非盛世所当有。如究其规范，盛世大致可有四条标准：一是吏治清明，贪官污吏稀少；二是百姓安居乐业；三是社会犯罪率低；四是容纳和欢迎直言。这四条标准当然是互相关联，互为因果的。

一、在文明社会，即阶级社会中，要贪官污吏完全绝迹，是不可能的。但在中国古代很少见的盛世中，确是吏治清明，贪官污吏为数甚少。这个简单的道理，古人是早已了解的。马周上奏唐太宗说：“理天下者，以人为本。欲令百姓安乐，惟在刺史、县令。”唐太宗也说：“比见吏部择人，惟取其言词刀笔，不悉其景行。数年之后，恶迹始彰，虽加刑戮，而百姓已受其弊。”[①] 可见贞观盛世亦并非没有贪官，只是为数很少，能及时处置，没有给百姓造成大的祸害，这在古代已是十分不易了。《续资治通鉴长编》卷 47 宋真宗咸平三年六月孙何奏：

分百里之封，或目不知书，或心惟黩货，属当盛世，尤宜厘革。

《历代名臣奏议》卷 313 南宋晚期高斯得奏：

君臣之间，相觌以货，相赂以利，此元（桓，盖避宋钦宗名讳而改写）、灵汙浊之事，岂盛世所宜有哉？

明朝《名臣经济录》卷 26 谢铎《维持风教疏》说：

近年以来，大开捷径，如纳马纳粟之徒，皆谓其有资国用之缺。殊不知得其利未什一，而受其害者已千百。况今日之纳马纳粟，即他日之鬻爵卖官，此等风声，岂盛世所宜有哉？

---

① 《贞观政要集校》卷 3《论择官第七》。

《御选明臣奏议》卷24周怡《劾严嵩疏》说：

又如樊继祖附势媚灶，恶迹秽状，罄竹难书。筑城之役，与前任霸州兵备副使王凤灵上下通同，烧无数砖，冒破得银巨万，不数月而冒破无存，丧师偾军，仍以为利，此诚盛世之贼臣！①

清《御览经史讲义》卷28说：

守令皆贤，则天下咸理矣。盛世不借才而治，天下何患无人，顾用之何如耳。

以上言论都旨在从反面说明，如果贪浊之风炽盛，就绝不可能有所谓盛世。人们常说政通人和，官清民安，贪官污吏甚众，政既不通，又何以得人和，何以得民安？

二、百姓安居乐业，民安邦固，作为盛世的标尺，也同样是古人的共识。明朝政治家张居正说，“唯百姓安乐，家给人足，则虽有外患，而邦本深固，自可无虞。唯是百姓愁苦思乱，民不聊生，然后夷狄、盗贼乘之而起。盖安民可与行义，而危民易与为非，其势然也”。② “黎元穷困，赋重差繁，邦本之虞”。③《宋书》卷2《武帝纪》引刘裕上表：

臣闻先王制治，九土攸序，分境画疆，各安其居，在昔盛世，人无迁业。故井田之制，三代以隆，秦革斯政，汉遂不改，富强兼并，於是为弊。

《宋朝诸臣奏议》卷100翁彦国《上徽宗乞今后非有大勋业者不赐

① 此文又见周怡《讷谿奏疏》，文字稍多。

② 《张太岳集》卷36《陈六事疏》。

③ 《张太岳集》卷26《答藩伯吴小江》。

第》说：

臣闻蒙赐之家，则必宛转计会，踏逐官屋，以空闲为名，或请酬价，兑买百姓物业，实皆起遣居民。大者亘坊巷，小者不下拆数十家，一时驱迫，扶老携幼，暴露怨咨，殊非盛世所宜有。

宋徽宗在开封赏赐臣僚第宅，造成大片街区的坊郭户民被强制拆迁，“暴露怨咨”，不能安居乐业，故被翁彦国指为“殊非盛世所宜有”。《元史》卷205《卢世荣传》载，元世祖时，右丞相安童上奏：

老幼疾病之民，衣食不给，行乞于市，非盛世所宜见。

《钦定授时通考》卷43引明太祖洪武十八年（公元1385年）谕：

人皆言农桑衣食之本，然弃本逐末，鲜有救其弊者。盛世野无不耕之民，室无不蚕之女，水旱无虞，饥寒不至。

《明经世文编》卷127何孟春《省营缮以光治道疏》说：

国家无事，百三十年于兹，丰亨豫大之运，宜非汉比，而闾阎之下，愁叹之声，窘戚（蹙）之态，殊不称于盛世。

胡直《卫庐精舍藏稿》卷20《启江陵张相公》说，“比年某再履荆湘之间，有遍邑蒿莽，万亩波漂，孰为吊讯？至如敝乡昔时腴民，十丧八、九。询诸吴会之间，亦莫不然”。“稽之《唐书》，其中叶犹以催科为下。考今盛世乃如此，虽然使今不催科，则国计不充，使仍以催科为课，则民困不知何所终也”。

明朝高攀龙《高子遗书》卷7《圣明亟垂轸恤疏》说：

赤子寒无一缕，赤身立骨，辗转于涂泥之中，叫号于风雪之夜，岂盛世光景。

清朝陈启源《毛诗稽古编》卷15说：

但盛世家给人足，民或无藉于赊贳，不如传言尊者食新，卑者食陈，别其老壮，示孝养之道也。

以上的言论表明，没有百姓的安居乐业，就说不上是盛世。

三、社会犯罪率高，大抵源自贫富差别悬殊，阶级矛盾尖锐，社会道德下降等诸多复杂因素，是各种因素的复合表征。社会犯罪率之高低，总是与社会的不公正、变态，还有阶级矛盾之尖锐成正比。但社会犯罪率低，则无疑是盛世的一个重要指针。宋慕容彦逢《摛文堂集》卷11《贺刑部断狱表》说：

民知远罪，冒犯寖希，吏有奏疑，报论即下，以盛世土疆之广，无攸司简牍之繁，欢心交通，协气充塞。

陈造《江湖长翁文集》卷39《停推疏》说：

凡曰含生，微一夫徽纆之系；庶几盛世，追中古囹圄之空。

明朝徐光启《农政全书》卷43引焦竑之说：

今饥馑频仍，群不逞之徒钩连盘结，此非盛世所宜有也。

上述言论都表明，如果社会犯罪率高，就“非盛世所宜有”。按《资治通鉴》卷193载，唐贞观四年（公元630年）时，“天下大稔”，“终岁断死刑才二十九人”，百姓“外户不闭”，即古人所谓夜不闭户，路不拾遗，这就是盛世社会犯罪率低的写照。

四、在文明社会，即阶级社会中，各种各样的社会矛盾是无可避免的，问题是如何使之不激化。认真听取揭露社会弊病和矛盾的直言，并努力矫治，是避免矛盾激化的关键。然而在专制时代，往往是不易做到的。各种社会弊病堆积的结果，必然使历朝历代走向灭亡。中国古代向来把容纳和欢迎直言，作为太平盛世的重要标尺。杜甫在经历“安史之乱”的祸难时，特别追忆唐太宗时代的辉煌业绩说：“直词宁戮辱，贤路不崎岖。”① 贞观之治之所以成为古代著名的太平盛世，是与唐太宗能够纳谏、从善如流分不开的。或者说，贞观盛世与直言是互为依存的唇齿关系，盛世依赖直言，直言支撑盛世，无直言弊政，盛世就不可能出现。史书记载，唐太宗“恐人不谏，常导之使言”②，这就不单是容纳和欢迎直言，而是主动地引导直言。魏徵的话经常是相当刺耳的，但唐太宗却把他看成是自己“知得失”的一面镜子。不忌讳横挑鼻子竖挑眼式的苛责，鸭蛋里找骨头式的挑剔，正是社会自信力的表现，统治自信心的表现。反之，害怕直言，又是社会缺乏自信力的表现，统治缺乏自信心的表现。在中国古史上，惩创直言，从来是社会走向衰世的表征，是无道暴君的指标。故宋人彭龟年说：“言路通塞，天下治乱系焉。言路通，则虽乱易治也；言路塞，则虽治易乱也。”③ 将“言路通塞”作为天下治乱兴衰的标尺，无疑是深中肯綮的。《三国志》卷53《张纮传》说：

自古有国有家者，咸欲修德政，以比隆盛世，至于其治多不馨香，非无忠臣贤佐，闇于治体也。由主不胜其情，弗能用耳。夫人情惮难而趋易，好同而恶异，与治道相反。传曰：“从善如登，从恶如崩。”言善之难也。

宋周必大《周益国文忠公集·承明集》卷9《十二月四日》说：

上下无复以诚相与，而谗谄面谀之风炽矣。帝王盛世则不然，主

①《全唐诗》卷225《行次昭陵》。
②《资治通鉴》卷195。
③《历代名臣奏议》卷206。

圣臣直，语皆深切著明，未尝迂就其说。

“主圣臣直”的典故，是来源于《汉书》卷71《薛广德传》和《旧唐书》卷77《柳範传》，吴王李恪“好畋猎，损居人”，侍御史柳範“奏弹之”，连带批评唐太宗“畋猎”。唐太宗“大怒，拂衣而入”。后来又单独召见柳範，说：“何得逆折我？”柳範说：“臣闻主圣臣直，陛下仁明，臣敢不尽愚直。”唐太宗“意乃解”。《宋史》卷386《李彦颖传》载他针对宋孝宗的专断，“廷臣多以中批斥去”，上奏说：

今谮毁潜行，斥命中出，在廷莫测其故，将恐阴邪得伸，善类丧气，非盛世事也。

《历代名臣奏议》卷308载宋光宗时虞俦上封事说：

臣闻“明主不恶切谏以博观，忠臣不避重诛以直谏”，[①] 言路之开，社稷之福也……朝士大夫多不敢窃议时政，于心有所不然者，不过相视太息而已，此岂盛世气象耶？

真德秀《真文忠公文集》卷44《显谟阁待制致仕赠宣奉大夫陈公墓志铭》载陈岘在宋宁宗时上言：

中外之臣，佞谀成风，虽居可言之地，且蓄缩不敢尽，皆非盛世事。

《宋史》卷425《刘应龙传》载，他针对贾似道“当国，百官奏对稍切直者皆黜”而上言：

正臣夺气，鲠臣吃舌，宜非盛世所有。

① 此为汉主父偃语，见《史记》卷112《主父偃列传》。

《新安文献志》卷75《宋特进少保观文殿大学士致仕新安郡开国公食邑八千九百户食实封三千三百户赠少师谥文清程公（元凤）家传》载，程元凤在宋理宗淳祐时说：

公论，国之元气也。元气流畅，则四体康强；元气壅塞，则百骸受病……夫草茅激烈，犹赖优容，台臣尽言，亦其职分，以言逐人，非盛世所宜有。

牟巘《陵阳集》卷8《咸淳辛未十二月初一日转对札子》说：

人臣犯颜逆耳，本为难事，藉令未能施用，柰何更加沮伤，遂使循默成风，此岂盛世宜有。我朝以言立国，列圣相传，未尝罪一言者。

《论学绳尺》卷9陈文龙《理本国华如何论》："言其可厌乎？厌言非盛世事也。"《元史》卷182《张起巖传》说，"风纪解体，正直结舌，忠良寒心，殊非盛世事"，主张"建台阁，广言路，维持治体"。

陈启源《毛诗稽古编》卷25说：

孔子曰："可以怨。"孟子曰："不怨则愈疏。"未尝以怨为非也，惟其怨，所以为温柔敦厚也，而朱子大讥之，是贡谀献媚，唯诺取容，斯谓之忠爱。而厉王之监谤，始皇之设诽谤律，足称盛世之良法矣，有是理乎？

孙承泽《春明梦余录》卷44引洪熙元年（公元1425年）诏：

古之盛世，恒采民言，用资戒警。今凶险之徒，往往摭拾，诬为诽谤，法吏刻深，锻炼成狱。刑之失中，民则无措，今后但有告诽谤者，一切勿治。

以“诽谤”为借口，钳制人口，杜绝鲠论，这在古代是常有的事。“厉王之监谤，始皇之设诽谤律”，就是实例。明洪熙帝能颁发此诏，表明他希望实行较为开明的统治。夏良胜《中庸衍义》卷4说：

盛世君臣尽言不讳，而交修以道。

《明穆宗实录》卷40隆庆三年十二月壬寅，《钦定续通典》卷112，舒化等言，“近者以部院政事，属厂、卫严访，百官惴惴，莫知所措”。“今以暗访之权，归诸厂、卫。万一人非正直，事出冤诬，由此以开罗织之门，神陷穽之术，网及忠良，殃贻善类，是非颠倒，陛下将安从乎？且陛下既委之厂、卫，厂、卫必托之番校，此辈贪残，何所不至，人心忧危，众目轻（睚）眦，非盛世所宜有也”。舒化等说，用东厂、锦衣卫等的特务来监视官员，干涉政务，“非盛世所宜有也”。《文章辨体汇选》卷118邹元标《乞斥辅臣回籍守制疏》说：

古先盛世，草茅贱士，农工商贾，皆得竭智尽力。（张）居正在事，大臣持禄不敢言，小臣畏罪不敢言，诚有之矣。折绣槛于彤庭，投忠肝于玉陛，未之见也。间有忧关国计，虑切民瘼者，欲抵掌而谈当世，不先禀命，则有今日陈之，而明日罹罪者矣，岂盛世所宜有哉！

明末刘宗周《刘蕺山集》卷4《辞少宰疏》说：

皇上不能容一狂直词臣，数起重狱，自此中外颇以言为讳，积成暌贰之端，甚非盛世之福。

明末范景文《文忠集》卷1《救吏科给事中周朝瑞免降疏》说：

使下有犯颜敢谏之士，足见盛世之有人。

《东林列传》卷10《袁继咸传》说："谏而被刑，非盛世事。"《闽中理学渊源考》卷50《佥事黄未轩先生仲昭》说："初出草茅，敢言直谏，实盛世事。"

上引古人的言论表明，唯有容纳和欢迎直言，方能成其为盛世；摧残和压制直言，就不能成其为盛世。其实，不论是言者无罪或有罪，[①] 都只能是专制统治者的语言。言论当然有是有非，但应当通过平等讨论，通过实践加以解决。以言定罪，以言量刑，则无疑是人类政治文明低级阶段的产物。《国语·周语》的"防民之口甚于防川"是古代著名的格言，然而后代的专制统治者，一般并不以周厉王监谤的败亡为戒，其安全感正是建立在"防民之口"的基础上。迷信权力，通过行政权力监控舆论，苛待异论，成为中华古代积久的弊政。当然，监控舆论并非不能取得暂时的效果，就长远而论，却无异于饮鸩止渴。早在延安时代，民主人士黄炎培到那里考察，他向毛泽东提出如何逃脱历代皇朝兴亡的周期律。中国历史上每代皇朝都渴求长治久安，可哪一代又必然逃脱不了"兴亡成败一刹那"的周期律。这又是与专制政体必然摧残和压制直言，"防民之口"密切相关的。

值得注意者，后世人们羡称的汉朝文景之治，唐朝贞观之治，当时人却未曾自夸为盛世。汉朝文景时代其实是个轻徭薄赋，休养生息，积蓄国力的时代。汉文帝时，贾谊形容时政为危局，说："抱火厝之积薪之下，而寝其上，火未及燃，因谓之安。"[②] 直到汉景帝时平七国之乱，汉朝统治方得以稳定。即使是粗线条地观察，汉文帝和汉景帝显然有失政之疵。唐朝与汉朝不同，武德七年（公元624年），隋末的大规模战乱方才平息，但唐太宗即位后，很快进入国势鼎盛期。尽管如此，贞观之治仍有明显的休养生息的意味。贞观六年（公元632年），魏徵说："今自伊、洛之东，暨乎海、岱，萑莽巨泽，茫茫千里，人烟断绝，鸡犬不闻，道路萧条。"[③]

---

① 《白氏长庆集》卷28《与元九书》："言者无罪，闻者作戒。"

② 《汉书》卷48《贾谊传》。

③ 《贞观政要集校》卷2《直言谏争附》。

魏徵此说可能有危言耸听的成分，但也反映了当时关中地区已相当繁庶，而广大关东地区尚未恢复到隋朝全盛期的水平。唐太宗估计时势，也只是说"天下稍安，尤须兢慎"。[①] 贞观十三年（公元639年），魏徵上奏，以"渐不克终"告诫皇帝。[②] 贞观末年，宫女充容徐惠上疏谏唐太宗，仍强调"业大者易骄"，"善始者难终"，希望皇帝"守始保末"。[③] 由此可见，身处盛世的正人君子，如魏徵等人，甚至如宫女徐惠，他们所关注的，决不是讴歌盛世圣德，取悦于皇帝，而是力图矫治国病民瘼，犯颜直谏。唐太宗君臣身居盛世，而不自诩盛世，这正是他们的高明处。

与前述情况相反，如宋高宗和秦桧杀害岳飞，偷安于半壁残山剩水，穷奢极欲，贪贿成风，迭兴冤狱，倒是自诩为"中兴"和"盛世"。[④] 仲并《浮山集》卷2《代人上师垣生辰》赞美秦桧说，"盛世还生瑞世人，东风屈指岁华新"，"平立伊周伯仲间，几岁苦心扶国步"，"不用天河洗甲兵，只凭直道致升平，三王事业贤臣主，一代师儒难弟兄"，"休将前古论今日，万古无人敢抗衡"。周紫芝赋诗称颂说："拜恩元老重，沛泽万方均。盛世无遗典，中华有圣人。"[⑤] 这只能说明，宋高宗君臣的罪恶统治愈是不得人心，就愈是需要以"中兴"和"盛世"作自欺欺人式的麻醉和掩饰。

清朝皇帝最喜自夸盛世，如《世宗宪皇帝上谕内阁》卷68雍正六年四月二十九日说："当此太平盛世。"加之《世宗宪皇帝硃批谕旨》，约有四五十处提及自己治下是"盛世"。乾隆皇帝时所编的《八旬万寿盛典》更有七十余处自命为"盛世"。王春瑜先生认为："所谓的康、雍、乾盛世，不过是人造的幻景而已。"[⑥] 清朝的康熙、雍正和乾隆三代，在奠定现代中国疆域方面功不可没（今日的中国版图约只及乾隆时的四分之三），但从另一方面看，这又是中国与西方列强拉开差距的主要时代，大致有

---

① 《贞观政要集校》卷1《政体第二》。

② 《贞观政要集校》卷10《论慎终第四十》。

③ 《贞观政要集校》卷9《议征伐第三十五》。

④ 《紫微集》卷1《绍兴中兴上复古诗》；《要录》卷169绍兴二十五年十月癸未。

⑤ 《太仓稊米集》卷26《绍兴丙寅岁当郊祀积雨弥月已而大雪前事之夕雪霁月出越翌日天宇开霁日色晏温天子乃躬祀于郊丘赋诗二十韵》。

⑥ 《文学评论》2004年第3期《尊重历史》。

三。一是西方逐渐进入近代民主，逐渐走向以舆论监督权力，而清朝却加强专制政体，厉行历史上最长、最血腥的文字狱。彼此拉开了强盛的民主政体与腐朽的专制政体的差距。二是西方学者的聪明才智用于自然科学，实现了近代科学革命。胡适先生曾惊讶于清代学者的聪明才智反而用于故纸堆，这就是被一些人艳称的乾嘉学派。如宋代欧阳修、苏轼、陆游、辛弃疾等人可称得上是当时世界的文化巨人，而乾嘉学派在经学上有所成就，其代表人物却仅是当时世界上的文化矮子。清代学者株守儒经，仍将儒学视为天下的第一大学问，遂成井蛙观天之势。三是西方开始了工业革命，而中国仍停留在落后农业国的水平。尽管在清朝典籍中，有数不尽的对皇清“盛世”的赞谀，然而经历康、雍、乾三代，中国在国际竞争的败势遂成定局，却并不醒悟，犹夜郎自大。

即使在此所谓盛世，如康熙时的陆陇其《三鱼堂外集》卷4《弭盗》所述：“故前史所载龚遂、虞诩、张纲、李崇之徒，其弭盗之功，非不啧啧人口，然愚尝鄙之，以为非盛世之事也。今天下一统，海不扬波，可谓治平矣，而江、浙之间，政烦赋重，岁书大有而藜藿不充者比比也。吾君吾相可不为之所乎？”“政烦赋重”又与盛世如何名实相符？至于康、雍、乾三代大量的贪腐情况，在此不必缕述。其实，清朝皇帝调集一切舆论手段，自诩盛世，正是对自己的统治缺乏信心的表现。否则，他们何以会制造绵延长达140年的文字狱，必定要把舆论揉搓到随心所欲而后快？何以严禁汉人移民关东？无非是准备一旦有个风吹草动，就要逃回龙兴之地。

中国古代是有隔代修史的惯例，有的或是隔两代以上，但诚如陈四益先生早已指出，并无“盛世修史”的旧规。[①] 例如元朝修辽、宋、金三史，就正值败亡的季世。人们对盛世的概念固然也可提出不同的标准，但是，上述的四条标准只怕还是难以推陈出新的。难道贪官污吏多如牛毛，可称盛世？社会犯罪率居高不下，能称盛世？古史的史实证明，巧言令色者之自欺欺人、进谀邀宠，其实完全不足以构建盛世。他们口头和笔下的“盛世”，不过是肥皂泡而已。在现代史学史上固然有如“古史辨”讨论

① 陈四益：《盛世修史》，《读书》2002年第10期。

的前辈那样，力图透视迷雾，探求真谛。但也有伪科学，伪者，不求真务实，弄虚作假之谓也。例如20世纪70年代的“评法批儒”，21世纪开初之“盛世修史”，都是伪科学的标本。如果说，当年的“评法批儒”，尚有在政治压力下，不得不做违心事的情况。今日之“盛世修史”，则是主动请缨，睁着眼睛说瞎话。居然在2004年的讲课中说什么一千年出一个盛世，按汉代文景之治距离唐贞观之治仅为767年，而讲课的当年却是辽宋澶渊之盟1000年，澶渊之盟后的宋朝算是盛世吗？连起码的、浅显的历史算术都没弄清楚，就信口乱说，其故安在？

鲁迅先生在《且介亭杂文·中国人失掉自信力了吗》中，强烈反对“中国人失掉自信力”之说，却又严正地指出：“中国人现在是在发展着‘自欺力’。”一个真正的爱国者，应当绝对正视本民族的一切缺陷和错误，以自欺之鱼目，混充自信之珍珠，虚美和掩饰，只能有害于民族的进步。一切对祖国和民族有责任心的人，难道不应从鲁迅先生这句话中，得到启示，而为之深省。

（原载香港《中国文化研究所学报》2005年第45期）

中国古代台谏政治的一些借鉴

史学界已有许多论著专门讨论中国古代的台谏政治，本文只拟从借鉴的角度，谈一些看法。

中国古代政治，特别从秦汉以来，总的说来，是向着加强君主专制的方向和轨道演变的。但绝不是说，皇帝的权力就总是不受任何制约。无论是古人政治经验的积累，还是儒家思想，都强调今人所谓的监察权，其中心设计，一是对皇帝谏诤，二是对百官纠劾。“谏官掌献替，以正人主；御史掌纠察，以绳百僚”。[①] 尽管历代官制不同，但谏官和台（御史台）官都以不同的名称和体制，一直保持下来，作为帝制下特殊的监察制度和机构。到元明清三朝，又撤销了谏官制度。但是，专制和腐败是一对双生子，专制必然滋生腐败，腐败必然依赖专制。监察权既是皇权的附庸，在某些场合下甚至是权臣的附庸，就绝不可能真正有效地制约腐败。尽管如此，古代的台谏政治还是留下若干正面的历史借鉴，值得今人进行政治改革时参考。依笔者个人的体会，是否有以下三个方面。

第一，倡导不计生死祸福的直言。从制度上说，国家专门出俸禄养一批官员，不管实际行政事务，而饱食终日，只是对时政以至皇帝、百官的私生活百般挑剔，横挑鼻子竖挑眼，这不能不是一种相当巧妙的政治设计。人们常把小骂大帮忙作为贬词。其实，今人不可能要求古代的台谏官有反对专制政治的超前意识，凡是合格的台谏官，他们为维护皇朝的长治久安，并不看君主和大臣的脸色行事，能够痛陈时弊，其谏诤和弹劾就是专戳君主和大臣的痛处，虽然亦当纳入小骂大帮忙的范畴，却是值得今人尊敬和效法的。

---

① 《山堂群书考索》续集卷36《台谏·谏官御史其职各略》。

在君主专制的条件下，敢于直言是极其不易的。《荀子·臣道篇》说："大臣父兄有能进言于君，用则可，不用则去，谓之谏；有能进言于君，用则可，不用则死，谓之争（同诤）。"他是将诤作为更高一级的谏，即犯死直谏。《韩非子·说难》将谏诤比喻为触犯龙的逆鳞，而有杀身之祸。唐太宗也说："人臣欲谏，辄惧死亡之祸，与夫赴鼎镬，冒白刃，亦何异哉？故忠贞之臣，非不欲竭诚者，敢竭诚者，乃是极难。"① 在古代的历史条件下，"文死谏，武死战"，确是可以作为文武官员的最高道德标准。宋人苏轼说："平居必〔常〕有〔忘〕躯犯颜之士，则临难庶几有徇义守死之臣。若平居尚不能一言，则临难何以责其死节?"② 陈公辅说："平时既无忠言直道，缓急讵肯伏节死义。"③ 蔡戡说："无事之时，则有犯颜敢谏之士；多难之世，则为伏节死义之臣。"杨大全说，"平居皆贪禄怀奸之士，则临难必无仗节死义之人"。"臣之志於忧君者，不畏义死，不荣幸生，不以言而获罪为耻，而以言不听从为耻"。④ 宋人此类议论不少，有其深刻的哲理。

在儒家思想的教育下，历代也确实有一批又一批的优秀台谏官，他们一不怕罚，二不怕死，而以忠于职守的直言，彪炳于史册。宋仁宗宠爱尚美人，"一日，尚氏于上前有侵后语"，郭皇后"批其颊，上自起救之，误批上颈"，于是皇帝大怒，宣布废后。现在看来，废皇后其实无关于国计民生，但在儒臣们看来，却是涉及君德的大事。右司谏范仲淹带头，全体台谏官都"极陈其不可"，结果遭受黜责。⑤ 皇帝黜责了范仲淹，却又成就了他的清誉，朱熹认为，宋朝直到范仲淹时，才"大厉名节"，"厉廉耻"，"本朝唯范文正公振作士大夫之功为多"。⑥ 其他如包拯坚决制止皇帝搞裙带风等，都名传青史。

宋朝强调优礼士大夫，台谏官的谏诤和纠劾条件在不少场合是比较宽

---

① 《贞观政要集校》卷2《求谏第四》。

② 《东坡七集·东坡奏议》卷1《上皇帝书》;《皇朝文鉴》卷54。

③ 《历代名臣奏议》卷183。

④ 《宋史》卷400《杨大全传》;《历代名臣奏议》卷206。

⑤ 《宋史》卷242《仁宗郭皇后传》;《长编》卷113明道二年十二月乙卯。

⑥ 《朱子语类》卷129。

松的，他们受到宋太祖誓约的保护，最重的处罚不过是流放岭南。然而明朝对臣僚却异常苛酷，很多诤臣都死于廷杖。如嘉靖帝“震怒”于杨爵上谏奏，“下诏狱搒掠，血肉狼藉，关以五木，死一夕复苏”。“主事周天佐、御史浦鋐以救爵，先后箠死狱中”。浦鋐临终前只是说：“此吾职也！”杨继盛因弹劾严嵩，而被皇帝下狱，受尽各种酷刑折磨，临终前赋诗说：“浩气还太虚，丹心照千古。生平未报恩，留作忠魂补。”① 海瑞也因上谏奏，“帝怒，命锦衣卫杖之百，锢诏狱，昼夜搒讯”，险此送命。② 正如明朝一首小曲所说：“一边是富贵荣华，一边是地罗天网，忠臣义士待如何？自古君王不认错！”③

毋庸讳言，目今讲究实惠之风确是充塞着整个社会，在那些讲究实惠的人们看来，这批台谏官或诤臣应是些十足的大傻瓜，好端端的官不做，甚至活得不耐烦，自己找死。但是，如果我们能反省一下，自己这一生，不得不屈服于权势，又曾经说过多少违心的话？甚至为贪图一星半点其实是不足道的富贵，不惜迎合权势，廉价出售人格。与那些忠于自己理念的古代诤臣相比，岂不有愧？毫无疑问，正如鲁迅所说，“我们自古以来，就有”“为民请命的人，有舍身求法的人”，“这就是中国的脊梁”。④

第二，强调“木从绳则正，后（君主）从谏则圣”，⑤ 从制度上保证小官谏诤皇帝，弹劾大官。古代当然是等级观念深固，等级制度森严，但是，按照儒家的政治伦理，皇帝和大臣并非是天生的圣聪和神明，一贯正确，不能有权就是有理，权位高就是有理。唯有“从谏”，方能达到“圣”的境界。今人所谓在真理面前人人平等的理念，其实正是设置台谏官的理论依据。

依南宋的官品令，侍御史是从六品，殿中侍御史和左、右司谏是正七品，左、右正言和监察御史是从七品。⑥ 他们官品虽低，却可明人不做暗

① 《明史》卷209《杨爵传》，《浦鋐传》，《杨继盛传》。

② 《明史》卷226《海瑞传》。关于明朝诏狱之惨，参见王春瑜《“土地庙”随笔·读〈诏狱惨言〉》，光明日报出版社1988年版。

③ 转引自王春瑜《“土地庙”随笔·读〈玉抱肚·官悟〉》，光明日报出版社1988年版。

④ 《鲁迅全集·且介亭杂文·中国人失掉自信力了吗》。

⑤ 《尚书·说命上》。

⑥ 《宋史》卷168《职官志》。

事，“明目张胆”地弹劾高官，批评皇帝。凡是弹奏某个大官，按例必须将奏疏的“副本”递送此人，[①] 决不是当一个偷偷摸摸的举报者。用一个不恰当的比喻，一个司局级的干部，甚至还不够司局级，却可公开批评党和国家的领导人。这不能不说是在专制体制下的某种平等和民主精神。

不仅如此，儒学者们认为，在理想化的上古社会中，平头百姓也人人应当尽谏诤之责。宋人有一段议论说：“古者谏官无定员，而言路益广；后世谏官有常职，而言路弥塞。古者工诵箴谏，则百工得以谏也；瞽诵诗谏，则朦瞽得以谏也；公卿比谏，则凡在朝者得以谏也；士传言谏，则庶士得以谏也；庶人谤于道，商旅议于市，则庶人、商贾亦得以谏也。上而公卿大夫，下而至于士、庶、商贾、百工之贱，莫不皆得以谏，是举天下皆谏诤者也，固不待处谏官之职，然后即取以为谏也。岂非古者谏官无定员，而言路益广欤？后世不然，立谏官之职，将以求谏，而不知谏诤之路反由此而塞……既以谏诤为职，则不居此职者，皆不得而谏也。有所谏则曰‘侵官’，有所谏则曰‘犯分’，语及天子者则曰‘指斥乘舆’，言关廊庙者则曰‘诽谤朝政’。所以然者，盖由谏官之有定职故也。”[②] 事实上，古代除了台谏官外，另设有登闻鼓，允许布衣士人上书言事之类，也多少体现广言路的精神。

第三，强调欢迎和容纳直言，允许“风闻言事”。欢迎和容纳直言，从来被古人认为是重要的君德，是太平治世的重要标尺。“有言逆于汝心，必求诸道；有言逊于汝志，必求诸非道”。[③] “人君之患，莫大于好人从己，〔若〕大臣惟一人之从，群臣惟大臣之从，则天下事可忧”。[④] 唐太宗虚心纳谏，成就了古史上最著名的贞观之治，自不待言。宋太祖立下秘密誓约，“不得杀士大夫及上书言事人”，“誓不诛大臣、言官”。[⑤] 证明这个开国皇帝确有政治远见，其誓约无疑是保证言路畅通和监察权实施的重大措施。宋人彭龟年说得好：“言路通塞，天下治乱系焉。言路通，则虽乱

① 《老学庵笔记》卷8。
② 《山堂群书考索》续集卷36《台谏·古者谏官无定员后世谏官有常职》。
③ 《尚书·太甲下》。
④ 《要录》卷134绍兴十年二月庚申廖刚奏。
⑤ 《避暑漫抄》引《秘史》；《松隐文集》卷26《进前十事札子》。

易治也；言路塞，则虽治易乱也。”[①] 将“言路通塞”作为天下治乱兴衰的标尺，无疑是深中肯綮。

关于风闻言事，政治家王安石有如下一段解释：“许风闻言事者，不问其言所从来，又不责言之必实。若他人言不实，即得诬告及上书诈不实之罪。谏官、御史则虽失实，亦不加罪，此是许风闻言事。”[②] 事实证明，特别是很多埋藏很深的腐败问题，是很难揭发的。如果以揭发不实处以诬告、诬蔑等罪，就等于杜绝了谏诤和纠劾之路，必须允许所论的人和事与实际情况有出入，而实行言者无罪。

司马光编修《资治通鉴》的助手范祖禹“闻禁中觅乳媪，祖禹以帝年十四，非近女色之时，上疏劝进德爱身”。高太后“谕祖禹，以外议皆虚传”。范祖禹却再次上疏，强调“今外议虽虚，亦足为先事之戒”。“凡事言于未然，则诚为过；及其已然，则又无所及，言之何益？陛下宁受未然之言，勿使臣等有无及之悔”。[③] 这是风闻言事，言者无罪，还要求闻者足戒的一例。尽管所言不实，而范祖禹却还要强调此奏“为先事之戒”。

在当前腐败情况十分严重的情势下，强调允许风闻言事，也许更有其特殊意义。例如前中共中央政治局委员、北京市市委书记陈希同及其一伙的腐败问题，在北京市早有传闻，真正得到揭发和惩治，已经太迟了。我们的报刊、电视、电台之类为什么就不能设置专栏，允许任何社会主人，对任何公仆及其亲属进行公开的批评和揭发，允许风闻言事，允许当事人申辩，更应当有有关机构的审核报告。我想真正按此方式行事，必将对腐败问题产生强大的威慑作用。

回顾中华人民共和国的50年史，尽管人类和中华文明已经发展到了20世纪的下半叶，但从人们的观念到相应的法律、制度，不能说都比古代开明的台谏政治进步。当领袖神化，人们成天山呼万岁，“右派”、“右倾”、“反党”等铁帽子满天飞，杜绝言路，拒谏饰非，把整个民族推入史无前例的劫难之时，中华民族的政治文明水平实际上就降到了古代开明

---

① 《历代名臣奏议》卷206。

② 《长编》卷210熙宁三年四月壬午。

③ 《宋史》卷337《范祖禹传》。

的台谏政治以下。因此，古代开明的台谏政治对今人而言，就不能说是毫无教益和借鉴作用。

民主与专制政体的主要分野大致有三。一是马克思主义特别强调的普选，即直接选举制。中国大致自夏代进入阶级社会后，就取消了原始社会的选举传统。二是对最高权力能否实行有效的监督和制约。三是舆论监督权力，而不是权力监控舆论。《孟子·告子下》说："入则无法家拂士，出则无敌国外患者，国恒亡。"前一句话译成现代语，如无"法家拂士"主持正论，以舆论监督和制约君主的权力，国家总须灭亡。古代开明的台谏政治多少体现了后两条精神，堪称专制政体下的一点民主因素，值得今人继承和发扬。

西方资产阶级民主政治与中国古代台谏政治相比，不能说没有明显的、巨大的进步。中国古人虽然强调"防民之口甚于防川",① 但从秦始皇的焚书坑儒到清代文字狱，莫不以防民之口作为重要国策。西方资产阶级的民主政治，一般已有了言论自由。如果真要封杀和禁绝不利于统治的言论，马克思、恩格斯的《共产党宣言》、《资本论》等就根本没有问世的可能。古人强调"后从谏则圣"，只是要劝说君主纳谏，而西方国家大致做到了政治活动家不贤，则通过舆论揭发、选举等方式倒台，这又是巨大的进步。

马克思和恩格斯倡导的著名的巴黎公社原则，是树立了社会主义民主的新的圭臬，提出了比资产阶级民主更高的标准和规范。例如他们强调领导干部的工人工资，即维持中等工人的生活水平，这就是西方国家做不到的。巴黎公社原则强调新社会干群关系，就是社会公仆与主人的关系，一切社会公仆决不是天然尊长，必须由社会主人直接选举产生，随时罢免，而反对等级授职制。

"文革"结束后，"拨乱反正"一词曾风靡一时，笔者在此愿重复使用。何谓乱？社会上深固的专制陋习、等级观念以及与此相应的制度上、法律上的缺陷等，是谓乱；何谓正？按马克思主义的巴黎公社原则，从观念到法制，建立社会主人与公仆的全新关系，是谓正。

---

① 《国语·周语上》。

这项拨乱反正的工作不是做得很多，而是做得太少，事实上存在着一个重新学习马克思主义的问题。我们某些舆论的一大缺陷，就是没有在根本上以马克思主义为指导，摆正公仆与主人的关系。这里且不说滥用诸如“父母官”之类的古代词汇，对领导干部进献非公仆身份的谀词。例如新闻媒体上社会公仆视察，而有劳社会主人们列队鼓掌欢迎的镜头，早已司空见惯。然而按照马克思主义的巴黎公社原则看来，又成何体统？又如一些舆论常说，领导干部要深入群众，认真听取群众的呼声。这句话其实就是把领导干部置于居高临下，高群众一等以至数等的特殊地位。按马克思主义的巴黎公社原则，公仆到主人之中，是应当洗耳恭听主人“训话”的。再如某些干部听不得社会主人的尖锐批评，动辄下令禁绝，他们的见识，其实还是在“防民之口甚于防川”的古人见识之下。按照巴黎公社原则，他们是没有资格和权力那么做的，这当然是一种凌驾在社会主人之上，滥用权力的行为。其实，社会主人的批评愈是刺耳，愈是尖锐，社会公仆就愈有义务深自惕励，向社会主人引咎自责，甚至主动引咎辞职，这才是由公仆身份决定的公仆本色。

由于中华民族的专制陋习深重，这项拨乱反正工作当然是艰巨的、长期的，却又是非做不可的。在从事拨乱反正的工作时，固然应以马克思主义的巴黎公社原则为本，正本清源，但不论是古代台谏政治，或是近代西方政治的有益经验，都应当认真吸取，而不应拒之门外。

（原载《炎黄春秋》2000年第7期）

从台谏制度的运作看宋代的人治

法治固然需要有完备的法制，能做到事事有法可依，但纵观中华数千年史，更重要的还是对任何权力能够进行有效的制约和监督，这才是秉公执法的根本保证。因为书面规定法制是死的，而人是活的，人可以制定法制，也可以破坏法制，钻法制的空子。就以天水一朝而论，经过历代的编纂，法制的书面规定是十分详密的，所谓“事为之防，曲为之制”，[①] 任何政务大致上都是有法可依，有章可循，有例可援，然而只要稍稍有点历史常识，谁都不会承认宋朝是个法治时代，其书面规定与实施、运作之间，无疑存在着极大的弹性和伸缩余地。

中国古代政治，特别从秦汉以来，总的说来，是向着加强君主专制的方向和轨道演变的。但绝不是说，皇帝的权力就总是不受任何制约。无论是古人政治经验的积累，还是儒家思想，都相当强调今人所谓的监察权，其中心设计，一是对皇帝谏诤，二是对百官纠劾。“谏官掌献替，以正人主；御史掌纠察，以绳百僚”。[②] 宋朝的御史和谏官合称台谏，在当时的政治生活中无疑起着重要作用。关于宋朝的台谏，已有不少论著，特别是贾玉英的《宋代监察制度》，还有刁忠民的《宋代台谏制度研究》，都对此作了相当详细的论述。本文只拟从台谏制度的实际运作的角度，对宋朝的人治作一些分析。

中国古代的台谏政治，特别是宋朝的台谏政治，某种意义上可说是专制政治下的一种巧妙的法制设计，是否可作如下的几点归纳：

第一，众所周知，“中国专制主义皇权理论是由先秦的法家奠定，并

---

① 《长编》卷17太平兴国元年十月乙卯。

② 《山堂群书考索》续集卷36《台谏·谏官御史其职各略》。

经过汉儒的缘饰而形成的”。“中国封建专制主义皇权的理论是韩非子的君主独裁加上董仲舒的天人合一”。[①] 皇帝神圣和独裁既是基本原则，照理说，代表皇帝“绳百僚”的法制尚有存在的必要，而“正人主”的法制就无从说起。但是，由于儒法学说的杂糅，按《尚书·说命上》之说，“木从绳则正，后从谏则圣”，谏诤和纠察制度就有设立的必要。据上述政治伦理，皇帝和大臣绝非是天生的圣聪和神明，一贯正确，不能有权就是有理，权位高就是有理。唯有“从谏”，方能达到“圣”的境界。这又与先秦法家强调君主一人奋私智而独断的主张相凿枘。由此可见，秦汉以降的儒家思想，往往包含着自相矛盾的因素，但又决不是“以子之矛，攻子之盾”的绝对排斥，而在于收到相反相成之效的一种平衡式的互补。今人所谓在真理面前人人平等的理念，其实正是设置台谏官的理论依据。

第二，古代儒法两家都强调建立贵贱尊卑分明的等级秩序。秦汉以来的历朝历代，自然都是等级观念深固，等级制度森严。但是，台谏制度的建立，却是按照另一种思路，就是从制度上保证小官谏诤皇帝，弹劾大官。依北宋元祐时和南宋的官品令，侍御史是从六品，殿中侍御史和左、右司谏是正七品，左、右正言和监察御史是从七品。[②] 他们官品虽低，却可明人不做暗事，“明目张胆”地弹劾高官，批评皇帝。此种制度其实是上引《尚书》之说在法制上的贯彻，而与贵贱尊卑的秩序相悖，实际上也是相反相成的互补。国家专门出俸禄养一批官员，不管实际行政事务，而饱食终日，只是对时政以至皇帝、百官的私生活百般挑剔，横挑鼻子竖挑眼，这不能不说是一种相当巧妙的政治设计。

第三，允许“风闻言事”。[③] 王安石说：“许风闻言事者，不问其言所从来，又不责言之必实。若他人言不实，即得诬告及上书诈不实之罪。谏官、御史则虽失实，亦不加罪，此是许风闻言事。”[④] 事实证明，特别是许多埋藏很深的腐败问题，是很难揭发的。如果以揭发不实处以诬告、诬蔑

---

① 周良霄：《皇帝与皇权》（增订本），上海古籍出版社2006年版，第322—331页。

② 《职官分纪》卷6，卷14；《宋史》卷168《职官志》。

③ 关于风闻言事的研究，参见贾玉英《宋代监察制度》，河南大学出版社1996年版，第111—112页。另见《寓简》卷5。

④ 《长编》卷210熙宁三年四月壬午。

等罪，就等于杜绝了谏诤和纠劾之路，必须允许所论的人和事与实际情况有出入，而实行言者无罪。这无疑是古代监察制度的一条可贵的经验，时至今日，仍不失其借鉴意义。

第四，在君主专制的条件下，敢于直言是极其不易的。《荀子·臣道篇》说："大臣父兄有能进言于君，用则可，不用则去，谓之谏；有能进言于君，用则可，不用则死，谓之争。"他是将诤作为更高一级的谏，即犯死直谏。《韩非子·说难》将谏诤比喻为触犯龙的逆鳞，而有杀身之祸。唐太宗也说："人臣欲谏，辄惧死亡之祸，与夫赴鼎镬，冒白刃，亦何异哉？故忠贞之臣，非不欲竭诚者，敢竭诚者，乃是极难。"① 在古代历史条件下，"文死谏，武死战"，② 确是可以作为文武官员的最高道德标准。宋光宗时，虞俦说："臣闻'明主不恶切谏以博观，忠臣不避重诛以直谏'③，言路之开，社稷之福也。"④ 宋太祖立下秘密誓约，"不得杀士大夫及上书言事人"，"誓不诛大臣、言官"，"子孙有渝此誓者，天必殛之"。⑤ 证明这个开国皇帝确有政治远见，其誓约无疑是保证言路畅通和监察权实施的重大措施，体现了专制时代难能可贵的宽容政治。与其他朝代相比，宋朝强调优礼士大夫，台谏官的谏诤和纠劾条件在不少场合下是比较宽松的，他们受到宋太祖誓约的保护，最重的处罚不过是流放岭南。这是宋朝台谏政治比其他朝代发达的一个重要条件。苏轼说：

> 历观秦汉以及五代，谏争而死盖数百人，而自建隆以来，未尝罪一言者，纵有薄责，旋即超升。许以风闻，而无官长，风采所系，不问尊卑，言及乘舆，则天子改容，事关廊庙，则宰相待罪。⑥

尽管宋太祖的誓约在北宋时并未公开，但已经造成了无须"文死谏"

① 《贞观政要集校》卷2《求谏第四》。

② 《红楼梦》第36回贾宝玉语，参见牧惠《也来拍拍打打》，《论"文死谏"》，民主与建设出版社1999年版，第196页。

③ 此为汉主父偃语，见《史记》卷112《主父偃列传》。

④ 《历代名臣奏议》卷308。

⑤ 《避暑漫抄》引《秘史》；《松隐文集》卷26《进前十事札子》。

⑥ 《东坡七集·东坡奏议》卷1《上皇帝书》。

的宽松条件，导致宋朝台谏政治的发达，确是前朝后代所无的。

第五，宋人时或强调，“天下者”，“群臣、万姓、三军之天下，非陛下之天下”，多少有一种士大夫与天子共天下的民主精神。[①]

第六，宋朝台谏两类官员的职责互相渗透，其部分职能已相重叠合一，不分彼此，御史可以谏诤，谏官也可以纠劾，这也是一大特点。

古代的台谏政治不能不与士人的名节密切相关。按照儒家理论，凡是合格的台谏官，他们为维护皇朝的长治久安，绝不能只看君主和大臣的眼色行事，而必须能痛陈时弊，其谏诤和弹劾不应是不痛不痒，而应是专戳君主和大臣的痛处。然而这个问题单纯从制度上是根本无法保证的，全在于担任台谏官者的素质。

从另一个角度看，台谏政治也不能不与皇权、相权等因素相关。自秦汉以降，皇权和相权大致是中央集权帝国最重要的两项权力，两种权力互有消长，需作具体分析，难以一概而论，但总的趋势无疑是皇权愈来愈膨胀。宋朝官制的设计，今人可以概括出一个重要原则，就是皇帝集权，臣僚分权，中央集权，地方分权。主持中央军国大计是宰相和执政，合称宰执，执政包括参知政事等副相，主持军务的枢密院长贰。两名以上的宰相之间，宰相与副相，宰相与枢密院长贰之间，从制度上说，是互相分权和牵制的。在他们之外，台谏权也成为皇权用以压制宰执权的一个重要因素，所谓“君为元首也，大臣股肱也，谏臣耳目也”。[②]“台谏者，天子耳目之臣”，[③]从制度上说，又是用于监视宰执的。

考察宋朝台谏制度的实际运作，事实上就离不开台谏官的个人品质和皇权、宰执权等纵横交错的两方面的因素。

一、宋仁宗和宋英宗时：依历史的年代顺序考察，北宋太祖、太宗和真宗三代，台谏的政治作用是微弱的。宋真宗天禧时，鲁宗道任右正言，当时“谏章由阁门始得进，而不赐对，宗道请面论事，而上奏通进司，遂为故事”。鲁宗道“风闻，多所论列”，宋真宗“意颇厌其数”。鲁宗道

---

① 《宋史全文续资治通鉴》卷20绍兴八年十二月癸酉，参见《宋史研究论文集》中程民生的《论宋代士大夫政治对皇权的限制》，宁夏人民出版社1999年版。

② 《宋朝诸臣奏议》卷51刘随《上仁宗论当今所切在于纳谏》。

③ 《宋会要》职官3之56。

说："陛下用臣，岂欲徒事纳谏之虚名邪？臣窃耻尸禄，请得罢去。"[①] 但台谏真正发挥作用，大致始于宋仁宗时。宋仁宗初，刘太后掌政，谏官刘随"谏太后不宜数幸外家，太后不悦"，将他外任。"太后兄子刘从德死，录其姻戚至于厮役几八十人"，"侍御史曹修古，殿中侍御史郭劝、杨偕，推直官段少连交章论列，太后怒"，于是将他们贬官。[②] 宋仁宗亲政后，宠爱尚美人，"一日，尚氏於上前有侵后语"，郭皇后"批其颊，上自起救之，误批上颈"，于是皇帝大怒，宣布废后。现在看来，废皇后其实无关于国计民生，但在儒臣们看来，却是涉及君德的大事。右司谏范仲淹带头，"即与权御史中丞孔道辅率知谏院孙祖德，侍御史蒋堂、郭劝、杨偕、马绛，殿中侍御史段少连，左正言宋郊，右正言刘涣诣垂拱殿门，伏奏皇后不当废，愿赐对，以尽其言。护殿门者阖扉，不为通，道辅抚铜环，大呼曰：'皇后被废，奈何不听台谏入言！'"皇帝自感理亏，不愿接见，"寻诏宰相召台谏"。宰相吕夷简憎恨郭后，全力怂恿和支持皇帝废郭后，却在台谏官的责问下无言以对。最后皇帝和宰相只能采取霸道的办法，将孔道辅、范仲淹等黜责，"遣使押道辅及范仲淹亟出城，仍诏谏官、御史自今并须密具章疏，毋得相率请对，骇动中外"。[③] 后一谏诤废后的事件，其影响远较前一反对荫补之滥的事件为大。

谏诤废后事件就宋代政治史而言，算不得什么大事，而就古代监察制度史而论，却是大事，表明了台谏权发展到了一个新的水平，敢于旗帜鲜明地和皇权、相权作某种程度的对抗。正如南宋吕中所说，"自孔道辅、范仲淹敢于抗（吕）夷简"，"台谏之权敢与宰相为抗矣"。"自庆历以来，台谏之职始振，自治平以来，台谏之权始盛"。[④]

从另一角度看，古代的儒家学说向来是崇尚名节的，名节是作为一种匡时救世的重要手段。但是，专制政治的本质，却又决然筛选和宠爱

---

① 《宋史》卷286《鲁宗道传》。

② 《长编》卷110天圣九年十一月丁酉；《宋史》卷297《刘随传》、《曹修古传》、《郭劝传》、《段少连传》，卷300《杨偕传》。

③ 《长编》卷113明道二年十二月乙卯；《宋史》卷242《仁宗郭皇后传》、卷311《吕夷简传》。

④ 《类编皇朝大事记讲义》卷9《台谏》、卷13《台谏》。此书说："自仁宗即位，刘中丞（筠）令台属各举纠弹之职，而后台臣之职始振。"与正文所引之说自相抵牾。按此系制度上的规定，本文主要还是从台谏制的运作考虑，可参见《宋史》卷305《刘筠传》。

随风转舵之人，曲学阿世之士。两者是互相矛盾的，在某种意义上却也是相反相成的。由于儒家学说的强烈影响，以致君主们一般不会公开标榜自己就是喜欢无名节之士。在这场抗争中，台谏官们，特别是范仲淹，事实上成了某种意义上的胜利者，君相对他们的贬责，反而成全了被贬责者的清誉。在不存在“文死谏”的条件下，特别是范仲淹本人，成了一面不计升沉祸福，只论是非曲直的大旗。《朱子语类》卷129说，“至范文正方厉廉耻，振作士气”，“至范文正时便大厉名节，振作士气”，“本朝惟范文正公振作士大夫之功为多”，对天水一朝士大夫名节观的发展和振作，产生了重大的影响。他有两句很有名的格言，一是人们熟知的“先天下之忧而忧，后天下之乐而乐”，二是“作官公罪不可无，私罪不可有”。[①] 政治上不怕受罪，而个人操守，则务求清白，这正是合于古代儒家理想的台谏官的楷模。孔道辅的影响虽然远不如范仲淹，但身任御史中丞，距离升迁执政的高官近在咫尺，而他宁愿牺牲前程，也足可称道。

另一个在倡导名节方面起了很大作用的人，就是欧阳修，他不论在政治上和学问上，都可以说是一代宗师。他所著的《五代史记》，如卷32《死节传》，卷33《死事传》，卷34《一行传》等，批判了五代时“以苟生不去为当然”，“缙绅之士安其禄而立其朝，充然无复廉耻之色者皆是也”。此书卷54又批判了冯道，“天下大乱，戎夷交侵，生民之命，急于倒悬，道方自号‘长乐老’，著书数百言，陈已更事四姓及契丹所得阶、勋、官、爵以为荣”，“事九君，未尝谏诤”，将这个曾“取称于世”的人置于儒家的天平上衡量。欧阳修在庆历三年（公元1143年）出任知谏院后，[②] 正如前引吕祖谦之说，“台谏之职始振”。

宋人名节观念的强调与台谏官的振职，大致上可说是一而二，二而一的事。继范仲淹和欧阳修之后，如包拯等有骨气的台谏官辈出，无疑是书写了古代监察制度史上的辉煌篇章。宋仁宗懦弱无能，遇大事无主意，其实也是台谏官得以发挥作用的重要条件。人们早已指出，当时许

① 《晁氏客语》。

② 《长编》卷140庆历三年三月癸巳。

多宰执是由台谏官论罢的。宋英宗时，台谏官围绕着濮议，与皇帝、宰执相抗，由于学者们已发表研究成果，此处从略。

二、宋神宗时：宋神宗任用王安石，推行变法，变法涉及复杂的情况，此处且不论其是非功过，但不少台谏官明知皇帝的意向，却敢于公开表明自己的反对意见，这正是继承了范仲淹和欧阳修的遗风余烈。司马光为御史中丞吕诲写墓志铭说："前后三逐，皆以迕犯大臣，所与敌者，莫非秉大权，天子所信向，气势轧天下，献可（吕诲字）视之若无所睹，正色直辞，指数其非，不去不已，旁侧为之股栗，而献可处之自如。平居容貌语言，恂恂和易，使之不得位於朝，人不过以谨厚长者名之而已矣。及遇事，苟义所当为，疾趋径前，如救焚溺，所不当为，畏避远去，如顾陷阱，惟恐坠焉。"当时的宋朝确实需要整顿和振兴，而吕诲弹劾王安石说："天下本无事，但庸人扰之。"[①] 可知其政见是保守的。但吕诲不计较官位的得失，不做苟合取容的事，敢于直率地表述政见，还是足可称道，体现了儒家倡导的名节。

从宋神宗时开始，台谏官作为风宪之地，愈来愈深地卷入了新旧党争。宋神宗的用人方针与王安石不同，王安石主张"一道德"，认为"学术不一，异论纷然"，[②]"若朝廷人人异论相搅，即治道何由成"。"朝廷任事之臣，非同心同德，协于克一，即天下事无可为者"。[③] 但宋神宗其实还是按宋朝的祖宗家法，适当地参用反变法派，以求"异论相搅"。不论是按宋朝的历史条件，还是按今天的民主政治标准来看，"一道德"就是一言堂，就是专制独裁，完全不足取。一方面，政令，特别是军令应当统一；另一方面，人们的思想和议论完全应当"异论相搅"。真理愈辩愈明，何须害怕异论。尽管宋神宗对王安石的主张打了若干的折扣，但由于反对变法的台谏官屡经贬逐或外任，台谏官的议论也就趋于清一色，甚至成为党同伐异的工具。

---

① 《司马文正公传家集》卷76《右谏议大夫吕府君墓志铭》。吕诲弹劾之语，是引唐朝陆象先之说，其原文见《宋朝诸臣奏议》卷109。

② 《宋史》卷155《选举志》。

③ 《长编》卷213 熙宁三年七月壬辰。

著名的苏轼“乌台诗案”就是其中突出的一例。[①] 乌台是御史台的别名。最初是监察御史里行何正臣揭发苏轼，御史中丞李定和权监察御史里行舒亶又继踵上奏，他们摭拾了苏轼若干诗文，说他“腾沮毁之论”，“讥切时事之言，流俗翕然，争相传诵”云云，“言伪而辨”，“行伪而坚”，将他比喻为孔子当年所斩的少正卯，宋神宗“诏知谏院张璪、御史中丞李定推治以闻”。按照宋制，就成了一起“承诏置推”的“诏狱”，而主持审讯的正是台谏官。“御史台既以轼具狱，上法寺，当徒二年，会赦当原”，而李定、舒亶等又上奏，“乞不以赦论”。“轼既下狱，众危之，莫敢正言者”。但王安石的弟弟、直舍人院王安礼却对宋神宗进言：“自古大度之君，不以语言谪人，按轼文士，本以才自奋，谓爵位可立取，顾碌碌如此，其中不能无觖望。今一旦致于法，恐后世谓不能容才。愿陛下无庸竟其狱。”宋神宗说：“朕固不深谴，特欲申言者路耳，行为卿贳之。”但他又告诫王安礼“勿漏言”。由此可见，按古代的“天必殛之”的迷信习俗，宋神宗还是不敢不遵守宋太祖的秘密誓约，只是要通过台谏官对苏轼薄示惩戒而已。尽管如此，苏轼出狱后，责授“检校水部员外郎、黄州团练副使，本州安置，不得签书公事，令御史台差人转押前去”，这些都是宋时犯罪官员的待遇。受这次冤狱牵连而贬责的官员有王诜、苏辙和王巩，另有张方平、司马光等22人“罚铜”。[②] 后来宋神宗死，苏轼重新进用，高太后对他说：“此先帝意也。先帝每诵卿文章，必叹曰：‘奇才，奇才！’但未及进用卿耳。”于是苏轼“不觉哭失声”。[③] 一方面薄示惩戒，另一方面又打算日后进用，这当然也是帝王恩威兼施的南面之术。

古代帝王专制，尤其忌讳臣僚分朋植党。但按照儒家的理念，台谏官理应是充当政治反对派的角色。“乌台诗案”中的台谏官恰好反其道而行之，充当了讨伐异论的角色，而作为这次冤案总导演的宋神宗，又充分利

---

① 关于“乌台诗案”，散文家牧惠《也来拍拍打打》第51页的《想起了乌台诗案》一文，有比历史研究者更为精辟和透彻的论述。

② 《长编》卷299元丰二年七月己巳、卷301元丰二年十二月庚申；《东坡乌台诗案》。关于诏狱的定义，参见《宋史》卷200《刑法志》。何正臣，《东坡乌台诗案》误作“何大正”，《宋史》卷329有《何正臣传》。

③ 《宋史》卷338《苏轼传》。

用了台谏官作为天子耳目的职能，自称是“申言者路”。与前引范仲淹的事例相比，足以证明在古代人治的条件下，台谏制度只能是一柄双刃剑。

三、宋哲宗元祐时：年幼的宋哲宗即位之初，祖母高太后主持所谓元祐更化，起用以司马光为首的反变法派。反变法派官员进入和控制了台谏部门，利用弹劾的手段，开始了宋朝第一次大规模的贬窜士大夫的运动，变法派深受打击。但从另一方面看，元祐时的台谏官们往往还是按照儒家的理念行事，尽管大的政见相似，却也并不只是简单地充当高太后和宰执的应声虫，宰执们往往受到台谏官的攻击。不论是台谏官之间，还是台谏与宰执等政争，其实也无法按史料中流传的所谓洛、蜀、朔三党党争，加以归纳和概括。①

反变法派迫害变法派最突出的一例，就是前任宰相蔡确的车盖亭诗案。蔡确被贬后，“尝游车盖亭，赋诗十章，知汉阳军吴处厚上之，以为皆涉讥讪，其用郝处俊上元间谏高宗欲传位天后事，以斥东朝，语尤切害”。② 吴处厚是一小人，挟私怨而上告，其实全是捕风捉影之事，与元丰时的“乌台诗案”相比，苏轼的诗文倒还是被抓住若干真凭实据。虽然高太后为之盛怒，但不论是宰执，或是台谏，却围绕着这件诗案，分成两派。当年吃文字狱官司的苏轼上密奏说：“朝廷若薄确之罪，则于皇帝孝治为不足；若深罪确，则于太皇太后仁政为小累。谓宜皇帝敕置狱逮治，太皇太后出手诏赦之，则于仁孝两得矣。”但高太后“不报”。③ 谏官们主张严惩，而以御史中丞李常为首的台官们主张从轻。右相范纯仁秉性平恕，他对高太后说蔡确“无党”，强调“不可以语言文字之间，暧昧不明之过，诛窜大臣”。④ 尚书左丞王存支持范纯仁的主张。他们却遭到谏官们的攻击。右正言刘安世弹劾说，范纯仁与“御史台表里通同，殊无公道，窥伺执政之意，旋立议论”。⑤ 结果是范纯仁和王存罢政，御史台的官员，

---

① 参见拙作《洛、蜀、朔党争辨》，载《尽心集·张政烺先生八十庆寿论文集》，此文又编入《丝毫编》，河北大学出版社 2009 年版。

② 《宋史》卷 471《蔡确传》。

③ 《宋史》卷 338《苏轼传》；《长编》卷 425 元祐四年四月壬子。

④ 《长编》卷 426 元祐四年五月辛未，卷 427 元祐四年五月丙戌。

⑤ 《长编》卷 426 元祐四年五月庚辰；《尽言集》卷 9《论蔡确作诗讥讪事第八》。

包括御史中丞李常、侍御史盛陶、殿中侍御史翟思和监察御史赵挺之、王彭年全部被撤换。[①] 蔡确最后“责授英州别驾、新州安置”。这是自宋仁宗初，宰相丁谓流放海南岛以来最重的处罚。正如范纯仁所说，“此路自丁晋公后，已荆棘七、八十年”，“吾辈将不免矣”。最初，其他宰执还企图以蔡确母亲年老为由，“不欲令过岭”，免于流放岭南，但高太后却说：“山可移，此州不可移。”[②] 蔡确后死于贬所，成为比“乌台诗案”更大的冤案。

政见不同是普遍存在的，古今中外，概莫能外，而对不同政见的宽容程度，却无疑是人类政治文明演进的一个重要标尺。那种对不同政见压制、封杀，以至动辄罗织罪状，残酷斗争，无情打击，无疑是政治文明低级阶段的产物，在某种意义上，也可说是对统治缺乏自信心的表现。宋神宗憎恶苏轼写诗文讽刺时政，亲自导演了“乌台诗案”，虽然有擒有纵，自以为得计，其实即使按古代的儒家理念看来，也不免有失于王道，而沦于霸道之讥。至于高太后处置车盖亭诗案的做法，更是变本加厉，自郐以下。

虽然元祐时台谏制度的操作，已深深地陷入党争，但从“正人主”的角度看，仍有值得称道的事例。左谏议大夫刘安世和司马光编修《资治通鉴》的助手，刚由右谏议大夫升给事中的范祖禹，“闻禁中觅乳媪，祖禹以帝年十四，非近女色之时，上疏劝进德爱身”。“不宜先以好色闻於天下”。高太后“谕祖禹，以外议皆虚传”。范祖禹却再次上疏，强调“今外议虽虚，亦足为先事之戒”。“凡事言于未然，则诚为过；及其已然，则又无所及，言之何益？陛下宁受未然之言，勿使臣等有无及之悔”。[③] 这是风闻言事，言者无罪，还要求闻者足戒的一例。尽管所言不实，而范祖禹却还要强调此奏“为先事之戒”。

四、宋哲宗绍圣和元符时：高太后死，宋哲宗亲政，行“绍述”变法

---

① 《长编》卷426元祐四年五月癸酉、卷427元祐四年五月辛巳。

② 《长编》卷427元祐四年五月丁亥、《宋宰辅编年录校补》卷9。

③ 《长编》卷436元祐四年十二月；《宋史》卷337《范祖禹传》、卷345《刘安世传》；范祖禹和刘安世奏见《宋朝诸臣奏议》卷29《上哲宗乞进德爱身》，《上宣仁皇后乞保护圣体》，《同前（系第二状）》；《上哲宗再论进德爱身》，《同前（系第二状）》。

之政，起用章惇为首的变法派，于是大批反变法派果然遭到更厉害的报复，许多人被流放到岭南。这是第二次更大规模的贬窜士大夫的运动，台谏官更深地卷入党争。宋哲宗元祐末到绍圣时，如御史中丞黄履，侍御史来之邵、杨畏，监察御史刘拯、周秩、董敦逸，左司谏翟思，左正言上官均，右正言张商英等人，在迫害元祐党人中都起了很坏的作用。①

宋哲宗是个心胸狭隘的人，他特别对当年刘安世和范祖禹谏诤好色之事怀恨在心，说他们"搆造诬谤，靡有不至，迹其用心，宜加诛殛，聊从远窜，以示宽恩。范祖禹特责授昭州别驾，贺州安置，刘安世特责授新州别驾，英州安置"。② 从"诛殛"两字看来，宋哲宗并非没有杀机，只是碍于宋太祖的秘密誓约的约束，他自己声称："朕遵祖宗遗志，未尝杀戮大臣。"③ 实际上还是害怕破坏太祖誓约，"天必殛之"。然而据《朱子语类》卷130说，如刘挚、梁焘等反变法派，其实还是胁迫他们"自尽"的，范祖禹"死亦可疑"。④ 当时两起最大的冤案，一是绍圣三年（公元1096年）皇后孟氏被诬而废，二是绍圣四年（公元1097年）八月开始举办的同文馆大狱，诬说反变法派一些人曾谋"大逆不道"。⑤

尽管如此，当时还是有一些台谏官，如常安民、孙谔、陈次升、邹浩等人，继承范仲淹等人开创的传统，挺身而出，逆潮流而动。监察御史常安民"数论事，无所阿比，论章惇以大臣为绍述之说，实假此名，以报复私怨，一时朋附之流，从而和之，遂至已甚"。章惇等人怀着极强的报复心理对待反变法派，这是无可否认的史实。常安民还说："张商英在元祐之时上吕公著诗，求进，其言谀佞无耻，士夫传笑，近为谏官，则上疏乞毁司马光、吕公著神道碑。周秩在元祐间为太常博士，亲定司马光谥曰文正，近为言官，则上疏论光、公著，乞斲棺鞭尸。陛下察此辈之言，果出

① 参见《续通鉴长编纪事本末》卷101；《宋史》卷328《黄履传》，卷351《张商英传》，卷355《董敦逸传》、《上官均传》、《来之邵传》、《杨畏传》，卷356《刘拯传》。

② 《续通鉴长编纪事本末》卷101。

③ 《宋史》卷200《刑法志》、卷471《章惇传》；《长编》卷495元符元年三月辛亥、戊午。

④ 参见《长编》卷493绍圣四年十二月癸未。

⑤ 《长编》卷490绍圣四年八月丁酉、卷498元符元年五月辛亥。

于公论乎?”于是被罢官。[1] 左正言孙谔也与“治元祐党”唱反调，说：“汉唐朋党之祸，其监不远。”[2] 陈次升历任殿中侍御史、左司谏等，他“累章劾章惇”，“论章惇、蔡卞植党为奸”。在皇后孟氏的冤案中，他上奏强调说：“自古推鞫狱讼，皆付外廷，未有宫禁自治，高下付阉宦之手。陛下但见案牍之具耳，安知情罪之虚实，万一冤滥，为天下后世讥笑。”[3]

董敦逸虽然在迫害反变法派中起了坏作用，他任侍御史时，参加皇后孟氏冤狱的审讯，“察知冤状，握笔弗忍书，郝随[4]从旁胁之，乃不敢异。狱既上，于心终不安”，又上章为孟后辨诬，说：“臣尝阅录其狱，恐得罪天下。”宋哲宗“大怒，将议贬斥”，后经曾布等人劝解，才发表他外任。[5]

总的说来，在台谏官们一窝蜂似的仰承皇帝和宰执的鼻息，“不唯无所建明，率皆附会（章）惇、（蔡）卞”，[6] 充当排击异己的打手甚至杀手，有那么几个特立独行，不计升沉祸福的人，也是难能可贵的。

五、宋徽宗时：宋徽宗即位的翌年，改元建中靖国，似有调和新旧党争之意向，然而旋即改元崇宁，以示尊崇熙宁变法，于是又进行第三次更激烈的贬窜士大夫的运动。他信用蔡京等人，侈靡和腐败更到了完全不可收拾的地步。

然而在昏暗的政治下，仍然出现了若干刚正的台谏官。龚夬在宋徽宗即位之初，拜殿中侍御史，弹劾章惇、蔡京、蔡卞等人，说他们“立造不根之语，文致悖逆之罪”，“本以偿报私仇”。“故老、元辅、侍从、台省之臣，凡天下之所谓贤者，一日之间，布满岭海，自有宋以来，未之闻

---

① 《宋史》卷346《常安民传》，《宋会要》职官67之11—12；《宋朝诸臣奏议》卷119常安民《上哲宗论大臣唱绍述之说》；《续通鉴长编纪事本末》卷106。

② 《宋史》卷346《孙谔传》，孙谔的差遣，《宋会要》职官67之14作右正言，而食货14之8、65之69、66之67均作左正言，与《宋史》本传同。

③ 《宋史》卷346《陈次升传》；《续通鉴长编纪事本末》卷113；《宋朝诸臣奏议》卷28陈次升《上哲宗论瑶华之狱不当付阉宦之手》；《谠论集》卷1《上哲宗论内治》。

④ 郝随是宦官，他不但在孟后的冤案，而且在“起哲宗侈心”等方面也有恶劣作用，参见《宋朝诸臣奏议》卷63任伯雨《上徽宗论郝随特许复官》；《宋史》卷471《章惇传》。

⑤ 《宋史》卷355《董敦逸传》；《续通鉴长编纪事本末》卷113；《独醒杂志》卷5。

⑥ 《宋朝诸臣奏议》卷55任伯雨《上徽宗论张庭坚送吏部》。

也”。他本人也因此被流放岭南。[①] 邹浩在宋哲宗时曾任右正言，“所言每触（章）惇忌，仍上章露劾”，又反对废孟后之后，另立宠幸的刘氏为后，说：“祖宗大德可法者多矣，陛下不之取，而效其小疵，臣恐后世之责人无已者纷纷也。”因而被“削官，羁管新州”。宋徽宗初，“复为右正言，迁左司谏”，又再次谏诤，“再责衡州别驾”，“寻窜昭州”。[②] 陈瓘曾任左正言和右司谏，他“极论蔡卞、章惇、安惇、邢恕之罪”，又“草疏论（蔡）京”，说：“自绍圣以来，七年之间，五逐言者，初逐常安民，次逐孙谔，次逐董敦逸，次逐陈次升，次逐邹浩。此五人者，皆与蔡京所见不同，虽其间或以他罪被逐，而京之所恶，则无不去者。今（龚）夬之言京，又将罢去，则是两朝言官前后六人，无不为京而去也。”他本人也为弹劾蔡京，屡遭贬黜。[③] 任伯雨“居谏省半岁，所上一百八疏，大臣畏其多言”，“密谕以少默”，“伯雨不听，抗论愈力”，后被流放到海南岛。[④] 此外，如张庭坚、江公望、陈祐、沈畸、张汝明、石公弼、毛注、洪彦昇、商倚、陈尧臣等人，也都是比较称职的台谏官。[⑤] 右正言陈禾力陈宦官之弊，说“陛下他日受危亡之祸”，“责授信州监酒”。[⑥] 他们的悲剧不仅是自身往往遭受贬责，而对愈来愈昏暗的政治却难以有所救治。

但自宋哲宗绍圣以后，此类台谏官毕竟只占少数。宋徽宗即位之初，崔鶠上书说，“臣闻谏争之道，不激切不足以起人主意，激切则近讪谤。夫为人臣而有讪谤之名，此谗邪之论所以易乘，而世主所以不悟，天下所以卷舌吞声，而以言为戒也”。“比年以来，谏官不论得失，御史不劾奸邪，门下不驳诏令，共持喑默，以为得计”。“顷邹浩以言事得罪，大臣拱

---

① 《宋史》卷346《龚夬传》；《续通鉴长编纪事本末》卷120。

② 《宋史》卷345《邹浩传》；《宋朝诸臣奏议》卷28邹浩《上哲宗乞追停贤妃刘氏册礼别选贤族》。

③ 《宋史》卷345《陈瓘传》；《宋朝诸臣奏议》卷35《上徽宗论蔡京交结外戚》、卷55《上徽宗乞留龚夬》；《续通鉴长编纪事本末》卷120、卷129。关于陈瓘的差遣，《宋史》本传与《续通鉴长编纪事本末》不同，今依后一记载。

④ 《宋史》卷345《任伯雨传》；《历代名臣奏议》卷181任伯雨诸奏。

⑤ 《宋史》卷346《张庭坚传》、《江公望传》、《陈祐传》，卷348《沈畸传》、《张汝明传》、《石公弼传》、《毛注传》、《洪彦昇传》；《宋朝诸臣奏议》卷55陈尧臣《上徽宗乞重惜宪台之权》，卷76商倚《上徽宗乞戒朋党之弊》。

⑥ 《挥麈录余话》卷1。

而观之，同列无一语者，又从而挤之”。[①] 他所说的，是绍圣以来的情况。宋钦宗时，太学生雷观上书说：“自祖宗以来，相臣多因言官论列，直指某人可相，某人不可相，无非天下之公议，此最为我宋之盛典。崇宁以来，台谏一蒙时相拔擢，则多怀私恩，无有直言者矣。”[②]

按照宋制，台谏官须由皇帝亲自选拔，但在实际施行时，宰执也不可能完全不插手。自宋神宗以来，由于王安石强调“一道德”，反对“异论相搅”，宰执在援引同党出任台谏官方面，其实都起着作用。宋钦宗时，谏官程瑀说：“洎王安石用事已来，专以摧折台谏为事。然当时人材承累朝养育，而砥砺名节之风不衰，论议风生，以斥逐为荣，未为安石下也。至蔡京用事，师法安石，而残狠过之，议己者置之死地。台臣引用私党，藉为鹰犬，博噬正士。”[③] 陈公辅也说：“至熙、丰以来，用事者欲新法必行，恐人异己，故排斥群议，有出一言，则谓之沮坏良法，必逐之而后已。谏官、御史，以其党为之，观望成风，无复公议。方太上皇帝（宋徽宗）诏求直言，言之不中，亦不加罪，及蔡卞乃尽治言者，如陈瓘等，皆当世端人，摈死不用，士论痛惜。臣观今日，其弊极矣。大臣乐软熟而憎骾切，台谏之官与夫缙绅之士，相习一律，闲居议论，无敢及国家安危、生民休戚，况望于人主前争是非利害耶？所以上下欺罔诞谩，无所不至，而召天下之乱也。”[④] 王安石、司马光和章惇都程度不同地利用台谏，特别是蔡京，显示了利用台谏作为自己鹰犬的倾向。当然，蔡京本人尽管十分贪恋权势，却仍然被宋徽宗招之即来，挥之即去，还不够权臣的资格。其后果正如陈公辅所说，“上下欺罔诞谩”，“召天下之乱”。

六、宋钦宗时：宋钦宗作为亡国之君，在位仅一年多，人们往往将他与宋徽宗相提并论，一概骂倒，也有欠公允之处。宋钦宗懦弱无能，特别是在处置与金朝的关系有根本性的失误，但从另一角度看来，他与宋徽宗有很深的龃龉，他即位之后，还是力图矫治其父遗留下来的弊政。他个人的俭约，也与其父的穷奢极侈形成鲜明对照。宋钦宗在位时，就台谏政治

---

① 《宋史》卷356《崔鹏传》。

② 《宋朝诸臣奏议》卷48雷观《上钦宗乞择相》。

③ 《宋朝诸臣奏议》卷55程瑀《上钦宗乞内中置籍录台谏章疏》。

④ 《宋朝诸臣奏议》卷150陈公辅《上钦宗条画十二事》。

而论，还是显示某种恢复旧观的意图。当时涌现了一批有风骨的台谏官，如许翰、陈过庭、李光、陈公辅、崔鶠、许景衡、程瑀、余应求、马伸、吴给、张所等人，他们弹劾佞臣，力图匡补时弊，并在危难时表现了气节。

宋钦宗虽然有时似有虚心听纳的姿态，而对待台谏的一些重要议论，却又没有采纳。曹辅上奏说："言路初开，谏官、台臣摩肩而进，其间亦有挺节徇公、捐躯报国之士，欲效涓埃，以助明时。陛下温颜下访，若水投石，陛下之于言者，可谓真有意矣。然奏章十上，六、七不行，纵或行之，聊复应耳。初信之，抑又疑之，初许之，抑又拒之，得无有以私见曲说，进陈是非者乎？得无欲隔绝言路，故为沮折，使不得一伸其喙乎？陛下亦为之不信言官，辄寝其奏，是又不断之过也。"① 正如《靖康小录》说，"初，番贼至，朝廷日下求言诏，及兵退，则讳言，多责进谏者，言路遂塞"，"时人为之语曰：'城门闭，言路开；城门开，言路闭。'"②

宋钦宗不能信用李纲，是导致北宋亡国的重要失策之一。北宋末人才凋零，李纲在危难时刻敢于挺身而出，组织守卫京城，以拯救天下为己任，因而在士民中赢得很高的威望。然而陈东领导的伏阙上书爱国群众运动，支持李纲，却招致宋钦宗的疑忌。陈公辅上奏，为李纲和陈东力辩，说："李纲之罢，东以忠义感奋，恐其言不能上闻，故率诸生伏阙争之，不谓是日百姓亦来。臣询之诸生，皆曰：'方李邦彦等退朝，百姓皆诟骂，东与诸生力遏之。既而百姓喧哗，东皇恐忧惧，面若死灰，遽欲退避，而百姓遮拥，求出不得。'然则东岂有意率百姓为乱哉？"③ 但宋钦宗并没有终止对李纲的猜忌，"君臣遂生间隙，疑其以军民胁己"。④ 执政耿南仲伙同其他宰执，怂恿宋钦宗命李纲带兵救援太原，其实是要将他置之死地。陈过庭、陈公辅、余应求等人"皆言：'李纲儒者，不知军旅，将兵必败。'又言：'纲忠鲠异众，为大臣所陷，他日成功亦死，败事亦死。'"陈公辅还特别对宋钦宗强调说："纲何足惜，宗社存亡为可虑焉！"程瑀也

① 《宋朝诸臣奏议》卷21 曹辅《上钦宗论不断之过》。
② 《会编》卷96。
③ 《宋朝诸臣奏议》卷19 陈公辅《上钦宗乞官陈东》。
④ 《朱子语类》卷127。

为李纲说话。忠言逆耳，宋钦宗反而将陈公辅、余应求、程瑀等人罢黜，“坐党附李纲，责监川陕诸司商税”。[①] 宋钦宗不能用陈公辅等人的忠言，固然是泄了耿南仲之流的私愤，但受害最深的，还不是李纲和支持他的台谏官，而正是宋钦宗本人。

当开封陷落后，金人宣布废赵宋，监察御史马伸“抗言于稠人广坐中曰：‘吾曹职为争臣，岂可坐视缄默，不吐一词。当共入议状，乞存赵氏。’”[②] 另一监察御史吴给响应马伸，“为草札子”。[③] 当时，胜利的金人喜怒叵测，上此议状当然需要很大的勇气。吴给在起草札子后“致仕”。武官吴革密谋起义，反抗金军，营救二帝，“与谋者惟兵部尚书吕好问，监察御史马伸、张所，奉议郎致仕吴给等数人”。[④] 这三个御史在危难时刻都表现了自己的气节。

七、宋高宗时：宋高宗在位期间的头等大事当然是对金关系，尽管他在各个时期的表现和主张因形势不同，而稍有差别，但基本方针还是离不开降金乞和，以求苟安于半壁江山。

他即位之初，虽然一度命李纲为相，但最倚信的还是两个曾在元帅府为他出过不少坏主意的黄潜善和汪伯彦，两人最初任执政。黄潜善和汪伯彦首先提出，与金朝“画河为界”。[⑤] 监察御史张所立即针锋相对地上奏，强调“河东、河北者，天下之根本，不可失去”，并弹劾“黄潜善兄弟奸邪，不可用，恐害新政”。按照北宋时传下的惯例，黄潜善只能“引去”。但“上谕旨留之，乃罢所言职。潜善意未已，寻责所凤州团练副使，江州安置”。[⑥] 这是南宋开国后，台官与皇帝、执政的第一次冲突。冲突的实质是战，还是降。至于台官仅因弹劾一个执政，而承受如此厉害的惩罚和贬黜，在天水一朝是相当罕见的。当时正好追究开封围城中的“卖国”罪

① 《会编》卷48、卷66《靖康小录》；《靖康要录》卷6靖康元年五月六日、卷8靖康元年六月十日；《要录》卷6建炎元年六月丙寅；《宋史》卷379《陈公辅传》、卷381《程瑀传》；《胡澹庵先生文集》卷23《龙图阁学士广平郡侯程公墓志铭》。

② 《挥麈录余话》卷2。

③ 《伊洛渊源录》卷12《马殿院》。

④ 《要录》卷2建炎元年二月癸酉，乙亥。

⑤ 《要录》卷5建炎元年五月戊戌。

⑥ 《要录》卷5建炎元年五月丙辰；《宋史》卷363《张所传》。

行，四个标准的逆臣，“王时雍责授安化军节度副使，黄州安置”，吴幵和莫俦分别“充龙图阁学士、提举江州太平观”和“述古殿直学士、提举亳州明道宫”，徐秉哲“充徽猷阁直学士、提举江州太平观”。[①] 王时雍号称“卖国牙郎”，又因其“尽搜取妇女于虏人，人号时雍为‘虏人外公’”。[②] 除他的处罚与张所相近外，其他三人都以宫观官礼貌发遣，足见宋高宗、黄潜善、汪伯彦之流生就一副什么样的心肝。张所后来一度被李纲任用，但又终于被流放岭南，最后被盗匪刘忠杀害。[③]

李纲短期任相后，即被宋高宗罢免。左正言邓肃为李纲辩护，谏劝宋高宗，也立即被罢官，黄潜善、汪伯彦等指使“言者极论其罪”，最后“罢归居家”。[④] 殿中侍御史马伸发愤上奏，列举黄潜善和汪伯彦的各种劣迹，说：“今是何时，尚仍旧体，以言为讳。”宋高宗“诏伸言事不实，趋向不正”，“责濮州监酒税”。当时濮州已临抗金前沿，宋廷“趣使上道”，“必欲置之死地”。马伸含冤死于途中，一说武将“王渊屯淮上，受潜善等密旨，加不利于”他。[⑤] 总之，还是在南宋立国之初，两个耿直的御史就成了专制腐败政治的牺牲品。

黄潜善和汪伯彦由执政升任宰相，他们其实也企图仿效蔡京，控制台谏部门。例如黄潜善举荐张浚出任殿中侍御史，就是为唆使他出面弹劾李纲。[⑥] 正如马伸上奏所说：“拟用台谏，多取亲旧，不过欲为己助。”[⑦] 但好景不长，到建炎三年（公元 1129 年）初，金军突击扬州，宋高宗狼狈逃窜过江，御史中丞张澂上奏，开列两人二十大罪状，[⑧] 宋高宗也对两人

---

① 《要录》卷 5 建炎元年五月丁酉、壬寅。

② 《会编》卷 97《朝野佥言》；《要录》卷 3 建炎元年三月丁酉；《朱子语类》卷 132。

③ 关于张所的死难，参见上海图书馆历史文献研究所编《历史文献》第 1 辑拙作《〈宋史〉与〈金史〉杂考》之七《张所的遇害》。

④ 《要录》卷 8 建炎元年八月乙亥；《宋史》卷 375《邓肃传》。邓肃差遣，《要录》作右正言，今从《宋史》本传及文集。

⑤ 《会编》卷 118；《要录》卷 17 建炎二年八月庚申、九月癸未；《宋史》卷 455《马伸传》；《历代名臣奏议》卷 182 马伸奏；《伊洛渊源录》卷 12《马殿院》。

⑥ 《要录》卷 7 建炎元年七月丁未；《朱文公文集》卷 95 张浚行状。

⑦ 《宋史》卷 455《马伸传》和《历代名臣奏议》卷 182 马伸奏，而《会编》卷 118 和《要录》卷 17 建炎二年八月庚申作“自除台谏，仍多亲旧”，其词意应以前者较为确切，他们只是对台谏官提名，由皇帝批准，而并非自己任命。

⑧ 《会编》卷 122；《要录》卷 20 建炎三年二月己巳。

嫌恨，就将他们罢相。

在此后大约9年时间里，南宋小朝廷从风雨飘摇中逐渐走向稳定。在此期间，台谏官往往扮演了与宰执相抗的反对派角色，有的还能直言谏诤皇帝，而宋高宗迫于形势，有时也装出虚心听纳的姿态。岳飞有个幕僚朱梦说，他到行朝，“见当时尚禽色之乐，多无用之物，二圣播迁而未还，中原陷没而未复，万民涂炭而不安，上无良相，朝乏贤臣”，就修书责备御史中丞辛炳。辛炳还是带着朱梦说的书信，上殿奏陈，并且表示反对与金媾和，说：“金人无信，和议不可恃。”宋高宗终于撕下了虚心听纳的假面具，而将辛炳发付外任，又强令岳飞辞退朱梦说。① 但此类事件在当时还不普遍，台谏官的地位发生重大变化，则是在绍兴八年（公元1138年）。

在绍兴八年，宋高宗命宰相赵鼎和秦桧主持对金和议，又在当年罢免赵鼎，由秦桧独相。面临着由抗战到屈辱媾和的重大转折，许多臣僚都群起反对。如监察御史方庭实上奏说，“天下者，中国之天下，祖宗之天下，群臣、万姓、三军之天下，非陛下之天下”。“陛下纵未能率励诸将，克复神州，尚可保守江左，何遽欲屈膝于虏乎？陛下纵忍为此，其如中国何？其如先王之礼乎？其如〔百姓〕之心何？”② 方庭实强调天下绝不是皇帝一人的天下，是继承了自孟子以来的某种民主思想的。秦桧面对着不断高涨的抗议声浪，也颇感束手无策。中书舍人勾龙如渊对秦桧说：“相公为天下大计，而邪说横起，盍不择人为台谏，使尽击去，则相公之事遂矣。”秦桧大喜，就通过宋高宗，擢用勾龙如渊为御史中丞。③ 这是台谏官由天子耳目转变为权臣鹰犬的开端。勾龙如渊在秦桧的唆使下，攻击力主抗金的枢密副使王庶，说他“使尽奸计，乃以和议不合，卖直而去”，“伏望重行窜削，以明庶欺君罔上、愚弄天下之罪”。④ 宋高宗也果然将王庶重责。

① 《会编》卷159；《要录》卷78绍兴四年七月戊辰；《宋史》卷372《辛炳传》。

② 《宋史全文续资治通鉴》卷20绍兴八年十二月癸酉；《皇宋中兴两朝圣政》卷24。

③ 《会编》卷186；《要录》卷123绍兴八年十一月甲辰；《宋史》卷380《勾龙如渊传》；卷473《秦桧传》。

④ 《要录》卷124绍兴八年十二月丙寅；《宋宰辅编年录校补》卷15。

然而勾龙如渊又与秦桧的另一党羽施廷臣内讧，使宋高宗对他感到厌恶，认为他“用心不端”，秦桧竭力为勾龙如渊开脱，提议“俟其待罪求去，然后补外”，但宋高宗说：“如渊失风宪体，可罢中丞，提举江州太平观，日下出门。”于是秦桧只能忍痛让勾龙如渊下台。① 秦桧又举荐廖刚接任御史中丞，不料廖刚却无意于充当秦桧的鹰犬。他对皇帝强调说：“人君之患，莫大于好人从己，若大臣惟一人之从，群臣惟大臣之从，则天下事可忧。”② 这段议论虽然是针对宋高宗力图按自己的降金意图统一舆论而发，却也有某种普遍意义。按《尚书·太甲下》所论：“有言逆于汝心，必求诸道；有言逊于汝志，必求诸非道。”设置台谏官的初衷，决不是为了保证皇帝的一言堂，而是为了保证正确的反对意见得以发表和采纳，保证群言堂。如果事实上成了一言堂，“则天下事可忧”。

秦桧很快把廖刚视为眼中钉，又设法让自己的心腹王次翁接替御史中丞。王次翁对秦桧“尤为柔媚”，③《朱子语类》卷131说，王次翁被“秦桧召来作台官，受桧风旨治善类，自此人始”。这句话并不完全确切，因为在他之前还有勾龙如渊之流，但王次翁上台，确实成了秦桧完全控制台谏部门的标志。宋高宗出于降金乞和的政治需要，最初对秦桧控制台谏部门，是完全采取鼓励和支持的态度。《宋会要》职官55之20有一段秦桧当权时的记载：

> 上曰：“朕欲用谢祖信为台官，恐祖信不知朝廷今日事机。卿等可召赴朝堂，与之议论。”臣桧等奏陈：“台谏乃天子耳目，自朝政阙失，所当论列。恐召至朝堂，然后除授，外间不知陛下之意，不能无嫌。”上曰：“大臣朕股肱，台谏朕耳目，本是一体。若使台谏〔讥〕察大臣，岂朕责任之意耶！”臣桧等虽荷上眷知，卒不敢召祖信，但退相勉策曰：“上虚怀待遇如此，其忍负哉！”④

① 《要录》卷126绍兴九年二月癸亥；《宋史》卷380《勾龙如渊传》。

② 《要录》卷134绍兴十年二月庚申；《高峰文集》卷2《论图治札子》。

③ 《宋史》卷380《王次翁传论》。

④ 以《要录》卷126绍兴九年二月戊午参校。

上引记载固然是史官的虚美曲笔，但也反映了宋高宗以“今日事机”作为进用台谏官的标准，就不免顾此失彼，为秦桧将自己的党羽塞进台谏部门，大开方便之门。

王次翁上任不久，就遇到金军侵河南，撕毁盟约的重大变故，表明秦桧和议政策的失败，使他处在十分难堪的境地。按照惯例，既然宰相有重大失策，只能招来弹劾之箭，而引咎辞职。如建炎三年维扬之变后的黄潜善和汪伯彦，绍兴七年淮西之变后的张浚，都是在台谏官的弹劾之下，狼狈下台的。然而宋廷经过宋高宗和秦桧三个年度的经营和清洗，台谏部门居然鸦雀无声，没有向本应被轰下台的宰相发射一枝弹劾之箭，与前两次适成鲜明对照。不仅如此，王次翁还专门在皇帝面前为秦桧缓颊，宋高宗也表示了不打算将秦桧罢相之意。

在岳飞的千古冤狱中，台谏官的作用尤其恶劣。最初是御史中丞何铸、右谏议大夫万俟卨和殿中侍御史罗汝楫三人出面，弹劾岳飞，滥加污蔑不实之词。前面已经提及风闻言事的规则，风闻言事本身也是一柄双刃剑，使用得当，固然可以在惩治腐败中起很大的作用，而使用不当，又可以成为造谣中伤、陷害忠良的手段。岳飞罢枢密副使后，宋高宗又下令举办诏狱，由御史中丞出任主审官。何铸虽然曾经弹劾岳飞，但在审讯过程中却是良心发现，转而力辩岳飞无辜，秦桧在理屈词穷之余，只能说：“此上意也！”何铸强调说：“铸岂区区为一岳飞者，强敌未灭，无故戮一大将，失士卒心，非社稷之长计。”[①] 秦桧当即奏请宋高宗，改命万俟卨为御史中丞，担任主审。由于岳飞曾鄙视万俟卨的为人，万俟卨正好挟私报复，在杀害岳飞的事件中起了重要的帮凶作用。

在秦桧独相的18个年度里，除了像廖刚、何铸等个别人外，绝大多数台谏官无非是“士大夫之顽钝、嗜利、无耻者”，他们附会和议，“清议不容”，[②] 作为由秦桧牵线的一批恶狗，随时按他的发纵指示，出来狂吠乱咬，迫害正直的文臣武将，攻击一切秦桧不喜欢的人，其中也包括他昨日的党羽。《朱了语类》卷131说：“秦桧每有所欲为事，讽令台谏知后，

---

① 《宋史》卷380《何铸传》。

② 《朱文公文集》卷75《戊午谠议序》。

只令林一飞（秦桧庶子）辈往论之。要去一人时，只云劾某人去，台谏便著寻事，上之。台谏亦尝使人在左右探其意，才得之，即上文字。太上（宋高宗）只是虑虏人，故任之如此。”台谏官还不只是通过林一飞等人，被动地接受秦桧的旨意，而且是主动地服务上门，打听秦桧的意图。台谏官和执政官犹如围着秦桧运转的一盏走马灯。旧的执政到了某种时限，就由秦桧唆使台谏，通过劾奏，将他们轰下台，台谏也因此升任新的执政。然而时隔不久，他们还须被新的台谏轰下台。如此循环往复，直到秦桧本人辞离人世。

秦桧死后，宋高宗鉴于大权旁落的教训，开始注意恢复台谏官作为天子耳目的职能。他利用台谏官排挤和清洗朝廷中的秦桧死党，但在另一方面，也仍然顽固地镇压抗金舆论。张浚上奏，主张改变降金政策，于是，台谏官看准皇帝的意图，纷纷上劾奏，御史中丞汤鹏举说，“浚身在草土（指为母守丧），名系罪籍，要誉而论边事，不恭而违诏书，取腐儒无用之常谈，沮今日已行之信誓”。“望屏之远方，以为臣下不忠之戒”。殿中侍御史周方崇说：“浚倡为异议，以动摇国是，欺愚惑众，冀于再用，不顾国家之利害，罪不容诛。望破其奸谋，重加贬窜，以正妄言之罪。”右正言凌哲说：“浚凭愚护短，专务立异，求售前日之臆说，恐远方遐徼，民听易惑，别生事端。望赐黜责，以为怀诈徇私、欺世盗〔名〕之戒。”宋高宗“诏前特进张浚依旧令永州居住”，他说，张浚“今复论兵，极为生事”，“不如此，议论不能得定”。[①] 他通过处分张浚，企图杜绝一切抗金舆论，而当时的台谏官也确实起了其耳目的作用。

然而北方的金海陵王完颜亮自即位以后，却是磨刀霍霍，以灭宋为目标。到了宋高宗在位的最后四年间，讳言用兵的最大最高禁忌，终于被一些臣僚所冲破。到绍兴三十年（公元1160年），侍御史汪澈、殿中侍御史陈俊卿、右谏议大夫何溥、右正言王淮等乘机弹劾左相汤思退，“思退初居政府，时秦氏既败，朋附扫迹，独思退在焉，时有语曰：‘知不知，问进之；会不会，问思退。’进之乃思退字，盖甚言其秦党而得免窜逐也”，说他“贪鄙无嫌”，“犹得偃然在群臣之上，而秉国钧，欲逃折足覆悚之

---

① 《要录》卷175绍兴二十六年十月丁酉，闰十月己亥朔。

讥，难矣"！宋高宗将汤思退罢相，才使宋廷得以转入了备战的轨道。①

局势很快发展到不抗金，就不得偷安东南的地步。然而阻碍宋廷备战的还有两个重要人物，一是医官王继先，二是宦官张去为。他们虽然官位不高，因深受宋高宗宠信，特别是王继先，权势很大，作恶极多，"依凭城社"，"中外之士莫敢议者三十年"。② 直到宋金开战前夕，正直的台官实际上是利用北方完颜亮的武力胁迫，开始弹劾这两个巨奸大憝。《朱文公文集》卷96《少师观文殿大学士致仕魏国公赠太师谥正献陈公行状》记载了时任殿中侍御史陈俊卿上弹奏的经过：

内侍张去为阴沮用兵之策，且陈避狄之计。公遂抗言："去为窃弄威权，亏损圣德，今复沮挠成算，请按军法斩之，以作士气！"上愕然曰："卿可谓仁者之勇矣！"明日，除权兵部侍郎。

宋高宗表面上似乎从谏如流，其实却是用迁官的方式将陈俊卿调离御史台，用以包庇张去为。陈俊卿也完全明白宋高宗的用心，他尽管受到升迁的恩宠，"既出台，求去甚力"。③ 杜莘老接任殿中侍御史，又接着劾奏王继先，《桯史》卷9《黑虎王医师》的记载说：

莘老遂上疏，列其十罪。初进读，玉色犹怫然。莘老扣榻曰："臣以执法事陛下，不能去一医，死不敢退。"犹未许，因密言："外议谓继先以左道幸，恐谤议丛起，臣且不忍听。"上始变色首肯。罢朝，使宣旨曰："朕以显仁（皇太后韦氏）饵汝药，故假尔宠。今言者如此，当不复有面目见朕。期三日有施行，其自图之。"辛亥，遂诏继先居于福，子孙勒停，都城田宅皆没官，奴婢之强鬻者从便。令下，中外大悦。继先以先事闻诏，多藏远徙，故虽籍，不害其富也。

① 《要录》卷187绍兴三十年十一月戊戌、庚子、辛丑、癸卯，十二月乙巳朔、丙午；《宋史》卷371《汤思退传》，《宋宰辅编年录校补》卷16。

② 《桯史》卷9《黑虎王医师》；《会编》卷230《中兴遗史》。

③ 《要录》卷190绍兴三十一年六月己酉；《琬琰集删存》卷2《杜御史莘老行状》。

杜莘老的弹奏历数王继先的罪恶，但宋高宗“玉色犹怫然”，直至杜莘老谈到王继先的“左道”，即为这个好色的皇帝合壮阳药的问题，他“始变色首肯”。他除了将恩宠王继先的责任推给死去的皇太后，仍然为王继先留下两条后路，一是事先通知，让他转移部分财产，“多藏远徙”，“不害其富”，二是并未按杜莘老的奏请，将王继先流放岭南，只是“诏继先福州居住”。[①] 杜莘老又继续弹劾张去为，宋高宗“不乐”，最后宣布“殿中侍御史杜莘老直显谟阁、知遂宁府，延福宫使、安德军承宣使、入内内侍省副都知（都知?）张去为致仕”。[②] 宋高宗发表杜莘老外任，其实是“忤旨左降”。[③] 由于杜莘老弹劾王继先和张去为的成功，一时传为佳话。他离开朝廷时，“朝士祖道都门，以诗称述者百余人”。直到南宋中期，“都人至今以为美谈，虽宿卫武夫、府寺贱隶，诵说前朝骨鲠敢言，必曰杜御史也”。[④]

宋高宗在位约最后三年，只是在万不得已的情况下，才被迫起用一些骨鲠敢言之士充任台谏官。他对于台谏官的正确建议，当然只能是有选择、有限度的接受。例如杜莘老主张“昭雪岳飞，录其子孙，以激天下忠臣义士之气”，[⑤] 而宋高宗仍顽固地予以拒绝。当金海陵王南征失败后，殿中侍御史吴芾“数奏，请乘此机会，决策亲征，速图进取”。他强调定都建康的重要性，说“今欲控带襄汉，引输湖广，则临安不如建康之便；经理淮甸，应接梁宋，则临安不如建康之近”。“恐回銮之后，西师之声援不接，北土之讴吟绝望”，其“言虽苦，竟不能夺”。“庙堂既主和议，不言兵，故召诸将还，无复北讨之意矣”。[⑥]

总的来说，宋高宗在位的36年间，在皇权和相权的控制下，台谏的实际运作，明显地存在着两紧两松，或者说是两擒两纵的局面。在大约2/3的时间内，宋高宗不惜以高压手段，严厉制裁包括台谏官在内的正论，

---

① 《会编》卷230；《要录》卷192绍兴三十一年八月辛亥。

② 《要录》卷193绍兴三十一年十月戊辰。

③ 《朱文公文集》卷97《刘珙行状》。

④ 《要录》卷195绍兴三十一年十二月甲辰；《琬琰集删存》卷2《杜御史莘老行状》。

⑤ 《鄂国金佗续编》卷30《乞昭雪奏札》。

⑥ 《朱文公文集》卷88《龙图阁直学士吴公神道碑》；《宋史》卷387《吴芾传》；《建炎以来朝野杂记》甲集卷20《高宗建康东归》。

特别是抗金的正论，仅仅是服从于他向杀父之仇下跪，屈辱称臣的政治需要，这在中国古史上，堪称是前无古人，后无来者的。其镇压正论的凶残，在天水一朝也是绝无仅有的。然而在金人逼迫太甚，欲当臣皇帝而不可得的情势下，宋高宗又被迫对正论作出有限度的放松。在危难关头，不论是台谏官中的正气，还是歪风，也比两宋任何一个时期，表现得更为突出，更加鲜明。秦桧作为宋朝第一个权臣，“挟虏势以邀君”，[①] 成为宋高宗无法罢免的宰相，又进而“张震主之威”。[②] 他将台谏官从天子的耳目完全变为个人的鹰犬。其权势就远非北宋晚期的蔡京可比，蔡京故吏高拣曾感叹说：“看他秦太师，吾主人乃天下至缪汉也!”[③] 此后南宋三个权臣控制台谏的局面，大致是其余绪。

八、宋孝宗时：宋孝宗算是南宋最好的一个皇帝。他最“初恢复之志甚锐”，却因用人和处置不当，还是被迫与金朝达成隆兴和议。隆兴和议后25年，南宋政局平稳，没有多大波澜。他汲取秦桧专权的教训，“惩创绍兴权臣之弊，躬揽权纲”，“临御久，事皆上决，执政唯奉旨而行，群下多恐惧顾望”，“最后所用宰执，多是庸人”。[④]

宋孝宗即位之初，围绕着对金和战等问题，还是涌现了一批优秀的台谏官。宋高宗退居德寿宫后，就纵容宦官梁康民开设酒库，这当然是犯榷酒之禁。右正言袁孚“亟请对，论北内有私酤，言颇切直”。宋高宗“闻之震怒”，宋孝宗“严于养志，御批放罢”。宋孝宗的老师史浩时任参知政事，他出面问皇帝，袁孚“何罪”？宋孝宗说：“是非所宜言，不逐何待。”史浩多方进行劝解说，“北内给事，无非阉人，是恶知大体？若非几个村措大在言路，时以正论折其萌芽，此曹冯依自恣，何所不至”？“争臣无故赐罢，天下咸以为疑”。“愿陛下试以意白去孚，倘可以上皇意留之，尤盛德事”。不料宋高宗“怒袁孚甚”，亲赐宋孝宗“酒一壶，亲书‘德寿私酒’四字于上”，使宋孝宗“跼蹐无所”。最后，只能以袁孚“请祠”，请求当宫观闲官，离开朝廷，而宋孝宗为他“除直秘阁”，“以职名

① 《朱子语类》卷131。

② 《朱文公文集》卷99《除秦桧祠移文》。

③ 《老学庵笔记》卷8。

④ 《朱子语类》卷127；《宋史》卷394《林栗传》、卷397《徐谊传》。

华其行”，了结德寿宫与谏官的纠纷。[①] 在这场直言与歪理，法与权的小小较量中，充分反映了宋朝人治的本质，让袁孚本人“请祠”，“以职名华其行”，不过是为徇私枉法的人治蒙上一块遮羞布而已。

史浩在弥合上述一类朝廷或宫闱的小争斗方面，表现出相当的智谋，然而在处理军国大事方面，其实是无能的，也不想有大的作为。他给宋孝宗出的一个最大的馊主意，就是命令吴璘自陕西班师，招致四川主力被歼。侍御史王十朋为此上劾奏。当张浚组织北伐失败后，王十朋说，“异议小人，与圣意素不合者，往往幸灾乐祸，倡为浮议，以动摇大计”，“陛下恢复志立，固不以一衄为群议所摇”。[②] 右谏议大夫王大宝也说：“危疑之际，非果断持重，何以息横议。”[③] 他们希望宋孝宗坚定抗金志向。

然而宋孝宗在关键时刻却举棋不定，也确实为浮议所动摇，而重新起用汤思退为相。王大宝、侍御史周操等都谏劝皇帝，不要任用汤思退。左司谏陈良翰说：“思退奸邪误国，宜早罢黜，以靖中外。”宋孝宗说：“思退前议诚失，然朕爱其警敏，冀可责后效。”陈良翰说：“思退庸狡，小黠大痴，恐误陛下国计，且‘警敏’二字，非明主所以卜相之法也。”[④] 宋孝宗根本听不进去。当时汤思退等人“坚主和，陈良翰、周操不以为然。右正言尹穑阴符执政，荐引同己者，转言和于上前。上惑之，罢（张浚）督府，良翰、操相继黜，而穑进殿中（侍御史），迁谏议大夫”。[⑤] 宋孝宗信用宰相汤思退、台谏官尹穑等人的结果，是在丧失更多的利益之后，再度被迫与金朝签订和约。他事后并非没有醒悟到任用汤思退等人的错误，却为时已晚。

宋孝宗时政治的一个特点，是有一批男宠，《宋史》卷470将他宠幸的曾觌、龙大渊、张说、王抃等人列入《佞幸传》。这些人都不是科举出

---

① 《桯史》卷8《袁孚论事》；《周益国文忠公集·杂著述》卷2《龙飞录》；《宋宰辅编年录校补》卷17，《攻媿集》、卷93《纯诚厚德元老之碑》；《京口耆旧传》卷8《袁孚传》。梁康民，《京口耆旧传》作梁康成。

② 《宋史》卷387《王十朋传》；《历代名臣奏议》卷184王十朋论史浩奏，卷234；《梅溪先生廷试策并奏议》卷3《论史浩札子》、《再论史浩札子》、《论宿州退师札子》，卷4《自劾札子》。

③ 《宋史》卷386《王大宝传》。

④ 《宋史》卷387《陈良翰传》；《朱文公文集》卷97《敷文阁直学士陈公行状》。

⑤ 《宋史》卷372《尹穑传》、卷386《李彦颖传》。

身，其阶官是武官，却又不是军人，他们与宦官梁珂、甘昪等“相与盘结”，“恃恩专恣，其门如市”，“士大夫无耻者争附之”。宋孝宗“与觌、大渊辈觞咏唱酬，字而不名。罢宰相，易大将，待其言而后决”。前后有许多臣僚与他们争斗，其中包括台谏官刘度、周操、王十朋、龚茂良等，刘度第一个发难，连上章疏，指斥他们“轻儇浮浅”，“上累圣德”，都告失败。特别是曾觌“用事二十年，权震中外”。后“龚茂良时以参政行丞相事”，“茂良退朝，觌从骑不避，茂良执而挞之，待罪乞出，不许。户部员外郎谢廓然忽赐出身，除侍御史。廓然首论茂良，以资政殿学士知镇江，章再上，镌罢，言之不已，贬英州，皆觌所使也”。最后龚茂良“父子卒于贬所”。龚茂良“主和议”，“五年不说恢复”，“凡遇臣僚奏对，有及边备利害，必遭讥骂”。[①] 但他遭谢廓然论奏，而贬黜岭南，也是宋孝宗时的一件大冤案。台谏官从正反两面，反对或结托这批佞幸人物，同样反映了人治的特征，说明在人治之下，腐败政治自不可免。

《贵耳集》卷下说：“孝皇圣断，不可测度，前相既去，后相即拜，却除前相进拟台谏。后相虽有进拟，虑其立党，不除，恐台谏奉承后相风旨，以攻前相，所以存进退大臣之体。”由于秦桧专权已有前戒，宋孝宗非常留心于帝王南面之术，不让宰执与台谏结党，不让台谏成为宰执的鹰犬。尽管如此，谢廓然却成了曾觌的鹰犬，到头来还是顾此失彼。

九、宋光宗和宋宁宗庆元至开禧时：宋光宗在位时间颇短，他得精神病后，被宋高宗的吴后与一些臣僚设计废黜，立宋宁宗。宋宁宗无疑是个低能弱智者，[②] 从庆元到开禧，由外戚韩侂胄掌政，成为南宋第二个权臣。他发动庆元党禁，最后又因仓猝举行开禧北伐，而自取败亡。

宋光宗时，如刘光祖、黄度、林大中等人，都是优秀的台谏官，但他们的议论和弹劾其实已无补于时世。宋宁宗既然根本没有能力躬揽权纲，

---

① 本段所用史料，除《宋史》卷 470《佞幸传》外，另可参见《建炎以来朝野杂记》乙集 6《台谏给舍论龙曾事始末》、《孝宗黜龙曾本末》；《宋史》卷 385《龚茂良传》、卷 469《甘昪传》；《宋宰辅编年录校补》卷 18。

② 《宋史》卷 393《黄裳传》载，宋宁宗当嘉王时，曾问：“何谓九都统？”黄裳感叹说：“唐太宗年十八起义兵，平祸乱。今大王年过之，而国家九都统之说犹有未知。”《癸辛杂识》续集下《宁宗不慧》：“或谓宁宗不慧，而讷於言，每北使入见，或阴以宦者代答。”

所谓大权旁落，就势不可免。韩侂胄出身名门望族，他算是宋神宗的外曾孙，又与宋高宗吴后有双重亲戚关系，在宋宁宗登基时确实起过特殊作用，有定策之功，故深得宋宁宗的倚重。按赵宋家法，韩侂胄既是外戚，并非科举出身，而只是荫补出身的武官，照理只能享受富贵，而不可能在政界有任何作为，也不会被科举出身的文官们放在眼里。韩侂胄所以成为权臣，主要是依仗庸懦无能的皇帝的信任，并且成功地操纵了台谏部门。“右正言黄度欲劾侂胄，谋泄，斥去”。有刘弢为韩侂胄献计说：“惟有用台谏尔。”但台谏官却应由赵汝愚等宰执进拟，韩侂胄不解地问：“若何而可?”刘弢说：“御笔批出是也。”韩侂胄“即以内批除所知刘德秀为监察御史，杨大法为殿中侍御史，罢吴猎监察御史，而用刘三杰代之。于是言路皆侂胄之党”。韩侂胄唆使台谏官攻击赵汝愚、朱熹等政敌，“以攻伪学为言”，为此出力的台谏官还有李沐、何澹、胡纮、沈继祖、施康年、陈谠、邓友龙、林采、张釜、张巖、程松等人。直到他败亡前夕，还“与（陈）自强谋用林行可为谏议大夫，尽击谋侂胄者”。[①]

韩侂胄由武官的资序升迁，最高的头衔是平原郡王、太师、平章军国事，他没有当过一天宰相，而专权14年，“宰相已为具官”，只是秉承他的旨意而已。[②] 在他败亡之时，有台官雷孝友上奏说，“乃首借台谏，以钳制上下，除授之际，名为密启，实出己私，而奸险之徒，亦乐为之鹰犬。台谏之官”，“专植私党，任用匪人，凡有所言，无不阴授风旨；而每告陛下，必谓台谏公论，不可不听。自是威福日盛，无复忌惮，稍有异己，必加摈斥，以专擅朝政，干分败常”。在对金战事失败后，又“方倚腹心以为台谏，文饰奸言，谓之‘一人心，定国论’，以禁异议，怙终不悛”。[③] 这段议论可作为韩侂胄专权时，台谏官的作用的总结。他其实还是承袭秦桧的衣钵，将天子的耳目官，变成“私台谏之选，为己羽翼”，一方面以台谏“压群言”，[④] 另一方面又以“台谏公论”为名，让宋宁宗“不可不听”。

---

① 《宋史》卷392《赵汝愚传》、卷429《朱熹传》、卷474《韩侂胄传》。

② 《建炎以来朝野杂记》乙集13《平章军国事》；《四朝闻见录》戊集《侂胄师旦周筠等本末》。

③ 《四朝闻见录》戊集《臣寮雷孝友上言》与《历代名臣奏议》卷184卫泾奏文字几乎全同。

④ 《宋史》卷400《杨大全传》。

十、宋宁宗嘉定时和宋理宗宝庆、绍定时：韩侂胄被杀后，似乎又是一个更化的时机。黄度告诫宋宁宗说，“今威柄复还，正与高庙同”。“给、舍、台、谏，人主自用之，则威权在己，或臣下得而用之，则威权去矣”。[①] 倪思说：“宜亲擢台谏，以革权臣之弊；并任宰辅，以鉴专擅之失。”[②] 王居安对皇帝说得更明确：“如用人稍误，是一侂胄死，一侂胄生也。”[③] 但是，史弥远还是很快取代了韩侂胄，成为南宋第三个权臣。他表面上不像秦桧或韩侂胄那么张牙舞爪，长期内只是以右相身份独相，而勾结了杨后，其权势却更加牢不可破，以至主持和发动了废皇储济王赵竑，而立宋理宗的政变。宋理宗宝庆和绍定时，还是对史弥远感恩戴德，而听凭他专权。宋人称史弥远“独专国秉至二十六年，此古今所无。至晚年得末疾，犹专国秉数年，尤古今所无”。[④]

当嘉定更化之初，优秀的台谏官还比较活跃。傅伯成“拜左谏议大夫，抗疏十有三，皆军国大义。或致弥远意，欲使有所弹劾，谓将引以共政，谢之曰：‘吾岂倾人以为利哉！’疏乞诏大臣以公灭私”，于是被逐出朝廷。[⑤]“会谏官王居安、傅伯成以言事去职，（许）奕上疏力争之，其后又因灾异申言曰：‘比年上下以言为讳，谏官无故而去者再矣。以言名官，且不得尽，况疏远乎！’”于是许奕也被逐。[⑥] 在“许奕以言事去国”后，起居舍人王介上奏宋宁宗说：“陛下更化三年，而言事官去者五人，倪思、傅伯成既去，其后蔡幼学、邹应龙相继而出，今许奕复蹈前辙。此五臣者，四为给事（中），一为谏大夫，两年之间，尽听其去。或谓此皆宰相意，自古未有大臣因给、舍论事而去之者，是大臣误陛下也，将恐成孤立之势。”于是王介也“补外”。[⑦] 这些人被逐出朝廷，固然不同于秦桧和韩侂胄时代的重贬远谪，但表明无能的宋宁宗还是拱手听任史弥远的专擅。史弥远“拜右丞相，陈晦草制用‘昆命元龟’语”，倪思认为这是“尧禅

① 《絜斋集》卷13《龙图阁学士通奉大夫尚书黄公行状》。
② 《宋史》卷398《倪思传》。
③ 《宋史》卷405《王居安传》。
④ 《鹤林玉露》乙编卷3《宰辅久任》。
⑤ 《宋史》卷415《傅伯成传》。
⑥ 《宋史》卷406《许奕传》。
⑦ 《宋史》卷400《王介传》。

舜之文”，“请贴改麻制”，史弥远反而“遂除晦殿中侍御史”，弹劾倪思“僭论麻制，镌职而罢，自是不复起矣”。[①]

史弥远正是通过此类方式树立权威，而完全控制了台谏部门。“自丞相史弥远当国，台谏皆其私人，每有所劾〔奏〕，必先呈副封，以越簿纸书，用简版缴达。合则缄还，否则别以纸言某人有雅故，朝廷正赖其用，於是旋易之以应课，习以为常”。[②] 张端义说：“一相去，台谏以党去；一相拜，台谏以党进。况自嘉定副封之靡，前帝宏规废矣。”[③] 台谏官弹劾，须向史弥远“先呈副封”，这还是史弥远专权时立下的新规矩。杜範也说：“权臣所用台谏，必其私人，约言已坚，而后出命，其所弹击，悉承风旨，是以纪纲荡然，风俗大坏。”[④] 魏了翁说，“凡除授台谏，必先期请见，饷以酒肴。及论事之时，又以尺简往复，先缴全稿，是则听之，否则易之。次序官职之崇卑，挨排日分之先后，兑易更换，率至月末”。“台谏语人，必曰：‘近来文字皆是府第付出。’”“故人谓台谏为鹰犬之不若”。[⑤]

宋理宗初，洪咨夔上封事，“论台谏失职”，说：“月课将临，笔不敢下，称量议论之异同，揣磨情分之厚薄，可否未决，吞吐不能。”“史弥远读至‘济王之死，非陛下本心’，大恚，掷于地”。洪咨夔后来“转对，复言李全必为国患。于是台谏李知孝、梁成大交论，镌二秩”。[⑥] 所谓“月课”，即台谏官每月必须上疏言事，“月有供课，是以直道望谏官也”，[⑦] 如今却成了他们最感头痛的定期作业。围绕着济王的冤杀案，还有如真德秀、魏了翁、潘枋、胡梦昱、徐宣等一批士大夫为之鸣冤叫屈，“台谏李知孝、莫泽奉承风旨，凡平日睚眦之怒，悉指以从伪，弹劾无虚日，朝野为之侧足”，一些人“殁于贬所”。[⑧] 这是史弥远利用台谏官惩处

① 《宋史》卷398《倪思传》。

② 《癸辛杂识》前集《简槧》。

③ 《贵耳集》卷下。

④ 《宋史》卷407《杜範传》；《戊辰修史传·丞相杜範》；《杜清献公集》卷5《入台奏札》。

⑤ 《鹤山先生大全文集》卷18《应诏封事》。

⑥ 《宋史》卷406《洪咨夔传》，《鹤林玉露》乙编卷2《而已失官》。

⑦ 《文山先生全集》卷3《御试策》。

⑧ 《齐东野语》卷14《巴陵本末》。

异议者的典型事例。时人称李知孝、梁成大和莫泽三个台谏官为“三凶”。[①] 梁成大“谄事史弥远家幹万昕”起家，被太学生们称为“梁成犬”。罗大经评论说：“余谓犬之狺狺，不过吠非其主耳，是有功于主也。今夫不肖之台谏，受权贵之指呼，纳豪富之贿赂，内则翦天子之羽翼，外则夺百姓之父母，是有害于主也，吾意犬亦羞与为伍矣。”[②]

十一、宋理宗端平至淳祐时：史弥远死，宋理宗开始所谓“端平更化”。他“亲政五日”，就召洪咨夔入朝，很快“与王遂并拜监察御史。咨夔感激知遇，谓遂曰：‘朝无亲擢台谏久矣，要当极本穷原而先论之’”。[③] 此后一个长时期内，有一批台谏官还是相当尽职的。如监察御史李宗勉“言内降之敝”说，“王府后宅之宫僚，戚里奄寺之恩赏，纶綍直下，不经都省”，“阙失已彰，然后言事之人从而论列之，其累圣德亦多矣”。[④] 然而宋理宗其实也不能真正信用他们，采纳忠言，刘黻上书说：“陛下擢用台谏，若臣（郭）磊卿、[⑤] 臣（洪）咨夔、臣（刘）应起、臣（刘）汉弼、[⑥] 臣（潘）凯、臣（吴）燧，[⑦] 光明俊伟，卓为天下称首，然甫入而遽迁，或一鸣而辄斥。”[⑧] 杜範说：“陛下亲政，首用洪咨夔、王遂〔为台谏〕，痛矫宿弊，斥去奸邪。然庙堂之上，〔牵〕制尚多。言及贵近，或委曲回护，而先行丐祠之请；事有掣肘，或彼此调停，而卒收论罪之章。亦有弹墨尚新，而已颁除目，沙汰未几，而旋得美官。自是台谏风采，昔之振扬者日以铄；朝廷纪纲，昔之渐起者日以坏。”[⑨] 监察御史吴昌裔也说：“朝纲者，非台臣之利也，天下之公法也。世之有容德者，常锐於慷慨愿治之初，必厌於玩习已安之后，初则开导而易入，久则勉强而难平。耳目之官遂至孤立，甚可畏也。”[⑩]

① 《宋史》卷414《史弥远传》、卷415《王遂传》、卷422《李知孝传》。
② 《宋史》卷422《梁成大传》；《鹤林玉露》丙编卷2《大字成犬》。
③ 《宋史》卷406《洪咨夔传》。
④ 《宋史》卷405《李宗勉传》。
⑤ 《宋史》卷415《程公许传》、卷416《曹豳传》。
⑥ 《宋史》卷415《程公许传》、卷419《金渊传》。
⑦ 《宋史》卷418《程元凤传》。
⑧ 《宋史》卷405《刘黻传》。
⑨ 《宋史》卷407《杜範传》；《戊辰修史传·丞相杜範》；《杜清献公集》卷5《入台奏札》。
⑩ 《历代名臣奏议》卷61。

当时的多数台谏官却并无风采可言，有的甚至劣迹昭彰。刘应起上奏说："大有为之君，常使近倖畏宰相，今宰相畏近倖，使宰相畏台谏，今台谏畏宰相。"① 如"殿中侍御史蒋岘逢君希宠，创为邪说，禁锢言者"。殿中侍御史郑垓"回懦首鼠"。宰相郑清之憎恶程公许，就"授稿殿中侍御史陈垓，以劾公许"。② 当时"侍御史（殿中侍御史?）陈垓诬劾程公许，右正言蔡荥诬劾黄之纯，二公罢出，六馆相顾失色"。刘黻"率诸生上书"说，"祖宗建置台谏，本以伸君子而折小人，昌公论而杜私说。乃今老饕自肆，奸种相仍，以谄谀承风旨，以倾险设机阱，以湍涊盗官爵"。"独垓、荥辈贪饕顽忍，久汙要津，根据而不拔"。③ 后陈垓虽以"贪赃不法，窜潮州"，④ 但台谏官的总体状况并无改观。

面对蒙古帝国的严重军事威胁，南宋兵连祸结，境土日蹙，却又苦苦支撑着，成为当时世界上唯一尚能抵御蒙古进攻的帝国。当宋理宗亲政之初，"斥逐权奸，收召名德，举朝相庆"，而姚希得却认为，"外观形状，似若清明之朝；内察脉息，有类危亡之证"。⑤ 此后事态的发展，更是每况愈下。

十二、宋理宗宝祐至景定和宋度宗时：宋理宗晚年，纵欲怠政，宠任阎贵妃、马天骥、丁大全和宦官董宋臣，接着又把国政交付贾似道。贾似道任右丞相，"理宗崩，度宗又其所立，每朝必答拜，称之曰'师臣'而不名"，又特授平章军国重事。⑥ 贾似道的权势又超过在他之前的南宋三权臣，而南宋也终于被元朝所亡。

丁大全由台谏官升迁，他与另外两个台谏官陈大方、胡大昌号称"三不吠之犬"。丁大全"拜右正言、兼侍讲，辞。改右司谏，拜殿中侍御史，升侍御史、兼侍读。劾奏丞相董槐，章未下，大全夜半调隅兵百馀人，露刃围槐第，以台牒驱迫之出，绐令舆槐至大理寺，欲以此恐之。须臾，出

① 《宋史全文续资治通鉴》卷33淳祐元年十二月丙寅。

② 《宋史》卷415《程公许传》。

③ 《宋史》卷405《刘黻传》，此传将弹劾程公许等事系于丁大全被贬斥后，系误，应以《宋史》卷415《程公许传》所载为准，为淳祐末年事，而丁大全得势为宝祐时事。

④ 《宋史》卷43《理宗纪》宝祐元年二月。

⑤ 《宋史》卷421《姚希得传》。

⑥ 《宋史》卷474《贾似道传》。

北关，弃槐，詘呼而散。槐徐步入接待寺，罢相之命下矣”。[①] 台官的气焰嚣张到以武力逐走宰相的地步，这是两宋政治史上仅有的特例。“时丁大全与（董）宋臣表里，浊乱朝政”，牟子才“在太平建李白祠”，亲自写记，讽刺董宋臣。“属有拓本遗宋臣，宋臣大怒，持二碑泣诉于帝，乃与大全合谋，嗾御史交章诬劾子才在郡公燕及馈遗过客为入己，降两官，犹未已”。[②] 丁大全任执政和宰相前后四年，而拜相仅前后两年，“台臣翁应弼、吴衍为大全鹰犬”。但当他下台时，侍御史沈炎，右正言曹永年，监察御史朱貔孙、饶虎臣、刘应龙等人还是相继论劾。[③]

尽管宋朝的国运已进入衰亡，但仍然出现了像洪天锡那样的台官。他在宝祐三年（公元 1255 年）出任监察御史，上疏说：“臣职在宪府，不惟不能奉承大臣风旨，亦不敢奉承陛下风旨。”他屡次上奏说：“古今为天下患者三：宦官也，外戚也，小人也。”并且弹击宦官董宋臣、卢允升，外戚、将作监谢堂，知庆元府厉文翁等人。洪天锡“尝书桃符”：“平生要识琼崖面，到此当坚铁石心。”表明他是做了被流放到海南岛的最坏准备。所以周密称赞说，“近世敢言之士，虽间有之，然能终始一节，明目张胆，言人之所难者，绝无而仅有，曰温陵洪公天锡君畴一人而已”。“其刚劲之气，未尝一日少沮也”。[④]

在贾似道专政时，“凡台谏弹劾”，“不关白不敢行”。[⑤]“益忌台谏言事，悉用庸懦易制者为之，弹劾不敢自由，惟取远州太守及州县小官，毛举细故，应故事而已”。[⑥] 宋理宗末期，“台谏何梦然、孙附凤、桂锡孙、刘应龙承顺风指，凡为似道所恶者，无贤否皆斥”。[⑦] 景定五年（公元 1264 年）出现彗星，按古代的天人感应说，皇帝不得不“避殿减膳，下诏责己，求直言，大赦天下”，贾似道也只能装模作样地上奏“乞罢免”。

① 《宋史》卷 405《刘黻传》、卷 414《董槐传》、卷 474《丁大全传》；《说郛》卷 4《古杭杂记》。

② 《宋史》卷 411《牟子才传》。

③ 《宋史》卷 474《丁大全传》。

④ 《宋史》卷 424《洪天锡传》；《齐东野语》卷 7《洪君畴》。

⑤ 《宋史》卷 474《贾似道传》。

⑥ 《宋季三朝政要》卷 4 咸淳二年。

⑦ 《宋史》卷 45《理宗纪》景定元年十月。

但当时的台谏，“御史朱貔孙，正言朱应元，察官程元岳、饶应龙合台奏章，乞消弭挽回，皆常谈也”。然而也有一批官员直率地批评时政，包括当时贾似道推行的公田法。如王爚说：“戚畹嬖倖，遍居畿辅，借应奉之名，肆诛剥之虐，监司不敢谁何，台谏不敢论列。”等到“彗光稍杀”后，又故态复萌，贾似道等“恭请皇帝御正殿，复常膳”，接着，“以京学士人萧规、唐隶、叶李、吕宙之、姚必得、陈子美、钱焴、赵从龙、胡友开等不合谤讪生事，送临安府追捕勘证，议罪施行各有差，自是中外结舌焉”。[①] 当时还有谢枋得“发策十余问，言权奸误国，赵氏必亡。左司谏舒有开劾其怨望腾谤，大不敬，窜兴国军”。[②] 舒有开无非是充当贾似道帮凶的角色。

宋度宗时，元军全力攻襄阳，贾似道“每上书请行边，而阴使台谏上章留己”。“监察御史陈坚等以为师臣出，顾襄未必能及淮，顾淮未必能及襄，不若居中以运天下为得”。他们的说法无非是出自贾似道的授意，于是宋度宗“乃就中书置机速房，以调边事”。人们对大将高达的呼声很高，认为他“可援襄阳”，“监察御史李旺率朝士入言于似道”，贾似道却说：“吾用达，如吕氏何?”李旺等人只能私下感叹说：“吕氏安，则赵氏危矣!”直到襄阳和鄂州失守，贾似道只能亲自出兵，丁家洲战败后，这个权臣方成众矢之的，树倒猢狲散，“潘文卿、季可、陈坚、徐卿孙皆似道鹰犬，至是交章劾之”。侍御史陈文龙、监察御史俞浙等上疏，贾似道才被流放，[③] 而宋朝也终于与这个权臣同时灭亡。

中国的古史过于悠久，历代兴亡的往事也积累得过多。一方面是每代开国，总是企求长治久安，致力于堵塞各种招致败亡的漏洞；另一方面又是从来无不亡之国，无不败之朝。尽管每朝每代的覆灭，总是各有许多具体的条件和情况，而其中一个根本性的因素，一条贯穿历代败亡的基线，说来说去，还只是“腐败”两字。

官无监督，权无制约，必然产生腐败，这已成了人们的共识。君主专

---

① 《齐东野语》卷17《景定彗星》。

② 《宋史》卷45《理宗纪》、卷425《谢枋得传》；《宋季三朝政要》卷3景定五年秋。

③ 《宋史》卷474《贾似道传》。

制和权臣等其他形式的专制所以是落后的政体，正是因为对最高统治者缺乏监督，而对最重要的权力缺乏制约。专制和腐败是一对双生子，专制必然滋生腐败，腐败必然依赖专制。监察权既是皇权的附庸，在某些场合下甚至是权臣的附庸，就绝不可能真正有效地制约腐败。正如彭龟年所说："台谏之士所以能震慑奸宄，唯借人主听纳其言，假以声势。"[①] 南宋一些权臣是特大贪污犯，岂但是他们得势时从未得到追究，他们的失势也与贪污、受贿等无关。如韩侂胄被杀后，他与党羽的贪污等行为方才受到追究，籍没家产，宋廷特置提领拘催安边钱物所，各种田产等"输米七十二万二千七百斛有奇，钱一百三十一万五千缗有奇"。[②] 秦桧死后，宋高宗虽然铲除他的政治亲党，不遗余力，却不准追究他的贪污、受贿等罪。宋高宗明知医官王继先贪污受贿，却仍事先通风报信，让他转移不义之财。这些就是最明显的实例。尽管如此，古代，特别宋代的台谏政治，还是留下不少正面和反面的历史借鉴，值得今人参考。

古代君主忌讳臣僚分朋植党，但是，在事实上，因政见不同和其他原因，党争或其他政争是势不可免的。用今人的眼光来看，君主专制体制下的某些台谏官，也可说是具有某种民主色彩的反对派，或者说，按儒家伦理，优秀的台谏官就应当是某种意义上的反对派，能够与君主、宰执等唱反调，或者将不称职的宰执轰下台。前引廖刚所说："人君之患，莫大于好人从己，若大臣惟一人之从，群臣惟大臣之从，则天下事可忧。"又如前引洪天锡所说："不惟不能奉承大臣风旨，亦不敢奉承陛下风旨。"其实都是阐明台谏官应当自居反对派的角色。反对派的存在起着监督作用，无疑是对政治的清明有利的。

欢迎和容纳直言，从来被古人认为是重要的君德，是太平治世的重要标尺。晁说之说：

> 好谏纳言者，自是宋家家法。[③]

① 《止堂集》卷1《论优迁台谏沮抑忠直之弊疏》；《历代名臣奏议》卷206。

② 《宋史》卷173《食货志》、卷415《黄畴若传》；《文献通考》卷7；《建炎以来朝野杂记》乙集卷13《提领拘催安边钱物所》。

③ 《嵩山文集》卷1《元符三年应诏封事》。

彭龟年特别强调：

言路通，则虽乱易治也；言路塞，则虽治易乱也。[①]

但如前所述，即使在台谏政治最发达的宋朝，此种“家法”也是极难执行的。宋光宗时，殿中侍御史刘光祖说：“比年以来，士大夫不慕廉靖，而慕奔竞，不尊名节，而尊爵位，不乐公正，而乐软美，不敬君子，而敬庸人，既安习以成风，谓苟得为至计。”[②] 这个结论其实绝不限于当时，大体是赵宋300年间的通病，大多数台谏官都是随风使舵、偷合取容、曲学阿世，甚至助纣为虐。但在另一方面，我们也必须承认，儒家的名节观又无疑成为维系宋代社会，特别是政界风气的一种重要因素，所以尽管备遭摧残，而具有高风亮节的台谏官还是人才辈出，他们不计升沉祸福，而以忠于职守的直言和弹劾，彪炳于史册。诚如鲁迅所说，“我们自古以来，就有”“为民请命的人，有舍身求法的人”，“这就是中国的脊梁”。[③]

中国自古还没有一个朝代，像宋朝那样看重台谏的作用。文天祥在宋理宗后期中状元的《御试策》中说：

公道不在中书，直道不在台谏，是以陛下行道用力处虽劳而未遽食道之报耳。果使中书得以公道总政要，台谏得以直道纠官邪，则陛下虽端冕凝旒於穆清之上，所谓功化证效，可以立见，何至积三十馀年之工力，而志勤道远，渺焉未有际邪？[④]

在这位倡导并力行正气者看来，宰执行公道，台谏行直道，是治世的两个并列的要素。按古人的政治设计，台谏的作用主要无非是两条：一是纠正失策；二是按劾腐败。然而依前述两宋三百年间台谏制度的实际运作

① 《止堂集》卷1《论优迁台谏沮抑忠直之弊疏》；《历代名臣奏议》卷206。
② 《宋史》卷397《刘光祖传》。
③ 《鲁迅全集·且介亭杂文·中国人失掉自信力了吗》。
④ 《文山先生全集》卷3。

状况看来，符合政治设计初衷的理想运作太少，而有悖于政治设计初衷的、可悲可叹、可痛可愤的运作又太多。设计并非不巧妙，制度并非不严密，而运作居然如此之糟，这只能归结为宋代专制制度下人治的失败。

（原载《中国社会科学院历史研究所学刊》第 1 集）

中国古代卖官鬻爵的教训

中国卖官之制和官员私下卖官之风自然是古已有之，两者的差别，前者是制度性的，而后者是非制度性的，但在不少场合，却又没有什么差别可言。在夏、商、周三代，官爵世袭，不成其为商品，故没有出现卖官之可能。《管子》一书一般认为非春秋时管仲所作，而是战国时的作品。其《八观》篇说："上卖官爵，十年而亡。"大约是指卖官造成政治腐败，因而导致亡国。《韩非子·八奸》说："故财利多者买官以为贵，有左右之交者请谒以成重。"《五蠹》篇说："今世近习之请行，则官爵可买，官爵可买，则商工不卑也矣。"也反映了至晚在战国时已有卖官。

一般研究认为，秦始皇四年（公元前243年）规定，"百姓内粟千石，拜爵一级"，[①] 这大致应是中国古代最早的明确的卖官制度性规定。秦汉时的爵当然不同于官，最初是因财政原因卖爵，到汉武帝时，开始增设卖官制。特别是东汉灵帝利用卖官爵，聚敛私财，为祸甚烈，成为当时政治腐败和昏暗的重要标志，故在后世史书上一直受到谴责："天下贿成，人受其敝。"[②] 所谓卖官，不仅包括无官者授官，也包括有官者的晋升。汉时官员私人卖官的记录较少，这是因为当时盛行辟举制，由中央直接任命的官员为数不多。既然官员辟举下属，是合法的行为，名正言顺，则向官员行贿而买官的情况事实上就不胜枚举。

三国曹魏时，正式将原来的选部改为吏部，并在选拔官员方面实行九品中正制，加强了中央的人事权，也相应地减削了官员的辟举权，这其实意味着官员私人的买卖官位，就由公开和合法，逐渐转入隐蔽和非法。秦

① 《史记》卷6《秦始皇纪》。

② 《隋书》卷24《食货志》。

汉时的卖爵逐渐衰退，取而代之者是卖官。刘毅曾率直地对晋武帝说："（汉）桓、灵（帝）卖官，钱入官库；陛下卖官，钱入私门。以此言之，殆不如也。"他还上奏描绘当时的官场说："或以货赂自通，或以计协登进；附托者必达，守道者困悴。无报于身，必见割夺；有私于己，必得其欲。"① "钱入私门"，对官位进行私下交易，正是反映晋代以降的卖官的新特点，说明官员私下卖官愈来愈兴盛。当然，对这句话的理解不应绝对化，不能认为秦汉时就没有"钱入私门"的情况。

制度性的卖官在古代有许多名目，西汉"以赀为郎"，郎当时是官名，后世或称"赀选"。唐朝或称"入粟助边"。宋代往往称"进纳"，进纳的品类名目甚多，有铜钱、铁钱、纸币、金银、粮食、饲草，甚至"听富民自雇人夫修筑"州城，如"三万工与〔太庙〕斋郎，五万工与试监簿或同学究出身"。这是以雇工修城费用的"工"为计量单位，进行卖官的特例。②

《明史》卷78《食货志》说，明朝卖官可称为"捐纳"，并制订所谓的"捐纳事例"，这无疑是清人以后世的名词追述者。明代"自宪宗（成化）始，生员纳米百石以上，入国子监。军民纳二百五十石，为正九品散官，加五十石，增二级，至正七品止"。参据《正德明会典》卷40《预备仓》，当时可称"纳米"，但"纳米"并非是卖官的专有名词。此外，元明时代的卖官也可称"纳赀"、"入赀"、"入粟"等，此类名词，前代也已使用。清朝卖官则称"捐纳"和"捐官"。雍正皇帝说："皇考（康熙）曾屡言，捐纳非美事。朕缵承大统，亦以军需浩繁，户部供支不继，捐纳事例，仍暂开收。"③ 事实上，因财政关系，清朝的捐纳只能是时断时续。

出钱买官制度的弊病自然史不绝书。宋朝的李觏在致范仲淹信中说："且时卖官，虽大理评事，无虑一万缗耳。假如此寺只费十万缗，亦当十员京官矣。彼十员京官以常例任使，数年之后，便当临民，以为万户县尹，则十万家之祸，又以为十万户郡守，则百万家之祸矣。若辍一寺之

① 《晋书》卷45《刘毅传》。

② 《长编》卷127康定元年四月己亥；《宋会要》职官55之34，方域8之2—3。

③ 《平定准噶尔方略》前编卷14。

费，而不卖十员京官，是免百万家之祸。”① 京官是宋朝文官虚衔中的一个等级，他说只消卖十员京官，就可招致百万家之祸。另一官员上官均说：“豪右之家以赀授官，其才品庸下，素不知义。”② 他们“居乡不修而齿仕版，或侵渔百姓，取偿前日之费，则公私皆被其患”。③

从官员等私下卖官的情况看，隋唐时的人事权高度集中于中央。唐朝官员的任免是由皇帝、宰相和吏部、兵部分等执行的。但古代的政治特点正在于人治，私下的卖官就绝非仅限于按制度规定而掌握人事权者。例如唐朝的公主、宦官之类，从制度上说，当然与人事权无干，但他们照样可以私下卖官。人事权高度集中于中央，为中央各种权势人物的卖官鬻爵提供了更大的空间。如唐中宗时，“皇后、妃、主、昭容卖官，行墨敕斜封”，④ 是指皇帝不经由有关部门，直接下达授官命令。安乐公主“恃宠骄恣，卖官鬻狱，势倾朝廷。常自草制敕，掩其文而请帝书焉，帝笑而从之，竟不省视”。⑤ 唐朝中期以后，宦官势力膨胀，他们“参掌机密，夺百司权，上下弥缝，共为不法。大则构扇藩镇，倾危国家；小则卖官鬻狱，蠹害朝政。王室衰乱，职此之由”。⑥

宋朝主要自宋徽宗时开始，如蔡京、童贯、王黼等奸臣，公然卖官，开封民谚说：“三百贯，直通判；五百索，直秘阁。”⑦ 南宋初民间讽刺当时的卖官说：“斗量珠，便龙图；五千索，直秘阁；二千贯，且通判。”比北宋晚期的卖官记录，卖价又大幅度提高了。因为宋高宗喜养鹁鸽之类，又嗜女色，他宠任宦官冯益等人“恣受贿赂。官员受差遣者，往往寻买〔妾并〕鹌鹑、鹁鸽之类”，交付冯益等人，奉送皇帝，就可得美官。⑧ 连美女和鹌鹑、鹁鸽之类，也都成为买好官之资。戚方是当时一个无恶不作的盗匪，他被迫接受招安后，首先向庸将张俊请献大批珍宝，保全了性

① 《直讲李先生文集》卷27《寄上范参政书》。

② 《宋朝诸臣奏议》卷70《上哲宗乞清入仕之源》。

③ 《宋会要》职官55之41—42。

④ 《新唐书》卷4《中宗纪》。

⑤ 《旧唐书》卷51《韦庶人传》。

⑥ 《资治通鉴》卷263。

⑦ 《三朝北盟会编》，以下简称《会编》，卷31《中兴姓氏奸邪录》。

⑧ 《伪齐录》卷上；《要录》卷103绍兴六年七月庚辰注。

命，又用赌博亏输的方式，向宦官们进献大量黄金，居然官至正七品武官。当时民谚讥讽说："要高官，受招安；欲得富，须胡做。"① 后来居然官至节度使，用一不恰当的比喻，相当于获得元帅的军衔。南宋的权臣，直到亡国时的贾似道为止，都私下卖官，以饱私囊。权臣秦桧"喜赃吏，恶廉士"，"贪墨无厌，监司、帅守到阙，例要珍宝，必数万贯，乃得差遣"，这是各路安抚使、转运使之类大员的买实职差遣价格。"及其赃污不法，为民所讼，桧复力保之。故赃吏恣横，百姓愈困"。②

元世祖主政尚是元朝较好的时期，然而宠臣阿合马"用事日久，卖官鬻狱，纪纲大坏"。③"江左初平，官制草创，权臣阿合马纳赂鬻爵，江南官僚冗滥为甚，郡守而下佩金符者多至三、四人，由行省官举荐超授宣慰使者甚众，民不堪命"。④ 另一宠臣桑哥也私下卖官，"在相位已久，专恣日甚，诬陷忠良，卖官鬻狱，设计局以求遗利，毒及编民"。⑤"卖官高下有定价，上自朝廷，下至州县，纲纪大坏，在官者以掊刻相尚，民不堪命，往往起为盗贼"⑥。"凶焰薰灼，海内震慑，其官人也，必陈状纳贿而后遣"。⑦ 两人的卖官，成为当时的一大弊政。

明朝如中期的奸臣严嵩，"吏、兵二部每选，请属二十人，人索贿数百金，任自择善地。致文武将吏尽出其门"。"不才之文吏，以赂而出其门，则必剥民之财，去百而求千，去千而求万，民奈何不困。不才之武将以赂而出其门，则必克军之饷，或缺伍而不补，或逾期而不发，兵奈何不疲"。⑧ 明朝的宦官势力颇大，也往往"卖官鬻爵，无所不至"。⑨ 明末崇祯皇帝说："吏、兵二部，用人根本。近来弊窦最多，未用一官，先行贿赂，文、武俱是一般。近闻选官动借京债若干，一到任所，便要还债。这

---

① 《会编》卷140。

② 《会编》卷220《中兴遗史》；《要录》卷169绍兴二十五年十月丙申。

③ 《元史》卷163《张雄飞传》。

④ 《元史》卷132《昂吉儿传》。

⑤ 《金华黄先生文集》卷24《江浙行中书省平章政事赠太傅安庆武襄王神道碑》。

⑥ 《松雪斋文集》卷7《故昭文馆大学士荣禄大夫平章军国事行御史中丞领侍仪司事赠纯诚佐理功臣太傅开府仪同三司上柱国追封鲁国公谥文贞康里公碑》。

⑦ 《勤斋集》卷3石天麟神道碑铭。

⑧ 《明史》卷210《王宗茂传》。

⑨ 《明史》卷304《宦官传》。

债出在何人身上，定是剥民了。这样怎的有好官？肯爱百姓。”[①] 吏部和兵部掌管着绝大部分官员的任免，当时已近乎无官不借债以买，不受贿以卖的地步。

据汪景祺记载，清朝康熙、雍正时，有一贪官张鹏翮，虽然在官场屡受挫折，却又善于运用手腕，而重行升迁。他“以重贿结铨曹之好货者，适大理寺少卿员缺，吏部巧于立言，云除张某。系奉旨停升之员，不行开列，外奉旨，张某补授大理寺少卿。其得官皆不以正”。他家有悍妇，“夫人之性最贪”，他出任“浙抚、河督时，卖狱鬻官，几于对开幕府”。他的子孙“凡吏部事，无不关通受贿”。其孙“以捐纳为广东布政司，经历龌龊，鄙秽无志”。[②] 乾隆帝在查办甘肃王亶望、王廷赞等贪污案时说：“王亶望既为嘱托属员捐监，自必又有加捐官职，铨选地方之人。若辈出身既不可问，倘任以地方事务，必致贿赂公行，毫无忌惮，于吏治官方大有关系，不可不彻底查办。”[③] 他们固然是私下受贿卖官，用的却是制度性的捐官名义。

按马克思主义的观点，贪污腐化是阶级社会的痼疾，是一切剥削和统治阶级的通病。只要阶级存在，阶级之间的剥削和压迫存在，如贪官、官迷之类现象就势不可免。就中国古代卖官鬻爵的出现和发展而论，至少有三个普遍性的条件：一是商品经济的某种程度发展，使官爵可以成为商品；二是官爵成为肥缺，方得有愿意买官的可能；三是自秦汉以来，实行专制主义中央集权体制下的各种形式的官员等级授职制，方得有卖官的可能。马克思主义是主张直接选举制，而否定各种形式的官员等级授职制，诚如马克思早已在总结巴黎公社原则时所昭示：“用等级授职制去代替普选制是根本违背公社的精神的。”[④] 因为等级授职制正是各种官场腐败，也包括卖官现象的温床和根源。古代公开的卖官制度的创设和发展，虽然各代不同，但大体都是与财政，特别是财政的困难密切相关的。然而豪贵和官员的私下买卖官位，则随着各级官员辟举制的削弱，中央授官制的发达

---

① 《春明梦余录》卷48。

② 《读书堂西征随笔·遂宁人品》。

③ 《钦定兰州纪略》卷14。

④ 《马克思恩格斯选集》第2卷，人民出版社1972年版，第376页。

而拥有了更大的空间，故更加兴盛。私下卖官其实也很难用得上“非法”两字，特别如唐中宗时的“墨敕斜封”。但是私下卖官更体现了超越制度规定的非制度化的人治的特点，这在专制政体的官员等级授职制下具有必然性。一个时代的卖官，总是与政治的昏暗和腐败程度成正比，总是成为一个时代政治昏暗和腐败程度的重要标尺。《太平御览》卷837引梁元帝萧绎的《金楼子》中，早已总结出“鬻官者，欲民之死”的名言，因为卖官的结果，无非是纵容买官者加倍贪黩。他们不仅要偿还买官的成本，还须追加利息，多多益善，其结果无非是不遗余力地刻剥百姓。依据古代的儒家舆论，腐恶的卖官现象，也与中国自古相传的各种可怕而可憎的政治遗传基因一样，是作为反面事物而受谴责的，处于无理地位。但另一方面，卖官现象仍是滋生不息，且有变本加厉之势。其故非它，既然上述产生卖官现象的社会政治条件一直存在，即卖官现象有丰厚的滋生沃土，又如何能做到正本清源式的根治呢？这是研究古代卖官应得的教训。

（原载《北京日报》2006年9月18日）

秦汉至隋唐五代卖官述略

中国卖官之制和官员私下卖官之风自然是古已有之，两者的差别，前者是制度性的，而后者是非制度性的，但在不少场合，却又没有什么差别可言。卖官的条件之一自然是官爵成为商品，在夏、商、周三代，官爵世袭，不成其为商品，故没有出现卖官之可能。

一　秦汉从卖爵到卖官

关于中国古代的卖官，《管子·八观》说："上卖官爵，十年而亡。"但其具体含义不甚清楚。《韩非子·八奸》说："故财利多者买官以为贵，有左右之交者请谒以成重。"《五蠹》篇说："今世近习之请行，则官爵可买，官爵可买，则商工不卑也矣。"反映了至晚在战国时已有卖官，但具体情况不详。据《通典》卷11《鬻爵》和《文献通考》卷35《赀选进纳》，唐人杜佑和宋人马端临将卖官制度上溯到西汉。其实，按《册府元龟》卷509《鬻爵赎罪》、《山堂群书考索》后集卷62《鬻爵》等书所载和一些前辈学者的研究，还可上溯到更早。秦始皇四年（公元前243年）规定，"百姓内粟千石，拜爵一级"，[①] 这大致应是中国古代最早的明确的卖官制度性规定。

汉惠帝六年（公元前189年），"令民得卖爵"。[②]

汉文帝时，贾谊建议："岁恶不入，请卖爵、子。"此处是指爵级与儿

① 《史记》卷6《秦始皇纪》。

② 《汉书》卷2《惠帝纪》。按《惠帝纪》载，元年规定："民有罪，得买爵三十级，以免死罪。"此为赎罪，非真正意义上的卖爵。参见陈仲安、王素《汉唐职官制度研究》第三章第四节，中华书局1993年版。

子。后汉文帝采纳晁错之议，“令民入粟边，六百石爵上造，稍增至四千石为五大夫，万二千石为大庶长，各以多少级数为差”。[①] 规定富人可以向官府纳粟买爵，汉朝继承秦商鞅变法制定的二十等爵，二十等爵原为军功而设，汉文帝增设为“入粟”六百石，即可得二等爵上造，直到“入粟”一万二千石，可得十八等爵大庶长，只有第十九等关内侯和二十等彻侯不授。《资治通鉴》卷15将此事系于文帝前十一年（公元前169年），时间不见得准确，而大致上应在此年前后。但在卖爵的同时，秦爵原有的煊赫光彩也不免褪色和贬值。晁错在上“入粟”议的同时，还提出“令民入粟受爵至五大夫以上，乃复一人耳”，[②] 爵至第九等五大夫，其家也只是有一人免役。按汉高祖曾下诏规定：“其七大夫以上，皆令食邑；非七大夫以下，皆复其身及户，勿事。”[③] 所谓“七大夫”应是第七等爵公大夫。从第六等爵官大夫以下“皆复其身及户，勿事”，降为自第九等爵五大夫以上才“复一人”，其特权的贬降幅度是相当大的。后来汉武帝时，“兵革数动，民多买复及五大夫”。[④] 汉文帝后六年（公元前158年），因为旱蝗灾，“发仓庾以振民，民得卖爵”。[⑤]

汉景帝时，“上郡以西旱，复修卖爵令，而裁其贾以招民”，[⑥] 又将爵位减价出售。“胶西王印以卖爵事有奸，削其六县”，[⑦] 可知不仅汉廷可以卖爵，诸侯王也可卖爵。

汉武帝对匈奴用兵等大量耗费，财力拮据，故千方百计，开辟财源。《盐铁论·轻重第十四》说，“买官赎罪”，是为“损有余，补不足，以齐黎民”。“有司请令民得买爵及赎禁锢免〔减〕罪；请置赏官，名曰武功爵”。其“武功爵，一级曰造士，二级曰闲舆卫，三级曰良士，四级曰元戎士，五级曰官首，六级曰秉铎，七级曰千夫，八级曰乐卿，九级曰执戎，十级曰〔政戾〕庶长，十一级曰军卫”。“级十七万，凡直三十余万

① 《汉书》卷24上《食货志》，卷49《晁错传》。

② 《汉书》卷24上《食货志》。

③ 《汉书》卷1下《高帝纪》。

④ 《史记》卷30《平准书》。

⑤ 《汉书》卷4《文帝纪》。

⑥ 《汉书》卷24上《食货志》。

⑦ 《汉书》卷35《吴王濞传》。

金。诸买武功爵官首者试补吏，先除；千夫如五大夫”。颜师古解释说："五大夫，旧二十等爵之第九级也。至此以上，始免徭役，故每先选以为吏。千夫者，武功十一等爵之第七也，亦得免役，今则先除为吏，比于五大夫也。”“其有罪又减二等。爵得至乐卿”。颜师古解释说："乐卿者，武功爵第八等也。言买爵唯得至第八也。”[①]武功爵除了奖赏军功之外，更用于卖爵，这是在汉文帝规定之外，新增卖爵途径。

当时除增设卖武功爵之外，也开始增设卖官制。“入财者得补郎，郎选衰矣”。[②]“乃募民能入奴婢，得以终身复，为郎增秩，及入羊为郎”。“是时，豪富皆争匿财，唯卜式数求入财，以助县官。天子乃超拜式为中郎，赐爵左庶长，田十顷，布告天下，以风百姓”。“始令吏得入谷补官，郎至六百石”。“吏更迁补高官，郎又就增其秩，得至六百石也”。[③]黄霸“武帝末以待诏入钱赏官，补侍郎谒者”，“后复入谷沈黎郡，补左冯翊二百石卒史”，[④]杨仆“以千夫为吏”。[⑤]当时通过买爵补吏，再由吏升官，是一条入仕途径。

如淳说："《汉注》：赀五百万得为常侍郎。”西汉有若干买官入仕的名人，如张释之“以赀为骑郎，事文帝”，[⑥]司马相如“以赀为郎，事孝景帝，为武骑常侍”。[⑦]按“郎官故事，令郎出钱市财用，给文书，乃得出，名曰‘山郎’”。[⑧]当时郎官的地位已相当高。

因买官入仕而有政绩者，自然是寥若晨星。董仲舒认为："夫长吏多出于郎中、中郎，吏二千石子弟选郎吏，又以富訾，未必贤也。”[⑨]汉景帝后二年（公元前142年）诏："今訾算十以上乃得宦，廉士算不必众。有市籍不得宦，无訾又不得宦，朕甚愍之。訾算四得宦，亡令廉士久失职，

① 《史记》卷30《平准书》；《汉书》卷24下《食货志》。
② 《史记》卷30《平准书》。
③ 《汉书》卷24下《食货志》。
④ 《汉书》卷89《黄霸传》。
⑤ 《汉书》卷90《杨仆传》。
⑥ 《汉书》卷50《张释之传》。
⑦ 《史记》卷117《司马相如传》。
⑧ 《汉书》卷66《杨恽传》。
⑨ 《汉书》卷56《董仲舒传》。

贪夫长利。”当时“訾万钱，算百二十七也”，这是一种财产税。西汉“限訾十算，乃得为吏。十算，十万也”。但有市籍的是商人，商人“不得宦”，汉景帝改为“訾算四得官”，[①] 实际上也须拥有四万钱的家产，方能当官。其意也与董仲舒之说相似。但汉武帝时，“除故盐、铁家富者为吏。吏益多贾人矣”，[②] 又打破了商人不得为吏的某种限制。

贡禹指责卖官鬻爵说，“孝文皇帝时，贵廉絜，贱贪汙，贾人、赘婿及吏坐赃者皆禁锢，不得为吏”，而汉武帝“使犯法者赎罪，入谷者补吏，是以天下奢侈，官乱民贫”。“故亡义而有财者显于世，欺谩而善书者尊于朝，悖逆而勇猛者贵于官。故俗皆曰：‘何以孝弟为？财多而光荣。何以礼义为？史书而仕宦。何以谨慎为？勇猛而临官。’故黥劓而髡钳者犹复攘臂，为政于世，行虽犬彘，家富势足，目指气使，是为贤耳。故谓居官而置富者为雄桀，处奸而得利者为壮士，兄劝其弟，父勉其子，俗之坏败，乃至于是！”[③] 贡禹的说法其实有片面性，卖官的结果必然是滋长官场中贪饕之风，然而并非汉文帝时就无贪饕之风，不过到汉武帝时，贪饕之风更加炽盛而已。

汉成帝鸿嘉三年（公元前 18 年）四月，“令吏民得买爵，贾级千钱”。永始二年（公元前 15 年）诏：“关东比岁不登，吏民以义收食贫民、入谷物助县官振赡者，已赐直，其百万以上，加赐爵右更，欲为吏，补三百石，其吏也，迁二等。三十万以上，赐爵五大夫，吏亦迁二等，民补郎。”以赐爵和补郎的办法赈灾，右更为“第十四爵”。[④] 王莽地皇元年（公元 20 年），也“令民入米六百斛为郎”。[⑤]

东汉继续实行卖爵制度，其出卖的名目有所扩大。汉安帝永初三年（公元 109 年），“三公以国用不足，奏令吏人入钱谷，得为关内侯、虎贲、羽林郎、五大夫、官府吏、缇骑、营士各有差”。[⑥] 西汉时，关内侯爵尚不

---

① 《汉书》卷 5《景帝纪》。
② 《汉书》卷 24 下《食货志》。
③ 《汉书》卷 72《贡禹传》。
④ 《汉书》卷 10《成帝纪》。
⑤ 《汉书》卷 99 下《王莽传》。
⑥ 《后汉书》卷 5《安帝纪》。

能出售，而如虎贲、羽林、缇骑、营士之类宿卫或军士衔也不在出售之列，而在此时却都成了商品。王嘉《拾遗记》卷6载，永初时，“有琅琊王溥”，“后以一亿钱输官，得中垒校尉”，“中垒校尉，掌北军垒门，故曰军门主簿”。买卖校尉，又在正史记载之外。

汉桓帝延熹四年（公元161年），“占卖关内侯、虎贲、羽林、缇骑、营士、五大夫，钱各有差”。①

汉灵帝光和元年（公元178年）：“初开西邸卖官，自关内侯、虎贲、羽林，入钱各有差，私令左右卖公卿，公千万，卿五百万。”《山阳公载记》曰：“时卖官，二千石二千万，四百石四百万，其以德次应选者半之，或三分之一，于西园立库以贮之。”② 董太后“使帝卖官求货，自纳金钱，盈满堂室”。③ 崔烈虽“有重名于北州，历位郡守、九卿。灵帝时，开鸿都门榜卖官爵，公卿、州郡下至黄绶各有差。其富者则先入钱，贫者到官而后倍输。或因常侍、阿保别自通达。是时段颎、樊陵、张温等虽有功勤名誉，然皆先输货财，而后登公位。烈时因傅母入钱五百万，得为司徒。及拜日，天子临轩，百僚毕会，帝顾谓亲幸者曰：‘悔不小靳，可至千万。’”崔烈问儿子崔钧：“吾居三公，于议者何如？”崔钧说：“大人少有英称，历位卿守，论者不谓不当为三公；而今登其位，天下失望。”崔烈又问：“何为然也？”崔钧说：“论者嫌其铜臭。”崔烈“怒，举杖击之”。④此事还是反映了清议的影响，但清议到头来还是敌不过铜臭，在皇帝、宦官等的倡导下，卖官风与东汉的国运已成决堤千里，而不可掩抑之势。汉灵帝“遣御史于西邸卖官，关内侯顾五百万者，赐与金紫；诣阙上书占令长，随县好丑，丰约有贾。强者贪如豺虎，弱者略不类物，实狗而冠者也”。⑤ 中平二年（公元185年），“南宫灾”。宦官张让、赵忠“等说帝令敛天下田亩税十钱，以修宫室”。“刺史、二千石及茂才、孝廉迁除，皆责助军修宫钱，大郡至二、三千万，除各有差。当之官者，皆先至西园谐

① 《后汉书》卷7《桓帝纪》。
② 《后汉书》卷8《灵帝纪》。
③ 《后汉书》卷10《董皇后纪》。
④ 《后汉书》卷52《崔烈传》。
⑤ 《后汉书志》第13《五行志》。

价，然后得去。有钱不毕者，或至自杀。其守清者，乞不之官，皆迫遣之”。[①] 宋代洪适《隶释》卷15《义井碑阴》说：

> 右义井碑阴称五大夫者三十一人，称分子者六十人，摩灭者数人，题名之下，又有数十字，盖是纪事之辞，残缺无成文者。汉承秦制，爵二十级，其九爵曰五大夫。帝纪安帝永初三年，三公以国用不足，奏令吏人入钱谷，得为关内侯、虎贲、羽林郎、五大夫、缇骑、营士。又灵帝光和元年初，开西邸卖官，自关内侯、虎贲、羽林入钱各有差。则知汉末以赀受爵，比屋皆然。此碑五大夫所以若是之众也，惟分子未详……此碑分子似指土豪出分之子。

此段残碑也反映了当时卖官之滥。后来晋人傅玄评论说：“灵帝时榜门卖官，于是太尉段颎、司徒崔烈、太尉樊陵、司空张温之徒，皆入钱上千万，下五百万，以买三公。颎数征伐有大功，烈有北州重名，温有杰才，陵能偶时，皆一时显士，犹以货取位，而况于刘嚣、唐珍、张颢之党乎！”[②] 反映了当时卖官之盛。《续汉志》等说，“灵帝时卖官”，曹操之父曹嵩“货赂中官及输西园钱一亿万”，“以货得拜大司农、大鸿胪，代崔烈为太尉”。[③] 据说，汉“桓帝之初，京都童谣”，“‘梁下有悬鼓，我欲击之丞卿怒’者，言永乐主教灵帝，使卖官受钱，所禄非其人。天下忠笃之士怨望，欲击悬鼓以求见，丞卿主鼓者，亦复谄顺，怒而止我也”。[④] 汉灵帝末中平四年（公元187年），“卖关内侯，假金印紫绶，传世，入钱五百万”。[⑤] 这意味着卖得关内侯者还可以传子袭孙，但当时黄巾军造反，天下大乱，汉朝也国将不国，是否能兑现已成大问题。

由于汉灵帝利用卖官爵，聚敛私财，为祸甚烈，成为当时政治腐败和昏暗的重要标志，故在后世史书上就非常出名。如《隋书》卷24《食货

---

① 《后汉书》卷78《张让传》。

② 《三国志》卷6《董卓传》注引《傅子》。

③ 《后汉书》卷74《袁绍传》，卷78《曹腾传》。

④ 《后汉书志》第13《五行志》。

⑤ 《后汉书》卷8《灵帝纪》。

志》说："灵帝开鸿都之榜，通卖官之路，公卿州郡，各有等差。汉之常科，土贡方物，帝又遣先输中署，名为导行，天下贿成，人受其敝。"马端临评论说："武帝、灵帝卖官之事同，而其指意则异。武帝取之于豪富之百姓，盖风以毁家纾国之公谊。故卜式、黄霸虽以赀财进身，而不害其为名士也。灵帝取之于贪饕之公卿，盖纵其剥下媚上之私心。故崔烈、张温虽以公誉登仕，而无救其为小人也。"[①]宋人戴埴《鼠璞》卷上《鬻爵》说：

> 今之鬻爵，泛滥极矣。多咎晁错之作俑。余谓今之弊非鬻爵也，鬻官也。鬻爵所鬻者，虚利归于上；鬻官所鬻者，实利归于下。鬻爵虽非正论，然晁错令募天下入粟，得以拜爵，六百石爵上造，四千石为五大夫，万二千石为大庶长，不过予之虚爵以免罪，初非任以官事。文帝时，张释之以赀为郎，武帝令吏入谷补官，郎至六百石。此不徒鬻爵而鬻官。至灵帝鸿都榜卖公卿及州郡、黄、散，[②]段颎、张温、崔烈虽有功勤名誉，亦以货贿得之。晁错复生，必大为所笑。

此说对卖爵到卖官，还是分辨得相当清楚。从单薄的史料记载来看，秦汉时代的卖官制，无非是为弥补财政的亏空，其后果也必然是滋长官场的贪污和腐败，政以贿成，而在汉灵帝时达到了极致。所谓卖官，不仅包括无官者授官，也包括有官者的晋升。汉时官员私人卖官的记录较少，这是因为当时盛行辟举制，由中央直接任命的官员为数不多。既然官员辟举下属，是合法的行为，名正言顺，则向官员行贿而买官的情况事实上就不胜枚举。

汉武帝元朔六年（公元前 123 年）规定，因军功"受爵赏而欲移卖者，无所流貤"，按颜师古的解释，"此诏言欲移卖爵者，无有差次，不得流行"，[③]实际上应是禁止私下售爵。汉成帝时，翟方进劾奏陈汤和逢信

---

① 《文献通考》卷 35。

② 《资治通鉴》卷 119 景平元年注："黄、散谓黄门侍郎及散骑常侍、侍郎也。"

③ 《汉书》卷 6《武帝纪》。

“邪枉贪汙，营私多欲。皆知陈汤奸佞倾覆，利口不轨，而亲交赂遗，以求荐举。后为少府，数馈遗汤。信、咸幸得备九卿，不思尽忠正身，内自知行辟亡功效，官媚邪臣，欲以徼幸，苟得亡耻”。[①] 东汉安帝时，杨震上奏说：“周广、谢恽兄弟，与国无肺腑枝叶之属，依倚近倖奸佞之人，与樊丰、王永等分威共权，属讬州郡，倾动大臣。宰司辟召，承望旨意，招来海内贪汙之人，受其货赂，至有臧锢弃世之徒复得显用。白黑溷淆，清浊同源，天下讙哗，咸曰财货上流，为朝结讥。”[②] 两条记载涉及了“荐举”和“辟召”制下的卖官。皇甫规在对策中说，汉顺帝“威分近习，畜货聚马，戏谑是闻；又因缘嬖倖，受赂卖爵，轻使宾客，交错其间，天下扰扰，从乱如归”。[③] 汉顺帝的乳母山阳君宋娥得到宠信，“黄龙、杨佗、孟叔、李建、张贤、史汎、王道、李元、李刚九人与阿母山阳君宋娥更相货赂，求高官增邑”。[④] 汉顺帝至桓帝时，外戚梁冀专权，“吏人赍货求官请罪者，道路相望”。[⑤] “宛有富贾张汎者，桓帝美人之外亲，善巧雕镂玩好之物，颇以赂遗中官，以此并得显位，恃其伎巧，用埶纵横”。[⑥] 此类为嬖幸们私下卖官的实例。汉灵帝时，刘焉上奏说：“刺史、太守，货赂为官，割剥百姓，以致离叛。”[⑦] 看来到东汉末，“货赂为官”已十分流行。

二 三国至南北朝“钱入私门”

三国曹魏时，正式将原来的选部改为吏部，并在选拔官员方面实行九品中正制，加强了中央的人事权，也相应地减削了官员的辟举权，这其实意味着官员私人的买卖官位，就由公开和合法，逐渐转入隐蔽和非法。秦汉时的卖爵已逐渐衰退，取而代之者是卖官。刘毅曾率直地对晋武帝说：

---

① 《汉书》卷84《翟方进传》。
② 《后汉书》卷54《杨震传》。
③ 《后汉书》卷65《皇甫规传》。
④ 《后汉书》卷78《宦者传》。
⑤ 《后汉书》卷34《梁冀传》。
⑥ 《后汉书》卷67《岑晊传》。
⑦ 《三国志》卷31《刘焉传》。

"桓、灵卖官，钱入官库；陛下卖官，钱入私门。以此言之，殆不如也。"他还上奏描绘当时的官场说："或以货赂自通，或以计协登进；附托者必达，守道者困悴。无报于身，必见割夺；有私于己，必得其欲。"[①] "钱入私门"，对官位进行私下交易，正是反映晋代卖官的新特点。当然，对这句话的理解不应绝对化，不能因此就认定秦汉时就没有"钱入私门"的情况。陆机说："鬻官之吏，以货准才，则贪残之萌，皆群后也，安在其不乱哉！"[②] 晋惠帝时，"政出群下，纲纪大坏，货赂公行"，[③] 当然包括了买卖官位的情况。东晋孝武帝时，"左右近习，争弄权柄，交通请托，贿赂公行，官赏滥杂，刑狱谬乱"。宗室司马道子"势倾内外"，[④] "中书令王国宝性卑佞，特为道子所宠昵。官以贿迁，政刑谬乱"。"兵食资储，敛为私积，贩官鬻爵，威恣百城"。"茹千秋本钱塘捕贼吏"，受司马道子信用，"千秋卖官贩爵，聚资货累亿"。许荣上奏批评当时的官场说："今台府局吏、直卫武官及仆隶婢儿取母之姓者，本臧获之徒，无乡邑品第，皆得命议，用为郡守、县令，并带职在内，委事于小吏手中；僧尼乳母，竞进亲党，又受货赂，辄临官领众。"[⑤]

南朝的刘宋明帝时，据《宋书》卷83《吴喜传》载："南贼未平（晋安王刘子勋叛乱），唯以军粮为急，西南及北道断不通，东土新平，商运稀简，朝廷乃至鬻官卖爵，以救灾困，斗斛收敛，犹有不充。"另一记载更详："时军旅大起，国用不足，募民上米二百斛，钱五万，杂谷五百斛，同赐荒县除。上米三百斛，钱八万，杂谷千斛，同赐五品正令史；满报，若欲署四品在家，亦听。上米四百斛，钱十二万，杂谷一千三百斛，同赐四品令史；满报，若欲署三品在家，亦听。上米五百斛，钱十五万，杂谷一千五百斛，同赐三品令史；满报，若欲署内监在家，亦听。上米七百斛，钱二十万，杂谷二千斛，同赐荒郡除；若欲署诸王国三令在家，亦

① 《晋书》卷45《刘毅传》。

② 《晋书》卷54《陆机传》。

③ 《晋书》卷4《惠帝纪》。

④ 《资治通鉴》卷107太元十四年。

⑤ 《晋书》卷64《司马道子传》；《魏书》卷96《司马睿传》。许荣，《资治通鉴》卷107作许营。

听。”大臣邓琬“性鄙暗，贪吝过甚，财货酒食，皆身自量校。至是父子并卖官鬻爵，使婢仆出市道贩卖，酣歌博奕，日夜不休”。[①]《太平御览》卷214《吏部尚书》引《宋书》说：“庾炳之为吏部尚书，通货贿。”其实，自设立吏部以来，“通货贿”当然不止他一人，其主要劣迹也无非是卖官。南齐末年，“国命朝权，尽移近习。贩官鬻爵，贿货公行”。[②] 陈朝季年，“宦官近习，内外连结，援引宗戚，纵横不法，卖官鬻狱，货赂公行”，“聚敛无厌，士民嗟怨”，[③] 终于被隋朝所灭。

北方燕国主慕容暐母可足浑氏“乱政”，太傅慕容评等“贪冒”，“货赂上流”，“政以贿成，官非才举，群下切齿焉”。[④] 导致了燕国灭亡。《太平御览》卷216《吏部郎中》引《后魏书》载：“韦玚为吏部郎，性贪婪，鬻卖官吏，皆有定价。”这是执掌人事权者“鬻卖官吏”，以入私囊。北魏后期，战祸连绵，孝明帝孝昌三年（公元527年）二月诏说：“关陇遭罹寇难，燕赵贼逆凭陵，苍生波流，耕农靡业，加诸转运，劳役已甚，州仓储实，无宜悬匮，自非开输赏之格，何以息漕运之烦。凡有能输粟入瀛、定、岐、雍四州者，官斗二百斛赏一阶；入二华州者，五百石赏一阶。不限多少，粟毕授官。”[⑤] “庄帝初（公元528年），承丧乱之后，仓廪虚罄，遂班入粟之制。输粟八千石，赏散侯；六千石，散伯；四千石，散子；三千石，散男。职人输七百石，赏一大阶，授以实官。白民输五百石，听依第出身，一千石，加一大阶；无第者输五百石，听正九品出身，一千石，加一大阶。诸沙门有输粟四千石入京仓者，授本州统，若无本州者，授大州都；若不入京仓，入外州郡仓者，三千石，畿郡都统，依州格；若输五百石入京仓者，授本郡维那，其无本郡者，授以外郡；粟入外州郡仓七百石者，京仓三百石者，授县维那”。[⑥] 当时北魏已处衰乱之世，财政十分困难，除了卖爵之外，甚至出售僧官。此外，又如赵儁之“轻薄

① 《宋书》卷84《邓琬传》;《南史》卷40《邓琬传》。
② 《梁书》卷1《武帝纪》。
③ 《资治通鉴》卷176。
④ 《晋书》卷111《慕容暐载记》;《资治通鉴》卷102太和四年。
⑤ 《魏书》卷9《肃宗纪》。
⑥ 《魏书》卷110《食货志》。

无行。为给事中，转谒者仆射，为刘腾养息。犹以阉官余资，赂遗权门，频历显官而卒”。[①]

北齐时，樊逊曾强调“循名责实，选众举能，朝无铜臭之公，世绝《钱神》之论”。[②] 但在事实上，南北朝时，北齐的卖官现象极为严重。元坦历北魏到东魏、北齐，“虽禄厚位尊，贪求滋甚，卖狱鬻官，不知纪极”。[③] 北齐前期，郭秀“事齐神武，稍迁行台右丞，封寿阳伯。亲宠日隆，多受赂遗，进退人物”。[④] 另“有何海及子洪珍开府封王，尤为亲要。洪珍侮弄权势，鬻狱卖官”。[⑤] 自武成帝“太宁（公元561年）以后，风雅俱缺，卖官鬻狱，上下相蒙，降及末年，黩货滋甚”。[⑥] 当时祖珽“乃疏侍中、尚书令赵彦深，侍中、左仆射元文遥，侍中和士开罪状”，“士开、文遥、彦深等专弄威权，控制朝廷，与吏部尚书尉瑾内外交通，共为表里，卖官鬻狱，政以贿成，天下歌谣。若为有识所知，安可闻于四裔？陛下不以为意，臣恐大齐之业隳矣”！[⑦] 可知吏部尚书在私人卖官中之作用。沦及北齐季年，“赋敛日重，徭役日繁，人力既殚，币藏空竭。乃赐诸佞幸卖官。或得郡两三，或得县六七，各分州郡，下逮乡官，亦多降中旨，故有敕用州主簿，敕用郡功曹。于是州县职司多出富商大贾，竞为贪纵，人不聊生。爰自邺都及诸州郡，所在征税，百端俱起”。“虐人害物，搏噬无厌，卖狱鬻官，溪壑难满”。[⑧] 《北史》卷92《恩幸传》说：“自（后主）武平三年（公元572年）之后，（陆）令萱母子（骆提婆，改姓穆）势倾内外，卖官鬻狱，取敛无厌，每一赐与，动倾府藏。”[⑨] 故北周韦孝宽上策周武帝说：“且齐氏昏暴，政出多门，鬻狱卖官，唯利是视，荒淫酒色，忌害忠良。阖境熬然，不胜其弊。以此而观，覆亡可待。”[⑩]原

---

① 《魏书》卷94《赵黑传》。
② 《北齐书》卷45《樊逊传》。
③ 《北齐书》卷28《元坦传》。
④ 《北史》卷92《郭秀传》。
⑤ 《北齐书》卷50《恩幸传》；《北史》卷92《恩幸传》。
⑥ 《北齐书》卷46《循吏传》。
⑦ 《北齐书》卷39《祖珽传》；《北史》卷47《祖珽传》。
⑧ 《北齐书》卷8《后主、幼主纪》；《北史》卷8《齐本纪》。
⑨ 又《北史》卷92《高阿那肱传》：“顿不如和士开、骆提婆母子卖狱鬻官。”
⑩ 《周书》卷31《韦孝宽传》；《北史》卷64《韦孝宽传》。

先经济较发达，国力较强的北齐也果然被北周所吞灭。

总的说来，在魏晋南北朝时期，除了刘宋明帝时卖官，北魏后期卖官爵，兼加僧官之外，制度性的卖官反而比前代萎缩，而“钱入私门”的情况却大为扩展。东晋时的《抱朴子》外篇卷15《审举》针对官场的腐败说，“抑清德而扬谄媚，退履道而进多财，力竞成俗，苟得无耻”。“以之治人，则虐暴而豺贪，受取聚敛，以补买官之费”。卷27《刺骄》说：“世间或有少无清白之操业，长以买官而富贵。”《太平御览》卷837引《金楼子》曰：“鬻官者，欲民之死。”据《隋书》卷34《经籍志》：“《金楼子》十卷，梁元帝撰。”梁元帝萧绎虽然身处侯景之乱后之衰世，称帝三年，即为魏军所杀，但喜读书，做文章，能援笔立就，此言仍不失为千古警语。但在今本《金楼子》中，此段要紧的话反而失传。

三 隋唐五代的卖官多门

一般认为，中国古代的所谓三省六部政制虽然有一个长期的、逐步的发展过程，但正式定型，还是始于隋朝。隋唐时的人事权高度集中于中央。唐朝官员的任免是由皇帝、宰相和吏部、兵部分等执行的。但古代的政治特点正在于人治，私下的卖官就绝非仅限于按制度规定而掌握人事权者。例如唐朝的公主、宦官之类，从制度上说，当然与人事权无干，但他们照样可以私下卖官。人事权高度集中于中央，为中央各种权势人物的卖官鬻爵提供了更大的空间。

隋朝看不出有何卖官的制度。郑译与隋文帝在北周时为同僚，自仗有“定策功”，“鬻狱卖官，沸腾盈耳”，① 隋文帝虽然下诏予以指责，却仍予以优待。隋炀帝的大臣内史侍郎虞世基“继室孙氏性骄淫”，“孙复携前夫子夏侯俨入世基舍，而顽鄙无赖，为其聚敛，鬻官卖狱，贿赂公行，其门如市，金宝盈积”，② 但最后还是得到与隋炀帝同样的下场。

唐朝前期其实没有严格意义上的卖官制度。但如唐太宗“贞观十八

① 《隋书》卷38《郑译传》；《北史》卷35《郑译传》。

② 《隋书》卷67《虞世基传》。

年，命将征辽东，安州人彭通请出布五千段，以资征人。上喜之，比汉之卜式，拜宣义郎”。[①] 唐高宗时，安州安陆县“彭氏以殖货见称。有彭志筠，显庆中，上表请以家绢布二万段助军。诏受其绢万疋，特授奉议郎，仍布告天下”。[②] 此类只是个别的卖官特例。

直到安史之乱时，唐肃宗至德元年（公元756年）九月，“以军典事殷，国用不足，诏权卖官及爵，度僧尼节级纳钱”。“彭原郡以军兴用度不足，权卖官爵及度僧尼”。“人不愿者，科令就之，其价益贱，事转为弊”，[③] 甚至强制出售官爵。至德二年（公元757年），“郑叔清与宰相裴冕建议，以天下用度不充，诸道得召人纳钱，给空名告身，授官、勋、邑号”。“纳钱百千，赐明经出身；商贾助军者，给复”。[④] 《通典》卷11《鬻爵》记载更详，郑叔清于当年七月上奏说：

> 承前诸使下召纳钱物，多给空名告身，虽假以官，赏其忠义，犹未尽才能。今皆量文武才艺，兼情愿稳便，据条格拟同申奏闻，便写告身。
>
> 诸道士、女道士、僧、尼如纳钱，请准敕回授余人，并情愿还俗，授官、勋、邑号等，亦听。如无人回授及不愿还俗者，准法不合畜奴婢、田宅、资财，既助国纳钱，不可更拘常格。其所有资财能率十分纳三分助国，余七分并任终身自荫，身殁之后，亦任回与近亲。
>
> 又准敕，纳钱百千文，与明经出身。如曾受业，粗通帖策，修身慎行，乡曲所知者，量减二十千文。如先经举送，到省落第，灼然有凭，帖策不甚寥落者，减五十千文。若粗识文字者，准元敕处分。未曾读学，不识文字者，加三十千。
>
> 应授职事官并勋、阶、邑号及赠官等，有合荫子孙者，如户内兼荫丁、中三人以上免课役者，加一百千文。每加一丁、中，累加三十千文。

---

① 《太平御览》卷820《布》引《唐书》。

② 《旧唐书》卷84《郝处俊传》。

③ 《册府元龟》卷509《鬻爵赎罪》，《旧唐书》卷10《肃宗纪》。

④ 《新唐书》卷51《食货志》，卷140《裴冕传》，《旧唐书》卷113《裴冕传》。

其商贾，准令所在收税，如能据所有资财十分纳四助军者，便与终身优复。

如于敕条外有悉以家产助国，嘉其竭诚，待以非次。如先出身及官资，并量资历好恶，各据本条格例，节级优加拟授。如七十以上情愿授致仕官者，每色内量十分减二分钱。

上引纳钱物卖官的规定涉及了僧道还俗授官，授予明经出身，商人买官，官员晋升，子孙免课役等，杜佑加注说："时属幽寇内侮，天下多虞，军用不充，权为此制，寻即停罢。"

唐德宗贞元四年（公元788年）制规定："军州官吏、寄客能务农业，入粟助边，量其多少，酬以官秩。"① 据《册府元龟》卷509《鬻爵赎罪》载唐宪宗元和十二年（公元817年）诏说：

入粟助边，古今通制。如闻定州侧近，秋稼多登，属以军府虚贫，未任收籴。将设权宜之制，以成储蓄之资。念切救人，不同常例。有人能于定州纳粟五百石，放同承优出身，仍减三选，听集。纳粟一千石者，〔便〕授解褐官，有官者依资授官。纳粟二千石者，超两资授官。如先有出身及官情愿减选者，每纳三百石，〔与〕减一选。②

胡证出使回鹘，"充和亲使。旧制，以使车出境，有行人私觌之礼。官不能给，召富家子纳赀于使者，而命之官"。胡证"首请厘革，俭受省费，以绝鬻官之门"。③ 另据《唐会要》卷67《试及斜滥官》记载："旧例，使绝域者许卖正员官告，取赀自给，以备私觌。虽优假远使，殊非法典。"唐宪宗元和七年（公元812年）敕规定，"入蕃使不得与私觌正员官告，量别支给，以充私觌"，当是应胡证之建议，而取消了上述卖官制

① 《册府元龟》卷89《赦宥》，卷509《鬻爵赎罪》。

② 以《唐会要》卷75《杂处置》参校。

③ 《旧唐书》卷163《胡证传》；《新唐书》卷164《胡证传》。

度。但到元和十五年（公元820年）敕，又改为“其入回鹘使，宜仍旧与私觌正员官十三员，入吐蕃使与八员”。

五代后唐同光三年（公元925年），李琪建议：“合差百姓转仓之处，有能出力运官物到京师，五百石以上，白身授一初任州县官，有官者依资迁授，欠选者便与放选。”唐庄宗“敕李琪所论召募转仓斛斗，与官行赏，委租庸司下诸州府，有应募者闻奏施行”。[①] 赵玭是“澶州人，家富于财。晋天福中，以纳粟助边用，补集贤小吏，调濮州司户参军”。[②] 又后周有一“糕坊，主人由此入赀，为员外官”，故“都人呼花糕员外”。[③] 这些都是制度性入赀买官的实例。

由此可见，隋唐五代时期的卖官制度并不发达，不过是在某些财政紧张情况下，临时公布一些卖官的规定，没有形成一个长期的制度。

与卖官制度并不发达相对照，除唐初之外，豪贵与官员私人卖官鬻爵的记录就史不绝书。唐高宗时，“右相、河间郡公李义府典选”，即掌控着中央的人事大权，“贪冒无厌，与母、妻及诸子、女婿卖官鬻狱，其门如市。多引腹心，广树朋党，倾动朝野”。他“本无藻鉴才，怙武后之势，专以卖官为事，铨序失次，人多怨讟”。[④]《朝野佥载》卷3说，“中郎李庆远狡诈倾险”，“诸司皆如此请谒嘱事，卖官鬻狱，所求必遂”。[⑤] 唐中宗时，“皇后、妃、主、昭容卖官，行墨敕斜封”。[⑥] 安乐公主“恃宠骄恣，卖官鬻狱，势倾朝廷。常自草制敕，掩其文而请帝书焉，帝笑而从之，竟不省视”。[⑦]《资治通鉴》卷209说：“安乐、长宁公主及皇后妹郕国夫人、上官婕妤、婕妤母沛国夫人郑氏、尚宫柴氏、贺娄氏、女巫第五英儿、陇西夫人赵氏皆依势用事，请谒受赇，虽屠沽臧获，用钱三十万，则别降墨敕除官，斜封付中书，时人谓之斜封官。”一时冗官滥授为患，

① 《旧五代史》卷58《李琪传》；《册府元龟》卷509《鬻爵赎罪》。

② 《宋史》卷274《赵玭传》。

③ 《说郛》弓120《清异录》卷4《花糕员外》。

④ 《资治通鉴》卷201；《旧唐书》卷82《李义府传》；《新唐书》卷223上《李义府传》。

⑤ 关于李庆远的弄权时间，《朝野佥载》卷3与《册府元龟》卷924《倾险》、卷942《黩货》的记载互异。

⑥ 《新唐书》卷4《中宗纪》。

⑦ 《旧唐书》卷51《韦庶人传》。

“其员外、同正、试、摄、检校、判、知官凡数千人”。左拾遗辛替否上谏疏说：“陛下百倍行赏，十倍增官，金银不供其印，束帛不充于赐。遂使富商豪贾，尽居缨冕之流；鬻伎行巫，或涉膏腴之地。”崔湜和郑愔“同掌选，卖官鬻狱”，为“一时巨蠹”。“人多怨讟，时京师大旱，为之语曰：‘杀郑愔，天必阴’”。[①] 当时冗官“凡数千员。内外盈溢，无听事以居，当时谓之‘三无坐处’，言宰相、御史及员外郎也。又以郑愔为侍郎，大纳货赂，选人留者甚众，至逆用三年员阙，而纲纪大溃”。[②] 宰相萧至忠上奏说：

> 当今列位已广，冗员倍多，祈求未厌，日月增数。陛下降不赀之泽，近戚有无涯之请，卖官利己，鬻法徇私。台寺之内，朱紫盈满，官秩益轻，恩赏弥数。愉利之辈，冒进而莫识廉隅；方雅之流，知难而敛分丘陇。才者莫用，用者不才，二事相形，十有其五。故人不效力，而官为匪人，欲求其理，实亦难成。[③]

柳泽也上奏指出：

> 神龙（公元705年）以来，群邪作孽，法网不振，纲维大紊，实由内宠专命，外嬖擅权，因贵凭宠，卖官鬻爵。朱紫之荣，出于仆妾之口；赏罚之命，乖于章程之典。妃主之门，有同商贾；举选之署，实均阛阓。屠贩之子，悉由邪而忝官；黜斥之人，咸因奸而冒进。[④]

可见当时的卖官蠹政，到了何等猖狂的地步。唐代宗时，大臣元载“纳受赃私，贸鬻官秩”。[⑤]“贿赂朋党大行，不以财势者无因入仕”。[⑥] 唐

---

① 《册府元龟》卷480《奸邪》、卷638《贪贿》；《大唐新语》卷9。

② 《新唐书》卷45《选举志》。

③ 《旧唐书》卷92《萧至忠传》；《唐会要》卷67《员外官》。

④ 《旧唐书》卷77《柳泽传》；《新唐书》卷112《柳泽传》；《唐会要》卷67《员外官》。

⑤ 《旧唐书》卷118《元载传》。

⑥ 《旧唐书》卷119《常衮传》。

德宗时，“窦申，宰相参之族子。参特爱申，每议除授，多询于申，申或泄之，以招权受赂。每所至，人谓之喜鹊”。[①] 当时人称：“诸司所举皆有情故，或受货赂，不得实才。”[②] 唐文宗太和三年（公元829年）南郊赦说：

卖官、买官人并仰赦书到后一月内，于所在纳官告陈首，得免其罪，如不陈首者，已后事觉，不在免罪限。[③]

反映了自中唐以降，官员私下买卖官位的普遍和严重。郑注“依恃”宦官王守澄“为奸利，出入禁军，卖官贩权”，[④] 郑注本人“资贪沓，既藉权宠，专鬻官射利，赀积钜万不知止”。[⑤]《唐语林》卷7载，唐懿宗“咸通末，曹相确、杨相收、徐相商、路相巖同为宰相。杨、路以弄权卖官，曹、徐但备员而已。长安谣曰：‘确确无论事，钱财总被收。商人都不管，货赂几时休？’”。[⑥]

晚唐时，宦官田令孜“知帝（唐僖宗）不足惮，则贩鬻官爵，除拜不待旨，假赐绯紫不以闻，百度崩弛，内外垢玩”。[⑦] 韦昭度“在中书则开铺卖官，居翰林则借人把笔”。[⑧] 大将高骈上奏指责说：“今贤才在野，憸人满朝，致陛下为亡国之君，此等计将安出？伏乞戮卖官鬻爵之辈，征鲠直公正之臣，委之重难，置之左右，克复宫阙，莫尚于斯。”[⑨] 尽管如此，《全唐文》卷89唐僖宗《南郊赦文》仍说：

关节取受，本身值财，素来贫无，亦多举债。祇缘从来赦文，未

① 《太平御览》卷921《鹊》引《唐书》；《资治通鉴》卷234。
② 《旧唐书》卷139《陆贽传》；《资治通鉴》卷234。
③ 《唐大诏令集》卷71。
④ 《旧唐书》卷167《宋申锡传》。
⑤ 《新唐书》卷179《郑注传》
⑥ 《南部新书》卷1载第一句民谣作“确确无余事”。
⑦ 《新唐书》卷208《田令孜传》
⑧ 《北梦琐言》卷6。
⑨ 《旧唐书》卷182《高骈传》。

甚分明，赏罚若行，必当止绝。自今以后，如有人钱买官，纳银求职，败露之后，言告之初，取与同罪，卜射无舍。其钱物等，并令没官，送御史台，以赃罚收管。如是波斯番人钱，亦准此处分。

这自然是一纸空文。刘允章的《直谏书》痛陈时弊，说“今天下食禄之家，凡有八入”，其中“用钱买官，二入也”。[①] 可知卖官已普遍成为官员们的重要收入之一。唐末大臣蒋玄晖也“擅弄威权，鬻爵卖官，聚财营第”。[②] 崔胤在朱全忠的指使下上奏，说本朝的宦官们“参掌机密，夺百司权，上下弥缝，共为不法。大则构扇藩镇，倾危国家；小则卖官鬻狱，蠹害朝政。王室衰乱，职此之由”。[③] 虽是为大杀宦官作借口，但所说的情况也的确属实。

唐朝卖官的一种特殊现象，是所谓“债帅”。“自大历已来，节制之除拜，多出禁军中尉。凡命一帅，必广输重赂。禁军将校当为帅者，自无家财，必取资于人，得镇之后，则膏血疲民以偿之”。另一说为“自大历后，择帅悉出宦人中尉，所输货至钜万，贫者假貣富人，既得所欲，则椎斲膏血，倍以酬息，十常六、七”。债帅行贿买官的对象是宦官，“未尝由执政”。[④] 如唐德宗时，夏绥节度使韩全义“素无勇略，专以巧佞货赂结宦官，得为大帅，每议军事，宦官为监军者数十人坐帐中争论，纷然莫能决而罢”。[⑤]

吏部的官吏当然也有受贿卖官者。唐宪宗时，“新授桂管观察使房启”之吏“赂吏部主者，私得官告以授启”。唐宪宗发怒，“杖吏部令史，罚郎官”，将房启“降为太仆少卿”，[⑥] 成为当时一件大案。唐文宗时，宇文鼎上奏说：“当司前后推覆伪造出身文书，卖官并造伪印行用等因，张琇、刘尝建、胡伯忠犯罪，并在太和三年十一月十八日恩赦前。准刑部、大理

① 《文苑英华》卷676。

② 《旧唐书》卷20《哀帝纪》。

③ 《资治通鉴》卷263。

④ 《旧唐书》卷162《高瑀传》；《新唐书》卷171《高瑀传》；《资治通鉴》卷243太和元年。

⑤ 《资治通鉴》卷235。

⑥ 《旧唐书》卷15《宪宗纪》元和八年七月。

寺详断，悉处极刑。”[①] 看来张琇等人当是低官或吏。

在藩镇割据的形势下，强藩们自然也要卖官。“商贾、胥吏争赂藩镇，牒补列将而荐之，即升朝籍。奏章委积，士大夫皆扼腕叹息”。[②] 唐武宗时，昭义节度使刘从谏对“大商皆假以牙职，使通好诸道，因为贩易。商人倚从谏势，所至多陵轹将吏，诸道皆恶之”。[③]

五代“自梁、唐已来，藩侯郡牧多以勋授，不明治道，例为左右群小惑乱，卖官鬻狱，割剥蒸民，率有贪猥之名，其实贿赂半归于下”。[④] “汴州富人李让”，“以入赀”而得朱全忠宠信，“养为子，易其姓名曰朱友让”。[⑤] 后梁朱友贞时，其亲信赵巖等人“依势弄权，卖官鬻狱”。[⑥] “主既暗懦，赵（巖、鹄）、张（汉傑）兄弟擅权，内结宫掖，外纳货赂，官之高下唯视赂之多少，不择才德，不校勋劳”。如“温昭图以纳赂而得名藩，段凝以纳赂而得大将”。[⑦] 后唐时，宰相豆卢革和韦说“欺公害物，黩货卖官”。[⑧] 皇帝们尽管也曾下禁令，如《五代会要》卷17《伪官》载后唐闵帝在应顺元年（公元934年）敕说：

> 如有卖官、买官人等，并准长兴四年三月二十七日断魏钦绪犯买官罪，决重杖一顿处死敕处分，其诈假官及冒名接脚等，并准律文及天成元年九月十六日敕指挥。

此类规定其实只是反映了当时卖官现象的严重和普遍，至于实际状况自然绝不可能令行而禁止。到后汉时，宰相苏逢吉“尤纳货赂，市权鬻官，谤者讙哗”，却得到后汉高祖刘知远的“倚信”。[⑨] 后宋太宗说：“近

---

① 《全唐文》卷725《论减张琇胡伯忠等奏》。

② 《资治通鉴》卷242。《旧唐书》卷16《穆宗纪》长庆二年三月作“方镇多以大将文符鬻之富贾，曲为论奏，以取朝秩者，叠委于中书矣。名臣扼腕，无如之何”。

③ 《资治通鉴》卷247。

④ 《旧五代史》卷98《安重荣传》。

⑤ 《新五代史》卷69《高季兴传》。

⑥ 《资治通鉴》卷269。

⑦ 《资治通鉴》卷272；《旧五代史》卷29《庄宗纪》。

⑧ 《旧五代史》卷67《豆卢革传》、《韦说传》；《新五代史》卷28《豆卢革传》。

⑨ 《新五代史》卷30《苏逢吉传》。

代诚为乱世，岂有中书布政之地，天下除授，皆出堂后官之手？卖官鬻爵，习以为常，中外官吏，贤愚善恶，无所分别，时政如此，安得不乱也。"① 五代时的堂后官是高级的吏，他们因为身处"中书布政之地"，也照样受贿而"卖官鬻爵"。

在十国方面，如前蜀后主王衍时，"太后、太妃各出教，令卖官，自刺史以下，每一官阙，必数人并争，而入钱多者得之。又日挟后主游宴贵臣之家"。② "其用事之臣王宗弼、宋光嗣等，谄谀专恣，黩货无厌，贤愚易位，刑赏紊乱，君臣上下专以奢淫相尚"。③ 后蜀王处回"既恃定策勋，位隆使相，遂专权贪纵，卖官鬻狱，四方有馈献者率先输处回，次及内府。子德筠亦倚势骄横，多为不法"。④

闽主王昶"遣医人陈究以空名堂牒卖官"。⑤ 他对吏部侍郎、判三司蔡守蒙说"闻有司除官，皆受赇，信邪？"蔡守蒙回答："浮言不足信。"王昶说："朕知之久矣。今以委卿择贤而授，不肖及罔冒者勿拒，第令纳赂。籍而献之。"蔡守蒙只能"纳赂除官，籍货来上"。他最后遭兵变被杀时，发动兵变的连重遇"执蔡守蒙，数以卖官之罪，斩之"。⑥

（本文结语参见本书75—76页，为节省篇幅，从略。）

（原载《石泉先生九十诞辰纪念文集》，湖北人民出版社2007年版）

---

① 《长编》卷38至道元年十二月丙申。《旧五代史》卷81《晋少帝纪》，改"堂后官房头为录事，余为主事"。

② 《新五代史》卷63《前蜀世家·王衍》；《十国春秋》卷38《顺圣皇太后徐氏》。

③ 《资治通鉴》卷273。

④ 《十国春秋》卷52《王处回传》；《资治通鉴》卷288。

⑤ 《新五代史》卷68《闽世家·王继鹏》；《资治通鉴》卷281。

⑥ 《十国春秋》卷91《康宗纪》、卷98《蔡守蒙传》；《资治通鉴》卷281、卷282。

宋朝卖官述略

宋朝卖官也与前朝一样，事实上可分为制度性卖官和官员私下卖官两类，本文分别予以简单介绍和论述。

一　进纳授官

（一）进纳授官的起源和卖价

宋朝建国后，为了革除唐五代以来军阀割据的弊政，大力崇尚文官政治。在官场中以进士等科举出身为荣，谓之“有出身”，其他入仕者为“无出身”。[①] 马端临说：“宋兴以来，所重者独进士，若纳粟授官，止赎刑而已，于民政无预也。”[②] 林駉《古今源流至论》续集卷5说：

> 国朝诸科并建，数路得人，无非奉若天道。至于鬻爵虽间举行，皆为权宜之制，故入粟六百石与补上造之请，非备边不许也。出粟五千余石，赐第班行之请，非补之则不许也。或以赈水旱，或以备籴本，无非为权宜之制。诚以鬻爵之法，虽所以济人事之不及，非所以体天道之至公。故随举随罢，终不以为经久之策。淳熙（宋孝宗）之君曰：“理财有道，均节出入足矣，安用轻官爵，以益货财。”则其不得已之意为可知矣。元祐之臣曰：“纳粟不如资荫，资荫不如进士。”则其轻重之意从可知矣。

---

① 《宋史》卷158《选举志》、卷169《职官志》；《建炎以来朝野杂记》乙集卷14《赵善俊乞文阶去左右字》；《齐东野语》卷20《文臣带左右》。

② 《文献通考》卷35。

宋朝设置卖官制度，虽有进纳授官、[①] 进纳补官、[②] 进纳出身、[③] 进纳买官、[④] 进纳官、[⑤] 进纳官人、[⑥] 进纳出身人、[⑦] 进纳人、[⑧] 进纳、[⑨] 纳粟、[⑩] 纳粟补官、[⑪] 纳粟授官、[⑫] 纳粟得官、[⑬] 入赀补官、[⑭] 纳赀授官、[⑮] 献助补官、[⑯] 献纳补官[⑰]等各种名称，含义稍有差异，实际上则是一回事，只作为“权宜之制”。

《宋史》卷158《选举志》说：“太祖设官分职，多袭五代之制，稍损益之。凡入仕，有贡举、奏荫、摄署、流外、从军五等。”可知当时尚没有把进纳作为一种入仕门径。另据《宋会要》职官55之29，宋朝最初施行制度性卖官，是始于宋太宗淳化五年（公元994年）正月：

> 诸州军经水潦处，许有物力户及职员等，情愿自将斛斗充助官中赈贷，当与等第恩泽酬奖。一千石赐爵一级，二千石与本州助教，三千石与本州文学，四千石试大理评事、三班借职，五千石与出身、（三班）奉职，七千石与别驾，不签书本州公事，一万石与殿直、太祝。[⑱]

---

① 《宋会要》职官55之35。

② 《宋会要》职官55之43。

③ 《宋朝诸臣奏议》卷33刘述《上神宗乞郡县主只于见任文武官僚中选择为亲》。

④ 《续资治通鉴长编纪事本末》卷132。

⑤ 《淮海集》卷36《鲜于子骏行状》。

⑥ 《宋会要》职官55之41。

⑦ 《长编》卷218熙宁三年十二月辛巳。

⑧ 《宋会要》职官55之37。

⑨ 《宋会要》职官55之36。

⑩ 《长编》卷89天禧元年四月甲申。

⑪ 《燕翼诒谋录》卷2。

⑫ 《宋会要》职官55之35。

⑬ 《宋史》卷115《礼志》。

⑭ 《宋史》卷158《选举志》。

⑮ 《宋会要》职官55之45。

⑯ 《宋会要》职官55之43。

⑰ 《宋会要》职官55之45；《要录》卷81绍兴四年十月戊子。

⑱ 又见《山堂群书考索》后集卷62《鬻爵》。《燕翼诒谋录》卷2说“纳粟补官”始于宋真宗天禧时，系误。

此处的“有物力户”较易解释，即是富民，“职员”估计即是“衙前职员”之简称，是指富民当衙前者。[①] 其他如三班借职、三班奉职、殿直属低等武官，而助教、文学、大理评事、别驾、太祝属低等文官。“与出身”则是特授科举出身，等同于对科举末等者的恩赐，而非正式及第者。据后引的记载来看，应是科举的科目之一的同学究出身。

此后的进纳授官也大致授低官。如《宋会要》职官55之30—32载宋真宗景德时，规定在沿边送纳军储的“酬奖”，列表如下：

地区与军储额			卖官名
河北定州等地 陕西环州等地	河北洺州等地 陕西泾州等地	河北怀州等地 陕西永兴军等地	
一千石	一千二百石	一千五百石	本州助教、文学
二千石	二千四百石	三千石	与出身
三千石	三千六百石	四千五百石	主簿、县尉、三班借职
四千石	四千八百石	六千石	三班奉职
五千石	六千石	七千五百石	诸寺、监主簿
六千石	七千二百石	九千石	秘书省正字、校书郎
七千石	八千四百石	一万五百石	太常寺太祝、奉礼郎
八千石	九千六百石	一万二千石	大理评事、殿直
九千石	一万八百石	一万三千五百石	诸寺、监丞，侍禁
一万石	一万二千石	一万五千石	大理寺丞、供奉官

可知北宋前期至中期的卖官仍分文、武两类，文官中的主簿、县尉到大理寺丞都属寄禄官，而非实职差遣。其中官位最高的文官大理寺丞和武官东头、西头供奉官，只相当于元丰改制后的从八品宣德郎（宣教郎）和从义郎、秉义郎。

除了粮食之外，卖官尚有多种钱财和方式。如宋仁宗康定时，韩琦建

① “衙前职员”之称来源于五代，见《五代会要》卷10《刑法杂录》。宋代沿用此名称，其实已非武人，如《咸平集》卷29《押东郊进奉衙内指挥使并衙前职员等加恩》，“衙内指挥使并衙前职员”都是指充衙前吏职，押运进奉物资的富民。又《宋会要》职官48之106载南宋庆元时：“衙前职员资级自客司、客将递迁押衙等。”

议，“听富民自雇人夫修筑”庆、鄜、泾三州城，“三万工与〔太庙〕斋郎，五万工与试监簿或同学究出身，七万工与簿、尉，八万工〔与借职，十万工〕与奉职”。这是以雇工修城费用的“工”为计量单位，进行卖官的特例。①

宋仁宗庆历七年（公元1047年），规定在河北、京东、京西和开封府：

> 许诸色人进纳秆草，等第与恩泽。杂秆〔草〕每束湿重五十斤。一万五千束与本州助教，二万束与司马，二万五千束与长史，三万束与别驾，四万束与太庙斋郎，四万五千束与试衔、同学究出身，五万束与（主）簿、（县）尉、（三班）借职，六万束与（三班）奉职。
>
> 秆草每束湿重一十五斤。二万束与摄助教，三万束与州助教，四万束与司马，五万束与长史，六万束与别驾，七万五千束与太庙斋郎，八万五千束与试衔、同学究出身，九万五千束与（主）簿、（县）尉、（三班）借职。②

这是进纳饲草的实例。“试衔”即“试衔官”。③ 如宋神宗时，“剡人黄庸世以赀雄里中，纳粟，得试将作监主簿”。④ 胡宿《文恭集》卷18就保留了两份制词，一为“进纳梢草空名助教制”，二为“在京进纳斛斗，楚州等第户房旺可将仕郎、守本州助教制”。当时的将仕郎属文散官，而非元丰改制后之寄禄官。

北宋末年，金军兵临开封城下，无能的宋廷企图奉献金银，而求金人退兵。城中“收簇大金犒赏金银”，“有广福坊李隶，已纳金六百七十四两，银一万四千七百四两九钱，葛关金六百两，银三千五百七两”。宋钦

① 《长编》卷127康定元年四月己亥；《宋会要》职官55之34，方域8之2—3。

② 《宋会要》职官55之35。

③ 《宋会要》选举7之8载，景德二年殿试，最末等者，“又得特奏名诸科三礼已下七十五人，第为三等，赐同学究出身，授试衔官”。

④ 《长编》卷317元丰四年十月戊午。

宗“御宝批李隶与成忠郎，葛关与保义郎。凡此同日数百户，以劝来者”。[1] 这是进纳金银卖官的实例。然而增加了数百名进纳人，却仍无补于皇朝的灭亡。南宋初，又规定“四川进纳人依例，每铁钱二文，折铜钱一文，每铁钱一贯，折川钱引一道”，[2] 依铜、铁钱与纸币钱引的比值入赀。

北宋末到南宋初，因财政异常拮据，又先后规定并降低了进纳货币的卖官价，当时由于在元丰改官制之后，故官名与北宋前期、中期有异。绍兴元年（公元1131年）的定价如下表：

文官		武官	
官名	卖价	官名	卖价
		无品进义副尉	七百贯
		无品进武副尉	一千贯
		无品进义校尉	一千五百贯
		无品进武校尉	二千贯
从九品迪功郎	六千贯	从九品承信郎	五千五百贯
		从九品承节郎	七千贯
		正九品保义郎	八千五百贯
		正九品成忠郎	一万贯
		正九品忠翊郎	一万一千五百贯
		正九品忠训郎	一万三千贯
从八品修职郎	七千五百贯		
从八品从政郎	九千贯		
从八品从事郎	一万五千（百）贯		
从八品文林郎	一万二千贯		
从八品儒林郎	一万三千五百贯	从八品秉义郎	一万四千五百贯
从八品承直郎	一万五千贯	从八品从义郎	一万六千贯
		正八品修武郎	二万三千贯
		正八品敦武郎	三万贯[3]

① 《会编》卷32。

② 《宋会要》职官55之46。

③ 《宋会要》职官55之44—45，其年代应以《要录》卷45绍兴元年六月己巳，卷47绍兴元年九月己未为准。

宋高宗绍兴末，有“右奉直大夫叶灼男右迪功郎叶均，献钱一万二千贯，循右文林郎”。[①] 奉直大夫已是正六品的文官，当时用“右”字代表非进士出身，其子叶均可能是荫补出身的迪功郎，献钱数与上引表中相合，而超升四阶，为右文林郎。另有“将仕郎戴公度献助军钱万缗，诏以为右从事郎”，[②] 超升三阶。已故名将杨政“妻崇国夫人南氏献助钱引十五万道，二子杨厦、杨庥特补成忠郎”。[③] 这是入赀四川纸币钱引，而补武官。此类都是官员入赀后升官的实例。

与进纳关系颇大者是和籴。宋朝的两税收入完全不足以保证庞大的军粮供应，需要另外和籴粮草。和籴粮草使用的籴本，最初是使用钱币、茶、盐、麻布、香药、象牙、犀角之类，后来财政愈来愈困难，于是官告、度牒之类也充籴本。如宋神宗熙宁八年（公元1075年），“出空名试将作监，不理选限敕告，助教敕各十五，赐夔州路转运司，募人入钱米于南川县等以给边”。[④] 熙宁九年（公元1076年），“诏赐监主簿、斋郎、州助教告身补牒，共为钱十五万缗，付广南东路转运司市粮草”。[⑤] 又“诏赐坊场钱五万缗，监主簿告、斋郎牒、州助教敕总三十三，为钱五万缗”，付京东西路“籴军粮”。[⑥] 此类告、牒、敕的价格都在一千贯以上。南宋初，户部规定“湖南籴米一十万石”，其“籴本四十四万贯”中包括“助教敕三万二千贯，迪功郎告四万八千贯”。[⑦] 绍兴五年（公元1135年），“降迪功郎告身于浙西诸州博籴，每道四千缗，亦不作进纳，与理为官户，仍理选限”。[⑧]

向民间摊派和籴负担，已不可能是完全让民间自愿买官。早在宋仁宗对西夏战事中，欧阳修就说：“至于鬻官入粟，下无应者，改法〔榷〕

① 《周益国文忠公集·掖垣类稿》卷1《叶均循右文林郎》。

② 《要录》卷195绍兴三十一年十二月甲子。

③ 《周益国文忠公集·掖垣类稿》卷1《杨厦杨庥补成忠郎》。杨庥，有的版本作杨麻，疑误。

④ 《长编》卷269熙宁八年十月辛丑。

⑤ 《长编》卷278熙宁九年十月辛亥。

⑥ 《长编》卷279熙宁九年十二月辛卯。

⑦ 《紫微集》卷24《论和籴》。

⑧ 《要录》卷93绍兴五年九月乙酉。

货，而商旅不行。"[①] 宋神宗初，范纯仁上奏说："荆湖北路监司令民进纳授官，有人户家财不能满数者，须令三、四户同共进纳。内只一户受官，受官者既使它人助钱，太为侥幸。同纳者无名被敛，徒抱怨嗟。"[②]

南宋初，财政窘急，不仅卖官，也卖实职差遣。宰相范宗尹"令使臣笔贴定价，出卖差遣"。[③] 他给小武官使臣辈出定价，让他们在参加铨选，分配实职时购买差遣，以增加财政收入。"州县劝诱鬻爵，不问贫富，一例科配，劝诱不行，亦不申禀"。[④]殿中侍御史石公揆上奏建议："州县卖官告，除大姓全户承买外，如纠定众户，凑数请买之人，虽已均敷，若未送纳，并截日住罢。"[⑤] 时称右相张浚"出卖官诰，重困江、浙"，规定"每州劝诱及三十万缗以上，知、通、县令、当职官各减二年磨勘，及二十万缗，减半推赏"。"明知其为抑配，而以所得之多寡，赏以减半。如无锡县令刘宽剥民最甚，遂得除倅永州"。[⑥] 故低级文官杨炜上书参知政事李光说："频年以来，换度牒，鬻官爵，出卖户帖，豫借和买，头会箕敛，衰世掊克之法，略已尽行，剥肤椎髓，无所不至，膏血无余，不知何从出乎？"[⑦]

绍兴末宋金再战，洪适上奏说："戎车既动，支费倍增，赋入有限，生财极难。纳粟入官旨挥，今已半年，县邑至有计苗一石，敛钱一千，以资贴上户者。"[⑧] 强迫上户买官，而又以"计苗一石，敛钱一千"的方式，由其他人户"资贴"买官的上户。宋孝宗时，王师愈说，"无见钱以为籴本，或给官告、度牒"，"令州县变转现钱，不免强敷之于民"。[⑨] 如何"强敷之于民"的详情，已不得而知，但强制卖官，无疑给民间造成颇大的骚扰。

---

① 《欧阳文忠公全集》卷45《通进司上书》；《长编》卷129康定元年十二月乙巳。

② 《历代名臣奏议》卷269；《范忠宣奏议》卷上《奏乞诏御史觉察诸路转运使》。

③ 《要录》卷47绍兴元年九月戊午。

④ 《要录》卷101绍兴六年五月戊寅。

⑤ 《要录》卷103绍兴六年七月戊寅。

⑥ 《会编》卷179；《要录》卷106绍兴六年十月丙申，卷114绍兴七年九月乙丑。

⑦ 《会编》卷191。

⑧ 《盘洲文集》卷41《乞罢诸路抵当库札子》。

⑨ 《历代名臣奏议》卷247。

宋宁宗嘉定十一年（公元1218年），“抚州岁起米纲，守臣移易水脚之费，抑进纳富民部馋”。[①] 强制进纳人运输米纲。南宋晚期，纸币楮券严重贬值，如“进纳迪功郎十七界（东南会子）十万贯”。[②] 文天祥在中举的《御试策》中说：“自献助叠见于豪家巨室而民困，自和籴不间于闾阎下户而民困，自所至贪官暴吏，视吾民如家鸡圈豕，惟所咀啖而民困，呜呼！东南民力竭矣！”[③] 当时强迫“豪家巨室”“献助”，也对他们为害甚烈。

南宋末年，贾似道推行公田法，向浙西富豪买田。由于官府根本无力支付钱财，故“买数少者，则全支楮券，稍多则银、券各半，又多则副以度牒，至多则加以登仕（郎）、将仕（郎）、校尉、承信（郎）、承节（郎）、安人、孺人告身。准直以登仕三千楮，将仕千楮，许赴漕试。校尉万楮，承信万五千，承节二万，则理为进纳。安人四千，孺人二千，此则几于白没矣”。[④] 像安人和孺人之类的外命妇封号也予以出售，倒是一项新发明。这与和籴时将官位向民间强制出售，如出一辙。

（二）进纳人的阶级成分和进纳法

宋代能出钱买官者一般是“豪猾兼并之徒，屠酤市贩之辈”。[⑤] 进纳人按其阶级成分，无非是乡村户中的地主、坊郭户中的富商等。

刘攽《江南田家》诗讽刺说：“不如逐商贾，游闲事车航。朝廷虽多贤，正许赀为郎。”[⑥] 如“宿州临涣县柳子镇市户进纳斛斗人朱亿”属镇坊郭富户，因“能输积，以助有司”，“赒恤阻饥”，其弟朱傑“褒赐一官”，为“本州助教”。[⑦] 在北宋一些金石题名中有“市户、守本州助教成公济、陈士敏”，“市户、承信郎杨名”。[⑧] 他们无疑都是进纳人。又如《夷坚支癸》卷6《尹大将仕》说：“秀州广平桥尹大郎将仕，其家本微，

---

① 《后村先生大全集》卷82《玉牒初草》。
② 《古今考》卷12方回附论。
③ 《文山先生全集》卷3。
④ 《齐东野语》卷17《景定行公田》；《宋季三朝政要》卷3。
⑤ 《宋会要》职官55之39。
⑥ 《彭城集》卷6。
⑦ 《临川先生文集》卷55《宿州临涣县柳子镇市户进纳斛斗人朱亿弟傑本州助教制》。
⑧ 《山右石刻丛编》卷16《重修五龙庙记》；《常山贞石志》卷13《封崇寺创铸钟记》。

致力治生，虽无田庄，而浮财颇裕。”他没有田产，大约是单纯由商人进纳入仕，而得将仕郎。从宋孝宗到宋宁宗时的记录看，进纳人或是参加科举考试的“进士”，也有官员纳粟而升官。①

在强调科举出身的时代，在士大夫辈看来，“鬻爵多财，士类所不齿”，② 对进纳人采取各种限制和裁抑的规定，是理所当然的。故欧阳修说：

> 窃以募民入粟，鬻以官爵，盖是国家权宜不得已之事。苟遇军须阙乏，不欲科率人民，权许兼并之家进纳，诱以官爵，盖备一时缓急之用。③

宋仁宗庆历时，李觏致范仲淹信中说：

> 且时卖官，虽大理评事，无虑一万缗耳。假如此寺只费十万缗，亦当十员京官矣。彼十员京官以常例任使，数年之后，便当临民，以为万户县尹，则十万家之祸，又以为十万户郡守，则百万家之祸矣。若辍一寺之费，而不卖十员京官，是免百万家之祸。④

苏轼说：

> 入赀而仕者，皆得补郡县之吏，彼知其终不得迁，亦将逞其一时之欲，无所不至。⑤

上官均说：

---

① 《宋会要》职官62之31—37。
② 《名公书判清明集》卷2《进纳补官有犯以凡人论·免缴出身文字断仆讫申曹司并申部照会》。
③ 《欧阳文忠公全集》卷117《乞重定进纳常平仓恩泽》。
④ 《直讲李先生文集》卷27《寄上范参政书》。
⑤ 《东坡七集·东坡应诏集》卷3《策别十一》。

豪右之家以赀授官，其才品庸下，素不知义。又外台、郡守奖荐之所不及，彼固分甘自处于卑贱之地，岂复有奋励之意。①

针对进纳授官者作为官场特殊群体，宋朝还专门制定了“进纳法”。②其用意无非是尽量压低他们的地位，减削他们的特权，并对他们加以各种限制。宋朝历代还对进纳法作了不少修订和补充。

宋代的官户自然是与民户身份有重大差别，官户“谓品官，其亡殁者有荫同”，“诸称品官之家者，谓品官父、祖、子、孙及同居者”。③但对“进纳买官”者而论，却大大提高了官户的门槛，“系有正法，惟因军功、捕盗，或选人换授，至升朝官，方许作官户”。④升朝官即朝官，在元丰改制后，须至正八品文官通直郎和武官修武郎以上，方能算是官户。故杜纯说：“入赀得承务郎以上，犹不为官户，盖嫌其逃赋役，困平民也。”⑤从九品的承务郎是文臣京官的最低一阶，即使当了京官仍不算是官户。南宋初规定：“入赀授官通及二万贯以上人，方许作官户免役。”⑥宋孝宗乾道时又作条法修订：“诸进纳授官人特旨与理为官户者，依元得旨，若已身亡，子孙并同编户。”⑦

宋朝历代对进纳人作了许多专门的限制性规定。宋真宗时已规定，对进纳人“州县官不许接坐，止令庭参”。⑧“诏富民得试衔官者，不得与州县官属、使臣接见，如曾应举及衣冠之族不在此限”。⑨此处的“富民得试衔官者”无非是进纳人。宋仁宗庆历三年（公元1043年）“诏吏部流内铨，缘边州军地临两界处，自今毋得注进纳人”。⑩翌年又“诏吏部流

① 《宋朝诸臣奏议》卷70《上哲宗乞清入仕之源》。

② 《续资治通鉴长编纪事本末》卷132。

③ 《筠溪集》卷3《缴刘光世免差科状》引《绍圣常平免役令》；《庆元条法事类》卷48《支移折变》、《科敷》，卷80《诸色犯奸》。

④ 《续资治通鉴长编纪事本末》卷132。

⑤ 《鸡肋集》卷62《朝散郎充集贤殿修撰提举西京嵩山崇福宫杜公行状》。

⑥ 《宋会要》职官55之46。

⑦ 《宋会要》职官55之50。

⑧ 《燕翼诒谋录》卷2。

⑨ 《长编》卷80大中祥符六年三月庚戌。

⑩ 《长编》卷139庆历三年二月己亥朔。

内铨，进纳授官人举县令者，须及五考，有所部升朝官三人同奏举，乃听施行”。[①] 这是对他们任官地区和充任县令所作的限制。庆历七年（公元1047年），又诏“应纳粟授官人不除司理、司法参军洎上州判官。资考深，无过犯，方注主簿、县尉。如循资入县令、录事参军者，铨司依格注拟，止令临监物务”，[②] 即任最低档的监当官。嘉祐时，“诏凡入赀为郎，至升朝者，户役皆免之，京官不得免衙前，自余免其身而止。若入官后，增置田产直五千万以上者，复役如初，佣代者听之”。沿用到南宋的《进纳条令》规定：“官至升朝，听免色役，仍不免科配。”[③] 包拯曾为进纳人与皇亲议婚而上奏：

> 臣窃闻旧开矾铺进纳授官人李绶男与故申王宫承俊为亲，将就婚卺。中外传闻，莫不骇愕。检会御史台编敕节文，应皇属议亲，并令具门阀次第，委宗正寺官审覆，须的是衣冠之后，非阘冗庸贱之伍，富商大贾之门。差涉不实，会赦不原其罪，仍仰抨弹之官常加采听。又太常礼院敕，大宗正司奏，不是工商伎术之家，听许为亲。其李绶男正碍条制。[④]

到宋神宗元丰元年（公元1078年），又对婚姻问题作进一步规定：“宗室缌麻以上亲，委主婚者择三代中有二代非诸司出职及进纳、伎术、工商、杂类、恶逆之家子孙，方许嫁娶。”宋哲宗时又重复此规定。[⑤] 这是在与宗室女子通婚方面，所作的歧视性规定。

宋神宗时，“诏进纳出身人，有旨落‘进纳’字者，不以官户例减役钱”。[⑥] 即使在名义上改换了进纳出身，仍不得与其他官户那样，减除一半役钱。至晚在熙宁时，“进纳授试衔，入下州判、司，中、下县簿、尉；

---

① 《长编》卷153庆历四年十二月己酉。

② 《长编》卷160庆历七年二月丁未。

③ 《长编》卷193嘉祐六年四月癸酉，卷218熙宁三年十二月辛巳；《宋会要》职官55之45。

④ 《包拯集》卷6《论李绶冒国亲事》。

⑤ 《长编》卷291元丰元年八月丙寅，卷409元祐三年三月甲子；《说论集》卷1《上哲宗论宗景以妾为妻状》；《宋朝诸臣奏议》卷33彭汝砺《上哲宗乞详定祖免亲婚姻条贯》。

⑥ 《长编》卷266熙宁八年七月乙丑。

授太庙斋郎，入中州判、司，中县簿、尉”。“进纳出身三任七考，曾省试下第二任五考，入下州令、录，仍差监当”。[①] 但前引宋仁宗庆历七年进纳秆草的规定，试衔的地位是高于太庙斋郎，而此处则是低于太庙斋郎。史称“元丰进纳官法，多所裁抑。应入令、录及因赏得职官，止与监当，该磨勘者换授降等使臣，仍不免科率”。[②] 这是在升迁和差遣上有严格限制，判、司、簿、尉、令、录等都属文官选人，“该磨勘者换授”武官“降等使臣”，只能任低等的管理税收等杂务的监当官，并且不得免除科率，即科配的杂税。当时还规定“进纳人只比流外人例，除佐官致仕”，[③] 流外是指吏升为官者。

南宋初，宋高宗“诏进纳授官人毋得注令、录”，又诏：“今后应纳粟别作名目补官人，不得注亲民、刑法官。见在任人罢任，到（吏）部别作注授，仍不注司理、司法（参军）”，又重申北宋的差遣限制。[④] 绍兴四年（公元1134年），又规定“应纳赀授官，武臣至大夫日，遇郊方许封赠”。[⑤]

南宋初，李纲在一份公文中说：“窃见都督行府札子，颁降官告，劝诱上户进纳。文臣自宣教郎至迪功郎，武臣自修武郎至承信郎，价直各有等差，计钱六十一万贯。内宣教郎六万贯，迪功郎一万贯，其余升降，各以万五千贯为率。契勘自来进纳文臣，止于判、司、簿、尉，遇有功改官，即转入右列。盖所以清流品，重名器也。今以京、朝官许之进纳，恐失本意。”[⑥] 此处所谓“进纳文臣，止于判、司、簿、尉”，是沿用元丰改制前的官名，包括军巡判官，司理、司法、司户参军，主簿，县尉。相当于元丰改制后的迪功郎。前引宋真宗时的卖官规定，当时最高可以出售大理寺丞，高于“簿、尉”十一阶，已经属京官之列，又按前引宋仁宗庆历

---

① 《宋史》卷169《职官志》。方诚峰：《〈宋史·职官志〉所载选格疏正》对选格时间的考证为熙宁时至元丰改制前，载《文史》2006年第1辑。

② 《宋史》卷158《选举志》；《宋会要》职官55之41。

③ 《宋会要》职官77之46—47。

④ 《要录》卷48绍兴元年十月庚午，卷97绍兴六年正月丁丑；《宋会要》职官55之45。

⑤ 《宋会要》职官55之45为绍兴四年三月二十六日，而《要录》卷87则为绍兴五年三月己亥，时间差一年。

⑥ 《梁溪全集》卷103《与右相条具事宜札子》。

时李觏所说，出售大理评事，也属京官。但后来为了“清流品，重名器”，不再出售京官，而将卖官限制在文官判、司、簿、尉，即迪功郎一阶，再要转官，就升入“右列”，即改为武官。李纲之说实际上沿用了前述宋神宗时的规定。

陈傅良说，按规定，“进纳人至从义郎止”。所谓“止”，是指“止法”。“止法尤为严密”,[1] 进纳人官至从八品的武官从义郎，一般情况下就不得升迁，但在特殊情况下，还是可以继续升迁。《建炎以来朝野杂记》乙集卷14《进纳授官人升改名田之制》记录了南宋时对进纳人升官等限制性的规定如下：

> 凡进纳授官人升改名田之制，历任六考，有举主四员，与移注。历任十考，有改官举主七员，与磨勘。即因获盗应循从事郎以上者，具奏，降等与使臣。其因军功、捕盗，得改官酬奖。如不愿换使臣，比类循资，至承直郎止。郎（即）因军功、捕盗而转至升朝，非军功、捕盗而转至大夫者，听免差科，科配如官户。

此处所说的从八品承直郎是文官，属低等文官选人的最高一阶，也属进纳人的“止法”。“即因获盗应循从事郎以上者，具奏，降等与使臣”，文官从事郎属选人第四等，使臣是十阶小武官的通称。从事郎再要升官，即改为武官。这与前引李纲之说大致相合，说明进纳人一般不得升京官。然而“因军功、捕盗”等特殊情况，仍可突破止法，继续升迁至京官和朝官。“历任六考，有举主四员”，与《宋史》卷169《职官志》“举县令”所载相同，可知至晚是熙宁时即是如此。

《燕翼诒谋录》卷5说：“纳粟补官，始以拯饥，后以募民实粟于边。自王安石开边，国用不足，而致粟于边颇艰，应募者寡。元祐二年八月，诏进纳人许其改官，历四任十考，增举主二员，职司二，常员五，自此人乐于应募。此法虽明，未闻有改秩者。或谓中兴以后，有一人官至太守，忘其姓名。”“职司”是指需要有转运使之类作举主奏举，而“常员”一

---

① 《文献通考》卷39。

般是指某机构的常设定额官员，但在奏举中是作为有别于职司的“常员举主”。[①] 此说与前引《建炎以来朝野杂记》之说的考数和举主有所出入，其实是反映了北宋熙丰之制、元祐之制与南宋之制三者的差异，宋代在理论上还是对官员一年一次考课。关于荐举，按照规定：“诸进纳出身人系承直郎以下，成四考者，许荐举。”[②] 这又是荐举方面的限制。荐举对升迁当然有其重要性，这在后面还要涉及。此外，“诸进纳人犯罪，已经追毁补授文书者，不在收叙之列”。[③] 意味着对其犯罪后的叙复也有所限制。

宋理宗端平时成书的《朝野类要》卷3《进纳》说：

> 有因纳粟赈粜及助边者，有只纳粟，则得不理选限文资者，俗谓之买官。此不可以就试出身也。

文字虽短，却不易理解。所谓“不理选限文资”，乃是指进纳人到吏部侍郎左选参与铨选委任没有期限，其实是不得参与铨选委任。[④] “不可以就试出身”，似指当时已取消了北宋前期至中期进纳“与出身”的旧制，但不应理解为进纳人不得参加科举考试。宋哲宗绍圣时，“置汴纲”，即汴河纲运，“在部进纳官铨试不中者，注押上供粮斛，不用衙前土人军将”。[⑤] 南宋时记载说：“铨法，进纳人年二十五以上试中，方许注阙。”[⑥] 说明对进纳人还是有正常的铨试制度。南宋中期的韩元吉《措置武臣关升札子》说：

> 武臣则惟有关升亲民（官）一节，其法颇异。故武举、军班、武

① 《朝野类要》卷2《举主》：“依条制科格，以荐名于朝廷者，内有职司、常员之分。”参见邓小南先生《宋代文官选任制度诸层面》，河北教育出版社1993年版，第129—131页。

② 《庆元条法事类》卷14《改官关升》。

③ 《庆元条法事类》卷13《叙复》。

④ 《宋史》卷314《范纯粹传》说他“尝论卖官之滥，以为国法固许进纳取官，然未尝听其理选”。即是此意。

⑤ 《宋史》卷175《食货志》。中华书局标点本作“衙前、土人、军将”，此处似应为“衙前土人军将”，指用当地土人充衙前，即衙前军将。

⑥ 《絜斋集》卷13《龙图阁学士通奉大夫尚书黄公行状》。

> 艺、特奏名出身人止用两任四年。馀人皆用两任六年，虽有考第之差，而无举主之限。惟进纳人用七考，有监司、知州、通判三员奏举，始得亲民。[①]

这表明当时已改变了宋高宗时进纳人不得出任亲民官的禁令，但他们如果出任亲民官，也比武举、军班、武艺、特奏名等其他出身的官员麻烦。

一般说来，宋朝并不限制进纳人参加科举考试等，但也有个别限制。如宋高宗时，规定博学宏辞科，“除归明、流外、入赀及尝犯赃人外，公卿大夫子弟之俊秀者皆得试”。[②] 宋孝宗淳熙二年（公元1175年），规定“进纳补官”者“曾经得解赴省试下，已及十八年”，“许纳补受文字，免解，赴省试”。[③] 宋宁宗时，规定科举明法科“禁杂流、入赀人收试”。[④]

宋理宗淳祐二年（公元1242年），“诏进纳入官犯赃人永不许注授”。[⑤] 这当然是反映了“进纳入官犯赃”者过多的史实。淳祐十一年（公元1251年），又规定“纳粟人虽有考第、举主，并不听辟为（县）令”。[⑥] 从残存的《吏部条法》来看，当时对进纳人的差注、辟举、关升、磨勘等，较前代或有所修改和补充，今分别介绍于下。

1. 辟举：《淳祐令》明确规定：“诸进纳出身人，不许举辟（谓奏举、奏辟差遣）。”宋理宗宝祐四年（公元1256年）的圣旨还强调：“进纳人亦当遵守条格，不得妄行辟差，不应受辟而辄行求辟。”[⑦] 这可能是淳祐时的新规定，断绝了进纳人通过辟举而升迁之路。

2. 差注：“应三色官，谓流外、进纳、摄官，有举主贰员，听与选阙。”“三色官并无举主人，不得权注”“诸广南远地阙”。“诸职田优厚处，非奏辟及占射差遣人，不许连任。其进纳及曾犯赃罪，若入小处者并

① 《南涧甲乙稿》卷10。

② 《文献通考》卷33；《宋会要》选举12之11。

③ 《宋会要》选举5之2。

④ 《宋史》卷157《选举志》。

⑤ 《宋史全文续资治通鉴》卷33淳祐二年九月癸未。

⑥ 《宋史》卷160《选举志》。

⑦ 《永乐大典》卷14625；卷14627。

不占”。“诸职田中等以上阙，不注曾犯赃罪及前任停替若进纳人”。①

“诸独员县令阙（簿、尉兼管同），不注犯赃罪、私罪情重，两犯公罪徒，或前任停替并年陆拾以上，若流外、进纳及未成考人”。又引淳熙九年（公元1182年）敕，吏部奏：“司理（参军）窠阙，进纳人在法不许差注。缘有本是进纳，而不以进纳为名，与无出身同者，近年有授予司理差遣不一。今看详欲将不曾发举试下，实是进纳赈济，而不以进纳为名之人，并依条不注司理。”得到批准。绍熙三年（公元1192年）敕又强调了“司理与录参（录事参军）”，“进纳”等“皆不在此选”。② “应进纳人，不注县尉差遣”，这比宋宁宗嘉定时，不准“进纳之人”“拟注淮邑尉”，即淮南县尉，③ 又扩大至整个南宋辖区。进纳人“不注盐场、盐仓、支盐关”。排岸司“应注”“进纳出身经任，无赃罪，私罪情重人，不限年甲”。作院“应注”“进纳先亲民，次监当经任人，不限年甲”。巡辖“应注”“进纳经任，识字，年未六十人”。缉捕盗贼“应注”“进纳经任，年未五十人。如无人就，仍差不识字，年未六十人”。指使“应注”“进纳，不拘已未经任，并听注，仍不注赃罪人”。④ “进纳得官，及不係试中材武人，而辟巡检、知县，须入未满辟通判与帅机”。“进纳、特科人不许辟县尉”。⑤

“应进纳人陆考，有职官或县令举主肆员，与移注”。宝庆元年（公元1225年）规定，“吏部措置选人，已注授差遣，委的有依条应避之亲证条”，“其进纳人证恩科、吏职，法不许与人对换”。⑥

3. 关升和磨勘：“诸进纳人陆考，有职官或县令举主肆员，与移注。肆任拾考，有改官举主柒员，与磨勘”。⑦ “应选人进纳出身，历任拾考，有改官举主柒员，与磨勘，改合入官”。⑧ 对照前引《建炎以来朝野杂记》

---

① 《永乐大典》卷14620。
② 《永乐大典》卷14621。
③ 《宋会要》职官48之86。
④ 《永乐大典》卷14622。
⑤ 《永乐大典》卷14625。
⑥ 《永乐大典》卷14624。
⑦ 《永乐大典》卷14624，卷14628。
⑧ 《永乐大典》卷14628。

乙集卷14《进纳授官人升改名田之制》，可知南宋后期，对举主的要求更为具体。“应进纳人叁任柒考，曾省试〔下〕者两任伍考，与令、录，候参选，照条关升从政郎”。① “应进纳使臣（校尉同），监当满柒年，无遗阙，内须历名色伍考，有监司或知、通奏举升陟者，有叁员，年叁拾以上，许到部关升亲民。如侍从所举者，谓当监司员数”。这是对进纳人不得任亲民官有所松动。② 另一条有所补充，“诸进纳人监当满柒年，无遗阙，有监司、知州、通判通及叁员，同罪奏举升陟者，与亲民。其磨勘自参部后，承信郎肆年，承节郎以上伍年，各经住程幹办叁年以上，有上项官贰员保举，许磨勘，以后即依其余使臣条例”。③ “住程”是指在相当时限内任同一差遣，而短期更换差遣者则称“短使”。④

“诸流外、进纳人获盗，应循从事郎以上奏闻，降等与使臣。诸献纳补官人，因军功、捕盗，得改官酬奖，如不愿换使臣，与比类循〔资〕，至承直郎”。⑤

“诸进纳出身人磨勘，至从义郎止”。⑥

“诸省试下举人，因进纳授官，于元补文书内不坐进纳名目者，举、改官职官、县令，即依进纳例”。⑦

“进纳出身人，初该磨勘，合理陆年，住程到任叁年，举主贰员”。“进武校尉初该磨勘，除进纳出身人合理陆年，住程叁年，举主贰员，其余人合理伍年，住程贰年。虽于校尉上理年已满，住程未及，或住程已及，年限未满，自不该磨勘”。⑧

---

① 《永乐大典》卷14628之2页，引文中之“下”字，据同卷6页补。

② 《永乐大典》卷14628之2页与9页有两条，文字相近，今录2页一条。

③ 《永乐大典》卷14629。

④ 参见《永乐大典》卷14629之24页。《长编》卷389元祐元年十月庚寅：“或理住程，或当短使。”卷393元祐元年十二月乙巳：“初该磨勘使臣，经一处住程差遣，但及二年，不以犯冲、差替，并许磨勘。”

⑤ 《永乐大典》卷14628，文中之“资”字，据前引《建炎以来朝野杂记》乙集卷14《进纳授官人升改名田之制》补。

⑥ 《永乐大典》卷14629。

⑦ 《永乐大典》卷14628。

⑧ 《永乐大典》卷14629。

“诸荫补、进纳，因锁试并赐出身者，并同有出身，理为磨勘”。[①]这是允许进纳人参加贡举，改变官场出身，“有出身”即是指科举出身。

“致仕拟官：从事郎以上，右改合入官，进纳循资；从政郎、修职郎，右改合入官，进纳、流外循资；迪功郎，右改合入官，进纳陆考，流外肆考，及已任上州判、司，并循资，余守本官致仕”。[②]

宋朝并无专门的进纳法传世，但从前引各代的零星记载来看，其中应包括：第一，进纳人在何种情况下方才成为官户；第二，对进纳人在升官和实职差遣方面的各种限制；第三，进纳人在与皇族通婚方面的限制；第四，进纳人不免役钱和科配。按宋朝即使是官户，也仅在自宋神宗到南宋初的数十年内，可酌情减免科配；[③] 第五，品官可以减免刑罚，但“进纳、七色补官有犯，以凡人论”。[④]

宋徽宗大观时，有人形容进纳人之滥：“非特富商巨贾，皆有入仕之门，但人有数百千轻货，以转易三路，则千缗之入为有余，人人可以滥纡命服，以齿仕路。遂致此流遍满天下，一州一县，无处无之，已仕者约以千计，见在吏部以待注拟者不下三百人。”人称“方今入仕之门，多流外之员，其冗滥尤在于进纳”。[⑤] 虽然形容进纳人遍天下，但政和时“吏部人数凡四万三千有奇”。[⑥] 另据宋宁宗嘉定六年（公元 1213 年）的统计，吏部尚书左选京、朝官 2392 员，而其中进纳人仅 3 员，侍郎左选文臣 17006 员，其中进纳人 429 员，侍郎右选武臣 15606 员，而其中进纳人 508 员。[⑦] 宋理宗端平时，“在籍小使臣一万三千九百余人”，“而又有〔鬻〕爵一涂，已参注者二千一百余人，来者源源未已，皆注监当，而监

① 《永乐大典》卷 14629。

② 《永乐大典》卷 14628。

③ 参见拙作《宋朝阶级结构》，河北教育出版社 1996 年版，第 269 页。

④ 《名公书判清明集》卷 2《进纳补官有犯以凡人论》。

⑤ 《宋会要》职官 55 之 39—40。

⑥ 《续资治通鉴长编纪事本末》卷 125。

⑦ 《建炎以来朝野杂记》乙集卷 14《嘉定四选总数》。

当阙皆十二年以上，六、七人共守一阙”。[①] 故总的来看，进纳人在官员中所占比例还并不大，但也相当可观了。

吕祖谦为郭澄写的墓志铭说：“父良臣，将仕郎。绍兴末军兴，入赀佐县官者赐爵，视任子。将仕以伯清名上，补迪功郎，调隆兴府南昌县主簿，再调台州黄巖县主簿，皆不行。尝请两浙转运司解，亦终不遂。淳熙六年八月十二日以疾卒，年始三十。”[②] 郭澄虽然享受了相当于荫补入仕的优惠政策，却仍蹭蹬于仕途，他企图通过科举解试改善自己的待遇，“亦终不遂”。这是进纳人在官场颇受歧视和限制的实例。

进纳人自然也力求改善其在官场的地位。宋徽宗时记载，“进纳”等“补官人，往往攀援陈情，改换出身”。[③]《古今考》卷13方回附论谈到宋末的情况，“官不皆真官，鬻爵顶冒”为“官户”。

（三）卖官之滥和优惠政策

宋朝在大部分时间内都存在财政困难的问题，卖官就势在必行。为了解决财政困难，甚至还须采取优惠政策。

宋仁宗时，为应付对西夏的战争，尹洙建议“鬻爵”，但三司使郑戬等上奏反对，说：

> 为国者礼义不可不立，法度不可不行，风俗不可不纯。今洙所言，是弃三者之益，而困生民之本也。古设民爵，以赏武功，赐耆艾，今则鬻爵，以规货财，其编户产薄者，或子孙骄靡，希一爵因至贫窘，使父母妻子罹冻饥之患，此礼义不立也。先王之域民也，贵贱有差，器服有别，今使下愚之民咸得僭上所为，驱之忘本，欲不穷困，其可得乎？此法度不行也。游惰豪纵之徒，因输财，得僭服，以逾宪防，卒致浇漓之弊，此风俗不纯也。况卖官之令，已出权宜，然行之浸久，今更为烦细，箕敛民财，书揭徼塞，使夷狄有轻中国之

① 《后村先生大全集》卷51《〔轮〕对札子二·贴黄》。
② 《东莱吕太史文集》卷13《郭伯清墓志铭》。
③ 《宋会要》职官5之17；《续资治通鉴长编纪事本末》卷132。

心。且先朝赐民爵不过公士、摄助教之名，非有阶品。若三等之上户，皆受爵号，即牙前、弓手、散从官、手力之类，悉出孤贫浮客。又近以真珠折马价，亏民已甚，若更设禁科，则悉为弃物。①

史载宋仁宗接受了郑戬等议，然而在事实上，当时为应付对西夏战争的军费，宋仁宗“借大姓李氏钱二十余万贯，后与数人京官名目以偿之”。② 参照前引李纲之说，授予京官，自然是对大姓李氏的特殊优惠。庆历时，鱼周询上奏说：“近元昊背惠……大举即大败，小战辄小奔。徒日费千金，度支不给，卖官鬻爵，淆杂仕流，以铁为钱，隳坏〔圜〕法。”③反映当时的“卖官鬻爵”之冗滥。三司使张方平则认为卖官鬻爵，无济于事，他说：“比来鬻官，六千缗者与簿、尉，万缗则殿直，诸监管场务官，准课程以立赏格，收赢至二、三千缗，即以次迁陟，以知卖官、迁官几何员数，可供三路一岁粮草之费，是谓聚畎浍之微，供尾闾之泄也。”④

宋神宗时记载说：“进纳出身人例除京官，至有经覃恩迁至升朝官者，颇多并兼有力之家，皆免州县色役，及封赠父母，如京官七品，除衙前外，亦免馀色役，尤为侥幸。条例繁杂，无所适从。”⑤ 反映了进纳人作为“并兼有力之家”，利用“条例繁杂，无所适从”，照样能钻营为升朝官，而谋取私利。

范纯粹“尝论卖官之滥，以为国法固许进纳取官，然未尝听其理选。今西北三路许纳三千二百缗买斋郎，四千六百缗买供奉职（东头、西头供奉官），并免试注官。夫天下士大夫服勤至于垂死，不沾世恩。其富民猾商，捐钱数千万，则可任三子。切为朝廷惜之。疏上，不听”。⑥

宣和时，有臣僚言：“属者东南用兵，募民入金谷，以省转输，补文武官一阶，武臣以‘效用尽心’，文臣以‘上书可采’为出身，并理选依

① 《长编》卷127康定元年六月甲申朔。

② 《历代名臣奏议》卷256傅尧俞奏；《长编》卷388元祐元年九月丁丑。

③ 《长编》卷163庆历八年三月甲寅。

④ 《长编》卷161庆历七年。

⑤ 《长编》卷218熙宁三年十二月辛巳；《宋会要》职官77之46。

⑥ 《宋史》卷314《范纯粹传》。

官户法。若遂行之，臣恐弗便。且常岁科配，皆出富室，一旦入粟，遂为官户，终身获免。则是每户得数千缗于须臾，而失数万斛于长久矣。”他要求“特赐改正，并依进纳法施行”。实际上是进纳人，却改为“效用尽心”和“上书可采”出身，“并理选依官户法”。由于“豪民之家耻见‘进纳’二字”，此种变通的优惠政策当然是有利于进纳人，而与科举出身的“士大夫流品混矣。居乡不修而齿仕版，或侵渔百姓，取偿前日之费，则公私皆被其患”。[①] 杨汝明“宣和初以上书得官，实纳粟也”，南宋初，官至右奉议郎、知彭泽县，[②] 他已经超过止法七阶，为朝官。

北宋末年，宋钦宗“圣旨，应缘献纳钱物补官，并贴纳钱物改换新告，不作进纳之人，并合作官户，及理选限，申明行下”。[③]

在南宋初十分困窘的时代，建炎时，宋高宗在扬州，“有司不为国家长虑，却顾徒以苟悦一时举人，将入助教人并依下州文学，特理选限，固已不胜其滥矣。绍兴二年，乃复再援此例，益启侥幸”。[④] “入助教人”本是进纳授官，理应如前所述，“不理选限”，如今仅因为他们参加科举，成了“举人”，就改为“特理选限”，即可以参与铨选注官，故遂成“侥幸”。

宋高宗在建炎二年（公元1128年）六月规定：“如纳已七千贯，补承节郎，六千贯补迪功郎，依已降指挥，并不作进纳人，愿缴元授付身贴纳数中，以十分为率，更减一分，亦不作进纳所纳之物。”另一记载则补充了“五千五百〔贯〕承信郎”。[⑤] 绍兴初，由于“近给卖新告，价直高大，变转不行”。遂“减敦武郎为三万缗，承直郎为万五千缗，其余以是为差。仍不作进纳，理为官户，免试注官”。[⑥] 绍兴三年（公元1133年），宋高宗“诏博籴补官人不作进纳，仍与免试注官”。[⑦] 绍兴五年（公元1135

---

① 《宋会要》职官55之36，41—42。《宋史》卷158《选举志》作宋徽宗“不听”。

② 《要录》卷66绍兴三年六月辛丑。

③ 《靖康要录》卷10靖康元年八月十一日。

④ 《要录》卷91绍兴五年七月戊子。

⑤ 《要录》卷16建炎二年六月乙卯；《宋会要》职官55之43。

⑥ 《要录》卷45绍兴元年六月己巳，卷47绍兴元年九月己未；《宋会要》职官55之44作建炎三年记事，年代应以《要录》为准。

⑦ 《要录》卷64绍兴三年四月乙未。

年)，又“诏进纳授官人愿贴纳金、银、钱、米，转行至承直、从义郎者，许径赴户部陈乞，下所属仓库细（纽?）纳，申朝廷给降付身”。[①] 允许进纳人加价后，升至从八品文官承直郎和武官从义郎。凡此种种优惠政策，无非是为弥补财政亏空而采取招徕钱财的特殊规定。尽管如此，宋高宗还是依官员应绘（会?）的建议，“博籴授官人依进纳条令，官至升朝，与免色役，其物力家业等第系与民争利，虽至升朝，亦不得免科配”。[②]

绍兴五年（公元1135年），宋廷“降迪功郎告身于浙西诸州博籴，每道四千缗，亦不作进纳，与理为官户，仍理选限”。[③] 此处的“理选限”已如前述。

绍兴六年（公元1136年），宋廷又颁布了更加优惠的卖官政策：“将大姓已曾买官人于元名目上升转，文臣迪功郎升补承直郎一万五千缗，特改宣教郎七万缗，通直郎九万缗，武臣进义校尉升补修武郎二万二千缗，保义郎已上带阁门祗候三万缗，武翼郎已上带阁门宣赞舍人十万缗，已有官人特赐金带五万缗，并作军功，不作进纳，仍与见阙差遣，日下起支请给。其家并作官户，见当差役、科敷并免。如将来参部注拟、资考、磨勘、改转、荫补之类，一切并依奏补出身条法施行。仍免铨试，金带永远许系。”[④] 此规定完全免除了对进纳出身的一切限制，而将此种进纳出身完全等同于荫补出身。此类“许作官户，理为选限，参部注授差遣”，并由地方官府“差权职任”的规定，[⑤] 无疑是特别优惠的。

绍兴元年（公元1131年），官员建议：“两浙扑买坊场一千三百三十四处，为净利钱约八十四万缗，今未卖者五百有奇。乞募进纳补官之家投买。”得到宋高宗的批准。[⑥] 进纳人无非是商人豪富，由他们经营官府难以出售酒坊之类，有可能官私两利。

---

① 《要录》卷86绍兴五年闰二月庚申。

② 《要录》卷88绍兴五年四月庚午；《宋会要》职官55之45为绍兴四年四月二十七日，时间差一年。

③ 《要录》卷93绍兴五年九月乙酉。

④ 《要录》卷97绍兴六年正月戊戌；《宋会要》职官55之45—46作“武臣见系进义校尉”，“升补修武郎二万贯”。

⑤ 《梁溪全集》卷105《申省乞立价卖告敕状》。

⑥ 《要录》卷44绍兴元年五月戊申。

针对“比年军兴，以纳粟得官者不谓之纳粟，或以‘上书文理可采’，或作‘献纳助国’，与理选限。原朝廷之意，欲激劝其乐输，使得为官户，而铨曹别无关防之法”，有人议政说：“近年以来，固有得县令，亦有得法司者。此曹素未尝知政务，直以多赀，一旦得官。若遂使之临县议刑，其不称职必矣。既不能称职，必为民物之害。”①

然而到宋金战争平息后，宋廷又提高了对进纳人的限制，绍兴十二年（公元 1142 年），宋高宗诏：“入赀授官通及二万贯以上人，方许作官户，免役。”②

绍兴末年，面临宋金再战的形势，宋廷又大规模卖官，并规定“应知县劝谕及二万贯，与减二年磨勘。选人比类施行。如增卖及一万贯，更与减磨勘一年。本州知（州）、通（判）究心劝谕诸县出卖数足，各与减二年磨勘”。③ 当时“下鬻爵令半年，愿就初品文阶者才一人。言者请损其直，以招来之”。故宋高宗“诏进纳授官人并损其直十分之二，与免铨试，仍作‘上书献策’名目，理为官户，永不冲改”。“又诏献纳八千缗以上补官人，并免试。”④

宋孝宗时，袁说友上奏说：“臣窃见进纳入流官，多是无所知识之人，又皆不曾铨试，只为州县之累。乞降睿旨，权罢进纳。其进纳已未出官人，并要铨试中选讫，方许注授。其已到任者，候满罢日，亦俟铨试中选，方许参部。其已注授而未到任者，亦先赴铨试中选讫，方许到任。若阙到一年，而试未中选者，并以违年法。庶几澄此杂流，以容实材之荐。”⑤ 淳熙三年（公元 1176 年），“诏罢鬻爵，除歉岁民愿入粟赈饥，有裕于众，听补官，余皆停。自是进纳、军功不理选限，登仕郎、诸州助教不许出官，止于赎罪及就转运司请解而已”。⑥

淳熙七年（公元 1180 年），中书、门下省奏：“湖南、江西旱伤，立

① 《要录》卷 97 绍兴六年正月丁丑。

② 《宋会要》职官 55 之 46。

③ 《宋会要》职官 55 之 46—47。

④ 《要录》卷 194 绍兴三十一年十一月壬申，乙亥。

⑤ 《历代名臣奏议》卷 169；《东塘集》卷 12《举遗逸实材状》。

⑥ 《宋史》158《选举志》；《宋会要》职官 62 之 27。

赏格以劝积粟之家。凡出米赈济，系崇尚义风，不与进纳同。一千石补进义校尉，愿补不理选将仕郎者听。二千石补进武校尉，如系进士，与免文解一次。四千石补承信郎，如系进士，与补上州文学。五千石补承节郎，系进士，补迪功郎。”[①] 此处的“进士”，当然是指未第进士，即举人。这是在赈济的名义下继续保持了卖官制度。宋孝宗时算是南宋财政状况最好的时期，故尚有条件取消对进纳的优惠政策。

然而到宋宁宗开禧北伐时，又改变了宋孝宗的规定。开禧二年（公元1206年），“下纳粟补官之令”，从“诸州助教五百贯”到“迪功郎、承节郎各一万贯”，共七等，并规定“应进纳及吏职补授碍止法人，令赴封桩库纳钱一万贯”，就可“申三省，出给照札，许于吏部收使，特与转行以后，起理磨勘”，即突破“止法”的限制。[②]“开禧三年十一月二十四日都省札子”，规定进纳人“所补官资并依奏荫体例，特与免试注官，永不冲改”。[③]“铨法，进纳人年二十五以上试中，方许注阙。开禧用兵，诱豪民助边，许与荫补同，且免试。”从开禧北伐开始，又不得不实行对进纳人的优惠政策。嘉定元年（公元1208年）黄度“奏官自簿、尉而上，为治人而设，直以钱得之，有亏国体。乞遵用孝宗诏书，惟歉岁出粟赈济者，听补官。其铨法并从旧制”。[④] 四川吴曦叛乱后，财力困难，陈咸任总领理财，采取了“铸当五钱，榜卖官”等措施。[⑤]

总之，宋朝对进纳人采取各种优惠政策，主要是取决于财政状况。财政困难时，优惠条件只能增加。开禧用兵后，仅有十年休兵时期，从嘉定十年（公元1217年）开始，宋朝先后和金与蒙古开始连绵不断的战争，宋朝的财政困难不断加重，就只能不断加重优惠性和强制性卖官。当年“以军兴，募民纳粟补官”。[⑥]嘉定十二年（公元1219年），为了招徕买官，又规定“如人户愿买武资，即与就部量试墨义，使令出官。如买文资者”，

① 《文献通考》卷35。
② 《宋史》卷38《宁宗纪》，《宋会要》职官62之28。
③ 《昌谷集》卷9《湖北提举司申乞赈济赏格状》。
④ 《絜斋集》卷13《龙图阁学士通奉大夫尚书黄公行状》。
⑤ 《宋史》卷412《陈咸传》。
⑥ 《宋史》卷40《宁宗纪》。

经降格考试，“文理稍通，即与免铨〔试〕出官，更不冲改”。[①]《金华黄先生文集》卷15《远怀亭记》载婺州东阳县一蒋姓的“曾大父迪功府君生于宋季，用入粟佐边，补初品官，而不汲汲于求进，平居淡然无营，惟务择师，勖其子弟于学”。此人买得迪功郎，因蹭蹬于官场，遂“勖其子弟于学”。《宋学士文集》卷75《东阳贞节处士蒋府君墓铭》则补充了曾祖父名蒋天麌，在“宋绍定中，入粟佐边，授迪功郎”。

（四）人治条件下的进纳人

进纳人在官场中自然是被进士出身者所瞧不起的。《说郛》弓41毕仲询《幕府燕闲录》就记载两个官场中的笑话：

> 国子博士王某知扶风县，有李生以赀拜官，每见王，辄称“同院”。王不能平，因而面质曰：“某自朝士，与君名位不同，而见目同院，何也?”李生徐曰：“固知王公未知县事时，自是国子博士，谓之国博；某以纳粟授官，亦谷博也。岂非同院乎!”王骂之，大笑。

> 故事，边郡入粟授官，以厚价市骏马，犹不如意，每以为恨。常骑，遇市医工李生，滑稽能谑，遮道谓曰：“君马新市，其价几何?”曰：“一百五十千。”李生盛称壮健，以为价贱，王怪，问之，李生曰：“驮得三千石谷，岂非壮健邪?”

尽管从道理上说，从法律上看，对官场的进纳人颇多限制。然而宋代是个人治社会，进纳人在官场自有各种钻法律空子的钻营之术，加之如前所述，在相当长的时期内财政艰窘，宋廷为了解决一时的窘急，也往往采取优惠政策。此类情况都有利于进纳人改善他们在官场的处境和待遇。

宋真宗时，“卢澄者，陈留县大豪也，尝入粟，得曹州助教，殖货射利，侵牟细民，颇结贵要，以是益横”。[②]

① 《宋会要》职官62之29—30。

② 《长编》卷86大中祥符九年三月壬子。

宋仁宗时，赵抃弹奏枢密副使陈旭（后避宋神宗讳，改名升之），涉及“冀州进纳富民李士安者，京师号为豪右之首，典下中书吏人偷公用银器事发，其银器上有‘中书’字号。士安托旭同居表弟甄昂传达意旨，不行勾追勘断。其甄昂纳士安钱二百贯文，其后更为士安理索私债不少”。①

宋神宗时，“剡人黄庸世以赀雄里中，纳粟，得试将作监主簿”。“庸有讼事，县累追不至”，县令苏駉“忿出不意，奄至其家，亲捕之。庸妻王急呼其家仆阎师等十数人，躁叫进跃，夺駉肩舆及盖，以石击伤从者，駉仅得免”，② 无疑是一方的恶霸。

宋哲宗时，反变法派刘安世“移梅州安置”，“贬所有土豪缘进纳以入仕者，因持厚赀入京师，以求见（章）惇，犀珠磊落，贿及仆隶。久之，不得见，其人直以能杀公（刘安世）意达之。惇乃见之，不数日，荐上殿，自选人改秩，除本路转运判官”。③ 一个进纳人居然在宰相的保奏下，由低等文官选人而超升广南东路转运判官的差遣，准备谋害刘安世。

绍圣三年（公元1096年），御史中丞黄履劾奏：“知麟州燕復以纳粟得官，年逾七十，耳目昏暗，郡务废弛，乞下本路体究，果如所闻，即乞罢免。”④ 反映当时的进纳人也可官至沿边的知州。

宋高宗时，“王默系进纳成忠郎”，“以资得列武阶，而敢怙势欺诬贫弱，抵冒不忌，理无可矜”，“特降两官”。⑤ 黄雲翼“丰城人，初名时起，尝举进士不第，后以入赀授官”。“更名上书”，得到宋高宗召见引对。殿中侍御史魏矼“言其本富家子，尝杀人亡命，乃罢之”。魏矼又“力论其素行凶恶，愚弄朝廷”，于是宋高宗“诏押归本贯”。⑥ 湖州富豪金鼐“财雄东南”，“以赀授官”，交结秦桧，以为他“看阁子为名，专任南亩出纳之责。四为国信所三节人，皆以纳赂得之”。又“尝造海舟”，“其直万缗，舟中百物皆具”，奉献皇帝宠信之医官王继先。“人所不齿”，却官至

① 《历代名臣奏议》卷175。

② 《长编》卷317元丰四年十月戊午。

③ 《三朝名臣言行录》卷12之3。

④ 《愧郯录》卷8《中司论事》。

⑤ 《紫微集》卷13。

⑥ 《要录》卷77绍兴四年六月乙酉。

武义大夫。[①]

笔记小说中也有一些进纳人的记载。如《夷坚支甲》卷1《宋中正》说："魏人王员外以纳粟得州助教，家富而性狠狼戾恣暴，出遇神祠，未尝加敬，或指而詈侮。"《容斋三笔》卷16《多赦长恶》说，"婺州富人卢助教以刻核起家"，显然是进纳人，他"下庄收谷"，被田仆父子四人打死。

宋孝宗乾道末，"潭州安化县上户、进武校尉龚德新，平时兼并，遂至巨富，以进纳补官。比至旱伤阙食，独拥厚资，略不体认国家赈恤之意"，地方官上报后，宋孝宗"诏龚德新追进武校尉一官，勒停，送五百里外州军编管"。[②]

淳熙时，朱熹上奏反映了一个进纳入官的具体事例，"朱县尉典买产业累年，白收花利，不肯批割物力。皆系出产之家抱空代为送纳"。朱熹"寻令人暂唤朱县尉取问，本人倚恃豪强，不伏前来，遂委金华县尉追发。据县尉、迪功郎陆適申，依应追唤朱县尉系极等上户，居屋三百余间，恃豪势藏隐在家，不伏前来。窃缘本人家仆丛众，全无忌惮"。"照得朱县尉系修职郎朱熙绩，元因进纳补受官资，田亩物力，雄于一郡，结托权贵，凌蔑州县，豪横纵恣，靡所不为。"[③]

赵汝愚按劾汀州知州赵汝劼，说他"委任进纳人、司理张珙及清流县丞曾诖，使权职官，皆招权纳赂，妄作威福。凡暴虐刻薄之政，二人者实助之然也"。[④] 前已交代，进纳人按规定是不得出任司理参军的，但赵汝劼就居然可以设法公然违法任用。黄榦《勉斋先生黄文肃公文集》卷28《申转运司为曾县尉不法豪横事》也叙述了一个进纳人的劣迹：

> 有纳粟得官，新赣县东尉曾千龄者，本人家幹仆，天姿狡险。自开禧年间，韩元卿为本县知县，千龄知其黩货无厌，贪其势焰可炙，

---

① 《会编》卷230；《要录》卷156绍兴十七年十一月戊辰、卷189绍兴三十一年三月辛卯；《历代名臣奏议》卷188虞允文奏。

② 《宋会要》食货58之12。

③ 《朱文公文集》卷16《奏上户朱熙绩不伏赈粜状》。

④ 《历代名臣奏议》卷183。

遂以厚赀与之结托，以孤遗侄女与元卿之子结婚。自此通家出入，请求关节。千龄武断乡曲，本自可畏，加以结亲县官，谁敢正视。两乡几都之人，凡有膏腴之田地，富厚之财货，或因致死公事，或因盗贼行劫，必多牵引，使陷其中。然后控取财物，为之救解，或出榜贴占，或假立契书，乡民俯首听命，莫敢与争。文引追逮，全类官府，关锁禁系，无异犴狱。兼并孤遗田产，吞并寺观财物，两、三年间，增置税钱一、二百贯，而流离转徙者不知其几家。蓄养幹仆刘雲卿之徒，为之爪牙，日夜渔猎人家物产。千龄资幹仆之力，幹仆凭千龄之势，而人家物产，不归之千龄，则归之幹仆矣。

官员度正谈及夔州一带的地方政治，“夔峡之间，大山深谷，土地硗确，民居鲜少，事力贫薄，比东、西川十不及一、二，士之仕者率不愿往”。“以是借补之官，不理选限之官，与夫纳粟之官，日夜经营诸司，以求权摄。此辈初非有礼义廉耻之人，有苟禄之心，无进身之望。所在椎肤剥髓，以肥其家，以媚其上，初无批书历子，以拘系其进退。见利则趋，见害则遁，往往挟台府之势，蹦籍州县，州县莫敢谁何。此其为害，有不可胜言者。”① 宋宁宗嘉定时，真德秀按劾宁国府司户参军钱象求，说他“以赀入官，人品猥下，而敢为贪墨如此。倘令侥幸漏网，则继此尘点仕路，必将益肆其奸”。②

南宋晚期，“溧阳县虞一飞以赀得官，输贿权门，请干田事，交兵纵火，多所杀伤”。“虽忝右列，其初元是钱氏奴隶，乃敢恃赀豪横，倚势凭陵，陷王官，虐平民，欺骗公府，杀害叔弟，滔天之恶，虽擢发不足以数”。③ 虞一飞原先大约是钱氏的幹人，他买得武官。另有“潜彝父子恃其铜臭，假儒衣冠，平时宛转求乞贤士大夫诗文，以文其武断豪强之迹，前后骗人田产，巧取强夺，不可胜计”。他“纳粟为小使臣，辄作潜监酒户，辄用幹人越经内台，可谓小人之无忌惮者矣”。④ 另有“进纳”人薛

---

① 《性善堂稿》卷6《重庆府到任条奏便民五事》。

② 《真文忠公文集》卷12《按奏宁国府司户钱象求状》。

③ 《鹤林集》卷21《缴虞一飞狱案》。

④ 《名公书判清明集》卷4《干照不明合行拘毁》。

方叔，任“监酒”，“出入福邸（王府）贵家甚稔”，到处钻营，也果然有所得。[①] 另有一澧州石门县“王炎登者，滥名忝宋季士流，鬻爵登仕（郎），著《江南野史》，不录文丞相（天祥），以吕文焕卖降为不得已”。[②] 这是一个买官入仕而降元的无耻士人。

由此可见，对宋时进纳人的倚势作恶，也不能完全低估。正如魏了翁所说：“由鬻爵进者多贪污。”[③]

二 纳赂卖官之盛

宋朝实行高度的中央集权，其中当然也包括人事权。各级官员的任命，小至县以下管辖酒务、盐场之类的所谓监当官，也都由中央委任。宋朝的授官，最高级的少量官员由皇帝委任，其次是中枢机构，包括元丰改制前的中书门下和枢密院，改制后的三省和枢密院委任，时称“堂除”，宰相授官的范围不断扩大。最大多数官员则是由吏部等委任，时称“部注”。[④] 宋朝取消了唐朝的兵部委任武官制度，文武官的铨选一律归吏部等机构掌管。在元丰改制前，铨选机构是审官院，后又分东院和西院，分管文武，低等的还有流内铨和三班院。改制后则权归吏部，吏部有四选，即尚书左选、侍郎左选管文官，而尚书右选和侍郎右选管武官。如果从卖官的角度探讨，掌握人事权的官和吏都有可能卖官自肥。然而古代的政治特点正在于人治，私下的卖官就绝非仅限于按制度规定而掌握人事权者，一些有权势者，即使不直接掌管人事权，也都可以卖官。此外，从制度上说，宋朝也实行荐举保任制和小范围的辟举制，其操作固然与前朝不同，但也留下了颇大的弄权卖官的空间。

宋朝官员的头衔有官、职、差遣、勋、爵、邑等，其中唯有差遣属实职，其他均属虚衔。进纳制度主要是卖虚衔的官，而官员的私下纳赂卖

① 《癸辛杂识》后集《马裕斋尹京》。

② 《石初集》卷10《阅晏彦文所论王生〈江南野史〉》。

③ 《鹤山先生大全文集》卷103《御策一道》。

④ 《宋史》卷158《选举志》载吕颐浩说：“近世堂除，多侵部注。”参见苗书梅《宋代官员选任和管理制度》第二章，河南大学出版社1996年版。

官，最重要的则是出售差遣。

（一）大臣、宦官等卖官

官场中的行贿受贿，一个重要方面就是买官卖官。史料中反映，从宋初到宋哲宗时，大臣等私下卖官之风还较为收敛。如宋仁宗初，处分宰相丁谓，“籍其家，得四方遗赂，不可胜纪”。[①] “皇祐中，发运使许元颇号任职，而元赂遗权要，倾巧百端，其始也止得同进士出身，既而又为侍御史，在任累年，晚乃得除此职。天下清议，不以为允”。[②] 宋哲宗时，有“段继隆卖官事”，[③] 有官员李雍“自首同情卖官之罪”，[④] 此类虽不是大案，也多少反映了私下卖官的事层出不穷。

但从宋徽宗开始，大臣等私下卖官之风就猖獗起来，而不可收拾。蔡京“窃弄威柄，鬻卖官爵，货赂公行，盗用库金，奸赃狼籍”。大宦官童贯“植私党，交通问遗，鬻卖官爵，超躐除授，紊乱常制。有自选调不由荐举而辄改官者，有自行伍不用资格而遽升防（御使）、团（练使）者，有放废田里不用甄收，而擢登侍从者。奸赃小人，争相慕悦，侵渔百姓，盗取官钱，苞苴公行，门户如市，金币宝玉，充牣如山，私家所藏，多于府库”。[⑤] 人称“宣和以来，宦者童贯弄兵，蔡攸并窃枢柄，边帅大率皆小人，以贿赂用之，军政尽废，非徒士卒骄惰不可用，且零落尽矣”。[⑥] 边帅买官的结果，直接招致北宋的灭亡。

取代蔡京的王黼“当国时，公然受贿赂，卖官鬻爵，至有定价，故当时为之语曰：‘三千索，直秘阁；五百贯，擢通判’”。[⑦] 另一说为“公然卖官，取赃无厌。京师为之语曰：‘三百贯，直通判；五百索，直秘阁。’其无廉耻如此”。[⑧]

---

① 《长编》卷99乾兴元年七月己卯。

② 《长编》卷212熙宁三年六月辛巳。

③ 《长编》卷369元祐元年闰二月庚戌。

④ 《长编》卷377元祐元年五月丁卯。

⑤ 《会编》卷39。

⑥ 《会编》卷140《秀水闲居录》。

⑦ 《曲洧旧闻》卷10。

⑧ 《会编》卷31《中兴姓氏奸邪录》。

据陈东上书，宦官梁师成在“宣和六年（公元1124年）春，上皇亲策进士八百余人，闻其中百余人皆以献颂上书为名，特赴廷试，率多师成之力。尽是富商豪子，曾进纳及非泛补授官职，士大夫不齿之人，或白身不足应进士举者，闻每名献钱七、八千缗，师成便为奏请特赴廷试之命。师成所为既众，即又传令张楠等将上。其他权幸遂相效以贾利，师成实启之。每遇赐名唱第之日，师成必在上侧，临时奏请，妄有升降，以乱公道。在廷之士往往解体，国家选举之法为师成坏乱，几至扫地”。[①] 甚至号称公道取士的科举，也成了梁师成卖官的领域。此外，如孟昌龄、朱勔父子、李邦彦等人，“凡所请求，皆有定价，故不三、五年，选人有至正郎或员外，带职小使臣至正、副使或入遥郡、横行者”。[②] 朱勔“与其子汝贤、汝功各立门户，招权鬻爵，上至侍从，下至省寺，外则监司，以至州县长吏官属，由其父子以进者甚众，货赂公行，其门如市”。[③]

文士朱梦说针对当时宦官势力的猖獗，卖官的盛行，上书宋徽宗说：“宦官委任华重，名动四方，营起私第，强夺民产，名园甲第，雄冠京师，卖官鬻爵，货赂公行，人莫敢言，道路以目。盖位高而不可仰，势大而不可制，官人以爵，而有司不敢问其贤否，刑人以罪，而有司不敢究其是非。”他又说：“四方之人凑于京师者，纳贿于权门，积玉于势地，皆有定值。昔之卖官，钱入私门者无过是也。伤风败俗，自是而始。陛下曾一念乎？又尝见缙绅之士，竞欲取媚于权门之子，悉与市廛易古器，鬻画图，得一珍异之玩，即盛价而求售，争妍而乞怜。倘合其意，美官要职，指日可得。儒衣儒冠而为候门之偿卖，恬不为耻。历台省者以亲姻而获用，不问资考之浅深，任府寺者以货财而见收，不问人才之贤否，子侄悉居侍从，英俊沉于下僚。”[④]

宋钦宗时，监察御史胡舜陟上奏说，“天下奸恶如织，芜秽郡县。吏部充塞，无阙以拟注；版曹空匮，不给于禄廪”。“如近习所引”，“此皆殃民蠹国，败俗妨贤，奸凶取位，赇贿买官”。“或以童稚、奴仆而滥膺，

① 《会编》卷32。
② 《宋史》卷159《选举志》。
③ 《玉照新志》卷4。
④ 《会编》卷159、卷160。

或以商贾、胥徒而货取”。[①] 此类情况当然都是宋徽宗遗留下来的败政。

南宋初，奸相黄潜善“卖官售宠”，[②] 但具体情况不详。其弟黄潜厚也“聚敛苛细，卖官鬻爵”。[③] 据《伪齐录》卷上说，民间讽刺当时的卖官说：“斗量珠，便龙图；五千索，直秘阁；二千贯，且通判。”对照前引北宋晚期王黼的卖官记录，卖价又大幅度提高了。因为宋高宗喜养鹁鸽之类，又嗜女色，他“〔宠任〕内官冯御药（冯益）等，〔令〕恣受贿赂。官员受差遣者，往往寻买〔妾并〕鹌鹑、鹁鸽之类，与冯御药等，因奉康王，便得好差遣”。[④] 连美女和鹌鹑、鹁鸽之类，也都成为购买“好差遣”之资。

戚方是当时一个无恶不作的盗匪，他被迫接受招安后，据《三朝北盟会编》卷140载，戚方向庸将张俊“上兵马簿，有马六百疋，献金玉珍珠不可计。自方到行在，日与中贵人蒲博，不胜，取黑漆如马蹄者，用炭火熁去漆，乃黄金也，以偿博负。每一博不下数枚，于是方已受正使矣。时人为之语曰：‘要高官，受招安；欲得富，须胡做。’”他由盗而官，向张俊行贿，保全了性命，向宦官行贿，又官至正七品武官诸司正使，成了当时买官的一个特殊事例。后来，他依赖宦官等的助力，居然官至节度使和都统制。

金朝一度归还宋河南之地，南宋“新复州县官吏差遣，皆以贿得，公肆侵渔，取偿百姓”。[⑤] 故渴望回归的大宋百姓，其水深火热的处境，其实也不可能有何改善，反而增加了新的失望。

权臣秦桧“喜赃吏，恶廉士”，“贪墨无厌，监司、帅守到阙，例要珍宝，必数万贯，乃得差遣”，这是各路安抚使、转运使之类大员买差遣的价格。“及其赃污不法，为民所讼，桧复力保之。故赃吏恣横，百姓愈困”。[⑥]

宋孝宗时，重用近习和宦官如龙大渊、曾觌、王抃、甘昪等辈，龙大

① 《宋会要》选举23之12。
② 《要录》卷21建炎三年三月乙未；《宋史》卷399《王庭秀传》。
③ 《要录》卷59绍兴二年十月乙未。
④ 以《要录》卷103绍兴六年七月庚辰参校。
⑤ 《会编》卷195。
⑥ 《会编》卷220《中兴遗史》；《要录》卷169绍兴二十五年十月丙申。

渊死得较早，后三人“相与盘结”，“恃恩专恣，其门如市”，“士大夫无耻者争附之”，“文武要职多出三人之门”。[①] 陈俊卿对皇帝说：“曾觌、王抃招权纳赂，荐进人材，而皆以中批行之。外间口语籍籍，恩尽归于此辈，谤独萃于陛下，此非宗社之福也。”[②] 所谓“招权纳赂，荐进人材”，即是大量卖官。淳熙时，胡铨上奏：“比年以来，嬖倖私昵之人，姓名籍籍，出入禁闼，诡秘莫穷，纳贿招权，紊乱名器，凡官僚之进迁，则先事而腾播。”[③] 宋光宗初年，朱熹又针对宋孝宗时的弊政说：“体统不正，纲纪不立，而左右近习皆得以窃弄威权，卖官鬻狱，使政体日乱，国势日卑，虽有非常之祸，伏于冥冥之中，而上恬下嬉，亦莫知以为虑者。”[④]

宋宁宗时，权臣韩侂胄“交通赂遗，奔走四方”。[⑤] “贿赂公行，仕者朘削民财，以奉权臣，则美官可翘足而待；兵官克剥士卒，以媚权臣，则将帅可计日而取。民力益竭，军政大坏”。[⑥]

他信用老师陈自强，任右相，其心腹、胥吏出身的苏师旦、史达祖等人照理在官场没有地位，也都招权纳贿，大量卖官。陈自强“尤贪鄙。四方致书馈，必题其缄云：‘某物并献。’凡书题无‘并’字，则不开。纵子弟亲戚关通货贿，仕进干请，必谐价而后予”。[⑦] 卫泾上奏揭发说，陈自强“遍移私书，多取空头举削，旋议价直，随其人之贫富与其势之缓急，有增至三千缗而后售者，有先受贿赂而后为之发书者”。陈自强“三子俱非令器，士颐、士履贪秽尤甚，交通关节，专事狎游。人谓将帅苏师旦卖其大者，而近下军职及升差之类，自强偕二子交互为市。内而职事官，外而监司、郡守，亦以贿得。有求学官者献泥金酒器十具，不厌所欲，则却之以为高，实怒其薄也”。“有自琼管以七千缗而得广漕者，有自倅贰以六千缗而连得两郡者，有以珠翠饰婢妾而遗其子者，有以五千缗而得潮阳者。其它殆难以遍举，由是金帛充盈，每盈百箧，则谕天府，运以海舶，

① 《宋史》卷469《甘昪传》，卷470《曾觌传》、《王抃传》。

② 《朱文公文集》卷96陈俊卿行状。

③ 《历代名臣奏议》卷49。

④ 《朱文公文集》卷12《己酉拟上封事》。

⑤ 《续编两朝纲目备要》卷10。

⑥ 《攻媿集》卷25《论风俗纪纲》；《絜斋集》卷11《资政殿大学士赠少师楼公行状》。

⑦ 《宋史》卷394《陈自强传》。

不知其几。"[①] 他得到吴曦的"厚赂"，就"阴赞"韩侂胄，让吴曦出任都统制，"主西师"，终于酿成吴曦的叛乱。[②]

苏师旦因开禧北伐失败而下台，"即有三省、枢密院人吏史達祖、耿柽、董如璧[③]三名随即用事，贿赂公行"。"陈自强未第时，又尝馆史達祖家，身至宰辅，止以弟行，呼达祖为兄。士大夫苟贱亡耻者干求差遣，必先登达祖之门，有若市井，论量物价，专以金帛之多寡为予夺。传闻四方，有史丞相、耿参政、董枢密之谣"。[④]

韩侂胄之后的另一权臣是史弥远。"当国时，政以贿成，官以赂得"。[⑤] 真德秀说他"黜忠良而进贪刻"，"廉耻道绝，货赂公行，以服食器用为未足，而责之以宝玉珠玑，以宝玉珠玑为不足，而责之以田宅契券"，[⑥] 甚至将农业社会视为财产根基的"田宅契券"，也成了买官之资。

史弥远死，宋理宗亲政，"在位久，内侍董宋臣、卢允昇为之聚敛以媚之。引荐奔竞之士，交通贿赂，置诸通显"。与董宋臣等相勾结的，是奸相丁大全，为老饕巨贪。后来接替他们的，是权臣贾似道，则更是变本加厉。他当权时，"吏争纳赂求美职，其求为帅阃、监司、郡守者，贡献不可胜计。赵溍辈争献宝玉。陈奕至以兄事似道之玉工陈振民以求进。一时贪风大肆"。[⑦]《癸辛杂识》别集下《钿屏十事》载："王棣字茂悦，号会溪。初知〔郴〕州，就除福建市舶。其归也，为螺钿卓面屏风十副，图贾相盛事十项，各系之以赞，以献之。贾大喜，每燕客，必设于堂焉。行将有要除，而茂悦殂矣。"这十面屏风以"度宗即位"、"南郊庆成"等十件所谓贾似道的"盛事"命名。

总之，自宋徽宗以降直至宋亡，大臣、宦官等私下卖官风炽盛，官场中一片乌烟瘴气。

---

① 《历代名臣奏议》卷184。

② 《宋史》卷475《吴曦传》。

③ 《漫塘集》卷28《故兵部吴郎中墓志铭》；《四朝闻见录》戊集《臣僚雷孝友上言》作"董如璧"。

④ 《历代名臣奏议》卷185卫泾奏。

⑤ 《臞轩集》卷1《乙未馆职策》。

⑥ 《真文忠公文集》卷13《召除户书内引札子》；《历代名臣奏议》卷5。

⑦ 《宋史》卷474《贾似道传》。

（二）债帅

如前所述，北宋后期“边帅大率皆小人，以贿赂用之”。[①] 但当时尚无“债帅”的名称。南宋时也如唐朝后半期那样，出现了“债帅”名称。宋高宗时，诤臣胡寅就指出，“今诸军则无所不有矣”，“纳贿赂，求官爵者往焉”。[②] 宋孝宗不同于养父宋高宗，他还是多少有整军经武，雪复仇耻之心。然而军中的积弊，却又远非他所能整顿。他即位之初，陈俊卿就上奏说：“比年以来，左右近习稍有以名闻于外者，士夫奔走趋附，将帅纳赂买官，远近相传，道路以目。”[③] 他“极言近习弄权，债帅纳贿等弊”，[④] 这当然是指宋高宗时的弊政。自从宋高宗与秦桧摈斥韩世忠，杀害岳飞之后，“其任将帅，必选驽才”，[⑤] 将帅们“其志不过聚敛以肥家，其术不过交结以固宠”，[⑥] 贿赂必然是交结的重要手段。

朱熹上奏宋孝宗说：“臣闻日者诸将之求进也，必先掊克士卒，以殖私财。然后以此自结于陛下之私人，而祈以姓名达于陛下之贵将。贵将得其姓名，即以付之军中，使自什伍以上，节次保明，称其材武，堪任将帅。然后具为奏牍，而言之陛下之前。陛下但见其等级推先，案牍具备，则诚以为公荐而可得人矣，而岂知其谐价输钱，已若晚唐之债帅哉。”他指出，幸臣王抃、宦官甘昪等“专为诸将交通内侍，纳赂买官，得其指意，风谕军中，等第论荐，以欺陛下，实将帅之牙侩也”。[⑦] 他又说：“今将帅之选，率皆膏粱骙子、厮役凡流，徒以趋走应对为能，苞苴结托为事。物望素轻，既不为军士所服，而其所以得此差遣，所费已是不赀。以故到军之日，惟务裒敛刻剥，经营贾贩，百种搜罗，以偿债负。债负既足，则又别生希望，愈肆诛求。盖上所以奉权贵，而求升擢，下所以饰子

① 《会编》卷140《秀水闲居录》。

② 《历代名臣奏议》卷48。

③ 《朱文公文集》卷96陈俊卿行状。

④ 《诚斋集》卷123《丞相太保魏国正献陈公墓志铭》。

⑤ 《要录》卷169绍兴二十五年十月丙申。

⑥ 《朱文公文集》卷96陈俊卿行状。

⑦ 《朱文公文集》卷11《戊申封事》。

女，而快己私。”[①] 故《朱子语类》卷 110 强调说：“不令宦官卖统军官职，是今日军政第一义。”杨万里也说：“禁军债以惠军，非不峻也，必禁军债剥割之意，为禁债帅交结之意也。”[②]

宋宁宗时，韩侂胄的亲信苏师旦“招权纳贿，其门如市。自三衙以至江上诸帅，皆立定价，多至数十万，少亦不下十万”。等到开禧北伐失败，韩侂胄“不得已，稍从黜责。诸将往往退有后言，谓吾债帅，而责以战将，道路籍籍，传笑境外”。[③] 开禧北伐“一旦妄发，以债帅为方、召，以骄兵当犬羊，人人知其必危”。[④] 此后，嘉定元年（公元 1208 年）的宋宁宗诏也不得不承认：“况以奸倖弄权，故相同恶，上下交利，贿赂公行，赃吏债帅，益无忌惮。”[⑤]

然而此后袁燮说：“债帅之弊，其来久矣，至（嘉定）更化而后革。方其选用之初，固无所事，日月寖久，每患失之，苞苴之交结，犹曩时之债帅也。交结犹故，则掊克亦然，上虐其下，下慢其上，虽欲以法齐之，其可得乎?”[⑥] 其子袁甫说，“将帅之臣”“多债帅之风，盖有年矣。托营运之名，行朘削之实，军伍之中怨气满腹，威足以钳其口，而实不足以服其心”。[⑦] 他追怀清廉严明的岳飞，赋诗说：“伤心咄咄权臣事，满眼滔滔债帅流。槌剥到今浑似鬼，向人休说是貔貅。”[⑧] 徐应龙对宋宁宗说：“今军将得以贿迁，专事掊克，未免多怨。”宋宁宗感到惊讶，说：“债帅之风，今犹未除邪?”宰相史弥远“闻而恶之，免侍读”。[⑨] 曹彦约说：“当开禧用兵之初，已知有债帅之弊。用事者闻其名而恶之，痛自洗濯，或拔之于卒伍之中，或起之于闲废之地，举朝相贺，便谓得人。不知倖门未塞，公论未伸，善结托者虽无功而安，不善结托者虽有功而惧，无债帅之

① 《朱文公文集》卷 11《庚子应诏封事》。
② 《诚斋集》卷 69《乙巳轮对第一札子》。
③ 《历代名臣奏议》卷 184 卫泾奏；《四朝闻见录》戊集《臣僚雷孝友上言》。
④ 《攻媿集》卷 97《资政殿大学士致仕赠特进娄公神道碑》。
⑤ 《攻媿集》卷 42《戒饬贪吏诏》。
⑥ 《絜斋集》卷 7《边防质言论十事·论军法》。
⑦ 《历代名臣奏议》卷 98。
⑧ 《蒙斋集》卷 20《岳忠武祠三首》（其三）。
⑨ 《宋史》卷 395《徐应龙传》。

名，而实有债帅之费。故诈冒奏功者往往得志，真实用命者纷纷得罪，而诸将之志怠矣。”[①]

魏了翁强调军中“贪将债帅，次第椎剥”的严重问题。[②] 他认为，自宋理宗即位以来，“内讧外掷”不绝，“债帅、贪吏有以致之，而权臣（史弥远）实囊橐之也”。[③] 史弥远当政“二十五、六年间，竭天下之力，仅为淫妾騃子骄侈之资，仅供债帅贪吏渔夺之计”。[④] 债帅辈“问遗公行，货赂旁午，或求召对，或觊节钺，或图移镇，倾囷垂橐，莫非责偿于得请之后。此其溪壑之欲，岂曰仅偿宿负而已哉”。[⑤] 三衙长官自“嘉定以来之所用，皆以供厮役，征贿赂”。[⑥] 洪咨夔说：“贪相债帅之得志，上下成风，恬不为怪。”[⑦]

债帅是武将买官的一种方式，如韩侂胄、史弥远等权臣又是债帅们的行贿对象和保护伞，故债帅之风必然愈演愈烈。

（三）人事部门官吏的卖官

宋太祖时，权判吏部流内铨侯陟改任权知扬州，“受赇不法”，但他“素善参知政事卢多逊，自度系狱必穷屈，乃私遣人求哀于多逊”，宋太祖复命他判吏部流内铨。[⑧] 让贪官掌管流内铨的结果，可想而知。侯陟“所注拟”，被王祐多所“驳正”。[⑨] 宋朝用贪官掌管铨选，当然决非侯陟一人。事实上，权臣、宦官等卖官，也必须通过掌管铨选的官和吏。

宋时中书门下、吏部等人事部门的吏胥，往往利用职权而卖官。宋太祖时，“堂吏擅中书权，多为奸赃”，雷有邻“击登闻鼓，讼堂后官私事”，而宰相赵普“庇之”。[⑩] 堂吏似应指政事堂（都堂）之吏，其含义比

---

① 《昌谷集》卷6《上庙堂书》。

② 《鹤山先生大全文集》卷17《直前奏六未喻及邪正二论》。

③ 《鹤山先生大全文集》卷19《被召除礼部尚书内引奏事第二札》。

④ 《鹤山先生大全文集》卷19《被召除礼部尚书内引奏事第四札》。

⑤ 《鹤山先生大全文集》卷21《答馆职策一道》。

⑥ 《鹤山先生大全文集》卷18《应诏封事》。

⑦ 《平斋文集》卷30《饶州堂试》十六。

⑧ 《长编》卷15开宝七年十二月丙午、卷16开宝八年八月甲辰。

⑨ 《宋史》卷269《王祐传》。

⑩ 《宋宰辅编年录校补》卷1。

作为最高吏职的堂后官宽泛。[①] 因“堂后官多为奸赃”，宋太祖“欲更用士之在令、录、簿、尉选者充之，或不屑就，而所选不及数，乃如旧制”。宋太宗时，“拔选人授京官，为堂吏，自此始”。[②] 堂后官的奸赃之一当然是卖官。宋太宗说：“近代诚为乱世，岂有中书布政之地，天下除授，皆出堂后官之手？卖官鬻爵，习以为常，中外官吏，贤愚善恶，无所分别，时政如此，安得不乱也。”[③] 可知乃是从五代到宋初的积弊。

宋朝一直存在着堂吏奸赃的问题。宋徽宗建中靖国初，蔡京知开封府，“惟曲奉权幸，堂吏段处约等私卖恩泽”，即卖官，蔡京“不敢推治”。[④] 宋朝官与吏尊卑分明，而堂吏虽为吏，其权势却不可小视。“蔡京秉政，阴与（堂后官）交结，更相表里，而纪纲日隳矣”。[⑤] 堂吏与当时的卖官风自然有密切关系。吕好问上奏宋钦宗说，“比年以来，诸路杂科监司猥多”。“所任用之人，率多阘冗常才，非以贿赂及谄佞得之，即宰执、宦官亲戚及堂吏子弟，其间以才选者未有一、二也”。[⑥]

南宋初，宰相范宗尹“每事判呈实禀，堂吏至有印押空名敕札，付之胥吏，随事书填，贿赂公行”。[⑦]“空名敕札”“随事书填”，至少有一部分即是卖官。参知政事翟汝文“乞治堂吏受贿者”，与包庇堂吏的右相秦桧发生龃龉。[⑧]

就主管官员铨选的部门而论，宋仁宗即位之初，下诏说：“如闻三班院胥吏，颇邀滞使臣，丐取财贿。每会课迁改，即阴匿簿书，缘为奸弊。

---

① 据《宋朝事实类苑》卷25《中书五房》载，宋太宗至道时，中书五房“逐房只置堂后官一人，却置主事、录事各一人”。但《宋会要》职官1之16载，堂后官为八人。各代的堂后官编额不同。元丰改制后，据《建炎以来朝野杂记》甲集卷12《堂后官》：“堂后官，谓三省诸房都、录事也。”另据《宋会要》职官2之3，3之5—6，4之5，门下省设录事三人或四人，中书省设录事三人或六人，尚书省设都事三人或七人，合计堂后官九人或十七人。《宋史》卷472《蔡京传》载：“堂吏数十人，抱案后从。”可知除堂后官外，三省其他吏胥也可称堂吏。

② 《宋史》卷159《选举志》；《长编》卷14开宝六年四月癸丑、五月丙辰，卷25雍熙元年五月，卷29端拱元年八月辛未。

③ 《长编》卷38至道元年十二月丙申。

④ 《会编》卷49《幼老春秋》。

⑤ 《历代名臣奏议》卷162袁燮奏。

⑥ 《宋朝诸臣奏议》卷67《上钦宗论杂科监司不可不尽罢》。

⑦ 《要录》卷47绍兴元年九月戊午。

⑧ 《要录》卷55绍兴二年六月壬寅；《宋史》卷372《翟汝文传》、卷473《秦桧传》。

自今犯者，重置于法。”[①] 尽管有法禁，到明道时，又有臣僚说：“三班人吏，抑屈使臣，贿赂公行。”于是宋仁宗又下诏：“三班院、审官院、流内铨人吏今后如有受赃，并行决配。”[②] 反映了三班院之类机构吏胥的卖官之风实在无法铲革。鲁宗道“权判流内铨。宗道在选调久，患铨格烦密，及知吏所以为奸状，于是多厘改之，又悉书科条揭于庑下，以便选人”。[③] 后“杜衍权判吏部流内铨。先是，选补科格繁长，主判不能悉阅，吏多受赇，出缩为奸”。杜衍“具得本末曲折。明日，晓诸吏无得升堂，各坐曹听行文书，铨事悉自予夺，由是吏不能为奸利。居月余，声动京师。后改知审官院，其裁制如判铨法”。[④] 所谓“吏多受赇，出缩为奸”，无非主要是受赂卖官和差遣。杜衍的明断，正说明流内铨和审官院的吏胥受赂卖官和差遣，长期以来就是家常便饭。但此后仍有作弊，“铨吏匿员阙，与选人为市”，赵及权判吏部流内铨，又设立“吏部榜阙”，“阙至，即榜之”。[⑤]

宋神宗时，“诏增中书、审官东、西、三班院，吏部流内铨、南曹，开封府吏禄，其受赇者以仓法论”。[⑥] 王安石说：“修三班、审官东、西院、流内铨法，即自来书铺计会差遣行赇之人又皆失职。”[⑦] 增加吏禄，当然不可能解决上述人事部门的吏胥受贿问题，但他们受贿，又无非与卖官，卖差遣之类有关。元丰改制后，有吏胥白中孚对苏辙说：“昔流内铨，侍郎左选也，事之最烦莫过于此矣。昔铨吏止十数，而今左选吏至数十，事不加旧，而用吏数倍者，昔无重法、重禄，吏通赇赂，则不欲人多，以分所入，故竭力办事，劳而不辞；今行重法，给重禄，赇赂比旧为少，则不忌人多，而幸于少事，此吏额多少之大情也。”[⑧] 此说可能反映了某个片面的事实，但宋朝冗官太多，员多阙少是经常存在的，员多阙少现象的存在和继续，必然有利于铨选部门的官吏作弊卖官。

---

① 《长编》卷98 乾兴元年五月乙未。

② 《宋会要》刑法2之20。

③ 《长编》卷98 乾兴元年三月壬申；《宋史》卷286《鲁宗道传》。

④ 《长编》卷116 景祐二年三月己丑；《宋史》卷310《杜衍传》。

⑤ 《长编》卷154 庆历五年二月戊戌；《宋史》卷304《赵及传》。

⑥ 《长编》卷233 熙宁五年五月癸未。

⑦ 《长编》卷236 熙宁五年闰七月丙辰。

⑧ 《长编》卷444 元祐五年六月。

宋徽宗初，吏部“四选案籍，吏多藏于家，以舞文取贿”。[①] 后吏部右选“编名籍”，“以载一选小使臣等乡贯、三代、出身、年甲、功过、举主、转官、历任”，为了使“胥吏不得高下其手”，“功力浩大，且胥吏之所不欲也”。[②] 但其实也不可能对胥吏的高下其手起多少长久的限制作用。史称胥吏“贿赂公行，以选为货，视阙之得否，惟赇之多少”。[③]“猾胥老吏，多方沮抑迁延，以倖赇谢”。[④]

欧阳澈上书宋钦宗说，“臣窃观守令非人，民受荼苦，比年以来，此风尤甚。孱懦少断，无干局之誉，贪饕不廉，贼民之脂膏者，易地皆然。甚者注调京阙，即寻部下富商巨贾，预贷金以为费，俟到任而偿者有之”。“比年吏部注差，无非贿赂，其原既不清，则其流必浊矣”，主张“痛惩铨选受赂之弊”。[⑤] 可见在北宋时已有债官，比南宋时的债帅似更早，而“铨选受赂之弊”当然是不可能革除的。

南宋初，吏部员外郎王庭秀曾说：“吏部四选自渡江以来，案牍散失，品官到部，无所考验，止凭保官审实，不容无弊。”他建议“令吏部榜谕品官，将来到部，声说于某年某处注籍讫，本部据籍点磨无差误，即与判成。堂除、举辟亦从本部参照，曾实系籍，方许放行差遣。庶几铨曹按文核实，吏胥不能为奸，而伪冒之徒无所容迹”。宋高宗“诏本部勘当，后不行”。[⑥] 他提及吏胥为奸的问题，无非也是与买卖官位等有关。宋高宗也承认，当时“凡注拟，吏率沮难，以邀贿赂”。[⑦] 他“以吏部注拟多弊”，亲下手诏说：“迩来注拟榜阙之际，奸弊百出，货赂公行，寒士困苦。”[⑧] 但实际上又根本不能革弊，贿赂吏部的吏胥方能得到差遣等实惠。但无钱行贿的“士大夫远赴行在，而吏部既不注拟，往往贫困，无以自存”。[⑨] 当时还发生

---

① 《宋史》卷351《何执中传》。

② 《宋会要》选举25之14。

③ 《宋会要》职官59之16。

④ 《宋会要》刑法2之85—86。

⑤ 《历代名臣奏议》卷83。

⑥ 《要录》卷62绍兴三年正月丁丑。

⑦ 《要录》卷64绍兴三年四月戊子。

⑧ 《要录》卷69绍兴三年十月丁未。

⑨ 《要录》卷83绍兴四年十二月癸巳。

“吏部令史有隐匿过名迁补者，为御史台所察”的事件。[①] 宋高宗南郊赦中承认，对官员的考课“批书印纸”，“胥吏舞文，邀索贿赂，或捃以细故，不肯批书，或虽批书，漏落不完”。[②]

汤鹏举说：“刑部之所以断罪，吏部之所以驭吏，最为剧曹。此正猾吏可以上下其手，而轻重其心者。”[③] 吏部侍郎凌景夏说：“国家设铨选，以听群吏之治，其掌于七司，著在令甲，所守者法也。今升降于胥吏之手，有所谓例焉。长贰有迁改，郎曹有替移，来者不可复知，去者不能尽告。索例而不获，虽有强明健敏之才，不复致议；引例而不当，虽有至公尽理之事，不复可伸。货贿公行，奸弊滋甚。”[④]当时“选人诣曹改秩，吏倚为市，毫毛不中节，必巧生沮阂，须赂饷满欲乃止”。[⑤] 宋朝虽然也设立各种禁令和防范措施，屡次编纂和修改吏部条法，企图使“铨曹有可守之法，奸吏无舞文之弊”，“庶可戢吏胥之奸”，[⑥] 终无成效可言。《程史》卷5《部胥增损文书》讲述了一个在淳熙年间，吏部吏胥“以千缗成约”，篡改文书，作弊卖官的事例，感叹说“刻木辈舞文，顾赇谢乃其常”，“以此知（吏部）四选蠹积，盖不可胜算”。

史称宋宁宗嘉定时，“选曹法大坏，吏缘为奸”。[⑦] 当时“入仕之途，杂于弊倖之多端，而诈冒同姓，则其尤甚者也”。“奸民罔利，往往为富室道地”，“公为契券，以赀鬻官”，“盖亦奸胥猾吏相为表里，舞文而慢令耳”。[⑧] 宋理宗初，王栐《燕翼诒谋录》卷5说：

部吏卖阙之弊，自昔有之。皇祐中，赵及判流内铨，始置阙亭。凡有州郡申到阙，即时榜出，以防卖阙，立法非不善也。然部吏每遇申到，匿而不告。今州郡寄居，有丁忧事故数年不申到者，亦有申部数

① 《要录》卷99绍兴六年三月辛卯。

② 《宋会要》职官59之20。

③ 《要录》卷174绍兴二十六年九月戊辰。

④ 《宋史》卷158《选举志》；《要录》卷199绍兴三十二年四月甲戌。

⑤ 《宋史》卷373《洪遵传》。

⑥ 《宋史》卷379《章谊传》、卷388《胡沂传》。

⑦ 《宋史》卷401《柴中行传》。

⑧ 《宋会要》职官8之67—68。

年，而部中不曾改正榜示者，吏人公然评价，长贰、郎官为小官时皆尝有之，亦不暇问。太宗皇帝曰：‘倖门如鼠穴，不可塞也。’岂不信哉！

在此段记事中，如前所述，赵及设榜阙，当在庆历时，而非皇祐时，小误。但亦可知铨选部门的吏胥作弊卖官，终宋一代皆然。《癸辛杂识》续集下《卖阙沈官人》记载了一段卖官的趣闻：

昔有卖阙沈官人者，本吴兴之族，专以卖阙为生，膳百余指。或遇到部干堂之人，欲得便家见阙者，或指定何路，或干僻阙，虽部胥掌阙簿者，亦不过按图索骏。时方员多阙少，动是三、五政，十年殊不易得。必往扣之，门外之履常满。彼必先与谐价，邀物为质，或立文约，然后言某处为见阙，某处减两政。虽在官累数政，缘上政某人已于何时事故，有见亲弟若亲故见在某处某恤，可问而知。次政某人，见行通理月日，补填岁月，不俟终，更已常于考功或他所属投放文书，见是吏人某承行，可问而知。次某人则近于此月某日已行丁忧，各详援亲戚、乡人可证者，乃各相引指踪迹，访问具的，然后能射阙。阙已，则以所许酬之。天下诸州属县大小员阙，无一不在其目中，如指诸掌，亦各有小〔失〕。然时时揭帖，实为觅阙之指南，虽有费不惮也。他人欲效之，皆不能逮。

此人所以能够卖阙，其实还是仰仗“部胥”做他的眼线，估计其卖官收入亦须与“部胥”分沾。

（四）行贿荐举

宋朝的大部分时间内，官员达数万名，要对他们的才能和政绩进行了解和考核，荐举保任制就必不可少。宋朝官员的升迁、委任等，都离不开举主的推荐。没有足额的举状，就只能蹭蹬官场，仕进无望。[1]《宋史》

① 参见邓小南《宋代文官选任制度诸层面》第五章；苗书梅《宋代官员选任和管理制度》第三章第三节。

卷169《职官志》记载宋神宗时的“奏荐”，“判、司、簿、尉”“举县令：有出身三考，无出身四考，摄官出身六考，有举主三人；进纳出身六考，有举主四人；流外出身三任七考，有举主六人，并移县令”。显示了各种不同出身者的考数与举主的差异，但都必须有举主。

早在宋太祖开国时，知制诰高锡就上奏说：“近廷臣承诏各举所知，或有因行赂获荐者。请自今许近亲、奴婢、邻里告诉，加以重赏。”[①] 这就是利用荐举而“行赂获荐”的实例。尽管此后宋朝对荐举保任制定了繁密的规章，如规定举主与保荐者连坐、回避等法，但在人治的条件下，“行赂获荐”也必然恶性发展。从史料上看，“行赂获荐”大致是与大臣、宦官等卖官同步发展的。

宋高宗时，李庚上奏议论荐举之弊，“关升改秩，各有定价，交相贸易，如市贾然。是以廉隅之吏，绝意于荣涂，而奸赃不逞之辈，侵渔公上，掊敛百姓，日营苞苴之计，其弊有不可胜言者。欲望明立法禁，应买卖举状之人，取者、与者各坐赃论。”宋廷虽然订立了“荐举受财法”，[②] 其实决不可能令行禁止。江南西路提点刑狱公事刘长源与秦桧亲戚王会“连亲，起废，专务营私。每岁举官升改，不问贤否，凡一荐章，必得钱五百缗，乃始剡奏”。[③] 右正言凌哲“论改官之法行之既久，不能无弊。憸巧之徒，不顾廉耻，多行贿赂，凡可以得利者，无所不为。荐章一纸，阴求先容，有费及五、六百千者”。[④] 杨椿“为湖北宪，率以三百千而售一举状”。[⑤] 宋高宗诏也承认：“荐举之法未尝不严，递年类皆徇私，荐非其人，至有鬻举者。及至败露，方行陈首。”[⑥] 诏中虽申严禁令，实际上自然无成效可言。

宋孝宗时，胡铨上奏说：“今改官者，非五百千赂吏部主吏，虽有文字五纸，不放举主。士大夫至相谓无五百千，莫近临安，而五纸文字非二

---

① 《长编》卷3建隆三年八月乙未；《宋会要》选举27之1。
② 《要录》卷173绍兴二十六年七月庚戌。
③ 《要录》卷173绍兴二十六年七月壬寅。
④ 《要录》卷174绍兴二十六年八月戊寅。
⑤ 《要录》卷198绍兴三十二年闰二月戊子。
⑥ 《宋会要》选举30之3。

十年干求不能得，往往多是宰执、侍从关节，方始得之。不然，孤寒之士每纸文字须三百千经营，乃可得。合五纸之费，为千五百缗。孤寒之士安得宰执、侍从关节，安得千五百缗，势必枉道以媚当途权贵以求之，势必贪墨黩货，以赂吏部之吏。不然，终身为选人，老死不得改官者多矣。"①其中既谈到荐举时的行贿，也涉及吏部官吏的卖官。宋高宗到孝宗时，一纸举状的卖价大致须五、六百贯，相当高昂。王师愈上奏谈到举状之作伪，说："选人非无贤材，然而皆怀寸进之心，皆为改官之计，鲜不弥缝上下，以干虚誉，甚者兑易官钱，以买举状，相习成风。"②

宋理宗时，宰相杜範说，"荐举之法所以广收人才，今之弊极矣"。"或挟势而胁取，或纳赂而妄予，皆有力者得之，孤寒之士卒老于选调。同坐之令不行，朝典之语徒设"。③ 刘黼等太学生上书，说御史陈垓"纵狎〔客〕以兜揽关节，持阔扁以胁取举状，开赂门以簸弄按章"④。都省奏："知县于民最亲，必五得改官亲民举状，始以命之，重其选也。势利之习燎原，荐举之意浸失，挟贵用贿，如取诸寄，贪庸得志，民不堪命。"⑤

《宋朝诸臣奏议》卷67载北宋末吕好问《上钦宗乞择监司郡守按察赃吏》对当时的卖官现象及其对人民的危害有所论述：

> 臣窃以比年以来，赃吏为害，遍于天下。自小至大，习以成风，株连蔓衍，不可复治。臣请详言其事。自内及外言之，为监司、郡守者，其初必奔走于权幸之门，朝夕请谒，货赂公行，计其所纳与所得官相当，然后得之。不然，则赂其亲戚子弟。如此欲激浊扬清，何可得也？其到官也，督责州县，以偿其费，州县因重取于民以为献，上则求保明恩赏，奏辟差遣，下则求荐章，免罪责。自外及内言之，每朝廷抛降科配于民，且如一县当一分之数，一分之外，则吏人取其

① 《历代名臣奏议》卷49。

② 《历代名臣奏议》卷145。

③ 《杜清献公集》卷13《相位条具十二事》。

④ 《宋史》卷405《刘黼传》；《历代名臣奏议》卷158。

⑤ 《宋史全文续资治通鉴》卷36景定二年正月癸亥朔。

八、九，县官取其六、七，又以四、五入于监司、州郡之公库，监司、郡守复以赂京师贵近，上下相蒙，事不得发。然则朝廷之取民也至寡，害民也至轻，而赃吏之取民也至重，害民也至酷。

朝廷取民至寡，害民至轻，当然不是事实，而买官者取民至重，害民至酷，则是势所不免，大抵终宋一代都是如此。

本文结尾见本书75—76页，为节省篇幅，从略。

（原载《史学集刊》2006年第4期）

辽金元卖官述略

一 辽金卖官

（一）辽朝卖官简况

辽朝晚至建国180年后，到辽道宗大安四年（公元1088年），方“立入粟补官法”。① 张世卿在“大安中，民谷不登，饿□死者众”，“进粟二千五百斛，以助□用。皇上喜其忠赤，特授右班殿直”，② 为武官。辽朝末年，辽国在金朝的进攻下节节败退，财政显然非常困难，“设官无度，补受泛滥，惟吝财物，而不惜名器”。③ 史称“辽国屡年困于用兵，应有诸州富民子弟，自愿进军马，人献钱三千贯，特补进士出身。诸番部富人进军献马，纳粟出身，官各有差”。当时“辽东失业饥民困踣道路，死者十之八、九，有旨令中京、燕、雲、平三路诸色人收养，候次年第等推恩。官爵之滥，至此而极”。④ 其入粟补官法虽继续推行，但无疑不可能对财政亏空有多大的弥补。

辽朝官员自然也有私下卖官鬻爵。辽景宗时，“大丞相高勳、契丹行宫都部署女里席宠放恣，及帝姨母、保母势薰灼。一时纳赂请谒，门若贾区”。⑤ 所谓“纳赂请谒”，也应包括献赂跑官，受贿卖官在内。辽兴宗初年，钦哀皇后萧耨斤掌政，“犯赃等人累朝切齿，虽经赦宥，并不叙用。

① 《辽史》卷25《道宗纪》。

② 《全辽文》卷11《张世卿墓志铭》。

③ 《宋会要》兵17之12。

④ 《契丹国志》卷11《天祚皇帝》中。

⑤ 《辽史》卷79《耶律贤適传》。

山陵未毕，后已洗涤用之，一一擢诸清途。毛克和等四十人，后家奴隶，咸用劳绩，皆授防、团、节度使，至于出入宫掖，诋慢朝臣，卖官鬻爵，残毒番汉。自是幽燕无行之徒愿没身为奴者众矣”。[①] 辽兴宗到辽道宗时，“萧革、萧图古辞等以佞见任，鬻爵纳贿”。[②]

（二）金朝制度性卖官

据《金史》卷50《食货志》，金朝制度性的卖官始于金熙宗时。皇统三年（公元1143年），“陕西旱饥，诏许富民入粟补官”。

金世宗大定二年（公元1162年）正月，即他即位不久，“以兵兴岁歉，下令听民进纳补官。又募能济饥民者，视其人数为补官格”。史称“行纳粟补官法”。[③] 大定五年（公元1165年），金世宗对宰臣说：“顷以边事未定，财用阙乏，自东、南两京外，命民进纳补官，及卖僧、道、尼、女冠度牒，紫、褐衣师号，寺观名额。今边鄙已宁，其悉罢之。”遂于二月“罢纳粟补官令”。[④]

金章宗明昌二年（公元1191年），“敕山东、河北阙食之地，纳粟补官有差”。翌年，“河州定羌民张显”“又献粟千石以赈饥。棣州民荣楫赈米七百石，钱三百贯，冬月散柴薪三千束”。“特各补两官，仍正班叙”。[⑤] 承安二年（公元1197年），“卖度牒、师号、寺观额，复令人入粟补官”，其实是由于对蒙古的连绵不断的战争，“比岁北边调度颇多”。[⑥] 承安五年（公元1200年），“定进纳粟补官之家存留弓箭制”，又“诏定进纳官有犯决断法”。[⑦]

泰和元年（公元1201年），太府监孙復上奏说：“方今在仕者三万七千余员，而门荫补叙居三之二，诸司待阙，动至累年。盖以补荫猥多，流品混淆，本末相舛。至于进纳之人，既无劳绩，又非科第，而亦荫及子

---

① 《契丹国志》卷13《圣宗萧皇后》。

② 《辽史》卷97《耶律引吉传》。

③ 《金史》卷6《世宗纪》、卷50《食货志》。

④ 同上。

⑤ 《金史》卷9《章宗纪》、卷50《食货志》。

⑥ 《金史》卷10《章宗纪》只载卖度牒等事，不载入粟补官令，参见卷50《食货志》。

⑦ 《金史》卷11《章宗纪》。

孙，无所分别。欲流之清，必澄其源。”金章宗“乃更定荫叙法而颁行之”。[①] 可知金朝进纳人在官场的地位，显然高于宋朝的进纳人，可以“荫及子孙”，导致“补荫猥多”，官员冗滥。金章宗“更定荫叙法”的详情，可能即是《金史》卷52《选举志》所载：

> 凡进纳官，旧格正班三品荫四人，杂班三人。正班武略（从六品武略将军）子孙兄弟一人，杂班明威（正五品明威将军）一人，怀远（从四品怀远大将军）以上二人，镇国（从三品镇国上将军）以上三人。

此处所谓“旧格”，可能就是指泰和前之旧制，而自“正班武略”之下，似为泰和新制，与“旧格”有异。金朝之进纳人可得如此高官，在宋朝是不能想象的，然而金朝进纳，似只限于授武散官，不授文散官。此外，依照金制，“凡叙使品官之家，并免杂役，验物力所当输者，止出雇钱。进纳补官未至荫子孙”，“皆免一身之役”。[②] 可知进纳人如果官至可以荫补子孙，就完全依品官之家的待遇。

石州宁乡县高冈在金章宗“泰和八年（公元1208年），入粟补官，监宁乡酒税事”。[③]《遗山先生文集》卷29《千户赵侯神道碑铭》载，金卫绍王“大安末”（公元1211年），当蒙古军攻金时，赵天锡“始弱冠，即入粟佐军，补修武校尉、监洺水县酒”。[④] 济南府章丘县张侁、张伸和张仲三兄弟“皆尝入粟佐军兴，授进义校尉，属金末之乱”。[⑤] 洺州永年县王氏“岁得麦万石，乡人号万石王家”，王禧“金末入财佐军兴，补进义副尉”。[⑥]

金朝晚期，在蒙古军的侵逼下，财政危机深重。金宣宗贞祐二年（公元1214年）三月，“诏许诸人纳粟买官”。[⑦] 又“从知大兴府事胥鼎所请，

---

① 《金史》卷11《章宗纪》。
② 《金史》卷47《食货志》。
③ 《紫山大全集》卷16《同知石州事高公神道碑》。
④ 又见《元史》卷151《赵天锡传》。
⑤ 《中庵集》卷19《参政张公先世行状》。
⑥ 《元史》卷160《王磐传》。
⑦ 《金史》卷14《宣宗纪》。

定权宜鬻恩例格，进官升职，丁忧人许应举求仕，〔官〕、监户从良之类，入粟草各有数”。[①] 当时“中都围急，粮运道绝”，金宣宗命参知政事奥屯忠孝“搜括民间积粟，存两月食用，悉令输官，酬以银钞或僧道戒牒。是时，知大兴府事胥鼎计画军食，奏许人纳粟买官，鼎已籍者，忠孝再括之，令百姓两输，欲为己功。左谏议大夫张行信上疏论之曰：‘民食止存两月，而又夺之，使当绝食，不独归咎有司，而亦怨朝廷之不察也。’”[②] 上引记载说明胥鼎提出的“鬻恩例格”是为了括粮，而带有某种强制性。但括粮当然无济于事，中都大兴府还是很快陷落了。

贞祐三年（公元1215年），张行信又上奏说：“山东军储，皆鬻爵所获，及或持敕牒求仕，选曹以等级有不当鬻者，往往驳退。夫鬻所不当，有司罪也，彼何责焉。况海岱重地，群寇未平，田野无所收，仓廪无所积，一旦军饷不给，复欲鬻爵，其谁信之。”[③] 这说明当时鬻爵收入对财政的重要性。尚书省言：“内外军人入粟补官者多，行伍浸虚。请俟平定，应监差者与三酬，门户有职事者升一等，其子弟应荫者罢之。”得到批准。金宣宗还“敕尚书省，入粟补官者毋括其户为军”。[④] 看来当时的“入粟补官者”其实是为免于兵役。金宣宗“制无问官、民，有能劝率诸人纳物入官者，米百五十石迁官一阶，正班任使。七百石两阶，除诸司。千石三阶，除丞、簿。过此数则请于朝廷议赏。推司、县官有能劝二千石迁一阶，三千石两阶，以济军储。又定制，司、县官能劝率进粮至五千石以上者，减一资考，万石以上迁一官，减二等考，二万石以上迁一官，升一等，皆注见阙”。[⑤] 胥鼎任河东南路宣抚使，一次就“乞降空名宣敕一千，紫衣、师德号、度牒三千，以补军储”。[⑥]

贞祐四年（公元1216年），主持河东行省的胥鼎又上奏建议：“河东兵多民少，仓空岁饥。窃见潞州元帅府虽设鬻爵恩例，然条目至少，未尽

① 《金史》卷50《食货志》、卷108《胥鼎传》。

② 《金史》卷104《奥屯忠孝传》、卷107《张行信传》。

③ 《金史》卷107《张行信传》。

④ 《金史》卷14《宣宗纪》。

⑤ 《金史》卷14《宣宗纪》、卷50《食货志》。

⑥ 《金史》卷108《胥鼎传》。

劝率之术。今拟凡补买正班，依格止荫一名，若愿输，许增荫一名。僧道已具师号者，许补买本司官。职官愿纳粟，或不愿给俸及券粮者，宜量数迁加。三举终场人年五十以上，四举年四十五以上，并许入粟，该恩大小官，及承应人，令、译史，吏员虽未系班，亦许进纳迁官。其有品官应注诸司者，听献物，借注丞、簿，丞、簿注县令，差使免一差。掌军官能自备刍粮者，依职官例，迁官如旧。”[①] 此议涉及“补买正班”，出售僧道官，参加科举者买官，吏胥买官，品官买官，军官买官等，堪称包举无遗。金朝铨选有正班和杂班之别，大约创始于金海陵王时，并限于右职，即武散官，正班的升擢应优于杂班。[②] 当年八月，耀州三原县僧广惠上言建议出售僧官，说：“军储不足，凡京、府、节镇以上僧道官，乞令纳粟百石。防、刺郡副纲、威仪等，七十石者乃充，三十月满替。诸监寺十石，周年一代，愿复买者听。”得到金宣宗的批准。[③]

入粟补官当然不能不产生很坏的影响。当年五月，山东行省仆散安贞上奏说：“泗州被灾，道殣相望，所食者草根木皮而已。而邳州戍兵数万，急征重役，悉出三县。官吏酷暴，擅括宿藏，以应一切之命。民皆逋窜，又别遣进纳闲官，以相迫督，皆怙势营私，实到官者才十之一，而徒使国家有厚敛之名。”[④] 进纳人“怙势营私”，搜刮百姓，成为金朝晚期的一项重要弊政。陈规也上奏说：“县令之弊无甚于今，由军卫监当、进纳劳效而得者十居八、九，其桀黠者乘时贪纵，庸懦者权归猾吏。近虽遣官廉察，治其奸滥，易其疲软，然代者亦非选择，所谓除狼得虎也。”[⑤] 对岌岌可危的金朝而言，卖官无异于饮鸩止渴。

兴定元年（公元1217年），潞州行元帅府事粘割贞上奏：“近承奏格，凡去岁覃恩之官，以品从差等，听其入粟，委帅府书空名宣敕授之，则人无陈诉之劳，而官有储蓄矣。比年屡降覃恩，凡羁縻军职者多未暇授，若

---

① 《金史》卷50《食货志》、卷108《胥鼎传》。

② 《金史》卷52，卷53《选举志》说，“凡诸右职正、杂班，皆验官资注授”。“其出职或正班、杂班，则莫不有当历之名职”。“海陵初，除尚书省、枢密院、御史台吏员外，皆为杂班，乃召诸吏员于昌明殿，谕之曰：‘尔等勿以班次稍降为歉，果有人才，当不次擢用也。’”

③ 《金史》卷14《宣宗纪》、卷50《食货志》。

④ 《金史》卷47《食货志》。

⑤ 《金史》卷109《陈规传》。

止许迁新覃，则将隔越矣。乞令计前后所该输粟积迁。”也得到金宣宗的批准。[①]

兴定三年（公元1219年），“高汝砺请备防秋之粮，宜及年丰，于河南州郡验直立式，募民入粟。上与议定其法而行之”。[②] 尽管推行卖官鬻爵，但“军兴以来，入粟补官及以战功迁授者，事定之后，有司苛为程序，或小有不合，辄罢去”，杨雲翼为此上奏：“赏罚，国之大信，此辈宜从宽录，以劝将来。”[③]《遗山先生文集》卷18《通奉大夫礼部尚书赵公神道碑》载：

> 河朔扰攘之际，馈饷不给，官募人出粟佐军，补监当官。彰德民孙其姓者尝输白米三千斛，以路梗，未经赴选。南巡之后，执文书诉于吏曹。法家例以日月旷久，无从考按，报罢。公（赵思文）独曰：“国家用兵之时，以调度不足，业已许人进纳，特从权耳。乃今吝一官不之畀，是诬人也。他日或有鬻爵之命，谁当信之。”孙竟用公言，得补，朝议称焉。

在金朝国势危急之际，进纳人之凡庸，更加剧了国势之危。如“平凉控制西垂，实为要地。都监女奚烈古里间材识凡庸，不闲军务，且以入粟补官，遂得升用，握重兵，当方面，岂能服众”。胥鼎上奏建请，说：“防秋在迩，宜选才谋、有宿望、善将兵者代之。”于是金廷只能改命石盏女鲁欢任元帅右都监、行平凉元帅府事。[④]

《金史》卷46《食货志》总结金朝后期在兵穷财尽之余的卖官说：

> 进纳滥官，辄售空名宣敕，或欲与以五品正班。僧道入粟，始自度牒，终至德号、纲副威仪、寺观主席，亦量其赀而鬻之。甚而丁忧鬻以求仕，监户鬻以从良，进士出身，鬻至及第。

① 《金史》卷50《食货志》。
② 《金史》卷15《宣宗纪》。
③ 《金史》卷110《杨雲翼传》；《遗山先生文集》卷18《内相文献杨公神道碑铭》。
④ 《金史》卷116《石盏女鲁欢传》。

金哀宗天兴元年（公元1232年），金军主力在三峰山之战被歼，蒙古兵临开封城下，形势危急之际，金哀宗仍下令“卖官，及许买进士第”，“诏罢括粟，复以进献取之”，“京城民杨兴入赀，授延州刺史”，“刘仲温入赀，授许州刺史”。[①] 尽管亡国在即，还是有吏胥户部令史王天铎，“用入粟例补满，授户部主事”，[②] 即由吏升为官。卖官固然根本无法挽救金朝的亡国噩运，徒然成为金季之一大弊政。史称“鬻爵、进纳，金季之弊莫甚焉，盖由财用之不足而然也”。[③] 李俊民的《探官》诗就讽刺时政说：“版图填写百官志，楮券类排千字文。堪笑吾儒多伎俩，一时鬻爵僭吾君。”[④]

（三）金朝官员私下卖官

金海陵王时，宠臣渤海人李通“以便辟侧媚得幸”，“请谒贿赂，辐凑其门”，以求升迁。金海陵王也明知此事，他说：“朕闻女直、契丹之仕进者，必赖刑部尚书乌带（非完颜言）、签书枢密遥设（白彦恭）为之先容，左司员外郎阿里骨列任其事。渤海、汉人仕进者，必赖吏部尚书李通、户部尚书许霖为之先容，左司郎中王蔚任其事。”[⑤] 此六人无疑都是在卖官鬻爵。

金章宗明昌时，曾对荐举作出规定：“被举官如体察相同，随长升用，不如所举者，元举官约量降除。如自嘱求举，或因势要及为人请嘱而举之者，各追一官，受贿者以枉法论，体察官亦同此。”[⑥] 反映了荐举中的舞弊卖官。金章宗宠爱的“李妃起微贱，得幸于上”。胥持国“久在太子宫，素知上好色，阴以秘术干之，又多赂遗妃左右用事人。妃亦自嫌门第薄，欲藉外廷为重，乃数称誉持国能。由是大为上所信任。与妃表里，筦擅朝

---

① 《金史》卷17《哀宗纪》。

② 《秋涧先生大全文集》卷49《金墉王氏家传》，《金故忠显校尉尚书户部主事先考府君墓志铭》。

③ 《金史》卷51《选举志》。

④ 《庄靖集》卷5。

⑤ 《金史》卷129《李通传》。

⑥ 《金史》卷54《选举志》。

政”。[①] 完颜匡受金章宗信用，“致位将相，怙宠自用，官以贿成”。[②]

金卫绍王时，纥石烈执中对蒙古战争失败，“除名为民，赂遗权贵，将复进用，举朝无敢言者”，唯有张行信上奏反对。[③] 金卫绍王不听，最终导致本人被纥石烈执中杀害。

金宣宗时，尽管国势危如累卵，而皇子英王完颜守纯虽“任天下之重。不能上赞君父，同济艰难。顾乃专恃权势，蔑弃典礼，开纳货赂，进退官吏”。[④] 金哀宗时，陈规“与右拾遗李大节上章，劾同判大睦亲事（完颜）撒合辇谄佞，招权纳贿及不公事。由是撒合辇竟出为中京（金昌府，即洛阳）留守”。[⑤]

总的说来，卖官鬻爵是金朝的一大弊政，对金朝的灭亡起了促进作用。

二　元朝卖官

（一）元朝制度性卖官

据《元史》卷81《选举志》，大致始于元世祖到元仁宗时，“然当时仕进有多岐，铨衡无定制”，“捕盗者以功叙，入粟者以赀进”。但《元史》卷96《食货志》之说有异，称“元初未尝举行”。

从今存史料看，元成宗大德七年（公元1303年），“浙西饥，发廪不足，募民入粟补官以赈之”。[⑥] 孔学诗当“大德丁未（十一年）之饥，食其饿者，瘗其殍死者。天历己巳（二年）荐饥，亦如之，且倾廪粟，以助官府之弗给。法当得官，有司将上其名于铨曹”，孔学诗说：“吾以有余补不足尔，岂藉是荣吾身哉！况以入粟而赏官，何荣之有?”[⑦] 另有记载说，

---

① 《金史》卷129《胥持国传》。

② 《金史》卷98《完颜匡传》。

③ 《金史》卷107《张行信传》。

④ 《金史》卷110《程震传》；《遗山先生文集》卷21《御史程君墓表》。原文作“荆王”，据《金史》卷93《守纯传》，应为英王。

⑤ 《金史》109《陈规传》。

⑥ 《元史》卷170《尚文传》。

⑦ 《金华黄先生文集》卷39《溧阳孔君墓志铭》。

“丙午（大德十年）、丁未岁大饥”，“时募民入粟拜爵”。[①]

王恽在《便民三十五事》中有《纳粟除监当官》之议说，“窃见上都北边每岁临幸及屯戍重兵，岁用粮斛甚广，虽官为和籴，商旅兴贩，终是远窎，不能多广得济”。“方今院务官别不见入仕格例，以曩日论之，不过货赂请托，若以弊革，有益于国家，不若令办课官验额轻重，使输粟上都及迤北州郡。几何者则任某处监当官一年，立为定制。谓如某处务场周岁课额十〔锭〕，设官二员，每员输米或粟上都者若干，迤北州郡者如〔之〕，不半岁，上都及缘边州郡便得米数十万石，岂不大便益哉。又如州府务官经营干勾，比得差遣，所费不赀。一任之内，必百方作计，取偿於民，羡余复入于己。是使明损民力，暗将官钱尽入私门。若此法一行，将见私钱尽入公家，则息奔竞，官革请托，军国坐收饶足之利。故令民输粟充院务官。最为当今良法”。[②] 此议自然与儒家的传统义利观不同，卖官当然只能助长“奔竞”，“货赂请托”等歪风，但元朝实际上是按其主张行事的。元世祖时，赵天麟说：“历代尚患兵食不足，至有令人入粟鬻爵而滥官者矣……是皆见目前而忘后患，得其一而失其百者也。”[③] 元成宗大德时，郑介夫的议论与此不同，他说：“夫鬻爵济时，虽非令典，稽之古史，亦匪创行，然可暂不可常也。”[④]

元朝的历史社会条件固然与宋朝不同，但“入粟而赏官”仍并不视为荣耀的事。《金华黄先生文集》卷37《都功德使司都事华君墓志铭》载，无锡华埜僊，“曾大父讳诠，宋将仕郎。大父讳友闻，仕皇朝，为无锡州税务提领。父讳璞，以入粟振荒，当补官，辞不受。寻用荐者，特授进义校尉，晋宁、冀宁等处打捕屯田都总管府总管，又辞不拜”。此当是元武宗至大前的事。

元英宗时，淮安路总管董守简因“岁大旱，条列荒政便宜，驿闻，未及俟报，首以禄廪倡僚属及富家捐钱出粟，土著之人则给以钱，使不失其

① 《墙东类稿》卷13《王德秀墓志铭》。

② 《秋涧先生大全文集》卷90。

③ 《历代名臣奏议》卷260。

④ 《历代名臣奏议》卷67。

业”。“既而朝廷讲救荒之政，下令募人入粟补官”。[1]

元泰定帝泰定二年（公元1325年），“募富民入粟拜官，二千石从七品，千石正八品，五百石从八品，三百石正九品，不愿仕者旌其门”。[2]次年敕：“入粟拜官者，准致仕铨格。”[3]

元文宗天历二年（公元1329年），各地发生灾荒，陕西行省“复请令商贾入粟中盐，富家纳粟补官”。河南廉访司言：“河南府路以兵、旱民饥，食人肉事觉者五十一人，饿死者千九百五十人，饥者二万七千四百馀人。乞弛山林川泽之禁，听民采食，行入粟补官之令，及括江、淮僧道余粮以赈。”[4]乃蛮台在“天历二年，迁陕西行省平章政事。关中大饥，诏募民入粟予爵。四方富民应命输粟，露积关下。初，河南饥，告籴关中，而关中民遏其籴。至是关吏乃河南人，修宿怨，拒粟使不得入。乃蛮台杖关吏而入其粟”。[5]

《元史》卷82《选举志》载当时的入粟补官详细规定如下：

凡入粟补官：天历三年，河南、陕西等处民饥。省臣议：“江南、陕西、河南等处富实之家愿纳粟补官者，验粮数等第，从纳粟人运至被灾处所，随即出给勘合朱钞，实授茶盐流官，咨申省部除授。凡钱谷官隶行省者行省铨注，腹里省者吏部注拟，考满依例升转。其愿折纳价钞者，并以中统钞为则。江南三省每石四十两，陕西省每石八十两，河南并腹里每石六十两。其实授茶盐流官，如不愿仕而让封父母者听。陕西省：一千五百石之上，从七品。一千石之上，正八品。五百石之上，从八品。三百石之上，正九品。二百石之上，从九品。一百石之上，上等钱谷官。八十石之上，中等钱谷官。五十石之上，下等钱谷官。三十石之上，旌表门闾。河南并腹里：二千石之上，从七品。一千五百石之上，正八品。一千石之上，从八品。五百石之上，

① 《金华黄先生文集》卷26《董守简神道碑》。
② 《元史》卷29《泰定帝纪》。
③ 《元史》卷30《泰定帝纪》。
④ 《元史》卷33《文宗纪》。
⑤ 《元史》卷139《乃蛮台传》。

正九品。三百石之上，从九品。二百石之上，上等钱谷官。一百五十石之上，中等钱谷官。一百石之上，下等钱谷官。江南三省：一万石之上，正七品。五千石之上，从七品。三千石之上，正八品。二千石之上，从八品。一千石之上，正九品。五百石之上，从九品。三百石之上，上等钱谷官。二百五十石之上，中等钱谷官。二百石之上，下等钱谷官。

凡先尝入粟遥授虚名者，今再入粟，则依验粮数，照依资品，今实授茶盐流官。陕西省：一千石之上，从七品。六百六十石之上，正八品。三百三十石之上，从八品。二百石之上，正九品。一百三十石之上，从九品。河南并腹里：一千三百三十石之上，从七品。一千石之上，正八品。六百六十石之上，从八品。三百三十石之上，正九品。二百石之上，从九品。江南三省：六千六百六十石之上，正七品。三千三百三十石之上，从七品。二千石之上，正八品。一千三百三十石之上，从八品。六百六十石之上，正九品。三百三十石之上，从九品。先尝入粟实授茶盐流官者，今再入粟，则依验粮数，加等升职。陕西省：七百五十石之上，五百石之上，二百五十石之上，一百五十石之上，一百石之上。河南并腹里：一千石之上，七百五十石之上，五百石之上，二百五十石之上，一百五十石之上。

僧道能以自己衣钵济饥民者，三百石之上，六字师号，都省出给。二百石之上，四字师号；一百石之上，二字师号，俱礼部出给。四川省所辖地分富实民户，有能入粟赴江陵者，依河南省入粟补官例行之。其粮合用之时，从长处置。江浙、江西、湖广三省已粜官粮，见在价钞于此差人赴河南省别与收贮，合用之时，从长处置。

《元史》卷96《食货志》的记载相同，可作补充者，则是说明“用太师答剌罕等言，举而行之”。

大致在元文宗至顺前，“有龙光祖者买官，得同知某州事，用例夺官家居”。① 至顺元年（公元1330年），“诏江浙行省以入粟补官钞三千锭，

① 《金华黄先生文集》卷15《苏御史治狱记》。

及劝率富人出粟十万石赈之”。但旋即在当地“罢入粟补官例”。[①] 庆元路奉化州的张元礼，当“至顺初，陕西饥，令民有能入粟者，以次受赏”。他“遂倾所贮入之官，得芦花场盐司管勾”。[②] 另一朱升，“天历庚午（即至顺元年），河、淮以南大饥，诏募民入粟，拜官有差”。他“首应诏，擢南康县尉”。[③] 至顺二年（公元1331年），因“浙西诸路比岁水旱，饥民八十五万余户，中书省臣请令官私、儒学、寺观诸田佃民，从其主假贷钱谷自赈，馀则劝分富家及入粟补官，仍益以本省钞十万锭，并给僧道度牒一万道”，得到批准。[④]因“朝廷募民入粟，赈关陕之饥”，杭州於潜县谢辅“素乐施与”，命其子谢瑞“输米伍佰石，有司用例授以官”。[⑤]

欧阳玄《圭斋文集》卷6《世綵堂记》说，“近年赈饥，募民入粟补官”，渌江廖士元“发数万，虵爵不受，朝省旌表其门。”大致也应是元朝中晚期的事。

元顺帝至正四年（公元1344年），“以各郡县民饥，不许抑配食盐，复令民入粟补官，以备赈济”。[⑥] 余阙说：“至正四年，河南北大饥，明年又疫，民之死者半。朝廷尝议鬻爵以赈之，江、淮富民应命者甚众，凡得钞十馀万锭，粟称是，会夏小稔，赈事遂已。”[⑦] 时“新进士当授官，而铨曹言，恐碍入粟补官者”，中书左丞董守简说：“朝廷下诏求贤，将以为公卿大夫之储，苟急于彼而缓于此，人将以献策不如献粟为口实，而贻笑于天下后世矣。”于是“众无以对，乃授进士官，如故事”。[⑧] 此事其实正反映了卖官收入对维持财政的重要性。宋禧《送王巡检赴岑江序》说，当时“募天下庶人之不隶刑籍者，入粟授官有差，而吾邑王君某以五百石有奇，受九品官，巡徼明之岑江，希遇也”。[⑨]

① 《元史》卷34《文宗纪》。
② 《玩斋集》卷10《福建等处盐运使司判官张君墓志铭》。
③ 《樗隐集》卷6《元故朱公墓志铭》。
④ 《元史》卷35《文宗纪》。
⑤ 《金华黄先生文集》卷37《许村场盐司管勾谢君墓志铭》。
⑥ 《元史》卷41《顺帝纪》。
⑦ 《青阳先生文集》卷8《书合鲁易之作颍川老翁歌后续集》。
⑧ 《金华黄先生文集》卷26《董守简神道碑》；《滋溪文稿》卷12《董守简墓志铭》。
⑨ 《庸庵集》卷12。

至正十年（公元1350年），“时有令输粟补官，有匿其奸罪而入粟得七品杂流者，为怨家所告，有司议输粟例，无有过不与之文”，成遵说：“卖官鬻爵，已非盛典，况又卖官与奸淫之人，其将何以为治。必夺其敕，还其粟，著为令，乃可。”于是“省臣从之”。[①] 此段记载当然也多少反映了卖官鬻爵的流弊。

《南村辍耕录》卷7《鬻爵》载：“至正乙未（十五年，公元1355年）春，中书省臣进奏，遣兵部员外郎刘谦来江南，募民补路、府、州司、县官，自五品至九品，入粟有差，非旧例之职专茶盐务场者比。虽功名逼人，无有愿之者。既而抵松江时，知府崔思诚惟知曲承使命，不问民间有粟与否也，乃拘集属县巨室，点科十二名，众皆号泣告诉，曾弗之顾，辄施拷掠，抑使承伏，即填空名告身授之。平江路達鲁花赤卒不避谴斥，力争以为不可，竟无一人应募者。”反映了当时的卖官，其实有极大的强制性，强令“巨室”出钱。赵汸《黟令周侯政绩记》也介绍了相似的情况，至正十三年，“有使者至，劝民入粟，实军储，侯（周君孺）言：‘盗贼兵火之余，民甫安集，不宜遽有科扰。’使者怒，以语侵侯，且谮之于其长，侯即移文，愿解职事”。[②]

但也有另外的情况，《宋学士文集》卷50《北麓处士李府君墓碣》载：“会朝廷有鬻爵之命，富家儿多竞奔。处士恬不以为意，客以空名告身来售，处士（李士华）曰：‘吾愧不能以文学干禄位，而涉铜臭之讥，虽贵奚益哉！’”[③]

元季大乱，“朝廷遣使者，诏民入粟拜爵”，陈嗣“慨然曰：‘国家有急，岂臣子顾私时邪！’首往应诏，输粟二千斛，使者大悦，即以上闻，著府君德清县主簿”。[④]《至正直记》的“江南富户”条记载：“至正乙酉（五年）间，江南富户多纳粟补官，倍于往岁。由是杨希茂父子、周信臣、蒋文秀、吕养诰等一时炫耀于乡里。未几，信臣以他赃罪黜，文秀以倨傲被讦，希茂父子自劾免罪，养诰以他事见拘。时荆溪士人张载之作诗嘲之

① 《元史》卷186《成遵传》。
② 《东山存稿》卷3。
③ 又见《苏平仲文集》卷13《北麓处士李公墓志》。
④ 《宋学士文集》卷49《元故湖州路德清县尹陈府君墓铭》。

曰：'纳粟求官作贵翁，谁知世事转头空。一朝金濑周巡检，三日维扬蒋相公。'" 反映了纳粟补官为贪赃之辈，实乃相当普遍的情况。

（二）元朝官员私下卖官

关于臣僚的私下卖官，至晚在元太宗时，已有"任使非人，卖官鬻狱"之记录。[①]

元世祖时，其宠臣阿合马"用事日久，卖官鬻狱，纪纲大坏"。[②] 元朝混一南北，"江左初平，官制草创，权臣阿合马纳赂鬻爵，江南官僚冗滥为甚，郡守而下佩金符者多至三、四人，由行省官举荐超授宣慰使者甚众，民不堪命"。[③]

另一宠臣桑哥也私下卖官，"在相位已久，专恣日甚，诬陷忠良，卖官鬻狱，设计局以求遗利，毒及编民"。[④] "卖官高下有定价，上自朝廷，下至州县，纲纪大坏，在官者以掊刻相尚，民不堪命，往往起为盗贼"[⑤]。"凶焰薰灼，海内震慑，其官人也，必陈状纳贿而后遣"。[⑥] 元成宗即位之初，中书省臣言："近者阿合马、桑哥怙势卖官，不别能否，止凭解由迁调，由是选法大坏。宜令廉访司体覆以闻，省、台选官核实，定其殿最，以明黜陟。其廉访司官，亦令省、台同选为宜。"得到皇帝批准。[⑦] 臣僚高克恭上言："圣代累颁诏旨，议行贡举法，而权臣卖官营私，扳引朋类，沮格不行。令所至乏才，宜急登明，以副上意。"[⑧] 他所说的"权臣"也应是指阿合马和桑哥。大德八年（公元1304年），监察御史说："自阿合马、桑哥、赛梁辈相继秉政贰拾余载，轻用官爵，重贪货财，滥放冗员，沮坏选法，奸邪得位，贪残牧民，遂为天下无穷之害。"[⑨]

---

① 《元史》卷146《耶律楚材传》。

② 《元史》卷163《张雄飞传》。

③ 《元史》卷132《昂吉儿传》。

④ 《金华黄先生文集》卷24《江浙行中书省平章政事赠太傅安庆武襄王神道碑》。

⑤ 《松雪斋文集》卷7《故昭文馆大学士荣禄大夫平章军国事行御史中丞领侍仪司事赠纯诚佐理功臣太傅开府仪同三司上柱国追封鲁国公谥文贞康里公碑》。

⑥ 《勤斋集》卷3《石天麟神道碑铭》。

⑦ 《元史》卷18《成宗纪》。

⑧ 《巴西集》卷下《故大中大夫刑部尚书高公行状》。

⑨ 《通制条格》卷6《举保》。

《历代名臣奏议》卷67载郑介夫说，官员“满替”，“彼贪污者家计既富，行囊亦充，赴都纵贿，无所不至，每每先得美除。彼廉介者衣食所窘，日不暇给，至二、三年闲废于家，虽已给由，无力投放，及文书到部，复吹毛求疵，百端刁蹬。幸而入选，在都待除，淹困逾年，饥寒不免。则急进者可以速化，恬退者反有体覆保勘之挠，是朝廷诱人以奔竞也。今大小官正七（品）以上者省除，从七（品）以下者部注。然解由到省，例从部拟，吏部由此得开贿门”。“既以入选，公然卖阙，以阙之美恶，为贿之高下。各官该吏相为通融，私门投下，分拟名阙。无力之士甘心于遐远，钱谷之除遂致勾阑倡优，以有才为有财，以前资为钱资之戏。每于注选时，莫不争求其地之近，阙之美，而边远接连钞库去处，有十余年不得代之官。民间有云：‘使钱不悭，便得好官；无钱可干，空做好汉。’因此各思苟利肥家，以为荣进之计，谁肯忍苦吞饥，自贻疏远之斥，未免相胥为不廉矣。是朝廷导人以贪污也。”他所反映的，是大德时吏部官吏纳赂卖官。其实，元代大抵都是如此。

胡祗遹在《宝钞法》中说，“南省官卖官鬻狱，止要黄金，金一两卖至钞百五、六十贯。回易于官库，则官库无金，是使人明犯私买私卖之罪，金价日增，钞法日虚”。“盗臣置立总库，举放利息，无赖狂贪买官之人，一言片纸，动辄数千万贯。即今本利落空，卖官者得钞，复增价以易诸物。自盗臣覆败，总库虽罢打算，征收未见立行”。① 此处的“盗臣”大约是指卢世荣，而所谓“南省官”可能是指中书省的官吏，② 看来他们“卖官鬻狱”，在当时已成家常便饭。他又在《民间疾苦状》中说：“前省官私心，本欲贵其子孙，恐人有言，故每职多设冗员，如六部、宣慰司之类是也，或以货赂，或以请托，不论人材，不遵铨调，昨日一布衣，今日受三品命服，日月不深，资品卑下，而遽升二品。”又说“盗臣”“置立

① 《紫山大全集》卷22。

② 关于南省，宋金时是指尚书省。元代据《元史》卷23《武宗纪》至大二年九月，尚书省臣言：“翰林国史院，先朝御容、实录皆在其中，乡置之南省。”《秋涧先生大全文集》卷87《举左丞姚公充经筵等职状》：“中书左丞姚枢，潜邸旧臣，中朝大老，生平以圣学为心，辅政多嘉谋入告，近签南省。”《清容居士集》卷30《同知乐平州事许世茂墓志铭》：“仁宗皇帝立科举，以君考乡试……君所贡士入南省，号为得人。”《牧庵集》卷2《张弘略赠蔡国忠毅公制》称“中奉大夫，河南、江北等处行中书省参知政事张弘略”，“超参南省之机政”。可知南省可指中书省，也可推广为行中书省。

总库总局，举放出息，轻付于无赖狂贪买官之人，动辄千万锭”。“贿赂公行，执权者止要良金、美女、俊马、奇珍，百倍其价，物重则钞轻”。[①] 由此可知，即使在元世祖混一南北之际，官员私下卖官，已成严重弊政。正如刘宣说：“平宋之后，奸回擅权，卖官鬻爵，江南郡县，布满贪饕，削剥官民。”[②]

《元史》卷202《释老传》说：“宣政院参议李良弼受赇鬻官，直以帝师之言纵之。”据《福建通志》卷22，李良弼在元仁宗延祐时任福建路推官。

元仁宗、英宗时，“右丞相铁木迭儿贪滥谲险，屡杀大臣，鬻狱卖官，广立朋党，凡不附己者必以事去之”。[③] 他“专政十年”，“诸子内布宿卫，外据显要，蔽上抑下，杜绝言路，卖官鬻狱，威福已出，一令发口，上下股栗，稍不附己，其祸立至，权势日炽，中外寒心。由是群邪并进”。[④] 又当时“参议中书省事乞失监坐鬻官，刑部以法当杖，太后命笞之”，元英宗“卒正其罪”。[⑤]

当元末风雨飘摇之际，奸臣搠思监“矫杀丞相太平，盗用钞板，私家草诏，任情放选，鬻狱卖官，费耗库藏，居庙堂前后十数年，使天下八省之地，悉致沦陷”。[⑥] 另有达识帖睦迩出任江浙行省左丞相、兼知行枢密院事，“独治方面，而任用非人，肆通贿赂，卖官鬻爵，一视货之轻重以为高下，于是谤议纷然。所部郡县往往沦陷，亦恬不以为意”。[⑦] 苏伯衡形容元季之政：“君臣宣淫而安危利菑，上下黩货而卖官鬻狱。”[⑧]

附记：在邓广铭教授百年诞辰国际学术讨论会上，蒙李治安先生提出异议，认为“南省”是指元朝平定南方后之江南一带行省，而“盗臣”

---

① 《紫山大全集》卷23。

② 《吴文正公集》卷88《大元故御史中丞赠资善大夫上护军彭城郡刘忠宪公行状》。

③ 《元史》卷136《拜住传》。

④ 《元史》卷175《张珪传》。

⑤ 《元史》卷27《英宗纪》。

⑥ 《元史》卷205《搠思监传》。

⑦ 《元史》卷140《达识帖睦迩传》。

⑧ 《苏平仲文集》卷11《南阳先生葛公谥议》。

应是指阿合马。后笔者又查对一下史料，增加了一条南省的注释。今姑且两说并存，并向李先生表示真挚感谢。笔者的元史知识不足，无法同专业的元史研究者相比，恳望今后得到他更多的指点。

（原载《邓广铭教授百年诞辰纪念论文集》，中华书局2008年版）

忧国忧民启深思

——读《中国反贪史》有感

贪污腐败作为当前中国社会的一大毒癌，引起上自广大社会主人，下至各级公仆的高度关注。一些身居中央工作岗位的公仆也屡次指出，贪污腐败为广大人民所深恶痛绝。在此情势下，《中国反贪史》的写作和出版，是反映了时代的迫切需要，特别是当家做主的广大社会主人的迫切需要。当然，也许也有不喜欢或讨厌的，他们只能是贪官污吏。

义利之辨是中国传统哲学的一个重大的争论命题，其中涵盖了相当广泛和复杂的内容，在此不必论述。应当指出，义利之争其实一直延续至今。面对着社会的变迁，知识分子们对世道的透视其实没有多大差别，而各人的处世哲学和生活道路，却是五光十色。曲学阿世之士，也许他们口头上并非不能冠冕堂皇地说一通，也能对腐败发一点有限度、有节制的牢骚，但在骨子里，他们的所作所为，又无非是抓住机遇，浑水摸鱼，参与一些分享实惠的腐败，以捞取多多益善的实惠，为最高理想。在新的一轮义利之争中，他们是站在利的一边。但是，中华自古以来，也从来不乏见义勇为、慷慨许国之士。如陆游传下了“位卑未敢忘忧国”，“杜门忧国复忧民”[①] 的不朽诗句，顾炎武留下了“天下兴亡，匹夫有责”的著名呐喊。这些名言长久地震撼着我们民族的心灵，激励着后人。在没有一分钱的课题费、出版基金等资助下，《中国反贪史》的作者王春瑜（主编）、王贵民、孟祥才、范学辉、宋艳萍、刘精诚、房晓军、李敬洵、张全明、邱树森、南炳文、张献忠、张前进、卢经和邱涛先生，全凭他们对祖国和

① 《剑南诗稿》卷7《病起书怀》（其一）、卷70《春晚即事》（其三）。

民族的高度责任感，知识分子应有的良知，在不长的时间完成这部开创性的作品，而四川人民出版社社长邓星盈和编审汪瀰先生又不计成本，将此书作为精品，精心编辑和组织出版，也同样表现了他们对祖国和民族的高度责任感、知识分子应有的良知。在某些聪明人看来，他们当然是傻瓜无疑。然而在新的一轮义利之争中，他们是站在义的一边。

王春瑜先生在此书的后记中，引用了陆游"位卑未敢忘忧国"的诗句，用以形容自己是以"一介草民"的身份，却与同道们怀着忧国忧民的情怀。笔者读到此段时，不由自主地反复咀嚼起来，既颇感耐人寻味，却又很不是滋味。因为按照马克思主义理想建立的新社会，应与古代的专制社会有本质差别，依照巴黎公社的神圣原则，我们才是社会主人。如果说古代的孟子早已提出了"民为贵"，"君为轻"[①] 的先进思想，时至今日，任何社会主人都更应当居于任何社会公仆之上，行使他们直接选举、监督、弹劾和罢免任何社会公仆的权利，惩处任何贪官污吏的权利，这才是马克思主义的天经地义。笔者想来想去，最好还是以社会主人一员的资格，向一群从事《中国反贪史》工作的社会主人，表示自己的敬意，方为得体，方为符合马克思主义的伦理纲常。

万事开头难，从史学的专业角度看，要在原先没有什么研究积累的前提下，从事开创性的研究和写作，要在不长的时间内，完成一部贯通先秦至清的反贪通史，其难度是可想而知的。《中国反贪史》在广泛搜集史料的基础上，初步梳理中华数千年贪污腐败和反贪工作的轮廓和脉络，论述了历史上的不少经验和教训，总结了某些贪污腐败和反贪工作的规律，无疑是一部成功之作。而各个断代的论述又各有特色，例如先秦部分在十分单薄的史料中，钩沉索隐，居然自成体系，已是十分不易，而在史料的分析和运用上，特别反映了王贵民先生治学的严谨。宋代部分的体例和目录编排，即反映了张全明先生的卓越史识。笔者与张先生是宋史界同行，但扪心自问，如果要叫笔者勉强设计一个宋代反贪史的体例和目录，其水平肯定在张先生之下。王春瑜先生在此书的序言和后记，以及各个断代论述中，有不少精辟的见解和议论，都足以令人深思，发人深省。

---

① 《孟子·尽心下》。

世上可以有精美绝伦的小诗和短文，却不可能有十全十美的长篇著作。特别是《中国反贪史》作为一部开创之作，难免会有一些不足之处。笔者愿意提出几点，作为献芹之意，未必妥当，仅供作者们参考。

关于直言敢谏的问题，《反贪史》中有所论述，但似乎仍嫌单薄一些。中国传统文化从来将直言作为维系社会公正、维护社会公德的重要支柱，对腐败丑恶现象的重要震慑力量。欢迎和容纳直言是治世的标尺，贞观之治所以作为古代治世的楷模，正在于唐太宗对直言的鲜明态度，正如杜甫所歌颂的，“直词宁戮辱，贤路不崎岖”。[①] 反之，直言贾祸，文字狱如麻，又是衰世的表征。愿“千人之诺诺，不如一士之谔谔”，[②] 直言兴邦，谀词祸国，永远警钟长鸣。

关于风闻言事的问题，《反贪史》缺乏论述。据宋人笔记《容斋四笔》卷11《御史风闻》，《寓简》卷5等，允许风闻言事的制度大致起源于南朝，这是古人反腐的一项宝贵的经验。很多埋藏颇深的腐败问题，是很难揭发的。如果以揭发不实，而处以诬告等罪，就等于杜绝了纠劾之路。必须实行风闻言事，即允许公开揭发，而所论的人和事即使与实际情况有出入，也是言者无罪，闻者足戒。

此外，古代的某些防腐人事制度，如亲属等人的回避制度，保举、任用下级不当的处分制度，下级出问题而失于觉察的处分制度等，在今天也仍有重要的参考价值，在《反贪史》的某些章节或缺乏论述，或论述不够充分。针对今天的反腐现实需要，此类制度完全有必要制定为适用于各级公仆的专法。

总的说来，《反贪史》主要是从总结历代反贪失败的教训角度，给今人以启迪。从坏的方面说，中国传统政治的最大特色就是专制和腐败，这是一对形影不离的遗传基因。专制的最大特点，就是一部分最高的、最重要的权力得不到有效的监督和制约，这是腐败得以滋生和蔓延的基本条件。在此条件下开展的反腐斗争，只能是打死几只苍蝇，而老虎屁股是摸不得的。清官固然可敬，但清官绝不能根治腐败，一切有识之士为阐明这

① 《全唐诗》卷225《行次昭陵》。

② 《史记》卷68《商君列传》。

个简单的道理，不知费了多少笔墨。中华民族的反贪如果长期停留在清官戏的水平，岂不是说明我们民族没有长进。

我们国家是以马列主义为指导的，依我个人学习的体会，在马列主义的丰富学说中，对今日中国的现实针对性最强的、指导意义最大的，莫过于巴黎公社原则。巴黎公社原则只有简单的两条：一是任何公仆只能维持中等工人的生活水平，即工人工资原则，二是任何公仆必须由直接选举产生，随时接受选民的监督，可以随时被直选者罢免，而反对等级授职制，“用等级授职制去代替普选制是根本违背公社的精神的”[①]。看似简单的两条，对腐败问题是可以收到犁庭扫穴之效的。用先进的思想指导反腐，除了巴黎公社原则外，我真想不出还有更高明、更先进的指导思想。老祖宗留下的最宝贵的遗产，是够我们这些徒子徒孙们受用的。王春瑜先生强烈呼吁反腐走出轮回，笔者以为，我们也只能在巴黎公社原则的指导下，方得以走出轮回。

（原载《光明日报》2000 年 9 月 28 日）

① 《马克思恩格斯选集》第 2 卷，人民出版社 1972 年版，第 376 页。

也谈劝戒贪赃的《戒石铭》

《文汇读书周报》2001年10月27日第6版有任文祥先生《〈戒石碑〉谈》一文，写得很深刻，但似需有一点更正。《戒石铭》是宋太宗赵光义所写，而不是宋太祖赵匡胤所写。原文是“尔俸尔禄，民膏民脂（非‘民脂民膏’），下民易虐，上天难欺。”宋人曾为此反其意，写过两首打油诗。其一是《瓮牖闲评》卷8所载：“尔俸尔禄，只是不足，民膏民脂，转吃转肥。下民易虐，来的便著，上天难欺，他又怎知?”其二是《吹剑续录》所载：“尔俸尔禄，难称难足，民膏民脂，转吃转肥。下民易虐，才投便著，上天难欺，且待临期。”

古代儒家十分强调教化，在专制时代，帝王的圣训当然是至高无上的，却出现了将圣训篡改为打油诗的笑柄，无疑是对教化的一个绝妙的讽刺。其故非他，在人治的时代，执法是不可能公正的。宋太祖无论如何还是宋朝最高明的皇帝，他对贪赃处罚很严，不少赃官尽管贪污钱物不太多，仍受弃市的重刑，即在闹市执行死刑，暴尸街头，以警戒贪官。但是，他又利用皇权宽恕了一些罪大恶极的官员。大将王全斌等平后蜀，光是可以计算的赃钱已达六十四万余贯，还有其他各种罪行，百官集议，认为这些人“法当死”，而皇帝还是特旨赦死。等到平定南唐后，又恢复王全斌的节度使官衔，说：“抑卿数年，为朕立法。”[①] 更典型的事例是皇后的兄弟王继勳，他大量脔割奴婢，草菅人命，一天，女婢们冲出坍塌的墙垣，到皇城门前诉冤。宋太祖只是下令将王继勳流配登州，又很快重新恢复其官位，让他在洛阳继续杀女婢作恶。[②]

① 《宋史》卷255《王全斌传》；《长编》卷8乾德五年正月壬子，癸丑。

② 《宋史》卷463《王继勳传》；《长编》卷7乾德四年十一月丁酉。

专制政体所以成为一种落后的政体，正在于对最大、最重要的权力缺乏有效的制约和监督。在此种政体下，人治现象就势不可免，徇情屈法、同罪异罚、有罪无罚等现象就势不可免。目前清官文化仍然流行，不少有识之士对此早已作过批评。清官只是古代专制政体下，等级授职制的产物，清官文化无疑是一种落后的文化，一种“草民”的意识形态。如果中华民族反贪只是停留在清官戏，甚至还不及清官戏的水平，岂非是我们的民族太没有长进。

王春瑜等先生所撰的《中国反贪史》是一部好书，主要是总结历代反贪失败的教训，归结为“走出轮回”四字，无疑是对反贪教训高度凝炼的概括。在马列主义的丰富学说中，对今天指导意义最强、最大的，莫过于巴黎公社原则，只有依此原则，逐步建立足以保证任何社会主人对任何社会公仆全面的、严格的、有效的监督的社会主义法治体系，才谈得上走出轮回。单纯依靠清官，绝难走出轮回。

（原载《文汇读书周报》2001 年 11 月 17 日）

“清官”考辨

记得在“文化大革命”前，在极左思潮的推动下，突然掀起一股对清官的批判浪潮。说天下乌鸦一般黑，哪有什么清官，全是贪官。后来进行拨乱反正，又出了一批文章，正面肯定了古史上确有清官。如今中华民族确实面临着严峻的反贪腐形势和斗争。人们期望建设和谐社会，然而当前首要的不和谐因素，正是广大社会主人切齿的贪官，贪官们不仅严重损害国计民生，而且带头败坏社会风气，导致社会道德水平的严重下降。故重新对清官进行考辨，也许不是无益的。

一　循吏、清官、清吏

现在人们常使用“清官”一词，用以指官员公正清廉，与古人的“循吏”一词词义相近。《史记》卷119就首创了《循吏列传》。此传开头，太史公司马迁说：“法令，所以导民也；刑罚，所以禁奸也。文武不备，良民惧然身修者，官未曾乱也。奉职循理，亦可以为治，何必威严哉?”这是有感于当时的酷吏而发的议论。但此传所介绍和表彰的循吏，其实就具有公正清廉的意味，而所介绍和表彰者都是先秦的，却不是汉代的，益发显示太史公针砭现实的苦心。《金文最》卷73边元忠《西京副留守李公德政碑》对清官循吏的含义有进一步的解释：“吏有不为利回，不为义疚，世称曰廉。才足以经济，智足以决断，世称曰能。奉法遵职，履正奉公，世称曰循。明国家之大体，通古今之时务，世称曰良。”往后民间的传闻和所谓清官文化，大致都体现了此种标准。

“清官”一词出现并不太早，最初是指地位贵显而政事不繁杂的官。如《三国志》卷57《虞翻传》注引《会稽典录》说，虞耸“在吴历清官。入晋，除河间相。王素闻耸名，厚敬礼之”。《晋书》卷33《何嵩传》：“嵩字泰基，宽弘爱士，博观坟籍，尤善《史》、《汉》。少历清官，领著作郎。”《宋书》卷41《后妃传》说：“清官显宦，或由才升，一叨婚戚，咸成恩假。”《魏书》卷31《于忠传》引元匡奏：“前领军将军臣（于）忠不能砥砺名行，自求多福，方因矫制，擅相除假，清官显职，岁月隆崇。”此后的史料不必赘举。直到南宋中期，叶適《水心文集》卷24《国子祭酒赠宝谟阁待制李公墓志铭》说：“赵丞相特用材锐甚，清官重职，往往世所标指谓道学者，忮者尤怨。”此处的“清官”还是保持了古义。又更晚的吴泳《鹤林集》卷24《知宁国府丐祠状》：“又四照会，某西州晚进，十载周行，践历清官，径登法从，又叨华阁，出守名藩，朝廷恩厚，书生荣望，不啻足矣。”自称“践历清官”，亦是同义。

此外，还另有清吏一词，《三国志》卷9《夏侯玄传》注引《魏氏春秋》叙述许允，魏明“帝前取事视之，乃释遣出。望其衣败，曰：‘清吏也。’赐之。”《南齐书》卷53《刘怀慰传》：“明帝即位，谓仆射徐孝嗣曰：‘刘怀慰若在，朝廷不忧无清吏也。’”《隋书》卷55《侯莫陈颖传》：“仁寿中，吏部尚书牛弘持节巡抚山东，以颖为第一。高祖嘉叹，优诏褒扬。时朝廷以岭南刺史、县令多贪鄙，蛮夷怨叛，妙简清吏以镇抚之，于是征颖入朝。”古代官与吏的词义或有上下尊卑之分，或可通用。上引史料中的清吏，即是指清官，其词义与循吏相同。可以说，清官或清吏大致魏晋以降，就有两种不同的词义。

大致到南宋晚期和金、元之际，从官方到民间，人们抛弃了作为地位贵显而政事不繁杂的“清官”含义，而专用以指公正清廉之官，而古时的“循吏”一词，也逐渐少用以至废弃了。刘克庄《后村先生大全集》卷13《送赵阜主簿》：“罢税无兼局，萧然古廨寒。士称为善类，民说是清官。刀薄难推毂，身轻易起单。竹林逢大阮，试为问平安。”黄震《黄氏日抄》卷78《六月二十日委乐安施知县（亨祖）发粜周宅康宅米》：“本州遂差本县清官梁县丞前去监粜令，又访闻县丞极廉，而两耳目之聪明，一旦无以胜吏卒之奸。”《金文最》卷20王朋寿《类林百篇赞》中有《清吏篇》和《酷吏篇》，《清吏篇》说：“是以君子，务其廉平。如玉之洁，如冰之清。守正不挠，自生公明。芬芳千古，夷齐抗衡。”此处的“清吏”

即是清官。另据《金文最》卷38《增广类林序》，王朋寿此文写于大定二十九年（公元1189）。北方与刘克庄大致同时的元好问《遗山先生文集》卷11《薛明府去思口号七首》："能吏寻常见，公廉第一难。只从明府到，人信有清官。"在元代，如《元诗选》三集卷11元末高明《过达天山别驾所居》："暨阳别驾真清官，弹琴诵书民自安。幽居恰近范蠡宅，官舍政俯西施滩。"

二 清官辨

以上谈了"清官"一词的起源和演变，可谓之"考"，以下的文字则可谓之"辨"。

按照马克思主义观点，迄今为止，人类社会都是阶级社会。贪污腐化是阶级社会的痼疾，是一切剥削和统治阶级的通病。只要阶级存在，阶级之间的剥削和压迫存在，如贪官、官迷之类现象就势不可免。但是，似乎任何一个阶级社会同样都存在着维护社会公德和公道的道义力量和思想。例如在美国社会，固然有金钱万能、金钱至上的信条，但也不可否认，基督教的某些教义确是起着社会公德和公道的支柱作用。中国自汉以降，儒家的某些教义也同样起着社会公德和公道的支柱作用。古代的清官当然是在儒家思想影响下产生的，他们的立身行事不仅在当时起着正面的、积极的影响，也为后世奉为楷模，并产生了颇大的精神影响，甚至还出现了有中国特色的清官文化。

其中尤以宋朝的包拯影响最大，尽管后世民间的传说故事已与史实相差太远。但真实的包拯无疑可作为清官的典型。史称"京师为之语曰：'关节不到，有闫罗包老。'"包拯规定："后世子孙仕宦，有犯赃者，不得放归本家，死不得葬大茔中。不从吾志，非吾子若孙也。"①

但是，一个基本的史实，就是古史上的清官只是凤毛麟角而已。与极少量清官相比，贪官和瘟官一般占据了绝大多数，正如宋朝的李新说：

① 《宋史》卷316《包拯传》。关于包拯详尽事迹，可参孔繁敏《包拯研究》，中国社会科学出版社1998年版。

“廉吏十一，贪吏十九。”[①] 十官九贪，正是整个中国古代社会的正常状态。也许如在唐朝贞观之治时有所例外。唐太宗也说：“比见吏部择人，惟取其言词刀笔，不悉其景行。数年之后，恶迹始彰，虽加刑戮，而百姓已受其弊。”[②] 可见贞观盛世亦并非没有贪官，只是比例很少，这在古代确是十分不易。

我们剖析中国古代清官和贪官的情况，须有两个最根本的估计，一是古代是人治社会，而绝非法治社会；二是古代的政制是一个专制主义中央集权下的等级授职制。

人治的基本特点就是权大于法，绝对的权力产生绝对的腐败。如南宋高宗确有反对和惩治贪污腐败的“嘉言懿行”。他说，“惟于赃罪则不贷，盖以赃罪害及众，不可不治”,[③] “容情请托，贿赂公行，玩习既久，理宜惩革”,[④] 如此之类，不一而足。宋哲宗时名臣邹浩之子邹栩“知处州，犯入己赃”。宋高宗“蹙頞久之”，说“浩元祐间有声称，其子乃尔”，“既犯赃法，不当赦，可特免真决，仍永不收叙”。[⑤] 单凭上述记录，似乎也表明宋高宗对惩治贪污腐败是认真的。

然而宋高宗极为猜忌，并最终杀害的岳飞，无疑是十分清廉的。他有一句曾对皇帝面奏的名言：“文臣不爱钱，武臣不惜命，天下当太平。”[⑥] 不仅在当世，而且在后世都普遍传诵。依凭丰厚的收入，岳飞要铺陈豪侈的生活，绝无丝毫困难。但他不仅“一钱不私藏”,[⑦] 还常以私财补贴军用。后来宋孝宗为岳飞定谥时，议谥的官员说：“虽上赐累钜万，毫发不以为己私。”他们不由感叹说：“呜乎！为将而顾望畏避，保安富贵，养寇以自丰者多矣。公独不然，平居洁廉，不殖货产，虽赐金已俸，散予莫

① 《跨鼇集》卷19《上皇帝万言书》。

② 《贞观政要集校》卷3《论择官第七》。

③ 《要录》卷174绍兴二十六年八月戊寅。

④ 《要录》卷178绍兴二十七年十月丙申。

⑤ 《要录》卷174绍兴二十六年九月癸丑。

⑥ 《朱子语类》卷112。此语又见《鄂国金佗稡编》卷9《遗事》；《鄂国金佗续编》卷28《吴拯编鄂王事》；《齐东野语》卷13《秦会之收诸将兵柄》，文字略异。

⑦ 《鄂国金佗续编》卷30王自中《郢州忠烈行祠记》。

啬，则不知有其家。”[①] 岳飞在国难当头的卓尔不群的品行，其实在皇帝看来，恰好反映了岳飞的野心。宋高宗所宠用的只是如张俊等庸将和贪夫，他们玩物丧志，反而使皇帝较为放心，在他看来，有贪心即无野心。张俊大约是南宋初的首富，“喜置田产，故江、浙间、两淮岁入租米仅百万石。及死，诸子进黄金九万两”，[②] 另一说则为“岁收租米六十万斛”。[③]

秦桧至少也是南宋初的特大贪污犯之一。史称他“贪墨无厌，监司、帅守到阙，例要珍宝，必数万贯，乃得差遣。及其赃污不法，为民所讼，桧复力保之。故赃吏恣横，百姓愈困。腊月生日，州县献香送物为寿，岁数千万。其家富于左藏（库）数倍”。[④] 他“喜赃吏，恶廉士”，“每生日，四方竞献奇宝，金玉劝盏，为不足道，至于搜尽世间之希奇以为侑”。[⑤] 宋高宗对他的贪污行为并非不知。有一次，皇帝“尝须龙脑为药，而内库偶阙，求之秦桧。桧取一匣进之，至上前，启缄，而匣内有书题名衔，乃（广西经略安抚使方）滋送桧者，误不揭去。上以为御前所未有”。[⑥] 宋高宗当时隐忍不发，等到秦桧死后，皇帝下决心在朝廷清除秦党，却又下诏对秦桧、秦熺父子等赃罪“并免追究”。[⑦]

其他如宋高宗宠用的宦官冯益、陈永锡、康谞、张去为，为他合壮阳药的医官王继先等人的处置，也都是如此，则其惩治贪污腐败的虚伪性，也就不言自明了。[⑧] 在建炎、绍兴之际，贪污腐败政治的最大保护伞，正是宋高宗本人的皇权。

江州知州汤鹏举因“皇太后还宫，进钱三万贯”，这是在绍兴和议后宋高宗生母韦氏被金人放回，即所谓“皇太后回銮”盛典的一个小插曲。在民力十分凋敝下的所谓“进助”，宋高宗居然下诏奖谕说：“尔治郡可

---

① 《鄂国金佗续编》卷14《武穆谥议》，《武穆覆议》。

② 《宋宰辅编年录校补》卷16。

③ 《要录》卷135绍兴十年四月乙丑。

④ 《要录》卷169绍兴二十五年十月丙申。

⑤ 《会编》卷220《中兴遗史》。

⑥ 《要录》卷157绍兴十八年五月甲申。

⑦ 《要录》卷176绍兴二十七年二月丁未。

⑧ 参见拙作《城狐社鼠——宋高宗时的宦官与医官王继先》，载《岳飞和南宋前期政治与军事研究》，河南大学出版社2005年版。

观，裕财有素，归其积余，用相礼仪。人悉如斯，事安不济！备观诚意，良切叹嘉。”[①] 这当然又是奖励臣僚用搜刮得来大量铜钱，直接向皇帝行贿。

也许有人说宋高宗不是东西，好皇帝则不然。宋太祖无论如何算是宋朝最好的皇帝，他严厉惩处不少贪官，却又对大贪官王全斌等曲法包庇。笔者在《也谈劝戒贪赃的〈戒石铭〉》中已作介绍。[②]

即以被若干清史研究者过分吹捧的康熙和乾隆帝而论，他们都是大力表彰清官，“康熙皇帝对贪官污吏一向痛心疾首”，“可是，他对于索额图与明珠，却网开一面”，“索、明二人既是最大的贪官，又可做为他的得力助手，康熙帝在不妨碍其集中皇权的前提下，选择了两人的后一方面，容忍了前一方面。上述做法，并非康熙帝所独有，在乾隆帝身上也表现得十分突出。如他惩贪杀了大批高官，但对乾隆朝最大的贪官和珅，却百般庇护”。[③]

阶级统治的根本特点，无非是维护一小撮统治阶级，甚至皇帝个人的私利。皇帝需要大力表彰清官，粉饰现实，以维护统治，而与此同时，也更需要包庇特大贪官，这难道不是皇帝的私利在作怪？还是回到前面的话，人治的基本特点就是权大于法，绝对的权力产生绝对的腐败。在人治的条件下的反贪腐，固然有许多只拍苍蝇，不打老虎的情况，然而在复杂的政治斗争中，也有宰杀老虎的史实，例如清嘉庆皇帝处置和珅等。但是，特大贪污犯得到最高权力的支持、包庇和纵容，他们的贪污犯罪尽管已至众所周知、百姓切齿的地步，却仍得以逍遥法外，宦运亨通，窃据要津，总是基本的史实。

表面上看，个别清官似乎是十分风光体面的，如张伯行受康熙皇帝褒奖，“特谕有天下第一清官之褒”，或说为“江南第一清官”。[④] “康熙中，尚书赵申乔举张应诏能耐清贫，可为两淮运使，疏内有‘为知府不制衣

① 《永乐大典》卷6697《江州志》。

② 此文载《文汇读书周报》2001年月11月17日，编入本书。

③ 杨珍：《盛世初叶（1683—1712年）的皇权政治——对明珠晚年的个案分析》，《清史论丛》1999年号。

④ 《江南通志》卷112《名宦》；《鹿洲初集》卷7《仪封先生传》；《清稗类钞·明智类》。

服，随从数人’之语。上谕：‘清官不系贫富，张伯行家道甚饶，任所日用，皆取诸其家，随从四五十人，今以为不清，可乎？操守虽清，不能办事，何裨于国！’”① 张伯行既享有“第一清官”之美誉，又因“家道甚饶”，生活待遇颇高，此只能属特有的例外。

但如清朝另一清官于成龙“薨于两江总督任所”，“藩臬入内寝，检遗囊，为棺敛计，见其衾帏敝陋，笥存白金三两，旧衣数袭，青钱二千，粟米五六斗，相率太息而出。性廉洁，俭于自奉，不为妻子计，恶衣粗食，安之若素。圣祖亦信之弥笃，以为廉吏第一”。② 这是反映了清官清苦生活的一般情况。明朝的海瑞“卒时，佥都御史王用汲入视，葛帏敝籝，有寒士所不堪者。因泣下，醵金为敛。小民罢市。丧出江上，白衣冠送者夹岸，酹而哭者百里不绝”。③ 这也是一个清官的物质生活，民心如镜，上引记载也是人民对其清廉的追悼和哀思。再早如元世祖时，刘敏中作《菩萨蛮》词，感叹好友贾彦明“为阳丘丞三年，职扬政举，而廉苦〔过〕甚”；“挈家来吃山城水，三年不剩公田米。何物办归装？一车风满箱。吾人垂泪叹，过客回头看。谁不爱清官，清官似子难。”④ 更早如宋朝名臣韩琦之侄韩正彦虽属名门望族，官至通判，仍“浣衣薄食”，其妻王氏虽是宰相王曾的孙女，“未尝有不满之色”。⑤ 这些都是反映了清官清苦生活的一般情况。司马光的一位族兄，也是清官，“当官公直，能知小民情伪，吏不敢以丝毫欺也。虽练习律令，而不为峭刻，断狱必求厌人心，摧抑强猾，扶卫愚弱，所治职事皆有方略”，“其奉养俭素，自为布衣至二千石，饮啜服用，未尝少异”。⑥

古代生产水平低，国家财政收入有限，历代都不可能为低官提供优厚的官俸。古代有关养廉的议论和措施，不可胜计。宋朝名相王安石就是一个力主高俸养廉者，他说：

---

① 《清稗类钞·荐举类》。

② 《清稗类钞·廉俭类》。

③ 《明史》卷226《海瑞传》。

④ 《全金元词》下册，中华书局1979年版，第771页。

⑤ 《安阳集》卷46《侄殿中丞公彦墓志铭》、卷48《故寿安县君王氏墓志铭》。

⑥ 《司马文正公传家集》卷77《驾部员外郎司马府君墓志铭》。

> 方今制禄，大抵皆薄。自非朝廷侍从之列，食口稍众，未有不兼农商之利，而能充其养者也。其下州县之吏，一月所得，多者钱八、九千，少者四、五千，以守选、待除、守阙通之，盖六、七年而后得三年之禄，计一月所得，乃实不能四、五千，少者乃实不能及三、四千而已。虽厮养之给，〔亦〕窘于此矣，而其养生、丧死、婚姻、葬送之事，皆当出于此。夫出中人之上者，虽穷而不失为君子；出中人之下者，虽泰而不失为小人。唯中人不然，穷则为小人，泰则为君子。计天下之士，出中人之上下者千百而无十一，穷而为小人，泰而为君子者，则天下皆是也……故今官大者，往往交赂遗，营赀产，以负贪污之毁；官小者贩鬻，乞丐，无所不为。夫士已尝毁廉耻，以负累于世矣，则其偷惰取容之意起，而矜奋自强之心息，则职业安得而不弛，治道何从而兴乎？又况委法受赂，侵牟百姓者，往往而是也。此所谓不能饶之以财也。①

他承认当时的清官“千百而无十一”，还不足百分之一。但他实行变法后，如前引李新之说，还是“廉吏十一，贪吏十九”。正如元朝的女真人乌古孙泽常说的一句话：“士非俭无以养廉，非廉无以养德。”他“身一布袍数年，妻、子朴素无华”。② 养廉的关键还是在于一个“俭”。自奉不俭，薪俸再厚，到头来还不是贪得无厌。

清朝雍正皇帝特设养廉银，“因官吏贪赃，时有所闻，特设此名，欲其顾名思义，勉为廉吏也”。③ “知大臣禄薄不足用，故定中外养廉银两，岁时赏上方珍物无算。”④ 其效如何？清朝是否就因此灭绝了贪官？高薪养廉在历代已屡行而无效，如今居然有人将它当作反贪的新建议和新发明，岂非过于荒唐而浅薄。况且早有马克思的明训，强调一切干部的中等工人工资原则，高薪养廉显然是与马克思主义背道而驰的。历史上看不到有因高俸厚禄的养廉而培育的清官，也看不到真正因穷困之至，揭不开锅，而

---

① 《王文公文集》卷1《上皇帝万言书》。
② 《元史》卷163《乌古孙泽传》。
③ 《清稗类钞·礼制类》。
④ 《清稗类钞·恩遇类》。

被迫走上犯罪道路的贪官。清官与贪官的根本区别，全在于个人操守。

清官不仅须忍受生活上的清苦，而在官场大都是蹭蹬不得志。等级授职制的官场筛选规律，往往是黄金下沉，而粪土上浮。得上司青睐，能排挤同列而上浮者是粪土，而被上司厌恶，受同列排挤而下沉者是黄金。中国成语有“结党营私”一词，确有科学的内涵。盖在官场中，欲营私就必须结党，不结党则不足以营私。受众多贪官排挤者正是清官。在官场中，施展各种歪门邪道而得利，而躐升者，则是贪官。正如宋朝陈宓所说：“大臣所用，非亲即故，执政择易制之人，台谏用慎默之士，都司枢掾，无非亲昵，贪吏靡不得志，廉士动招怨尤。”[①] 这正是官场的常态。

宋朝著名的抗金英雄宗泽是元祐六年（公元 1091 年）进士，而奸相兼大贪官王黼则是崇宁二年（公元 1103 年）进士。[②] 宗泽“质直好义”，是个“自奉甚薄”的清官，[③] 却因拒绝执行宋徽宗的错误政令，屡遭贬黜和处分，屈沉下僚，直到北宋末，还只是当一个磁州知州。然而晚十二年的进士王黼却得到宋徽宗的宠用，“宣和元年（公元 1119 年），拜特进、少宰。由通议大夫超八阶，宋朝命相未有前比也”。[④] 就在同年，“知登州宗泽坐建神霄宫不虔，除名，编管”。[⑤] 宗泽抵制宋徽宗耽溺道教，劳民伤财，兴修神霄宫之类宫观，受到极重的处分。宗泽年近七旬，在国难当头时，方得崭露头角，在临终前不到两年，生命大放异彩，却是非常悲痛的异彩，否则，他肯定在史册上是默默无闻的。两人的荣枯岂不形成很鲜明的对照。

金朝末年，陈规上奏说：“县令之弊无甚于今，由军卫监当、进纳劳效而得者十居八、九，其桀黠者乘时贪纵，庸懦者权归猾吏。近虽遣官廉察，治其奸滥，易其疲软，然代者亦非选择，所谓除狼得虎也。”[⑥] 在古史上，贪官惩治贪官，新贪官取代旧贪官，换来换去，就是“除狼得虎”，

① 《宋史》卷 408《陈宓传》，《历代名臣奏议》卷 60。

② 王黼登进士第的年份，见《会编》卷 31《中兴姓氏奸邪录》。

③ 《宋史》卷 360《宗泽传》。

④ 《宋史》卷 470《王黼传》。

⑤ 《宋史》卷 22《徽宗纪》。

⑥ 《金史》109《陈规传》。

当然非独金季而然。

《历代名臣奏议》卷67载郑介夫说，官员“满替”，“彼贪污者家计既富，行囊亦充，赴都纵贿，无所不至，每每先得美除。彼廉介者衣食所窘，日不暇给，至二、三年闲废于家，虽已给由，无力投放，及文书到部，复吹毛求疵，百端刁蹬。幸而入选，在都待除，淹困逾年，饥寒不免。则急进者可以速化，恬退者反有体覆保勘之挠，是朝廷诱人以奔竞也。今大小官正七（品）以上者省除，从七（品）以下者部注。然解由到省，例从部拟，吏部由此得开贿门”。“民间有云：‘使钱不悭，便得好官；无钱可干，空做好汉。’”他所反映的是元成宗时的情况，清官的遭遇，与宋金如出一辙。

《孟子·滕文公下》说：“富贵不能淫，贫贱不能移，威武不能屈。”古今的史实证明，这是很高的道德修养的境界，但中国古代的一些清官确实以自己的立身行事履践着这条古训，是极为难能可贵的。

人言可畏，舆论对压制贪腐，无疑有巨大的作用。由于贪官的缺德，从来也没有一个贪官，敢于在光天化日之下，理直气壮地承认自己就是要当贪官，以当贪官为荣。秦桧和严嵩可称得上是鲜明对比。专职纠劾贪腐的台谏官，不过是由秦桧牵线的一群恶犬，他们只是按其政治需要，去吠咬异己，而对秦桧，只能是挖空心思地用各种谀词，去称颂“圣相”的盛德。然而严嵩却根本没有那种势焰，他当权之际，一个又一个的正直的官员，前仆后继，不断向嘉靖皇帝参劾他的奸贪。但嘉靖在相当长的时期内，完全不听正论，而支持、包庇和纵容严嵩的奸恶。“前后劾嵩、世蕃者，谢瑜、叶经、童汉臣、赵锦、王宗茂、何维柏、王晔、陈垲、厉汝进、沈链、徐学诗、杨继盛、周铁、吴时来、张翀、董传策皆被谴。经、链用他过置之死，继盛附张经疏尾杀之”。[①] 在等级授职制下，即使有正论，当时又起了什么作用，起作用者倒是倡正论者反而惨遭严嵩的迫害。

在等级授职制下，百姓的好恶和口碑，绝不可能决定一个官员的升沉和荣辱，而上级或最高权力的青睐，才是升沉和荣辱的关键。金世宗说：

① 《明史》卷308《严嵩传》。

“凡小官得民悦，上官多恶之，能承事上官者，必不得民悦。”①《聊斋志异》卷8《梦狼》说：“黜陟之权，在上台，不在百姓。上台喜，便是好官，爱百姓，何术能令上台喜也?”于是尽管百姓骂声不绝，许多贪官照样节节蹿升，神气活现。

中国的古史过于悠久，历代兴亡的往事也积累得过多。一方面是每代开国，总是企求长治久安，致力于堵塞各种招致败亡的漏洞，另一方面又是从来无不亡之国，无不败之朝。尽管每朝每代的覆灭，总是各有许多具体的条件和情况，而其中一个根本性的因素，一条贯穿历代败亡的基线，说来说去，还只是“腐败”两字。腐败的根源，说来说去，也无非是专制主义中央集权下的等级授职制。各朝各代大致都有清官，但清官不起主导作用，不能从根本上消除腐败，更无法挽救危亡。

即以明朝为例，《明史》卷258《韩一良传》说，“庄烈帝初在位，锐意图治”，“澄城人韩一良者，元年授户科给事中，言：‘陛下平台召对，有文官不爱钱语，而今何处非用钱之地？何官非爱钱之人？向以钱进，安得不以钱偿。以官言之，则县官为行贿之首，给事为纳贿之尤。今言者俱咎守令不廉，然守令亦安得廉？俸薪几何？上司督取，过客有书仪，考满、朝觐之费，无虑数千金。此金非从天降，非从地出，而欲守令之廉，得乎?’”②《春明梦余录》卷48载崇祯皇帝说：“吏、兵二部，用人根本。近来弊窦最多，未用一官，先行贿赂，文、武俱是一般。近闻选官动借京债若干，一到任所，便要还债。这债出在何人身上，定是剥民了。这样怎的有好官？肯爱百姓。”在明季的危局中，崇祯皇帝非常感慨“怎的有好官？肯爱百姓”，但他面对的，则是文武官员依然醉生梦死，文官爱钱又怕死，武官怕死又爱钱的现实，不亡何待?

如今的名牌产品，往往带来伪冒的问题。古代的清官也可算是名牌，也难逃伪冒的厄运。《儒林外史》第八回说：“三年清知府，十万雪花银。”这大约是来自清代的民谚。《世祖仁皇帝圣训》卷45载康熙四十三年说：“目今巡抚皆有廉声，而司道以下，何尝不受州县馈遗。总之，此

① 《金史》卷54《选举志》。

② 《国榷》卷89崇祯元年七月辛酉记载更详。

时清官或分内不取，而巧取别项，或本地不取，而取偿他省。更有督抚所欲扶持之人，每岁暗中助银，教彼掠取清名。不逾一、二年，随行荐举。似此互相粉饰，钓誉沽名，尤属不肖之极。”同书卷46康熙四十八年说：“今部院中欲求清官，甚难。岳飞云：‘文官不要钱，武官不惜命，则天下太平矣。’”他对岳飞有民族偏见，力图在军事上贬低岳飞的战绩，但对岳飞这句名言，却是感慨甚深。康熙五十五年又说：“或有人自谓清官，纵妻子、奴仆暗受贿赂，以此为清，朕断不许。如此清官，何益之有？”雍正的《世宗宪皇帝上谕内阁》卷71载：“余甸以清官自居，乃亦收受朱成元之馈送。”他们身为九重之主，对假清官的了解，其实也是片面的、皮毛的，绝不可能深悉假清官的所有花招。他们明知清官有伪冒，也可抓出个别假清官，但对众多的假清官，事实上也束手无策，无可奈何。

三 应当严格区分公仆和清官

古人早已提出，在选拔人才时，必有“以类求人”的问题，“有德者然后知人之德，有才者然后知人之才”，“廉者举清廉，赃者举贪浊”。[①]史实证明，等级授职制必然产生诸如裙带风、卖官等各种人事腐败，必然成为贪官污吏的温床，贪腐现象滋生不息的怪圈，必然出现官官相护的情况，而编织成庞大的贪腐保护网。贾宝玉颈上有块保命之玉，而等级授职制就是多数贪官污吏脖子上的保命之玉。王春瑜先生强调反贪必须“走出轮回”，其最重要的一条，就是要贯彻执行马克思主义的巴黎公社原则，以直接选举制取代等级授职制，不如此，就不足以“走出轮回”。

前一阵，关于所谓民主社会主义和科学社会主义的争论，十分热烈，这总是好事。我读了一点捍卫科学社会主义的文章，但总感觉有相当大的遗憾。我个人对马克思主义理论，说不上有专门研究，但是，为何一些专门研究马克思主义的专家，竟对马克思主义大力倡导的巴黎公社原则，反对和批判等级授职制，强调直接选举制的明训，似乎视而不见呢？所谓“科学社会主义”，却要把巴黎公社原则排除在外，是不应当的。对等级授

① 《古今源流至论》别集卷7《举主》。

职制是批判，还是维护，要不要按马克思主义的教导，逐步用直接选举制取代等级授职制，是不容回避的。

马克思总结的著名的巴黎公社原则是昭昭然的，确切到不容今人有任何误解。为此，有必要再将马克思、恩格斯和列宁的相关言论再摘引一遍。恩格斯一段经典性的论述：“为了防止国家和国家机关由社会公仆变为社会主人——这种现象在至今所有的国家中都是不可避免的，——公社采取了两个正确的办法。第一，它把行政、司法和国民教育方面的一切职位交给由普选选出的人担任，而且规定选举者可以随时撤换被选举者。第二，它对所有公职人员，不论职位高低，都只支付跟其他工人同样的工资。公社所曾付过的最高薪金是六千法郎。这样，即使公社没有另外给各代议机构的代表规定限权委托书，也能可靠地防止人们去追求升官发财了。”①马克思特别在《法兰西内战》中强调说：“用等级授职制去代替普选制是根本违背公社的精神的。”② 中国古代大量的史实都证实了马克思主义对等级授职制批判的科学性和正确性。

列宁在十月革命前的名著《国家与革命》中，就是用很大的篇幅阐述巴黎公社原则。他特别强调工人工资的原则：“取消支付给官吏的一切办公费和一切金钱特权，把国家所有公职人员的薪金减到‘工人工资’的水平。这里恰好最明显地表现出一种转变：从资产阶级民主转变为无产阶级民主。”他尖锐地抨击说：“正是在这特别明显的一点上，也许是国家问题的最重要的一点上，人们把马克思的教训忘得干干净净！”他还说，“更完全的民主”只能是“对一切公职人员实行全面的选举制和撤换制”。“立即转到使所有的人都来执行监督和监察的职能，使所有的人暂时都变成‘官僚’，因而使任何人都不能成为‘官僚’。”③

按照上述言论，公仆之所以成为公仆，不外乎两条：一是由直接普选制产生，如果选民不满意，就可随时撤换；二是他们只能有工人工资的待遇。所谓工人工资，当然是指公仆只能维持普通工人的生活水平，那种工

① 《马克思恩格斯选集》第2卷，人民出版社1972年版，第335页。
② 《马克思恩格斯选集》第2卷，人民出版社1972年版，第376页。
③ 《列宁选集》第3卷，人民出版社1974年版，第206、207、266页。

资以外的事实上的高消费和高享受，即列宁所谓“金钱特权”，当然是与巴黎公社原则相悖的。这两条无疑是马克思主义的精髓，构成了他们所设想的社会主义民主的基本要素。因为这两条内容虽然简要，确是能起到“防止国家和国家机关由社会公仆变为社会主人”的作用。马克思主义设想未来的新社会经济上要实行公有制，但也必须同时有政治上的配套措施，这就是巴黎公社原则。

当然，依如今中国大陆的现实，实施巴黎公社原则绝不可能是一朝一夕的事，只能修改选举法，逐步地、渐进地、有序地依法推行，不能急于求成，否则欲速则不达。一天之内实行直接选举，实行工人工资原则是危险的。哪怕用上三五十年。但问题的关键是不能裹足不前，或是原地踏步，而要一步一步、稳扎稳打地前行。完全可以先搞试点，分期分批地从县、省到中央，逐次推行。直选不可能不出现问题，例如贿选、派斗、黑社会操纵之类，看一下各国的直选史，都有一个不断发现和消除弊病的过程。但绝不能因噎废食，应将直选制的改革坚持到底。另一方面，中国是个大国，从历史传统看，倒不宜用联邦制，仍以省制为宜。保证中央的正确政策、政令在地方各级行政区域的贯彻，也是一个大问题，无疑需要逐步积累经验，并上升为法治，也必须有一个较长的摸索和发展过程，绝不能操之过急。

再有一个舆论监督权力的问题。马克思说，“没有出版的自由，其他一切自由都是泡影”①。报刊“按其使命来说，是社会的捍卫者，是针对当权者的不倦的揭露者，是无处不在的耳目，是热情维护自己自由的人民精神的千呼万应的喉舌”②。我们的舆论应当代表广大社会主人，对任何公仆进行监督。任何舆论和新闻，有权对任何贪官曝光，这难道不是马克思主义的“天经地义”？在这方面，古代不计生死祸福而直言的台谏官，倒是为今人树立了榜样。唯有直接选举，加之新闻对任何贪官的曝光，兼之以其他法治措施，方能从根本上真正形成对任何贪官有效的震慑力。

一切事物都会有正反两面。清官固然可敬，也可能成为众多贪官的遮

---

① 《马克思恩格斯全集》第1卷，人民出版社1956年版，第94页。

② 《马克思恩格斯全集》第6卷，人民出版社1961年版，第275页。

羞布。中华民族的反贪如果只是停留在清官戏的水平上，只能说明我们民族没有任何长进。我们需要的是依据马克思主义的巴黎公社原则，指导和实施反贪。我们有比清官文化高明得多的马克思主义理论。清官戏也许会给许多善良的百姓解气，但中国古代的大量史实证明，在人治和等级授职制下，指望依靠一个或少量清官作为青天大老爷，推进或完成反贪，不过是痴心妄想。今日的公仆应与古代的清官根本不同。古代的清官是在儒家思想的教育下出现的，但既然存在着人治，存在着等级授职制，他们还是高居于百姓之上的官老爷。他们留下的优秀传统是值得继承的，但在现时代，“清官”的观念无疑是陈旧和过时了。公仆应是在马克思主义教育下出现的，除孔繁森等很少数自觉自愿的公仆外，多数事实上觉悟不高的人（“觉悟不高”当然不是指他们的口头或书面语言），没有法治，没有直接选举制的驱迫，他们是难以成为公仆的，却可能成为贪官或贪官的后备军，这是今日的客观现实，特别是在贪官们已经将社会风气和道德搅得相当糟的情况下。有人当众强调自己是“清官”，其用意当然是与贪官划清界限，然而事实上却证明他还是不能摆脱中华专制传统的影响。由此可见，划清清官与公仆的界线，在今日尤为重要、必要和迫切。但愿马克思主义所昭示的巴黎公社原则能够照耀中华大地艰难的反贪腐进程，最后用一句“文化大革命”前常用的口头禅：伟大的巴黎公社原则万岁！

（原载《河北学刊》2008 年第 2 期；《北京日报》2008 年 9 月 8 日）

回眸中国古代地方政治的贪腐与黑暗

中国古代政治中系国家安危存亡，而又最关民间休戚祸福者，当然是地方政治。宋人就说："立国之本在民，系民之体戚者，最切于州县。"① 这既是重要的古史研究课题，又是目前古史研究的薄弱环节。从古代的传世史料的分量看来，更适宜于研究地方政治者，是宋、明、清三代。深入研究地方政治，有助于深层次地剖析古代官场的各种积弊和腐恶，理清古代政治的专制、愚昧和腐败基因的遗传密码。

一 中央与地方官员的关系

此处所谓"中央"，当包括皇帝与朝廷，两者还不能完全等同。中央与地方官员的关系大致有以下几方面。

（一）各种形式的等级授职制

中国自秦汉以降，是个专制主义中央集权的大帝国。即使以面积较小的北宋而论，也约略相当于四个半除俄罗斯外的欧洲第一大国法国。专制主义中央集权的大帝国对于各地，必须分设若干等级的行政区划而治，如道、路、省、郡、州、府、县等，其中县一级的行政区划一直不变，而县以上的行政区划则各代不同。朝廷对地方官的任命，则采取各种形式的等级授职制。地方长官一般由中央任命，但如两汉时僚属由地方长官辟举。

在自古相传的大一统观念的支配下，② 古代统治者逐渐发现了中央人

---

① 《宋会要》职官 48 之 43。

② 关于大一统观念的正面和负面影响，参见周良霄《皇帝与皇权》（增订本）第十四章（一）"大一统"，上海古籍出版社 2006 年版。

事权的重要性，于是从西汉成帝时开始，就设置常侍曹尚书，后历经更名，曹魏时方定名吏部，并逐步扩大其权限。人们一般认为，六部制正式定型，是在隋朝。如果我们粗略地对比一下中央机构从九寺（或称十二寺等）到六部的演变，就不难发现，户、礼、兵、刑、工五部的职能，都与以前的一个或数个寺相衔接，唯有吏部却在此前找不到一个相应的寺，与其有职能上的衔接。吏部之所以重要，并且成为六部之首，是因其实现了中央对地方官员的掌控、委任等权力，极大地加强了中央的人事权。[①] 吏部的职能扩充并定型后，历朝的等级授职制，最大量的就是吏部授官。与此相应的，则是地方长官辟举僚属的取消。任命官员，唐、明、清由吏部和兵部分别掌管文选和武选，而宋、金、元三代则文、武选都属吏部掌管。故明朝崇祯帝说："吏、兵二部，用人根本。"[②] 尽管有如此差别，吏部就是等级授职部，掌管着最大量的地方官员的任命。

地方官"旧制，内外皆吏部授。自隋以来，五品以上官，中书、门下访择闻奏，然后下制。（唐）肃宗复令中书以功除官"。[③] 宋朝的地方官有堂除和部注，堂除是指宰相办公的政事堂或都堂任命，部注是指吏部任命，低一等，级别更高则是皇帝亲命。元朝一般是"大小官正七（品）以上者（中书）省除，从七（品）以下者（吏）部注"。[④] 自明朝废除宰相制后，就没有堂除、省除之类，吏部掌管和任命的官员比例有所扩大。吏部一般掌控着几万名官员的宦运，大部分地方官的任命主要都由吏部执掌，因此必然弊病丛生。

在中国自古相传的大一统观念中，地方官由中央任命，被视为一条神圣的制度和原则，只有中央能够任命地方官，方才意味着统一。如中唐以后朝廷不能任命藩镇，蒋介石不能任命山西省省长，就意味着藩镇或阎锡山割据。此种观念就是将大一统和等级授官制联结在一起，似乎没有从中央到地方的等级授官，就不足以维护大一统。与此相应，为了维护大一

---

① 关于吏部起源和发展，参见张泽咸《汉魏六朝时期的吏部运作述略》，载《张泽咸集》，中国社会科学出版社 2007 年版。

② 《春明梦余录》卷 48。

③ 《事物纪原》卷 4《堂除》。

④ 《历代名臣奏议》卷 67 郑介夫奏。

统，又逐渐建立了任期制、回避制等，其基本精神和原则，就是防止地方上形成与中央，与皇权抗衡的势力。

（二）朝廷监控地方官员的重要制度和措施

根据一些治史者的研究，在中国古代，朝廷为有力地监控地方官员，随着统治经验的积累，逐步建立和完善了若干重要的制度和措施。以下主要依据他们的研究，分述于下：

1. 固定任期制

相传《尚书·尧典》有“三载考绩，三考，黜陟幽明，庶绩咸熙”之语，被后世当作固定任期制的依据。但自秦汉以下的任期制有一个逐步摸索、形成和稳定的过程。所以产生固定任期制，还是逐渐认识到地方官久任的弊端，而不利于中央集权。当然，地方官的固定任期制也不过是一般规则，按施政的需要，也不可能没有变通的情况。

西汉时，“为吏者长子孙”，“吏不数转，至于子孙长大而不转职任”，甚至“居官者以为姓号”。① 并无固定任期制。

东汉光武帝“以二千石长吏多不胜任，时有纤微之过者，必见斥罢，交易纷扰”。朱浮上奏说：“大汉之兴，亦累功效，吏皆积久，养老于官，至名子孙，因为氏姓。当时吏职，何能悉理；论议之徒，岂不喧哗。盖以为天地之功不可仓卒，艰难之业当累日也。而间者守宰数见换易，迎新相代，疲劳道路。寻其视事日浅，未足昭见其职，既加严切，人不自保，各自顾望，无自安之心。有司或因睚眦，以骋私怨，苟求长短，求媚上意。二千石及长吏迫于举劾，惧于刺讥，故争饰诈伪，以希虚誉。斯皆群阳骚动，日月失行之应。夫物暴长者必夭折，功卒成者必亟坏。”汉光武帝“下其议，群臣多同于浮，自是牧守易代颇简”。② 汉顺帝时，左雄主张官员久任，“而宦竖擅权，终不能用。自是选代交互，令长月易，迎新送旧，劳扰无已”。③ 这表明东汉亦无固定的任期制，与西汉官员久居其任相比，

---

① 《史记》卷30《平准书》。

② 《后汉书》卷33《朱浮传》。

③ 《后汉书》卷61《左雄传》。

东汉官员有时更易频繁。

西晋杜预主张，官员“每岁一考”，“六岁处优举者超用之，六岁处劣举者奏免之”。[①] 这可能反映了当时已实行六年一任的制度。南朝宋文帝“元嘉中，限年三十而仕，郡县以六周而代，刺史或十余年。及孝武即位，仕者不复拘老幼，守宰以三周为满”。[②] 值得注意者，是地方官任期由六年改为三年。北魏孝文帝下诏说：“三载一考，考即黜陟，欲令愚滞无妨于贤者，才能不壅于下位。”[③]

隋朝“诏文武官以四考交代”。另一说为“别置品官，皆吏部除授，每岁考殿最。刺史、县令三年一迁，佐官四年一迁”。[④] 唐承隋制，“今之在任，四考即迁”。[⑤] 唐中宗时，卢怀慎说：“臣窃见比来州牧、上佐及两畿县令，下车布政，罕终四考。在任多者一、二年，少者三、五月，遽即迁除，不论课最。”[⑥] 唐代宗宝应时，尚规定“诸州县令既以四考为限，如无替者，宜至五考后停”。[⑦] 但后来发生变化，唐穆宗《停抽俸钱敕》说：“念彼外方，或从卑官，一家所给，三载言归。”[⑧] 这表明已改为三年一任。

此后，三年一任便较为固定。宋朝地方官一般也有“三年一任之法”，[⑨] 但实际的任期往往达不到。明朝“外省官三年一考察，每次考察，黜退老疾、罢软、贪酷、不谨等项”。[⑩] 清朝在原则上“凡天下文官三载考绩，以定黜陟”。[⑪]

甚至古代也有人对任期制提出反对意见，如宋朝的司马光说：“自古得贤之盛，莫若唐虞之际……皆各守一官，终身不易。苟使之更来迭去，易地而居，未必能尽善也。今以群臣之材，固非八人之比，乃使之遍居八人

---

① 《晋书》卷34《杜预传》。
② 《通典》卷14。
③ 《魏书》卷7下《高祖纪下》。
④ 《隋书》卷2《高祖纪》、卷28《百官志》。
⑤ 《旧唐书》卷81《刘祥道传》。
⑥ 《旧唐书》卷98《卢怀慎传》。
⑦ 《唐会要》卷69《丞簿尉》。
⑧ 《全唐文》卷66。
⑨ 《长编》卷240熙宁五年十一月癸亥；《文潞公集》卷29《奏知州通判理任》。
⑩ 《图书编》卷83《皇明百官述》。
⑪ 《钦定大清会典》卷6《考察》。

之官，远者三年，近者数月，辄已易去，如此而望职事之修、功业之成，必不可得也。”[①] 林駉说：“不久其任，则求迁仕途者以公宇为传舍，速化职任者以簿书为假途，其肯究心耶?”[②] 然而在事实上，他们的言论还是不可能被采纳的。因为从中央集权的角度看来，固定任期制无疑是利大于弊。

2. 回避制

中国古代专制皇帝十分忌讳臣僚分朋植党，拉帮结派，然而在等级授职制下，诸如裙带风之类，又势不可免。东汉时，“朝议以州郡相党，人情比周，乃制婚姻之家及两州人士不得对相监临”。汉灵帝时，“复有三互法，禁忌转密”，“三互谓婚姻之家及两州人不得交互为官也”。[③] 一般认为，这是古代正式建立回避制之始。魏晋南北朝时，强调的是亲属的回避，如“婚亲，旧制不得相临”，[④]“服亲不得相临”等。[⑤]

隋朝进一步加强回避制，“汉氏县丞、尉多以本郡人为之，三辅县则兼用他郡。及隋氏革选，尽用他郡之人”。[⑥] 从隋朝开始，建立了本地人不得在本地为官的回避制度，为历代所遵守。

宋朝“官守乡邦，著令有禁”，“亲民官于令，罢任处不得寄居，及见任官不得于所任州县典买田宅”。[⑦] 北宋时，规定“臣僚乡里、田宅在（西京）河南府，不得陈乞骨肉充本府通判、知县，仍不得陈乞两人同时在彼”。[⑧] 南宋又进一步规定：“诸注官（不厘务非），不注寄居及本贯州（因父、祖改用别州户贯者同，应注帅司、监司属官，于置司州系本贯及本路寄居者准此），不系寄居及本贯州，而有田产物力处亦不注。”[⑨] 将回避与田产等相联系。明朝规定：“凡内外管属衙门官吏，有系父子、兄弟、叔侄者，皆须从卑回避。凡流官注拟，并须回避本贯。”[⑩] 清朝总结历代经

① 《司马文正公传家集》卷20《言御臣上殿札子》；《长编》卷194嘉祐六年七月壬寅。
② 《古今源流至论》前集卷9《财计》。
③ 《后汉书》卷60《蔡邕传》。
④ 《太平御览》卷429《公平》引《晋纪》。
⑤ 《宋书》卷55《傅隆传》、卷58《王球传》。
⑥ 《唐六典》卷30《三府督护州县官吏》。
⑦ 《宋会要》刑法1之28、2之84。
⑧ 《宋会要》刑法2之33。
⑨ 《永乐大典》卷14620《吏部条法》。
⑩ 《正德明会典》卷2《吏部》。

验，回避制更为细致而繁琐。[①]

3. 考课、监察和监视

中国古代皇帝和朝廷对地方官员有考课、监察和监视。考课一般形成制度，如“后汉光武以三公曹主岁尽考课诸州郡事”。[②] 南朝刘宋的何偃就认为，须“考课以知能否，增俸以除吏奸。责成良守，久于其职”，[③] 后一句当然是针对地方郡太守而言。中国古代的考课之法历代相承，也愈来愈具体而精密。如中唐的陆贽提出：“其所以为长吏之能者，大约在于四科：一曰户口增加，二曰田野垦辟，三曰税钱长数，四曰征办先期。此四者，诚吏职之所崇。”[④] 这就是四条考课标准。宋神宗初规定：“凡县令之课，以断狱平允、赋入不扰、均役屏盗、劝课农桑、振恤饥穷、导修水利、户籍增衍、整治簿书为最，而德义清谨、公平勤恪为善，参考治行，分定上、中、下等。至其能否尤殊绝者，别立优、劣二等，岁上其状，以诏赏罚。”[⑤]

但考课在实际执行时又往往徒具形式。南朝刘宋时，袁豹就说，“司牧之官，莫或为务，俗吏庸近，犹秉常科，依劝督之故典，迷民情之屡变”，“徒有考课之条，而无豪分之益”。[⑥] 隋朝房彦谦针对当时的考课弊病说：“比见诸州考校，执见不同，进退多少，参差不类。况复爱憎肆意，致乖平坦，清介孤直，未必高名，卑谄巧宦，翻居上等。直为真伪混淆，是非瞀乱。”[⑦] 宋真宗咸平时，杨亿说：“国朝多以郊祀覃庆，因而稍迁，考功之黜陟不行，士流之清浊无辨。”[⑧]

监察和监视有的形成了制度，有的则未必形成制度。朝廷设有专职的御史，用于监察百官，包括占大多数的地方官员，御史有权对地方官员实行弹劾，比较特殊的，是宋朝台谏的部分职能合一，谏官也与御史有同样

---

① 关于任期制和回避制，参见苗书梅《宋代官员选任和管理制度》第三章第二节和第四节，河南大学出版社 1996 年版；韦庆远、柏桦《中国政治制度史》第 2 版第十三章第二节，中国人民大学出版社 2005 年版；郭崧义《中国政治制度通史》第十卷第十章第一节，人民出版社 1996 年版。

② 《晋书》卷 24《职官志》。

③ 《宋书》卷 59《何偃传》。

④ 《全唐文》卷 465《均节赋税恤百姓六条·其三论长吏以增户加税辟田为课绩》。

⑤ 《宋史》卷 160《选举志》。《山堂群书考索》后集卷 15 引《长编》的记载更为原始。

⑥ 《宋书》卷 52《袁豹传》。

⑦ 《隋书》卷 66《房彦谦传》。

⑧ 《历代名臣奏议》卷 159。

的纠劾职能。中央各机构对地方的相应部门也有督责的职能。此外，各级地方官有上级监察下级，平级互相监察，副职监察正职等制度。中央也经常派出官员，对地方官施行监察。例如秦朝的监御史，汉武帝创置的十三州部刺史，都是监察官。刺史后来才演变为地方官。[①]

中国古代的监察和监视有时难于区分。宋太宗“遣武德卒诣外州侦事”。汀州知州王嗣宗却将武德卒“械送京师，因奏曰：‘陛下不委任天下贤俊，猥信此辈，以为耳目，臣窃不取。’太宗怒其横，遣使械嗣宗下吏，削秩”。宋太宗又“改武德司为皇城司”，[②] 这是宋朝的特务机关。明朝的厂卫，即东厂、西厂、内行厂和锦衣卫也是直属皇帝的特务机关，特务横行于全国各地，成为明朝一项严重的弊政。

随着朝廷监控地方官员的制度和措施愈来愈完密而有效，地方的离心力确是逐渐减弱。自宋朝结束了自中唐至五代的军阀割据后，约一千年间，就再无地方官员长期割据一方，而中央无可奈何的局面。

（三）地方官员对付朝廷的潜规则

在大一统的观念下朝廷与地方官府的权力争夺关系，总是朝廷为顺，而地方官府为逆。故地方官员对付朝廷的潜规则，尽管在官场流行了二千余年，却从来不可能名正言顺地形成制度。在皇帝和朝廷方面，从来希望运作地方官府，如身使臂，如臂使手，如手使指，然而此种理想状态其实是少见的。尽管在等级授职制下，地方官员荣辱、升降，甚至生杀，出于皇帝和朝廷，但他们为了公利或私利，对朝廷政令的贯彻经常上下其手。总的说来，大致有以下三种情况。

1. “上好之，下必有甚焉者”，[③] 层层加码，变本加厉。唐朝李渤说：“聚敛之臣，割下媚上。”[④] 常兖也说：“今诸道馈献，皆淫侈不急，而节

---

① 本文限于篇幅，不能展开论述。关于古代监察制度的较详论述，参见贾玉英等《中国古代监察制度发展史》，人民出版社 2004 年版。

② 《宋史》卷 276《张观传》、卷 287《王嗣宗传》；《长编》卷 22 太平兴国六年十一月甲辰。《宋史·王嗣宗传》误作“河州”，应以《长编》为准，当时河州尚未入宋之版图。

③ 《南史》卷 71《儒林传论》。

④ 《新唐书》卷 118《李渤传》。

度使、刺史非能男耕而女织者，类出于民，是敛怨以媚上也。”① 北宋陈舜俞说：“上好之，则下有宠荣之望，非所望而望者，乱之所由生；上恶之，则下有死亡之畏，非所畏而畏者，祸之所自起。”② 南宋汪应辰说：“天子之于天下，所欲必得，所求必至。上之所好者玩异，则下之人以玩异而献矣；上之所好者财利，则下之人以财利而献矣。盖未有上好之，而下违之者也。”③ 这也可作为地方官员奉行皇帝和朝廷错误政令的深刻总结。

宋神宗任用王安石变法，为了富国强兵，其实只能实行聚敛。李常上奏说：“京东转运使王广渊以陈汝义所进羡余钱五十万贯，随和买绢钱俵散。今却令每贯纳见钱一贯五百，于常税折科放买之外，又取此二十五万贯。大凡挟转运使之势临郡县，以鞭笞强百姓出息钱，虽倍称犹可。虽然，此而不惩，臣恐奸利小人交以掊克为事，不思穷阎败室，日益困穷。”但王安石支持王广渊，认为他“能趋赴以向圣意”，“恐不当罪其迎合也”。④ 王安石又说：“广渊力主新法而遭劾，刘庠故坏新法而不问，举事如此，安得人无向背?”⑤ 当时的地方官为了迎合宋神宗和王安石，在聚敛方面做了不少加码的事，宋神宗和王安石一般都予以纵容、支持和奖励。

如前所述，北宋末劳民伤财，各地大建道教宫观，宋徽宗“诏天下天宁观改为神霄玉清万寿宫，无观者以寺充，仍设长生大帝君、青华大帝君像”，他“自称教主道君皇帝”。⑥ “州郡奉神霄宫，務侈靡”，“竞为侈费”，“实国之大蠹”，“修饰华丽，所费不赀”。⑦ 陆游《老学庵笔记》卷2说：“神霄宫事起，土木之工尤盛，羣道士无赖，官吏无敢少忤其意，月给币帛、朱砂、纸笔、沈香、乳香之类，不可数计，随欲随给。”蔡嶷曾任“翰林学士，坐妄议政事罢，提举洞霄宫。起知建宁府，方建神霄

① 《新唐书》卷150《常衮传》。

② 《都官集》卷4《上英宗皇帝书二》。

③ 《文定集》卷7《廷试策》。

④ 《宋朝诸臣奏议》卷111李常《上神宗论王广渊和买抑配取息》。

⑤ 《宋史》卷329《王广渊传》。

⑥ 《宾退录》卷1。

⑦ 《宋史》卷380《萧振传》；《南轩先生文集》卷38《王司谏墓志铭》；《历代名臣奏议》卷83欧阳澈上书。

宫，蕿先一路奏办。下诏褒奖，召为学士承旨、礼部尚书”。[①] 在修建神霄宫的大潮中，各地绝大多数官员“竞为侈费”，以迎合皇帝的侈心，而建宁知府蔡蕿至少是中头彩者之一。无独有偶，明朝嘉靖皇帝沉溺道教，也做了许多劳民伤财的事，各地官员竞相逢迎，如出一辙。[②]

2. 阳奉阴违，弄虚作假。西汉时，已有郡守“二千石不奉诏书，遵承典制，倍公向私”的严重问题。[③] 赋税是任何一个皇朝立国的基础。审核各户财产，划分户等，确定各户税额，自然是至关重要的事。然而自唐朝以来，历朝的地方官事实上迁就地主豪强，将朝廷的此项规定视为具文，根本不认真执行。唐宪宗元和十四年赦文说：“比来州县多不定户，贫富变易，遂成不均。前后制敕频有处分，如闻长吏不尽遵行，宜委观察使与刺史、县令商量，三年一定，必使均平，其京兆府亦宜准此。”[④] 其实，“不尽遵行”四字是完全不够用的。往后的各朝也大抵如此。

宋徽宗大观诏说：“累降处分，约束诸路监司、州县止率科率、配买及纽折省租税，并一切营利，诛求害民等事，前后非不丁宁。访闻有司壅遏德意，远方小民，无所申诉。仰逐路人户许实封投状越诉，受词状官司如辄敢稽违，其当职官吏并以违制条科罪。”[⑤] 类似“累降处分”，数不胜数，罪名虽重，其实都是一纸废文，“当职官吏”决不会因此而停止“诛求害民等事”。宋朝官方文件经常使用“奉行不虔”一词，如宋高宗也承认：“祖宗置义仓，以待水旱，最为良法，而州县奉行不虔，妄有支用，〔寖〕失本意，或遇水旱，何以赈之?”[⑥]《朱子语类》卷106谈及地方官，“每常官吏检点省仓，则挂省仓某号牌子，检点常平仓，则挂常平仓牌子，只是一个仓，互相遮瞒”。这是弄虚作假，欺瞒上司的一例，正可作上述义仓不义的注解。

宋太宗曾写《戒石铭》：“尔俸尔禄，民膏民脂，下民易虐，上天难

---

① 《宋史》卷354《蔡蕿传》。

② 参见韦庆远《张居正和明朝中后期政局》第二章第一节，广东高等教育出版社1999年版。

③ 《汉书》卷19上《百官公卿表》注引《汉官典职仪》;《后汉书志》第28《百官志》注，《宋书》卷40《百官志》。

④ 《文苑英华》卷422《元和十四年七月二十三日上尊号赦》。

⑤ 《宋会要》食货70之20。

⑥ 《要录》卷141绍兴十一年八月甲申。

欺。”用以告诫各地官员，“以赐郡国，立于厅事之南”。[①] 宋人曾为此反其意，写过两首打油诗。其一是《瓮牖闲评》卷8所载：“尔俸尔禄，只是不足，民膏民脂，转吃转肥。下民易虐，来的便著，上天难欺，他又怎知?”其二是《吹剑续录》所载：“尔俸尔禄，难称难足，民膏民脂，转吃转肥。下民易虐，才投便著，上天难欺，且待临期。”帝王的圣训当然是至高无上的，却出现了将圣训篡改为打油诗的笑柄，这无疑是对圣训阳奉阴违的绝妙注解。

雍正皇帝说：“朕在藩邸四十余年，凡臣下之结党怀奸，夤缘请托，欺罔蒙蔽，阳奉阴违，假公济私之习，皆深知灼见，可以屈指而数者。”[②] 他又说，“倘有不肖州县阳奉阴违，或将已征在官者侵匿入己，仍作民欠开报，或将应行蠲免者私自征收。一经察出，定将州县官从重治罪，该督抚一并严加处分”。“地方官弁若虚应故事，阳奉阴违，一经察出，决不轻贷”。[③] 他再三申述要以严厉的手段，革除阳奉阴违之习，但在事实上，这是代代相传的官场痼疾和顽症，无以划革。

“上好之，下必有甚焉者”与阳奉阴违，看似相反的两极，其实却是相通而互动者，无非都是来自地方官员私心和私利的驱策。

3. 按照“忠孝从义，而不从君、父”[④] 的原则，敢于拒绝执行朝廷的错误政令。这当然与儒家思想的教育和熏陶有很大关系。古代确实有一批耿直的官员，不计本人的荣辱祸福，而敢于依照正理办事。当然，他们在地方官员中的比例是很小的。宋朝的宗泽就是一个典型。宋徽宗耽溺道教，做了许多荒唐而劳民伤财的事。“知登州宗泽坐建神霄宫不虔，除名，编管”。[⑤] 唐宋时，“诸除名者，官爵悉除，课役从本色”。[⑥]“编管”也是最重的贬黜等级，受编管处分的官员已无人身自由。[⑦] 这无疑是极重的处

---

① 《容斋续笔》卷1《戒石铭》。

② 《世宗宪皇帝圣训》卷1。

③ 《世宗宪皇帝圣训》卷28；《世宗宪皇帝上谕内阁》卷33。

④ 《会编》卷191。

⑤ 《宋史》卷22《徽宗纪》宣和元年。

⑥ 《宋刑统》卷2。

⑦ 参见苗书梅《宋代官员选任和管理制度》第四章第四节，河南大学出版社1996年版；郭东旭《宋代法制研究》第四章第三节，河北大学出版社2000年版。

罚。南宋初，宗泽出任东京留守、兼开封尹，将前来探听消息的金朝使者关押，一意屈辱求和的宋高宗小朝廷惶恐万状，宋高宗为此专门下诏说："拘留金使，未达朕心。"命令他"迁置别馆，优加待遇"，"屡命释之"，但宗泽仍然抗命，上奏说："臣之朴愚，不敢奉诏，以彰国弱。"[①] 年老的宗泽终于因心力交瘁，忧愤成疾而逝世，宋廷却告诫继任东京留守的杜充说："遵禀朝廷，深戒妄作，以正前官之失。"[②] 抵制皇帝和朝廷的错误政令，往往须付出很重的代价，这是绝大多数官员所不能为，也不敢为的。

二　地方官府内的人事关系

一般说来，在历朝各级地方机构中，既有官员的上、下级的关系，也有官与吏，吏与吏等关系。其关系大致可分以下三类情况。

（一）上交谄，下交渎

《周易·系辞下》强调"君子上交不谄，下交不渎"。但在专制主义中央集权的总体制下，既然实行不同形式的等级授官制，必然会滋生各种等级和特权的制度与思想，只问品级，不论是非，上交谄，下交渎，必然成为混迹官场的第一要旨。在等级授官制下，百姓的好恶和口碑，绝不可能决定一个官员的升沉和荣辱，而上级或最高权力的青睐，才是升沉和荣辱的关键。金世宗说："凡小官得民悦，上官多恶之，能承事上官者，必不得民悦。"[③]《聊斋志异》卷8《梦狼》说："黜陟之权，在上台，不在百姓。上台喜，便是好官，爱百姓，何术能令上台喜也?"尽管百姓骂声不绝，许多贪官都善于迎合和献媚上司，建立关系网，打通官场的各种关节，照样节节蹿升，神气活现。

上交谄和下交渎的原则，必然渗透到官员的上、下级之间，官与吏之

① 《宗忠简公集》卷7《遗事》；《历代名臣奏议》卷85宗泽奏；《要录》卷7建炎元年七月丁未、卷10建炎元年十一月辛卯、卷16建炎二年七月癸未朔。《遗事》载宗泽"奉诏，即出八人，纵之"，今据《要录》的考证。

② 《要录》卷16建炎二年七月甲辰。

③ 《金史》卷54《选举志》。

间。在中国古代，“长吏盛气待僚属”，[①] 自然是家常便饭。南宋中期，黄榦曾说：“当方面之寄，视百姓如草菅，视僚属如奴隶。”[②] 明朝永乐时，邹缉说：“贪官污吏，遍布内外，剥削及于骨髓。朝廷每遣一人，即是其人养活之计，虐取苛求，初无限量。有司承奉，惟恐不及。间有廉强自守，不事干媚者，辄肆谗毁，动得罪谴，无以自明。是以使者所至，有司公行货赂，剥下媚上，有同交易。”[③]

有的甚至还横加陷害。南宋前期，高登任静江府古县令，广西经略安抚使、兼知静江府“胡舜陟谓登曰：‘古县，秦太师父旧治，实生太师于此，盍祠祀之。’登曰：‘桧为相亡状，祠不可立。’舜陟大怒，摭秦琥事，移荔浦丞康宁以代登，登以母病去。舜陟遂创桧祠，而自为记，且诬以专杀之罪，诏送静江府狱。舜陟遣健卒捕登，属登母死舟中，稿葬水次”。[④]

南宋真德秀上奏说：“闻县丞、簿、尉等官亦有不支俸给去处，里巷谚语至有‘丞、簿食乡司，县尉食弓手’之诮，丧失廉耻，职此之由。”[⑤] 当然，勒索与被勒索的关系，绝非只限于上级官员与下级官员之间，官与吏之间，吏与吏之间亦复如此，正好构成一幅大鱼吃小鱼，小鱼吃虾米的图景。如北宋初的记载说：“五代以来，收税毕，州符追县吏，谓之会州。县吏厚敛于里胥，以赂州吏；里胥复率于民，民甚苦之也。”[⑥]

当然，上级与下级的关系也不是绝对的。陆游《老学庵笔记》卷5就记载了一个实例：

> 秦太师（桧）娶王禹玉（珪）孙女，故诸王皆用事。有王子溶者，为浙东仓司官属，郡宴必与提举者同席，陵忽玩戏，无〔所〕不至。提举者事之反若官属。已而又知吴县，尤放肆。郡守宴客，初就

① 《宋史》卷424《洪天锡传》。
② 《勉斋先生黄文肃公文集》卷10《答潘谦之》。
③ 《明史》卷164《邹缉传》。
④ 《朱文公文集》卷19《乞褒录高登状》；《宋史》卷399《高登传》。
⑤ 《真文忠公文集》卷6《申尚书省乞将本司措置俸给颁行诸路》。
⑥ 《长编》卷4乾德元年正月。

> 席，子溶遣县吏呼伎乐伶人，即皆驰往，无敢留者。上元吴县放灯，召太守为客，郡治乃寂无一人。又尝夜半遣厅吏叩府门，言知县传语，必〔请〕面见。守醉中狼狈，揽衣秉烛出，问之，乃曰："知县酒渴，闻有咸齑，欲觅一瓯。"其陵侮如此，守亟取，遣人遗之，不敢较也。

这是恃秦桧之势，而下级凌侮上司的一例，但毕竟是较少的情况。又如自北宋后期以降，士大夫们，甚至连宋徽宗也有"吏强官弱"[①]，"官无封建，而吏有封建"[②]之说。《州县提纲》卷1《防吏弄权》说："胥吏之驵侩奸黠者，多至弄权。盖彼本为赇赂，以优厚其家，岂有公论。若喜其驵侩而稍委用之，则百姓便以为官司曲直，皆出彼之手。彼亦妄自夸大以骄人，往往事无巨细，俱辐凑之，甚至其门如市，目为立地官人者。彼之贿赂日厚，而我之恶名日彰。"这可谓是当州县官的经验之谈。南宋杨万里《罗元亨墓表》说："荔浦民世为胥於帅、漕、宪司，怙其势，意气横出，视令亡如也。令往往反折节隆礼以就焉，介其誉于上官，否则与为市，以故多犯法，不输租，令惕不敢呵问。稍忤焉，则飞语钓谤。远者莫考，近者逐二十馀令矣。元亨至，则条其姓名与其所以然者，白于三司，请再犯者得逮治，胥徒侧目，治甲广右。"[③]这是广西路一级机构的吏，甚至能胁持县令。

《清稗类钞·胥役类》载清后期郭嵩焘之说："汉唐以来，虽号为君主，然权力实不足，不能不有所分寄。故西汉与宰相、外戚共天下，东汉与太监、名士共天下，唐与后妃、藩镇共天下，北宋与奸臣共天下，南宋与外国共天下，元与奸臣、番僧共天下，明与宰相、太监共天下，本朝则与胥吏共天下耳。"他所说历代"共天下"的情况，也未必确切，而确实反映了清朝胥吏之权势，绝不可小视。正如清陆世仪《思辨录辑要》卷12"谚语：'清官不出吏人手。'非官愚而吏智也，官不久任，而吏多

---

① 《姑溪居士后集》卷19《胡叔微行状》。

② 《水心别集》卷14《吏胥》。

③ 《诚斋集》卷122。

积年故耳。”情况其实与宋朝相似。

（二）狼狈为奸和尔虞我诈

在地方各级官场的官员上、下级之间，官与吏，吏与吏之间必然存在着狼狈为奸和尔虞我诈两种似乎是相反的情况，却都是出自他们的私利。北宋强至《送陈郎泗州得替》诗说，“公洁廉之声，尤重时论”，“历选临淮守，多闻政术偏。若柔非似水，即是急如弦。下吏或弄法，属僚时窃权。邀权沸钟鼓，市誉饰庖筵”。[①] 虽是描写一个清官知州，却也反映了上述两方面的各种问题。

欧阳修《归田录》卷2记载了一个官场笑话：“钱昆少卿者，家世馀杭人也，杭人嗜蟹，昆尝求补外郡，人问其所欲何州，昆曰：‘但得有螃蟹，无通判处则可矣。’”余靖所写通判毛应佺的墓铭说：“监郡之职（通判）与刺史（知州）权均而势逼，固禄位者率以将迎守意，临事不自可否，屏气低首，趋府如幕吏。吏持案牍立前，山叠波委，搦管署纸尾，不敢议其是非。及狷者为之，则刚而犯上，相持短长。缺士大夫之行者多矣。”[②] 都是反映了当时通判与知州、知军之间经常发生的迎合或龃龉。江应辰记载在南宋前期，“岭南帅守、监司相为敌雠，屡起大狱。其僚各为曹朋，以相倾轧”。[③]

南宋《名公书判清明集》卷11蔡杭《冒役》说，“当职入境阅词，诉配吏者以千计，则一路之为民害者可知也”。“推原其由，皆贪官暴吏与之志同气合，容纵冒役。所以行案贴写，半是黥徒，攫拿吞噬，本无餍足。既经徒配，愈无顾藉，吮民膏血，甚于豺虎。前后监司非不严禁，往往官吏视为具文，名曰罢逐，暗行存留。”反映了官与吏的互相勾结，而地方各级官员对于上司的指令，也照样有阳奉阴违，“视为具文”的情况。

明朝中叶，何瑭在《周侍御佥宪河南序》中说：“南畿、河南各有巡抚、都御史、巡按御史，而兵备政令，皆与之相关。此四人之性行，未必

① 《祠部集》卷11。

② 《武溪集》卷20《宋故国子博士通判太平州毛君墓铭》。

③ 《文定集》卷20《黄公墓志铭》。

皆同，方枘圆凿，一有龃龉，非惟动相掣肘，事不可行，而谤议往往由之以起。”[①] 王立道的《重守令议》中说：“县统之州若府，州若府又统之藩臬，又皆有监司焉。其所施设，或相掣肘，至于奔走承望颜色，尤不能下意，此尤非也。”[②] 反映了当时地方政务常见的“一有龃龉”，“动相掣肘，事不可行”的情况。

（三）按儒家伦理规范的上、下级关系

论述古代地方政治中的上、下级关系，也不能排除儒家伦理的因素，以及按儒家伦理规范的上、下级关系的情况。如北宋“吕公绰，神宗时知永兴军，待僚属谦恭，遇吏民仁厚”。[③] 黄庭坚记述狄遵礼历任州县官，“待僚属尽敬，见其一长保荐，不以疑似小过轻绝之”。[④] 南宋袁甫介绍名儒真德秀说，“长官之待僚属，政欲己出，权畏下移，能用其所长者鲜矣”。“真公之帅长沙也，待僚属之意，真如子弟朋友，条为四事，庸示劝勉”。[⑤]

前述南宋初高登反对为秦桧建生祠，敢于违抗上司胡舜陟，则是提供了下级勇于按儒家伦理办事的另一方面的实例。明朝弘治时，吴廷举“除顺德知县，上官属修中贵人先祠，廷举不可。市舶中官市葛，以二葛与之，曰：‘非产也。’中官大怒，御史汪宗器亦恶廷举，曰：‘彼专抗上官，市名耳！’”[⑥]

宋仁宗时，庞籍任河东路经略安抚使、兼知并州。司马光“从庞籍辟，通判并州”，他建议“筑二堡，以制夏人”。“麟（州）将郭恩勇且狂，引兵夜渡河，不设备，没于敌。”庞籍遂遭御史弹劾。庞籍“以筑堡之议，光实与焉，恐并获罪，乃留徼光之书”。司马光“惭怍，守阙上书，具言其状”，“乞独坐其罪”，“自请斧钺之诛。朝廷不许”。庞籍“又上奏

① 《柏斋集》卷3。
② 《具茨集·文集》卷2。
③ 《乾隆陕西通志》卷51引《雍大记》。
④ 《豫章黄先生文集》卷22《朝议大夫致仕狄公墓志铭》。
⑤ 《蒙斋集》卷15《跋长沙幕府四箴》。
⑥ 《明史》卷201《吴廷举传》。

引咎自归，乞矜免光罪，光卒不坐”。司马光“无所自容”，而庞籍“待之如故，终身不复言”。[①] 上、下级争相承担失败的责任，都表现了儒者的风度。

从史料上看，此类记载并不少见，但此种上、下级关系，在中国古代的等级授职制下，也只能是支流，而非主流。

三　地方官府与豪强大族

史实证明，专制主义中央集权的等级授职制的政体，固然是植根于阶级社会，却并非只能与中国古代的租佃制经济结成互为依存的关系，此种政体完全是可以适用于若干个剥削经济成分。一般说来，经济上的剥削阶级和政治上的统治阶级必然是一体，但也不能绝对化，剥削与统治毕竟是两个不同范畴。两者既有千丝万缕的联系，也有千姿百态的差异。就个别人而论，有的是先上升为新的剥削阶级，再上升为新的统治阶级，有的是先上升为新的统治阶级，再利用权势，成为新的剥削阶级。

在中国自秦汉以降的古代，皇权似乎是高高耸立在全体庶民之上，如宋太宗说：“朕今收拾天下遗利，以赡军国，以济穷困，若豪户猾民望吾毫发之惠，不可得也。”[②] 但是，宋代的所谓形势户，“谓见充州县及按察［官］司吏人、书手、保正、耆、［户］长之类，并品官之家，非贫户弱者”，[③] 其实就是官户加上富有的吏户，构成了宋朝的地主阶级当权派。尽管宋朝针对形势户，还设立催督赋税的专法，然而宋太宗的统治基础，实际上还不是当时的形势户。对历朝地方官府而言，必须以经济上的剥削阶级，如地主阶级等，作为其统治基础，而绝无例外。

中国自秦汉以降，实行专制主义中央集权的政体，其重要特点之一，

① 《宋史》卷336《司马光传》；《长编》卷186嘉祐二年十一月戊戌；《司马文正公传家集》卷18《论屈野河西修堡状》、《论屈野河西修堡第二状》，卷76《太子太保庞公墓志铭》。

② 《长编》卷37至道元年五月癸亥。

③ 《庆元条法事类》卷47《违欠税租》、《税租簿》，卷48《簿帐欺弊》，共计三条。三条记载各有错字，引文进行了互校。据《宋史》卷38《宁宗纪》，此书编成于嘉泰二年（公元1202年）八月，颁布于嘉泰三年（公元1203年）七月，离南宋开国和亡国各七十多年。

就是不允许出现可与中央对抗的地方豪强势力。秦始皇统一天下后，“徙天下豪富于咸阳十二万户”。[①] 西汉时，“济南瞯氏宗人三百余家，豪猾，二千石莫能制，于是景帝乃拜（郅）都为济南太守。至则族灭瞯氏首恶，余皆股栗。居岁余，郡中不拾遗。旁十余郡守畏都如大府”。[②] 汉武帝时，张汤“承上指”，即按汉武帝的旨意，“钼豪强并兼之家，舞文巧诋以辅法”。[③] 西汉规定刺史监察地方政治的六条，其中两条与豪强有关，“一条，强宗豪右田宅逾制，以强陵弱，以众暴寡”。“六条，二千石违公下比，阿附豪强，通行货赂，割损正令也。”[④] 汉昭帝时，田延年“出为河东太守，选拔尹翁归等以为爪牙，诛钼豪强，奸邪不敢发”。[⑤] 汉宣帝时，杜延年“召拜为北地太守。延年以故九卿外为边吏，治郡不进，上以玺书让延年。延年乃选用良吏，捕击豪强，郡中清静”。[⑥]

古代有所谓“武断乡曲”一词。北宋时，“抚州民李甲、饶英恃财武断乡曲，县莫能制。甲从子詈县令，人告甲语斥乘舆”。知州王彬“按治之，索其家，得所藏兵械，又得服器有龙凤饰，甲坐大逆弃市。并按英尝强取人孥，配岭南，州里肃然”。[⑦] 南宋高登任静江府古县令，“豪民秦琥武断乡曲，持吏短长，号‘秦大虫’，邑大夫以下为其所屈。登至，颇革，而登喜其迁善，补处学职。它日，琥有请属，登谢却之，琥怒，谋中以危法。会有诉琥侵贷学钱者，登呼至，面数琥，声气俱厉，叱下，白郡及诸司置之法，忿而死，一郡快之”。[⑧] 这些是地方官惩治“武断乡曲”的豪强的实例。中国古代不少记载叙述和赞扬清官的德政，就往往不乏“摧抑豪强”，[⑨]“豪强

① 《史记》卷6《秦始皇本纪》。

② 《史记》卷122《酷吏列传》。

③ 《汉书》卷59《张汤传》。

④ 《汉书》卷19上《百官公卿表》注引《汉官典职仪》；《后汉书志》第28《百官志》注；《宋书》卷40《百官志》。

⑤ 《汉书》卷90《酷吏传》。

⑥ 《汉书》卷60《杜延年传》。

⑦ 《宋史》卷304《王彬传》。

⑧ 《宋史》卷399《高登传》。

⑨ 《南涧甲乙稿》卷9《应诏举所知状》。

敛迹"[①] 之类。

中国古代所谓"武断乡曲"的豪强，其实就是黑社会势力，其特点往往是必须违法犯禁。宋人张方平说："今内地州县人不习兵，但财力相雄，富役贫，强暴寡，其兼并豪猾之民，居常犹吞噬贫弱，为乡邑害。"[②] 朱熹任南康军知军时，其《乞禁保甲擅关集札子》说：

> 乡里豪右，平居挟财恃力，已不可制。一旦藉此尺寸之权，妄以关集教阅为名，聚众弄兵，凌弱暴寡，拒捍官司，何所不至。如本军都昌县刘邦逵等，只缘刘彦才争竞，闻得官司追呼，遂于盛夏，辄行关集，鸣锣持仗，过都越保，欲以报复怨仇，抗御捕吏。向非托于保甲之名，安敢公然如此。熹除已将刘邦逵等依相殴报冤为名，结集徒党立社法等第决配、编管外，仍具利害申使司。欲望台慈详酌，特赐行下，约束施行。[③]

他也是对"乡里豪右"断然实施镇压措施。但豪强的背景相当复杂。如前所述，宋朝有"形势户"的法定户名，为地主阶级当权派。但形势户不能与黑社会势力完全画等号，形势户中的相当部分肯定是黑社会势力的主要组成部分，但并非形势户之外就没有"武断乡曲"的豪强。元朝也常有"豪强武断，以乱吏治，民甚苦之"[④] 的记载。明朝孙绪的《七谣赠璞冈赵明府·慑暴谣》写道，在河间府一带，"豪强横行街市，武断乡曲，甚至酗酒，直至县庭，捽胥吏，出不逊语，令据案噤不敢发言，已七、八年"。[⑤]

宋朝的举人（此处指得解举人、贡士）仅是贡举的人选，一般只有参加一次省试的资格，不够做官的资格，唯有科举入第，方可入仕。但"豪

---

① 《秋涧先生大全文集》卷51《大元国故卫辉路监郡塔必公神道碑铭并序》、卷58《大元故正议大夫浙西道宣慰使行工部尚书孙公神道碑铭（并序）》。

② 《乐全集》卷21《论天下州县新添置弓手事宜》。

③ 《朱文公文集》卷20。

④ 《滋溪文稿》卷11《皇元赠集贤直学士赵惠肃侯神道碑铭》。

⑤ 《沙溪集》卷18。

右往往多有官荫及得解进士”。[1]《名公书判清明集》卷12《举人豪横虐民取财》记载，举人谭一夔为一方“豪横”，“贷之钱物，则利上纽利，准折产业以还”。即使宋代的举人地位不及后世，而其中也不乏“豪右”之辈。金朝有的举人或可当吏。[2] 元仁宗延祐二年（公元1315年），“赐会试下第举人七十以上从七流官致仕，六十以上府、州教授，余并授山长、学正，后勿援例”。但后来还是援例。[3] 明清的举人则是终身制。明朝则有了举人的资格，就可以授官。如“司马恂，字恂如，浙江山阴人。正统末，由举人擢刑科给事中，累迁少詹事。宪宗立，命兼国子祭酒，卒，赠礼部左侍郎”。[4] 此种由举人入仕的优待，在宋代是不可思议的事。再如严嵩子严世蕃卖官，“举人潘鸿业以二千二百金得知州”。[5] 明朝马文升上奏说：“切见今之守令，由进士、举人出身者往往多得其人，由监生除授者鲜有能称其职。”[6] 清朝沿袭明制。雍正皇帝说：“文职官员内除捐纳出身，而年老庸劣者外，其由进士、举人正途出身人员，自幼读书，初选知县，即以才力不及革退，亦为可悯。”[7] “正途”一词，说明了举人在清代的社会地位。

明清时代，不仅是举人，连监生等都有特殊的社会地位，他们与官员构成了明清地主阶级的一个特殊阶层，或称缙绅。清乾隆元年（公元1736年），“申举贡生员免派杂差之例”，[8] 明清的缙绅在赋役方面也享有一定的特权。顾炎武《生员论上》说：

> 国家之所以设生员者，何哉？盖以收天下之才俊子弟，养之于庠

① 《宋会要》食货21之6。

② 《金史》卷53《选举志》、卷97《李完传》、卷104《纳坦谋嘉传》。

③ 《元史》卷25《仁宗纪》。又《元史》卷81《选举志》载，泰定时，也有类似优待。《元史》卷41《顺帝纪》至正三年：“监察御史成遵等言：‘可用终场下第举人充学正、山长，国学生会试不中者，与终场举人同。’”卷46《顺帝纪》至正二十三年：“诏授江南下第及后期举人为路、府、州儒学教授。”

④ 《明史》卷152《司马恂传》。

⑤ 《明史》卷210《邹应龙传》。

⑥ 《马端肃奏议》卷2《巡抚事》。

⑦ 《世宗宪皇帝上谕内阁》卷2。

⑧ 《皇朝文献通考》卷25。

序之中，使之成德达材，明先王之道，通当世之务，出为公卿大夫，与天子分猷共治者也。今则不然，合天下之生员，县以三百计，不下五十万人……一得为此，则免于编氓之苦，不受侵于里胥，齿于衣冠，得以礼见官长，而无笞捶之辱，故今之愿为生员者，非必其慕功名也，保身家而已。以十分之七计，而保身家之生员殆有三十五万人，此与设科之初意悖，而非国家之益也……今之生员以关节得者，十且七、八矣。

生员成为科举和学校制度下形成的，地主阶级的特殊阶层，在地方上有相当权势，以致能与地方官视为平交。但生员中的大多数却是通过歪门邪道，而混取了生员的资格。其《生员论中》又说：

废天下之生员，而官府之政清；废天下之生员，而百姓之困苏；废天下之生员，而门户之习除；废天下之生员，而用世之材出。今天下之出入公门，以挠官府之政者，生员也。倚势以武断于乡里者，生员也。与胥史为缘，甚有身自为胥史者，生员也。官府一拂其意，则群起而哄者，生员也。把持官府之阴事，而与之为市者，生员也。前者噪，后者和，前者奔，后者随，上之人欲治之，而不可治也，欲锄之，而不可锄也……今之大县至有生员千人以上者，比比也。且如一县之地有十万顷，而生员之地五万，则民以五万而当十万之差矣。一县之地有十万顷，而生员之地九万，则民以一万而当十万之差矣。①

按马克思主义的阶级分析，生员至少大多数就是当地的地主。明清的缙绅或有权，或有势，或既有权又有势，虽不能与黑社会势力完全画等号，但其中的相当部分肯定是黑社会势力的主要组成部分。他们“出入公门，以挠官府之政”，“与之为市”，其实就是勾结地方官员，同恶相济，成为朝廷和有识之士“欲治之，而不可治也，欲锄之，而不可锄也”的恶势力。当然，也并非缙绅之外就没有“武断乡曲”的豪强。例如明朝的朱

① 《亭林文集》卷1。

姓宗藩、清朝的八旗子弟中无疑也有黑社会势力。

尽管历朝都不允许出现可与中央对抗的地方豪强势力，但地方官与豪强势力的关系，就呈现复杂的情况，更多的其实还是互相勾结，残害百姓。前引西汉的刺史监察的第六条，正说明郡守等二千石官“阿附豪强，通行货赂”，互相勾结的严重性。宋太宗时的记载说：“官吏有善政，部内豪民必相率建祠宇，刻碑颂，以是为名，因而掊敛，小民患之。”[①] 其实倒未必有所谓“善政”，而是与“部内豪民”互相勾结，“掊敛”“小民”。元代郑元祐写诗反映民间疾苦说：“田间困悴非一日，锥刀割剥动千层。孱民不殊罝里兔，猾吏却如霜后鹰。豪强结托相表里，机变聚集夸才能。茧丝何曾宿杼轴，粟穗况欲栖沟塍。”[②] 就涉及“猾吏”与“豪强结托相表里”。清代史料说：“地方有司则平日奉缙绅如父母，事缙绅若天帝，方依之以保官爵，求荐剡者也，安敢料虎须哉！故宁得罪于百姓，不敢得罪于缙绅。”[③]

四　地方官府与平民百姓(主要是农民)

古代地方官府与平民百姓的基本关系，就是官府为刀俎，百姓为鱼肉。东汉顺帝时，左雄说：“俗浸雕敝，巧伪滋萌，下饰其诈，上肆其残。典城百里，转动无常，各怀一切，莫虑长久。谓杀害不辜为威风，聚敛整辨为贤能，以理己安民为劣弱，以奉法循理为不化。髡钳之戮，生于睚眦；覆尸之祸，成于喜怒。视民如寇雠，税之如豺虎。”[④] 司马光写史，感慨于东汉的暴政，说：“孝灵之时，刺史、二千石贪如豺虎，暴殄烝民。”[⑤]

地方官府加于平民百姓，主要是农民的两项基本的“德政”，就是横征暴敛和司法腐败。此外，国家既然掌管公共权力，承担荒政，即地方发

① 《宋会要》刑法2之5。

② 《侨吴集》卷2《舒大尹伯洪之任晋陵》。

③ 《崑山贡生沈悫呈控徐乾学一门贪残崑邑状附条陈》，《清代档案史料丛编》第5辑第40页，中华书局，1980年。

④ 《后汉书》卷61《左雄传》。

⑤ 《资治通鉴》卷57臣光曰。

生灾荒时的救济，也应是地方官府与平民百姓的重要关系之一。

(一) 横征暴敛

唐朝白居易《重赋》诗说：“国家定两税，本意在爱人。厥初防其淫，明敇内外臣：税外加一物，皆以枉法论。奈何岁月久，贪吏得因循。浚我以求宠，敛索无冬春。”① 中国古代的法外横敛，违法暴敛，特别在中唐以后，史不绝书。

宋徽宗初记载：“诸路监司靡恤百姓，或增价折税，或并输籴买，聚敛掊克，自以为能。州县观望，又有甚焉。”② 南宋初，各地经常摊派科配，李纲描述了荆湖南路的科配：

> 转运司约度抛科，更不会计合用之数，行下逐州，逐州虚抛大数，抑令诸县承认。诸县亦不照用行下之数，却于田亩上创自桩起钱粮之数。谓如衡州诸县逐次科敷，本州行下逐县，令科钱三万贯，米五千硕。安仁县却令每亩出钱二百五十文，米五升，一县之田约计三十万亩，则科敷之数，钱计合出七万五千贯，米计合出一万五千硕。衡阳县令每亩出钱五百文，米一斗，一县之田约三十万亩，则科敷之数，钱计合出一十五万贯，米计合出三万硕。通衡州五县计之，一次科敷所出钱米不可称计。其间形势官户、人吏率皆不纳，承行人吏又于合纳人户公然取受，更不催纳。其催纳者尽贫下户，因缘抑勒，情弊百端，民不聊生。其逐年合纳夏秋正税，却更不行催理。盖缘受纳正税，交收皆有文历，难以作弊。其科敷之数，以军期急迫为辞，类皆不置赤历，亦无收支文字可以稽考。又一路州县官吏多系权摄，与人吏通共作弊，侵渔掻扰，莫甚于此。③

他叙述了在南宋初国难当头的情势下，地方官如何利用科配的特殊税

① 《全唐诗》卷425。

② 《宋会要》刑法2之44。

③ 《梁溪全集》卷71《乞下本路及诸路转运司科敷钱米于田亩上均借奏状》。

目，与吏胥相勾结，贪污和刻剥百姓，大发国难财。无独有偶，明季加派的所谓三饷，即辽饷、剿饷和练饷，“其在有司，催征者名色纷歧，款项参错，奸胥因之，游移影溷，舞弄千端，官非甚察，即堕云雾，民即甚黠，亦投鬼蜮，所以奸贪得志，会计不清”。[①] 清人称“前明厉政，莫如加派辽饷，以致民穷盗起。而复加剿饷，再为各边抽练，又加练饷。惟此三饷，数倍正供。更有召买粮料，始犹官给以银，继则按粮摊派，官吏短价克扣，书役勒索追比，名为当官平市，实则计亩加征，民无控告”。[②] 三饷的负担固然极重，而各地方政府的官吏们又从中渔利，大发国难财，致使百姓的负担更大为加码，民不聊生，其实是加速了明朝的灭亡。

（二）司法腐败

《后汉书》卷49《王符传》引其《潜夫论·爱日篇》说：“乡亭部吏，亦有任决断者，而类多枉曲，盖有故焉。夫理直则恃正而不桡，事曲则谄意以行赇。不桡故无恩于吏，行赇故见私于法。”东晋时，“所在多上春竟囚，不以其辜。建康狱吏，枉暴既甚。此又僭逾不从冤滥之罚”。[③] 大文豪欧阳修贬官夷陵，“虽小县，然诤讼甚多，而田契不明，僻远之地，县吏朴鲠，官书无簿籍，吏曹不识文字”。无疑是宋代的落后地区，当他“取架阁陈年公案，反复观之。见其枉直乖错，不可胜数，以无为有，以枉为直，违法徇情，灭亲害义，无所不有”。其结论是“且以夷陵荒远偏小，尚如此，天下固可知矣”。[④] 宋徽宗政和诏承认：“狱吏不恤囚，至多庾死，州县公人受文引追逮，多带不逞，用铁环、杵索殴缚，乞取钱物。”[⑤] 元朝末期，王袆的《绍兴谳狱记》详细记述了当地的司法腐败，以及清官贡师泰的断狱，今全录于下，可知地方司法冤滥之一斑：

山阴白洋港有大船飘近岸，盐夫史甲二十人取卤海滨，见其无

① 《倪文贞集·奏疏》卷7《并饷裁饷疏》。

② 《皇朝通典》卷7。

③ 《晋书》卷28《五行志》。

④ 《欧阳文忠公全集》卷67《与尹师鲁》;《能改斋漫录》卷13《欧阳公多谈吏事》。

⑤ 《宋会要》刑法2之55。

主，因取其篙橹，而船中有二死人。有徐乙者闻而往视之，怪其无他物而有死人，称为史等所劫。史佣作富民高丙家，事遂连高。史等既诬服，高亦被逮，不置。公密求博询，则里中沈丁载物抵杭回，渔者张网海中，因盗其网中鱼，为渔者所杀。史等未尝杀人以夺物，高亦弗知情，其冤皆白。

游徼徐裕以巡盐为名，横行村落。一日遇诸暨商，夺其所赍钱，扑杀之，投其尸于水，走告县曰："我获私盐，犯人畏罪，赴水死矣。"官验视，以有伤疑之。会赦，遂以疑狱释。公追鞫覆案，具得裕所以杀人状，复俾待报。

民有阮福者溺水死，指以与谢甲盐船遇，因致其溺。公考问左验，致其溺者乃赵乙也。坐赵而释谢。

徐德元告其弟侄以殴伤，狱既成，公知其诬。继而里民累数十状，发德元所为不法事。公簿责德元恃强横，武断乡曲，持官府短长，及是又以非罪排挤其骨肉，释其弟侄，而坐德元。

徐长二诉其弟为郭甲、郭乙所杀。真杀之者实乙，而豪民郑丙与甲为仇家，故嗾徐使连甲。公既释甲，即以其罪罪郑。

杭民黄生有田在县境，而近僧寺，岁来收租，与寺僧交。僧召黄及其傔二人饮酒，酣。其一人谑侮僧，其一人责之，不服，则击以他物，误中其脑以死。僧惧，移其尸寺外，执黄以诉，谓其故杀人，相胁欲要货贿。公揣知其由，出黄于狱。

县长官鞫系董连二十三人持军器，谋泛海为盗。公廉问得实，所谓军器，大半皆农具，且他无为盗显迹，乃当连等五人私持军器之罪，余置不问。

杨茂获海贼三十人，不分首从，将悉处以死。公以省录，其为首者止八人，余皆诖误，并释免之。

诸暨民葛壹素亡赖，客有过其里买栗者，贪其财，绐之曰："某山栗多，得利可倍，我俱尔往。"客从之，至山深无人处，以斧斫死之。既而其子来，迹父所在，复绐之曰："而父在某山中。"与俱往，又杀之。久之，其妻诉于州，不受，则诉于公，公命吏诣葛所居里推究之，尽得其故。执葛系死于狱，仍磔其尸。

黄声远伪造钞，既自首，与之同造者黄甲也。甲坐系十余岁，于法，有罪而自首者免其罪，与自首者同罪而有亲者比自首。公审甲与声远乃有服从兄弟，即释之。

何成诉其子因黄保至其家征租，惊惧致死。具狱上，公按之，则其子死以病，而黄与何有隙，以故诬黄，抵何以罪。

馀姚孙国宾以求盗，获姚甲造伪钞，受赇而释之。执高乙、鲁丙赴有司，诬其同造伪。高尝与姚行用，实非自造，孙既舍姚，因以加诸高，而鲁与高不相识，孙以事衔之，辄并连鲁。公疑高等覆造不合，以孙鞫之，辞屈情见，即释鲁，而当高以本罪，姚遂处死，孙亦就法。

会稽袁宝与所亲二人泛海，遇剧盗李麻千在海上，惧而从之。至潮阳，麻千率众请自新，官给袁等信券，使归。既归而拘之，仍以盗论。公以谓袁等在潮阳既以自新，复加之罪，则失信于民，贷使复业。

陈兴恃富豪，构结巡司，以被盗为缘，诬平民王氏，执其妻，烧钱灼残其体，公痛惩之。

萧山吴宣差父子怙势为暴，乡民被其害甚。张文有坟山，强据之。文诉于官，反枉文以诬告。公直其事，吴父子皆伏辜。

嵊县张氏妇诉邻人张甲以刃伤之。盖张氏始通于张甲，既又与富民裘乙通，以是致争，互持刃相伤也。悉置于律。

上虞县胥征湖田之逋租，愚民聚众，殴死之，根连株逮，系绁百馀人。公穷竟之。得首罪者一人以死论。为从者十人以减死，论纵九十馀人。

郡地濒海，惟盐最为民病。有余大郎者，私鬻盗鬻，招集亡命之徒，动以千百，所至强人受买，莫敢谁何。或发其罪，公命督捕之，绳以法，徙置他郡。先是，凡以私鬻盗鬻而丽于法者多连及无辜，所司为之传致，并缘为奸利。公下令，事觉，止坐犯人，不得转相连逮。

平反者前后亡虑百余事。①

① 《王忠文集》卷11。

从贡师泰的判案不难看出，地方上的司法腐败，大都与地方官吏的贪谬，豪强的作恶有密切关联。贡师泰作为清官，竟在数年内纠正错案百余件。然而像他那样的清官毕竟寥若晨星，故古代大多数冤狱的受害者就只能冤沉海底。众所周知，元代的大戏剧家关汉卿正是有感于冤狱之酷之滥，而创作了《感天动地窦娥冤》的名剧。他饱含血泪地控诉道："不告官司只告天，心中怨气口难言。防他老母遭刑宪，情愿无辞认罪愆。三尺琼花骸骨掩，一腔鲜血练旗悬。岂独霜飞邹衍屈，今朝方表窦娥冤。"

（三）荒政

中国古代历朝都有荒政。《周礼·司徒》就载有"以荒政十有二聚万民：一曰散利，二曰薄征，三曰缓刑，四曰弛力，五曰舍禁，六曰去幾，七曰眚礼，八曰杀哀，九曰蕃乐，十曰多昏，十有一曰索鬼神，十有二曰除盗贼"。但历朝的荒政水平其实取决于两个基本因素：一是受当时经济和技术水平的制约；二也必然受地方政治好坏的制约。前者是客观因素，历朝的差距不大；后者是主观因素，每一朝代中的好坏差距可以说是极为悬殊，而有天壤之别。

今以《朱文公文集》卷16、卷17，《朱文公别集》卷9、卷10所载，宋孝宗淳熙时，宋代最著名的理学家朱熹在南康军和浙东施行的荒政为例。他在南康军城郭与星子等三县，共"劝谕到上户"206户"共认赈粜米"。但"其间有上户却将湿恶粗糙米谷赴场出粜，有误民间食用"。他又"切虑各县逐场监粜济官，容纵合干等人，减克升斗，及容上户将砂土、碎截、湿恶、空壳米谷赴场中粜济，及巡察官不即前去巡察"。浙东荒政，如"绍兴府都监贾祐之不抄札饥民"，"绍兴府指使密克勤偷盗官米"，这是与吏胥合伙犯罪为恶，"衢州守臣李峄不留意荒政"，官员张大声和孙孜"检放旱伤不实"，"衢州官吏擅支常平义仓米"，"上户朱熙绩不伏赈粜"等。以上记载反映荒政中的各种弊端，一般都是由官吏的贪谬和地主的作恶造成的，而受害者当然主要是饥饿的农民。尽管朱熹本人十分尽心尽职，但他所施行的荒政却仍须打一个折扣。至于大多数不尽心尽职的官员主持荒政，自不待言。

明万历时，"给事中杨文举奉诏理荒政，征贿钜万。抵杭，日宴西湖，鬻狱市荐，以渔厚利。辅臣乃及其报命，擢首谏垣”。[①] 特别是到明朝末年，“频岁旱蝗，三饷叠派”，[②] 大量人口死亡，还能说得上举办什么荒政。王家彦说：“秦、晋之间，饥民相煽，千百为群，其始率自一乡一邑，守、令早为之所，取《周官》荒政十二而行之，民何至接踵为盗，盗何至溃裂以极。”[③]

五 十官九贪

现在人们常使用“清官”一词，用以指官员公正清廉，与古人的“循吏”一词词义相近。《史记》卷119就首创了《循吏列传》。清官一词出现较晚，最初是指地位贵显而政事不繁杂的官，如《三国志》卷57《虞翻传》注引《会稽典录》说，虞耸“在吴历清官。入晋，除河间相。王素闻耸名，厚敬礼之”。此外，还另有清吏一词，《三国志》卷9《夏侯玄传》注引《魏氏春秋》叙述许允，魏明“帝前取事视之，乃释遣出。望其衣败，曰：‘清吏也。’赐之。”上引史料中的清吏，即是指清官。可以说，清官或清吏大致自魏晋以降，就有两种不同的词义。

大致到南宋晚期和金、元之际，人们就更直接使用清官一词。刘克庄《后村先生大全集》卷13《送赵阜主簿》：“罢税无兼局，萧然古廨寒。士称为善类，民说是清官。刀薄难推毂，身轻易起单。竹林逢大阮，试为问平安。”北方与刘克庄大致同时的元好问《遗山先生文集》卷11《薛明府去思口号七首》：“能吏寻常见，公廉第一难。只从明府到，人信有清官。”

《孟子·滕文公下》说：“富贵不能淫，贫贱不能移，威武不能屈。”古今的史实证明，这是很高的道德修养的境界，但中国古代的一些清官确实以自己的立身行事履践着这条古训，是极为难能可贵的。古代确有清官，但只是很少数，他们一般生活清苦，而在官场也必然受排挤，蹭蹬不

① 《明史》卷230《汤显祖传》。
② 《明史》卷279《王锡衮传》。
③ 《明史》卷265《王家彦传》。

得志。在中国历朝官员中，占多数以至绝大多数者则是贪官，这主要就是各级地方政府的官员。[①]

北宋名相王安石说："今以一路数千里之间，能推行朝廷之法令，知其所缓急，而一切能使民以修其职事者甚少，而不才苟简贪鄙之人，至不可胜数……夫出中人之上者，虽穷而不失为君子；出中人以下者，虽泰而不失为小人。唯中人不然，穷则为小人，泰则为君子。计天下之士，出中人之上下者千百而无十一，穷而为小人，泰而为君子者，则天下皆是也"[②] 此后李新说："廉吏十一，贪吏十九。"[③] 十官九贪，正是整个中国古代社会的正常状态。

南宋初的汪藻说："自崇宁以来，功利之说兴，士大夫不复知有廉耻。赃污之人横行州县，非特不忧绳治，而挟赀谐结者辄得美官。故小人相效，于入仕之初即汲汲干没，以不能俸外经营为耻。此风相承，至今未殄。"[④] 与他大致同时的王廷珪对官场，包括地方政治作总体评价说："今风俗大坏，上下相师，恬不知怪。虽士大夫常衣儒衣，道古语者，皆甘心自置于廉耻之外，而无高人之意。由是天下日趋于靡敝，盗贼群起，民益困穷，疮痏呻吟之声未息，而贪残之吏，诛求剥敛，海内愁怨，未有如今日之极者也。"[⑤]

南宋中期，黄榦知汉阳军，不能不感叹说："到此，百怪皆有，真不成世界。以虎狼之暴、盗贼之狡，而当方面之寄，视百姓如草菅，视僚属如奴隶，此岂可入其境哉。"[⑥] 文天祥在中举的《御试策》中说："贪官暴吏，视吾民如家鸡圈豕，惟所咀啖而民困，呜呼！东南民力竭矣！"[⑦]

金朝末年，陈规上奏说："县令之弊无甚于今，由军卫监当、进纳劳效而得者十居八、九，其桀黠者乘时贪纵，庸懦者权归猾吏。近虽遣官廉

① 参见拙作《"清官"考辨》，今编入本书。
② 《王文公文集》卷1《上皇帝万言书》。
③ 《跨鳌集》卷19《上皇帝万言书》。
④ 《历代名臣奏议》卷189。
⑤ 《卢溪文集》卷27《与宣谕刘御史书》。
⑥ 《勉斋先生黄文肃公文集》卷10《答潘谦之》。
⑦ 《文山先生全集》卷3。

察，治其奸滥，易其疲软，然代者亦非选择，所谓除狼得虎也。”[①] 在古史上，贪官惩治贪官，新贪官取代旧贪官，换来换去，就是“除狼得虎”，当然非独金季而然。

《历代名臣奏议》卷67载郑介夫说，官员“满替”，“彼贪污者家计既富，行囊亦充，赴都纵贿，无所不至，每每先得美除。彼廉介者衣食所窘，日不暇给，至二、三年闲废于家，虽已给由，无力投放，及文书到部，复吹毛求疵，百端刁蹬。幸而入选，在都待除，淹困逾年，饥寒不免。则急进者可以速化，恬退者反有体覆保勘之挠，是朝廷诱人以奔竞也。今大小官正七（品）以上者省除，从七（品）以下者部注。然解由到省，例从部拟，吏部由此得开贿门”。“民间有云：‘使钱不悭，便得好官；无钱可干，空做好汉。’”他所反映的是元成宗时的情况，清官的遭遇，与宋金如出一辙。

《春明梦余录》卷48载崇祯皇帝说：“吏、兵二部，用人根本。近来弊窦最多，未用一官，先行贿赂，文、武俱是一般。近闻选官动借京债若干，一到任所，便要还债。这债出在何人身上，定是剥民了。这样怎的有好官？肯爱百姓。”

被某些清史研究者过分推崇的康熙皇帝在位期间，贪腐问题就是相当严重的，他说：“历来所举官员，称职者固有，而贪黩匪类，往往败露，此皆瞻顾情面，植党纳贿所致……比来大小官员背公徇私，交通货贿，朕虽洞见，而不即指发，冀其自知罪戾，痛加省改，庶可终始保全，讵意积习深锢，漫无悛悔。”[②]《儒林外史》第八回说：“三年清知府，十万雪花银。”这大约是来自清代的民谚。

古代的一些皇帝并非不知道整饬地方政治的重要性。《通典》卷32说：“秦置监察御史。汉兴，省之。至惠帝三年，又遣御史监三辅郡，察词讼，所察之事凡九条。监者二岁更之，常以十月奏事，十二月还监。其后诸州复置监察御史。文帝十三年，以御史不奉法，下失其职，乃遣丞相史出刺，并督监察御史”。据下引《汉书》等记载，此处的“监察御史”

① 《金史》卷109《陈规传》。

② 《圣祖仁皇帝御制文第二集》卷6康熙二十七年二月十一日《谕吏部》。

应作“监御史”。因发现各郡监御史“不奉法，下失其职”，又另派“丞相史出刺”，监察监御史。汉武帝分设十三州部刺史，监察地方二千石官，主要是郡守和国相，其中“二条，二千石不奉诏书，遵承典制，倍公向私，旁诏守利，侵渔百姓，聚敛为奸。三条，二千石不恤疑狱，风厉杀人，怒则任刑，喜则淫赏，烦扰刻暴，剥截黎元，为百姓所疾，山崩石裂，妖祥讹言。四条，二千石选署不平，苟阿所爱，蔽贤宠顽。五条，二千石子弟恃怙荣势，请托所监”，[①] 都是针对地方政治的贪腐和黑暗而言的。但是，在专制主义中央集权的等级授职制下，增加一种监察机构，却根本不可能有效抑制地方政治的贪腐和黑暗。其结果无非是多一重监察机构，多一重腐败。

宋代的转运使是所谓“监司”之一，负有代表朝廷监察州县地方官的责任。宋仁宗初，上封者言：“外任臣僚有贪汙不公，虐民害物者，转运使虽知事端，又未有论诉发觉，只以见更体量，别具闻奏。”[②] 其实，能够“体量”，还是较好的，更坏者则是互相勾结，共同“贪汙不公，虐民害物”。然而到宋仁宗晚期，陈旭仍然上奏说，当时的转运使，“非暗滞罢懦，即凌肆刻薄，十常八、九”，“今居职者非其人，专以办〔财赋〕为职业，故郡县之政不修，独掊敛刻暴之令行，而民受其弊”。他提议进行考课，“举其切务有五”，其中的第二条就是“按劾贪谬，修举政事”。尽管有此建议，“然卒亦无所进退焉”。[③]

宋高宗绍兴六年（公元1136年），“以四川监司地远玩法，应有违戾，令制置大使按劾”。[④] 负有监察职能的监司自身“玩法”，又以制置大使监察，其结果又能如何？奸相秦桧“喜赃吏，恶廉士”，“贪墨无厌，监司、帅守到阙，例要珍宝，必数万贯，乃得差遣”，这是各路安抚使、转运使之类的买差遣价格。他们本来须负责监察州县官，却带头贪赃枉法。“及

① 《汉书》卷19上《百官公卿表》注引《汉官典职仪》；《后汉书志》第28《百官志》注，《宋书》卷40《百官志》。

② 《宋会要》刑法2之18。

③ 《长编》卷186嘉祐二年七月辛卯；《宋朝诸臣奏议》卷67陈升之（旭）《上仁宗论转运使选用责任考课三法》。然而陈次升《谠论集》卷1《上神宗论转运使选用责任考课三法状》文字相同，疑后人掺入。

④ 《宋史》卷28《高宗纪》。

其赃污不法，为民所讼，桧复力保之。故赃吏恣横，百姓愈困”，[1] 一手编织成庞大的贪官保护网。杜範描写南宋后期的政治，使用了“朝纲不肃，蠹弊成风，吏治不清，奸贪塞路”十六个字。[2]

明朝《采芹录》卷3说：“宣庙临御三年，始举正都御史刘观赃滥之罪，而以顾佐代之，诸御史贪淫不律者皆论斥。一时有位肃然儆动，往日婪货纵法，及挟娼酣饮之习，皆还就廉隅。是后淫亵一事，遂重为官刑物议。迨今士大夫畏慎名检，鲜或敢蹈之者。惟赃利因有暧昧，上下不无假借，监司论劾，动列收受满纸，而议者每从宽涵。”这还算是明宣德帝“大黜御史不职者”[3] 后的较好情况，至于此前此后的御史们自身贪滥而不振职，自不待言。

史实证明，等级授职制必然产生诸如裙带风、卖官等各种人事腐败，必然成为贪官污吏的温床，贪腐现象滋生不息的怪圈，必然出现官官相护的情况，而编织成庞大的贪腐保护网。古代地方政治的贪腐与黑暗的病根，就在于等级授职制；古代地方政治的贪腐与黑暗的必然性，就在于等级授职制；古代地方政治的贪腐与黑暗的总遗传密码，就在于等级授职制。

尽管朝代不同，但历朝历代地方政治的贪腐与黑暗，简直就是在一个模子里刻出来的。这个模子非它，就是专制主义中央集权的等级授职制，各种贪腐与黑暗的遗传密码正是在这个模子里得到了世世代代的传承和发扬。换言之，二千余年间，尽管改朝换代不少，但地方政治却形成一整套强固的，说得好听是潜规则，说得难听是黑道，可以完全不受改朝换代的影响，代代相传。一整套潜规则其实并没有人为之著书立说，也没有老师教授，但只要进入等级授职制的大学校和关系网，绝大多数人肯定可以无师自通，而使一整套潜规则，或者说是黑道，薪火传承，不断得到复制，受难遭殃的只能是普通百姓。古代的司法腐败和横征暴敛是最关百姓疾苦的两件大事，而受苦最深者自然是占人口主体的农民。其根子固然在中

① 《会编》卷220《中兴遗史》；《要录》卷169绍兴二十五年十月丙申。

② 《杜清献公集》卷12《签书直前奏札》。

③ 《明名臣琬琰续录》卷5《副都御史程公行状》。

央，而直接施苛政虐刑于农民者，还是地方政府，包括地方官员的瞒上压下。吏户是宋代统治阶级中的一个阶层，吏与官之间存在着复杂的关系，但其主流则是共同鱼肉百姓。当然，我绝不否认在古代儒家思想的教育下，也确有少量清正廉明的好地方官，但只是支流，不占主导地位。马克思曾精辟地指出，“君主政体的原则总的说来就是轻视人，蔑视人，使人不成其为人”。“专制制度必然具有兽性，并且和人性是不相容的。兽的关系只能靠兽性来维持。”① 马克思主义对专制政治具有兽性的批判，即使就研究地方政治而论，也有重要的指导意义。

有的学者不赞成将古代地方政治描述得过于黑暗。在十官九贪的基本状况下，地方政治只能以黑暗面为主。这涉及对马克思主义著名的巴黎公社原则，强调以普选制取代等级授职制应如何领会，以及对专制主义中央集权的等级授职制的本质和特性应如何认识的问题。依马克思主义基本观点看来，迄今为止的文明社会都是阶级社会，贪腐是阶级社会的痼疾，一切剥削阶级的通病，只要有阶级存在，阶级之间的剥削和压迫存在，地方政治的贪腐和黑暗是不可能彻底根除的，但民主和法治可以大大压缩贪腐滋生的空间。如果专制主义中央集权的等级授职制下的地方政治，居然能够以光明面为主，是不符合史实的。可能有个别时期，如唐朝的贞观之治时，地方政治比较清明，以光明面为主，但只能是罕见的情况。当然，即使是在直接选举制下的地方政治，也未必就一定是以光明面为主。但直接选举制与等级授职制相比，无疑是一个根本性、本质性的进步。按马克思主义的教导，只有用直接选举制取代等级授职制，方能真正大大压缩贪腐滋生的空间，这是中华民族进步的历史必需和必然。

坦率地说，关于地方政治与信息传递的关系，原先并未进入笔者的研究视角。但既然有的学者提出这个问题，也促使笔者进行思考。依笔者个人的看法，在某些突然或紧急的情况下，信息传递的迟速与通塞，对地方政治的行政效率可能有重大的，甚至是决定性的影响。但在一般情况下，信息传递对地方政治的好坏，其作用是相当次要的。自古以来，地方官府对朝廷，地方下级对上级的虚报和瞒报，事实上是家常便饭式的顽疾。这

① 《马克思恩格斯全集》第1卷，人民出版社1956年版，第411、414页。

其实不是根源于信息传递不通畅的问题，而正是根源于专制主义中央集权的等级授职制下的人治和人事腐败。正如笔者常说，如若不从专制主义中央集权的等级授职制下的人治和人事腐败的理论的制高点出发，去俯瞰和研究制度史，制度史就有可能成为死的制度史。研究中国古代地方政治，正是为了将古代地方政治制度史，写成活的地方政治制度史。至于撰写地方政治史，是否就算是活的地方政治制度史呢？敬请行家评论。

研究制度，包括地方政治制度，如若只谈纸面上的规定和制度的演变，显然是有缺陷的。有的学者提出研究活的制度史的主张，我个人表示赞同。但对于什么是活的制度史，似有不同理解。我的理解比较简单，就是谈制度的实际执行和操作情况。笔者在 2001 年发表《从台谏制度的运作看宋代的人治》,[①] 即有此意图和尝试。当时我确实没有说“活的制度史”这一非常形象的概念，而此文算不算是活的制度史，也有待大家评议。但若要谈制度的实际执行和操作情况，依我之见，就离不开专制主义中央集权的等级授职制下的人治和人事腐败，总的说来，与信息传递的关系不大。例如前述法外横敛和违法暴敛，从赋税制度史着眼，可否算是活的赋税制度史呢？这与信息传递到底又有多少关系呢？本文所谈的其他问题，也大抵如此。

总之，研究中国古代地方政治史的核心和关键问题，恐怕正是贪腐与黑暗，而不是信息传递。

最后，笔者必须强调本文属简单的浅论性和框架性的作品，无疑是抛砖引玉而已。其目的之一，是希望治史者对历朝地方政治的重大课题多加注意和关心，并且产生研究的兴趣。本文的看法正确与否，欢迎大家批评指正。本文的论述体系也肯定有缺陷，有待于大家批评、商榷、补充或完善。笔者也得知柏桦先生等对明朝地方政治已经下了很多功夫，有不少成果，只因时间、精力、条件等所限，而未能拜读。笔者特别希望能有大部头的，深入细致地论述宋、明、清三代地方政治的专著问世。

（原载《史学集刊》2011 年第 1 期）

① 此文已编入本书。

中国古代的士大夫、士风和名节浅谈

——以宋朝的士大夫为中心

一 对以士大夫为中心的史观的异议

目前，在中华古史的研究中，盛行一种以士大夫为中心的史观。笔者在与不少研究生的谈话中可知，他们受目前的史学思潮影响，对士大夫的关注远甚于对劳动大众的关注。依个人可能是很不准确的观察和臆断，时尚的史学思潮似有两个特点：一是关注点似集中于士大夫，而不是劳动大众；而对士大夫的观念似又集中于官宦，对非官宦的士大夫也关注不够。二是将士大夫视为社会精英，在历史演进中扮演着正面或主导的角色。

历史演进是人类社会经济、教科文、政治、军事等多方面的综合演进。我依马克思主义的史观，确实是将被剥削、受压迫的广大劳动大众看成历史演进的主干和主角，尽管他们往往并未参与重大的历史事变，尽管有伟大的历史人物对历史演进所起的巨大作用，却不能影响、动摇或排除劳动大众的主干和主角的身份和地位。在现代，中华文明的基石，难道不是经营18亿亩耕地的农民，以农民工为主体的工人阶级？近二十年间，即使是有偏见的西方观察家，也不得不惊叹中华大地日新月异的发展。然而离开了农民和工人，就根本谈不上发展，繁华的大城市还不是在转瞬间就沦为死城。

台湾著名史学家杜正胜先生在《编户齐民》的序中强调说，“本书研究的目标”，“就是人民群众”，“如果抽掉熙熙攘攘的人群恐怕也难有今天的历史吧”？“历史学者关注无名群众也许也是一种解放自我，认识社会整体的方式吧。”“其实看重平民庶众的历史贡献，并不是我们这个时代才警觉到的新见解。”[①] 他的史观是与我相近的。尽管彼此的政治观点有点分歧，但并不重要，在我看来，重要的是同是华夏族的子孙，血脉相通，血浓于水，过去是朋友，今后还是朋友。

在中国古代的阶级社会中，孔子提出“仁”的伟大观念，《礼记·檀弓下》记载他说：“苛政猛于虎。”就是表现了他身处阶级社会中的仁心。仁是与西方的博爱观念相通的。马克思和恩格斯身处社会上层，生活本来可以过得很惬意，他们如果没有对无产阶级的仁爱之心，又如何创立马克思主义？为广大的被剥削、受压迫的劳动大众谋解放，这正是马克思主义的伟大之处。

古代的士大夫看来与近代的知识分子一词有相近之处。但不应把中古的士大夫都视为官宦。按照南宋陈亮之说，可以区分为“乡士大夫”和“卿士大夫”，[②] 而后者才是官宦。但宋人对划分士大夫或非士大夫另有一些具体标准，如文士曹组和曹勋父子实际上是作为宋徽宗的文学侍从，宋孝宗亲近的文士曾觌和龙大渊，由于并未科举登第，只有武官头衔，也就不算士大夫。按照马克思主义的阶级论，士大夫不属同一阶级或阶层，其经济和政治地位可以相差十分悬殊。[③]

有的学者喜用“士大夫群体”的概念，其实是指宋代科举出身的文官，即陈亮所谓“卿士大夫”。的确，“卿士大夫”作为宋朝地主阶级官户阶层中的一个集团，也可称之为群体，并且在崇文抑武的时代背景下，有其特殊的荣光。然而就其政治倾向、表现、操行等而论，却又不足以称其为群体。但有的学者笼统地使用“士大夫群体”的概念，却往往是在政治史的论析方面，就很值得商榷了。

2009 年笔者去盐城参加陆秀夫纪念会，建湖陆秀夫纪念馆请我题诗，我后来寄两首七绝如下：

---

① 《编户齐民》，联经出版事业公司 1990 年版，第 2—3 页。

② 《陈亮集》（增订本）卷 35《陈性之墓碑铭》、《方元卿墓志铭》。

③ 参见拙作《宋代社会结构》（五）宋朝社会的文化教育层次和士大夫，载《涓埃编》，河北大学出版社 2008 年版；《宋孝宗时的佞幸政治》，载《丝毫编》，河北大学出版社 2009 年版。

锦绣盐城年二千，厓山孤月耿长天。千官声喏虎牌下，一相义沉沧海涟。

秽史纷纷难乱真，民族进步须新门。二乔翻覆终黄土，千古陆公华夏魂。

拙诗的“千官”和“一相”，就是区分了士大夫群体中的糟粕与精英，“华夏魂”则是鲁迅先生称为“中国的脊梁”[①] 的另一种表述。

如今的史学界，盛行所谓社会精英、主流社会之类动听的名词。这些在西方史学界用得烂熟，而中国史学界的不少人却以为新鲜，并且一唱百和。人们对社会精英固然也有多种解释，但恕我直言，其实无非是一双双势利眼，大致上认为社会上层的有钱有势者就是精英，至于无钱无势的普通平民，当然就算不得精英。精英论在中华古史研究中的具体化，当然就是称颂士大夫，称颂富民之类。人们又称上流社会为主流社会，似乎社会上层就能主宰一切。实际上，即使从粗浅的印象看，上流社会的基本特征无非是骄奢淫逸，而在下流社会，特别是古代的下流社会，其基本特征也无非是啼饥号寒。就人数而言，有能力骄奢淫逸总是少数，甚至很少数，到底又是何者可称为主流社会呢？

讲历史不能隔断现实。有一次，偶见香港凤凰电视台有数人评论，为山西煤老板的煤矿资产被没收叫屈，说中产阶层在中国大陆是起进步作用，作出贡献的，并且指责大陆民众普遍出现“仇富心理”，反而为没收煤老板的煤矿资产而拍手称快，云云。其实，在如今的中国大陆，只要稍稍接触点实际生活，谁不清楚人无横财不富的道理。宋时就有一句谚语：“欲得富，须胡做。”[②] 资本原始积累的追求财富的疯狂性、残酷性和不择手段，难道不是如今所谓中产阶层（按马克思主义的科学理论，应叫资产阶级）的主要特征？民众普遍出现仇富心理，又有何难以理解？又据报道，目前中国大陆至少有相当比例的富豪赚钱后，就感觉国内住不安稳，

① 《鲁迅全集·且介亭杂文·中国人失掉自信力了吗》。

② 《会编》卷140。

要移居国外。其所以有不安全感，无非是赚来者是昧心之钱、不义之财，害怕一朝一日，会清算其财源，可以转瞬之间一贫如洗，甚至判刑。

在当今中国大陆史学界的精英论大扩张、大泛滥之际，中国大陆的民众却没有按史学界精英论的说教，顶礼膜拜于精英们的足下。说来也简单，其实无非是马克思主义所说的社会存在决定社会意识，阶级之间的剥削和压迫正是产生所谓“仇富心理”的基本原因。精英论无非是服务于剥削和统治阶级，为之美化；而马克思主义的阶级论却是服务于广大的被剥削和被统治阶级，为之谋解放，这大致是两者的根本区别和分歧。仅就所谓“仇富心理”而言，也足以证明，马克思主义的阶级论比所谓精英论更经得起事实和历史的检验。

在今存史料中，似乎真正是称得上是精英们的所占比例较大，这根本不能说明实际情况。中国古代文献史料一般都是士大夫的手笔，治中华古史，在某种意义上就是成天与古代士大夫打交道，实行单向交流。时间久了，或可产生错觉，不作具体分析，实际上就笼统地将士大夫视为群体性，即整体性，或者至少是主干性的社会中坚和时代精英，是多少遏制皇帝胡作非为的开明势力，似乎士大夫群体至少是程度不等，或表现各异地担当着中华古政治史演进的正面甚至主导角色，这不符合史实，也不是马克思主义的史观。笔者在总体上卑视士大夫群体的同时，也看重个别的真正精英人物，他们确是“中国的脊梁”。明朝中叶的韩雍说：“自古天生拨乱反正之大材，多见抑于颠危，见忌于群小，使之因挫辱排挤，以长养其刚大不可屈之正气。”[①] 笔者读到此段文字，特别联想到作为宋朝士大夫杰出代表的宗泽、李纲等人，但他们的悲惨经历，岂不正是“见抑于颠危，见忌于群小”，所谓“群小”，不正是士大夫中的大多数，他们也确是卑鄙龌龊之徒，更有巨恶大憝之辈。这正是阶级社会中的客观情况，也就是马克思批判的等级授职制的官场大染缸中的客观情况。古往今来的大量史实证明，在阶级社会中，指望统治和剥削阶级中的绝大多数人，能够成为恪守道德，循规蹈矩者，不过是天真的、荒唐的幻想。

① 《襄毅文集》卷12《与致政大司马王公度书》。

二 古代的士风和名节、气节

“士风”最初只是一个褒义词，如《晋书》卷71《熊远传》：“祖翘，尝为石崇苍头，而性廉直，有士风。”《旧五代史》卷58《赵光胤传》说李琪“虽文学高，倾险无士风”。卷96《郑受益传》：“家袭清俭，深有士风。”大致到了宋代，“士风”就转变为一个中性名词。宋仁宗初，晏殊认为“举人作讼，以觊覆考，颇亏士风”。[①]《朱子语类》卷62：“今日士风如此，何时是太平?”宋理宗宝祐时，监察御史陈大方说：“士风日薄，文场多弊。”[②]

笔者发表了《绍兴和议与士人气节》，[③] 又因有感于一些研究生的提问等原因，另在《王曾瑜说辽宋夏金》第66—71页写了《多元化士风的主流》。[④] 两处都强调了宋朝士风的主流“颇为糟糕”。明清时代，据顾炎武《生员论上》说：

> 国家之所以设生员者，何哉？盖以收天下之才俊子弟，养之于庠序之中，使之成德达材，明先王之道，通当世之务，出为公卿大夫，与天子分猷共治者也。今则不然，合天下之生员，县以三百计，不下五十万人……一得为此，则免于编氓之苦，不受侵于里胥，齿于衣冠，得以礼见官长，而无笞捶之辱，故今之愿为生员者，非必其慕功名也，保身家而已。以十分之七计，而保身家之生员殆有三十五万人，此与设科之初意悖，而非国家之益也……今之生员以关节得者，十且七、八矣。

当时，生员成了科举和学校制度下形成的，地主阶级的特殊阶层，在地方上有相当权势，以至能与地方官视为平交。但生员中的大多数却是通

① 《长编》卷101天圣元年十一月己未。

② 《宋史》卷156《选举志》。

③ 载拙著《丝毫编》，河北大学出版社2009年版。

④ 上海科学技术文献出版社2009年版。

过歪门邪道，而混取了生员的资格。其《生员论中》又说：

废天下之生员，而官府之政清；废天下之生员，而百姓之困苏；废天下之生员，而门户之习除；废天下之生员，而用世之材出。今天下之出入公门，以挠官府之政者，生员也。倚势以武断于乡里者，生员也。与胥史为缘，甚有身自为胥史者，生员也。官府一拂其意，则群起而哄者，生员也。把持官府之阴事，而与之为市者，生员也。前者噪，后者和，前者奔，后者随，上之人欲治之，而不可治也，欲锄之，而不可锄也……今之大县至有生员千人以上者，比比也。且如一县之地有十万顷，而生员之地五万，则民以五万而当十万之差矣。一县之地有十万顷，而生员之地九万，则民以一万而当十万之差矣。①

按马克思主义的阶级分析，生员至少大多数就是当地的地主，而依前引宋人陈亮的标准，就算是乡士大夫。其士风的主流如何，就不需要对顾炎武之说再加引申了。

中国古代受儒家思想的影响，很强调名节、气节之类。“名节”一词见于《汉书》卷72《龚胜、龚实传》：“二人相友，并著名节。”《三国志》卷21《陈琳传》载魏文帝书：“观古今文人，类不护细行，鲜能以名节自立，而伟长（徐幹）独怀文抱质，恬淡寡欲，有箕山之志，可谓彬彬君子矣。”唐朝张九龄说：“时议无高无下，惟论得与不得，自然清议不立，名节不修。”② 李德裕《臣子论》说：“士之有志气而思富贵者，必能建功业；有志气而轻爵禄者，必能立名节。”③

关于气节，如《史记》卷120《汲黯列传》说汲黯“好学，游侠，任气节，内行修絜，好直谏，数犯主之颜色”。《后汉书》卷24《马援传》说，王磐“拥富赀，居故国，为人尚气节，而爱士好施，有名江、淮间”。《北齐书》卷27《万俟洛传》说万俟洛“慷慨有气节，勇锐冠时”。

① 《亭林文集》卷1。
② 《全唐文》卷288《上封事书》。
③ 《全唐文》卷709。

历朝中最强调名节或气节者是东汉和宋。东汉士人强调“以天下风教是非为己任”。[①] 尽管东汉的士人崇尚名节，却决非铁板一块，汉灵帝时，宦官“常侍侯览多杀党人，公卿皆尸禄，无有忠言者”。[②] 晋人傅玄评论说：“灵帝时榜门卖官，于是太尉段颎、司徒崔烈、太尉樊陵、司空张温之徒，皆入钱上千万，下五百万，以买三公。颎数征伐有大功，烈有北州重名，温有杰才，陵能偶时，皆一时显士，犹以货取位，而况于刘嚣、唐珍、张颢之党乎！”[③] 崔烈问儿子崔钧：“吾居三公，于议者何如？”崔钧说：“大人少有英称，历位卿守，论者不谓不当为三公；而今登其位，天下失望。”崔烈又问：“何为然也？”崔钧说：“论者嫌其铜臭。”崔烈“怒，举杖击之”。[④]此事还是反映了清议的影响，但清议到头来敌不过铜臭，故不能将东汉的士风估计过高。

东汉的好士风不仅对当时，即使对后世也产生影响。唐朝柳冕说：“后汉尚章句，师其传习，故其人守名节。”[⑤] 李绛说：“后汉末，名节、骨鲠、忠正、儒雅之臣，尽心匡国，尽节忧时，而宦官小人，憎嫉正道，同为构陷，目为党人，遂起党锢之狱，以成亡国之祸。”[⑥]《四朝闻见录》乙集《王竹西驳论黄潜善汪伯彦》评论被宋高宗杀害的太学生陈东说：“自知顷即受戮，略无惨戚战栗之意，盖东汉人物也。”强调他是“东汉人物”。

关于宋朝的士风和大多数士大夫的表现，前述个人已发表的文字，特别对南宋前期成千上万的士人，在宋高宗和秦桧的威逼利诱下，程度不等地卷入附会绍兴和议的情况，已作介绍。故南宋刘宰感慨于当时的士风与文风，评论说：

> 文以气为主。年来士大夫苟于荣进，冒干货贿，否则喔咿嚅唲，

---

① 《后汉纪》卷21延熹二年。
② 《后汉书》卷78《曹节传》。
③ 《三国志》卷6《董卓传》注引《傅子》。
④ 《后汉书》卷52《崔烈传》。
⑤ 《全唐文》卷527《与权侍郎书》。
⑥ 《全唐文》卷645《对宪宗论朋党》。

如事妇人，类皆奄奄无生气。文亦随之。[①]

此处另可作些补充说明。《朱子语类》卷129说，“至范文正方厉廉耻，振作士气”，“至范文正时便大厉名节，振作士气”，“本朝惟范文正公振作士大夫之功为多”。范仲淹对天水一朝士大夫名节观的发展和振作，产生了重大的影响。他有两句很有名的格言，一是人们熟知的“先天下之忧而忧，后天下之乐而乐”，二是“作官公罪不可无，私罪不可有”。[②] 政治上不怕获罪，而个人操守，则务求清白。

另一个在倡导名节观方面起了很大作用的人，就是欧阳修，他所著的《五代史记》，如卷32《死节传》，卷33《死事传》，卷34《一行传》等，批判了五代时“以苟生不去为当然”，“缙绅之士安其禄而立其朝，充然无复廉耻之色者皆是也”。此书卷54又批判了冯道，“天下大乱，戎夷交侵，生民之命，急于倒悬，道方自号‘长乐老’，著书数百言，陈己更事四姓及契丹所得阶、勋、官、爵以为荣”，“事九君，未尝谏诤”。将这个曾“取称于世”的人置于在古代儒家节义观的审判台上，“长乐老”确是输了理。此后，宋朝已无人再为“长乐老”公开辩护。但是，从史实出发，也不可能将宋朝的士风和名节、气节观估计太高。

“以儒立国”[③] 的宋朝当然与辽朝不同，然而据金人的评论：“辽国之亡，死义者十数，南朝惟李侍郎（若水）一人。”[④] 看来辽亡之初，如真要修撰《忠义传》，人数也不一定少于北宋，只是因史料残缺，不可能有更多的记录传世，元人修《辽史》，已不可能另设《忠义传》，如此而已。

众所周知，北宋末，爆发了中国史上首次太学生的伏阙上书爱国群众运动，陈东“率士数百，伏阙上书”，[⑤] 即有太学生数百人。此外，在开封城破之后，又有太学生杨诲、丁特起、徐揆、余觉民、黄时偁、段光

① 《漫塘文集》卷12《通常州余教授》。
② 《晁氏客语》。
③ 《陈亮集》（增订本）卷1《上孝宗皇帝第三书》。
④ 《宋史》卷446《李若水传》。
⑤ 《会编》卷41。

远、朱梦说、吴铢、徐伟等人都表现了爱国气节。[①] 但另一方面的记载介绍，当时“金人索太学生博通经术者三十人”。“太学生皆求生附势，投状愿归金国者百余人。元募八十人，而投状者一百人，皆过元数。其乡贯多系四川、两浙、福建，今在京师者。比至军前，金人胁而诱之曰：‘金国不要汝等作大义策论，各要汝等陈乡土方略利害。’诸生有川人、闽、浙人者，各争持纸笔，陈山川险易，古今攻战据取之由以献。又妄指娼女为妻，要取诣军前。后金人觉其无能苟贱，复退者六十馀人”。金人将他们“髡之”，待到金军撤退，也有“至中路，裸体逃归”者。[②] 简直就成了一幅百丑图。在这百名太学生身上，又何曾见到欧阳修所倡导的名节观的影踪。据宋神宗元丰时规定，太学“通计二千四百人”。宋徽宗崇宁时规定，太学和辟雍“增生徒共三千八百人”。后废辟雍，而“辟廱之士，太学无所容矣”，看来太学生应有所减少。[③] 由此可见，无论是参加伏阙上书者，或无耻降金者，都应占太学生中的小部分。但不参加伏阙上书的多数，也应说明太学生的多数因各种原因、情况或顾虑，在祖国危难的关键时刻，不能像陈东等人那样挺身而出。

再就南宋末的死难者作一统计。《宋史》卷418《文天祥传》，卷449，卷450，卷451，卷452，卷454《忠义传》，《昭忠录》，《文山先生全集》卷16诗，卷19《文丞相督府忠义传》等所记录南宋末殉难人物颇多，今以襄樊之战始，作如下统计。当时殉难的文臣计有文天祥、李庭芝、贾纯孝、李丁孙、唐奎瑞、陈炤、姚訔、李芾、尹榖、杨霆、颜应焱（焱?）、陈亿孙、赵卯（昴?）发、唐震、冯骥、何新之、赵与檡、方洪、赵淮、赵良淳、徐道隆、徐载孙、陆秀夫、徐应镳（太学生）、陈文龙、陈瓒、王世昌、邓得遇、赵立、曹琦、司马梦求、林姓空斋先生、黄介、吴楚材、吴应登、李成大、潘大同、潘大本、陶居仁、赵时赏、赵希洎、刘子荐、钟季玉、潘方、高应松、陈奎、陈年、萧雷龙、宋应龙、刘子俊、刘沐、孙臬、彭震龙、萧焘夫、萧敬夫、陈继周、张汴、萧明哲、杜浒、林

① 参见《会编》卷36、卷66、卷74、卷76、卷78、卷81；《要录》卷2建炎元年二月乙亥；《宋史》卷447《徐揆传》；《挥麈后录》卷4。

② 《会编》卷81。

③ 《宋史》卷157《选举志》；《燕翼诒谋录》卷5。

琦、萧资、王士敏、赵孟垒、赵孟桼、缪朝宗、吴文焕（炳?）、林栋、陈龙復、张唐、熊桂、吴希奭、陈子全、刘钦、鞠华叔、颜斯立、颜起巖、赵璠、王梦应、陈莘、罗开礼、江万里、江万顷、高应松、朱浚（儒士）、刘仝子、林同（处士）等86人，殉难的武臣有江彦清、张顺、张贵、范天顺、牛富、边居谊、王安节、尹玉、赵孟锦、姜才、洪福、马塈、娄姓钤辖、密佑、张世傑、刘师勇、苏刘义、张珏、周虎、侯姓都统制、程聪、上官夔、王仙、黄文政、吕文信、张兴宗、耿世安、米立、赵文义、褚一正、邹沨、吕武、巩信、金应、刘士昭、张雲、徐榛、刘洙、刘伯文、李梓发、张哲斋、贺文振等42人，另有和尚莫谦之和道士徐道明。上引的统计当然也不见得完全，共计为130人。

南宋的官员数，据宋理宗宝祐四年（公元1256年），监察御史朱熠说："今日以百余郡之事力，赡二万四千余员之冗官。"[①] 估计二十年后宋朝亡国时的官员数也相差不多。可知即使以南宋末年而论，卿士大夫投降者仍占绝大多数，只是史料上不详细记录而已，今留存有汪元量的一句诗："满朝朱紫尽降臣。"[②] 在南宋亡国时，真正像文天祥、陆秀夫那样的死节之士，无疑只是凤毛麟角。连与文天祥一起登第的弟弟文璧，不是也"将惠州城子归附"元朝，故元世祖说："是孝顺我底。"[③] 故文天祥后来写诗说："弟兄一囚一乘马，同父同母不同天。"[④]

史实证明，无论是北宋末、南宋初，还是南宋末，大多数士大夫并没有响应范仲淹和欧阳修的号召，做守节者或死节者。这难道还不足以证明，尽管在一个强调名节的时代，而儒家节义观的教育，并没有对宋儒起到多大的作用。

明朝的专制淫威，大大胜于宋朝的优礼士大夫，皇帝对臣僚却异常苛酷，有很多诤臣死于廷杖。尽管如此，但一批又一批的诤臣，还是前仆后继，一不怕罚，二不怕死，而彪炳于史册，这反映明朝的士风确有值得称道的方面。但另一方面，明朝士风之糟，也同样令读史者触目惊心。《明

① 《宋史》卷44《理宗纪》;《宋史全文续资治通鉴》卷35宝祐四年九月甲寅。
② 《增订湖山类稿》卷1《醉歌》。
③ 《文山先生全集》卷17《纪年录》。
④ 《文山先生全集》卷15《闻季万至》。

史》卷306《阉党传》评论说："明代阉宦之祸酷矣，然非诸党人附丽之，羽翼之，张其势而助之攻，虐焰不若是其烈也。中叶以前，士大夫知重名节，虽以王振、汪直之横，党与未盛。至刘瑾窃权，焦芳以阁臣首与之比，于是列卿争先献媚，而司礼之权居内阁上。迨神宗末年，讹言朋兴，群相敌仇，门户之争固结而不可解。凶竖乘其沸溃，盗弄太阿，黠桀渠憸，窜身妇寺。淫刑痡毒，快其恶正丑直之私。衣冠填于狴犴，善类殒于刀锯。迄乎恶贯满盈，亟伸宪典，刑书所丽，迹秽简编，而遗孽余烬，终以覆国。庄烈帝之定逆案也，以其事付大学士韩爌等，因慨然太息曰：'忠贤不过一人耳，外廷诸臣附之，遂至于此，其罪何可胜诛！'"特别是天启时，宦官魏忠贤得势，大批无耻士人争相趋附，"内外大权一归忠贤。内竖自王体乾等外，又有李朝钦、王朝辅、孙进、王国泰、梁栋等三十余人，为左右拥护。外廷文臣则崔呈秀、田吉、吴淳夫、李夔龙、倪文焕主谋议，号'五虎'。武臣则田尔耕、许显纯、孙雲鹤、杨寰、崔应元主杀僇，号'五彪'。又吏部尚书周应秋、太仆少卿曹钦程等，号'十狗'。又有'十孩儿'、'四十孙'之号。而为呈秀辈门下者，又不可数计。自内阁、六部至四方总督、巡抚，遍置死党"。[①] 这正是明代士风的真实写照。

梁庚尧先生依据南宋的丰富史料，撰写了《豪横与长者：南宋官户与士人居乡的两种形象》一文。[②] 但他没有说明豪横是主流，还是长者是主流。何以在今存史料中，似乎精英们的比例较大呢？笔者认为至少有两方面的原因，一是史料上的有善方录，二是史料上的隐恶扬善。其实，宋人高斯得就说："为富者多，为仁者少。"[③] 这是阶级社会的基本事实。

传世的士大夫辈手笔，出于表彰乡贤，宣传儒道等各种原因，记录了一些士大夫的善举。至于更多平常的、普通的事，则往往认为没有记录的必要。其实，按照马克思主义的研究方法，是需要重视更多的带有普遍性的事物。今以《朱文公文集》卷16、卷17，《朱文公别集》卷9、卷10所

① 《明史》卷305《魏忠贤传》。

② 《宋代社会经济史论集》，允晨文化实业股份有限公司1997年版。

③ 《耻堂存稿》卷4《永州续惠仓记》。

载，宋孝宗淳熙时，朱熹在南康军和浙东施行的荒政为例。朱熹在南康军城郭与星子等三县，共“劝谕到上户”206户“共认赈粜米”，其中有“进士（举人）张邦献赈济过米五千石，合补（文官从九品）迪功郎，待补太学生黄澄赈济过米五千石，合补迪功郎”。但“其间有上户却将湿恶粗糙米谷赴场出粜，有误民间食用”。他又“切虑各县逐场监粜济官，容纵合干等人，减克升斗，及容上户将砂土、碎截、湿恶、空壳米谷赴场中粜济，及巡察官不即前去巡察”。浙东荒政，反映的弊端就更多，如“绍兴府都监贾祐之不抄札饥民”，“绍兴府指使密克勤偷盗官米”，这是与吏胥合伙犯罪为恶，“衢州守臣李峄不留意荒政”，官员张大声和孙孜“检放旱伤不实”，“衢州官吏擅支常平义仓米”，“上户朱熙绩不伏赈粜”等，朱熹奏明推赏者则有四人：“婺州金华县进士（举人）陈夔献米二千五百石”，“婺州浦江县进士郑良裔献米二千石”，“婺州东阳县进士贾大圭献米二千石”，“处州缙雲县进士詹玠献米二千五百石”，分别授官迪功郎和上州文学。以上记载多少反映了在荒政中，绝不是乡士大夫辈人人乐意捐助。

南宋晚期，黄震在抚州举办荒政，也发生类似的情况。在乐安县，“如詹良卿登仕则甲于一邑四乡者也，曾料院、许道州、詹季宏官人、曾正则官人、曾季同官人、詹明伯官人，皆邑内蓄米之多者，而中户又不与焉。如康元甫官人、周叔可官人，则甲于天授、乐安两乡者。如永丰湖西罗袁教、罗连幹之寄庄，则甲于雲盖一乡者也。他如黄景武官人暨景文、景宪、景雲等官人四兄弟，黄子光官人暨子大、子忠、凤孙等官人四兄弟，及黄汉举官人、陈季升官人、陈子清官人、黄晋甫官人、黄信甫官人、丘子忠官人、邓子清官人、张彝仲官人、张普卿官人、曾季毅官人、曾季常官人、郑荣甫官人、郑宪甫官人与鄢甲头，此四乡蓄米之多者。其余当职未能尽知，除一面陆续采访，及恳乡官次第转恳，今来不以公移劝分，而礼请名士宋节幹等十员，分乡提督劝粜”。[①] 所谓“分乡提督劝粜”，就不是很自觉自愿者。尽管如此，而“南塘饶宅米多粜少，又不恤寄产之邻都，坐视租佃之饥饿”。“长寿乡六十三都地名源头、焦陂，陈孟八官人米谷在门首之左右，广西乡六十九都地名竹山口，张曾十翁米谷在

① 《黄氏日抄》卷78《四月十九日劝乐安县税户发粜榜》。

旧屋，其男张绍一郎米谷在闵源新屋，广東乡七十一都地名上嵩，余靖一官人男及同乡余七三官人各有米在本宅，广西乡五十六都地名枫塘，杨茂五官人亦各有米在本宅，皆未肯粜。数内张曾十翁至为人镂榜，呪骂落地狱，担铁枷，可想民怨矣”。[①]“如前坪之王宅库僧（陈）米斗二百足，梁冈之邹郎、吴郎，郭头之王秀店边之诸陈米斗二百四十足，四都如罗湖之吴乙官人、许百三承事米斗又皆二百四十足，虽曰出粜，饥民何处得许多钱以籴之，然则得食者能几人欤？五十八都如管头之何和尚，古楼冈下之梁八秀才，每斗一百八十，虽曰差减，而碣头之孟宅库则二百二十矣。六十都如黄墓冈库之黄秀才，虽减十钱，如新陂之刘千二郎，樟桥之陈千十公，则又二百二十矣。五十九都如叶庆二官人出榜，每升三十，固为知义，而叶十九官人为奴仆夹杂鹿谷，每斗粜百单五，何不察也。如城塘之吴承事出榜，每斗减钱十五，固亦为知义，而前坊之刘，矿坑之胡，檞山院前之吴，皆百八十，何不相仿也。五十五都如冷水坑之危官人，固为略减，而大桥之李亦尚一百九十也。东路、北路之饥一也，东路荷知县一行皆已一贯三升，闻风竞粜”。[②]“乐安县康十六官人、周九十官人两宅米最多，而独不粜，为其邻甲、火佃者多饿死”。[③]“抚州税家无不乘贵粜米，乐安周宅乃独深藏到今，岂其雅意，正为青黄不接，救民之地耶”？[④]“大姓上户买游士以假大义，分哗斡以诉肤受，伺候仓台，乘机投诉，必欲挠败见行荒政”，也有乘此灾荒，“庄斡瞒其主人，乘时射利”[⑤]。黄震的记录，当是更真切地反映了抚州荒政的实际情况。抚州一带的地主阶级，包括其斡仆，实际上也是宋朝地主阶级的一个阶层，乘人之危者有多少，乐善好施者有多少，黄震的记载虽没有提供统计数，却也能看出个大概的比例。

其实，在阶级社会中，剥削和统治阶级的多数是为富不仁，古今中

① 《黄氏日抄》卷 78《委周知县发廪第二榜》。

② 《黄氏日抄》卷 78《委周知县发廪第三榜》。

③ 《黄氏日抄》卷 78《六月二十日委乐安施知县亨祖发粜周宅康宅米》。

④ 《黄氏日抄》卷 78《又再委施知县榜》。

⑤ 《黄氏日抄》卷 78《四月十九日劝乐安县税户发粜榜》、《七月初一日劝勉宜黄乐安两县赈粜未可结局榜》。

外，一概不可能例外。如若仅仅摘取为富者仁，乐善好施的记录，则不能不以偏概全。论析豪横是主流，还是长者是主流，其实根本离不开马克思主义阶级论的指导，唯有有了马克思主义阶级论的指导，方能有真正的科学论析。今之视昔，犹后之视今。例如目前的媒体报道中，如孔繁森等的先进事迹固然层出不穷，令人感动，但他们到底在为“官”（应是公仆）者中占了多少比例，社会主人们一般是心中有数的。如若后人依据目前的媒体报道，认为现在的为“官”者，多数属孔繁森之列，或者同时有公仆和贪官两种形象，不分什么主次，令人又当以为如何？

很多历史人物可说是亦好亦坏，但若依据片面的、隐恶扬善的文字，就有可能作出至少是不全面的评价。例如《宋史》卷360《赵鼎传》，称他为“中兴贤相”，而将他与峭直孤忠、鞠躬尽瘁的宗泽并列。然而依据今存的史料，特别是朱熹的评论，赵鼎并非没有做过好事，但最终却沦为主和派。“赵丞相亦自主和议，但争河北数州，及不肯屈膝数项礼数尔。至秦丞相，便都不与争”。“赵元镇亦只欲和，但秦桧既担当了，元镇却落得美名”。[①] 南宋初年，将行在设于建康府，还是临安府，事实上体现了战与和的政策分歧。李纲上奏，并专门修书给赵鼎，强调“建康有长江天堑之险”，“车驾不宜轻动”。[②] 时任宰相赵鼎却力主并主持迁至临安。《朱子语类》卷127、卷131说，“其（按：指赵鼎）行事亦有不强人意处。如自平江再都建康，张德远（张浚）极费调护，已自定叠了。只因郦琼叛去，德远罢相，赵公再入，忧虞过计，遂决还都临安之策。一夜起发，自是不复都金陵矣”。“为大臣谋国一至于此”，“为大可恨”！陆游诗也批判说：“庙谋尚出王导下，顾用金陵为北门。”[③] 东晋以建康为国都，建康亦名金陵，而赵鼎力主将“行在”从建康后撤临安，其实就是无复北顾中原的象征。[④]

① 《要录》卷122绍兴八年九月乙巳注，《朱子语类》卷131。

② 《要录》卷116绍兴七年闰十月辛巳；《宋史》卷359《李纲传》；《历代名臣奏议》卷85李纲奏；《梁溪全集》卷100《奏陈车驾不宜轻动札子》、卷123《与赵相公第十三书》。

③ 《剑南诗稿》卷34《感事》。

④ 李裕民《南宋是中兴？还是卖国——南宋史新解》中，强调定都临安是“都城的合理选择”，“是明智的”，载《南宋史及南宋都城临安研究》，人民出版社2009年版。看来，其见识只能在宋人李纲、朱熹和陆游之下了，亦不足怪。

宋孝宗的老师史浩颇有聪明才智，表现在极善圆满地排解专制政体和官场的各种纠纷，也做了若干好事，但处置军国大事，却又是十足的庸劣。《宋史》卷396《史浩传》无疑是承袭宋代史官的曲笔，特别是只字不提史浩出馊主意，招致德顺之战的最终大败，川陕宋军的主力被歼之事。宋孝宗最终才明白："此史浩误朕！"① 史浩对金朝早就提出"欲以弟侄之礼事之"，② 无非仍是稍稍争取点体面，而忍辱苟安。他"既参知政事，（张）浚所规画，浩必阻挠，如不赏海州之功，沮死骁将张子盖，散遣东海舟师，皆浩之为也"。③ 这当然也是误国失策的行为。如果不是参对其他史料，也难以较为全面而公正地评价史浩。

胡舜陟与前两人相比，当然不算重要历史人物。但台湾前辈学者程光裕先生著有《读宋史胡舜陟传》（《宋史研究集》第25辑）和《胡舜陟之御金论》（《岳飞研究》第4辑），广泛网罗史料，进行了细致的论述。胡舜陟当然是个能干的官员，文武兼资，也有政绩。但纵观史料所载，也不无污点。据《朱文公文集》卷19《乞褒录高登状》和《宋史》卷399《高登传》，时任广西经略安抚使的"胡舜陟谓登曰：'古县，秦太师父旧治，实生太师于此，盍祠祀之。'登曰：'桧为相亡状，祠不可立。'舜陟大怒，摭秦琥事，移荔浦丞康宁以代登，登以母病去。舜陟遂创桧祠，而自为记，且诬以专杀之罪，诏送静江府狱。舜陟遣健卒捕登，属登母死舟中，稿葬水次"。"登归葬其母，讫事诣狱，而舜陟先以事下狱死矣，事卒昭白"。这两份记载又使我们见到了胡舜陟的另一种形象。他企图以"创桧祠，而自为记"讨好秦桧。

笔者当然不承认如赵鼎、史浩、胡舜陟等人算得上精英，这与某些学者所称道的精英的范围，是大不相同的。

陆游无疑是南宋头号大诗人，以其爱国诗而在中国古文学史上享有应得的盛誉。他的诗中有"君不见昔时东都宗大尹，义感百万虎与狼。疾危

---

① 《宋史》卷383《虞允文传》。

② 《建炎以来朝野杂记》甲集卷20《癸未甲申和战本末》；《鄮峰真隐漫录》卷31《答宣抚张丞相议攻取札子》。

③ 《宋史全文续资治通鉴》卷23绍兴三十二年七月。

尚念起击贼，大呼过河身已僵”，① “公卿有党排宗泽，帷幄无人用岳飞”，②“剧盗曾从宗父命，遗民犹望岳家军”，③ “堂堂韩岳两骁将，驾驭可使复中原”，④ “西酹吴玠墓，南招宗泽魂”等句。⑤热烈歌颂了宗泽、岳飞、吴玠、韩世忠等抗金名臣和名将，却从未歌颂过庸将兼大贪官，也是杀害岳飞的凶手之一的张俊。然而因与张俊曾孙张镃的过从甚密，陆游在《渭南文集》卷16《德勋庙碑》中，却对张俊大加颂扬：“建炎以来，功臣则有矣，至可名社稷臣者，非公而谁？故国家所以褒表崇异，常出等夷之上，非私恩也。”平心而论，此文只能反映陆游的缺点，若以此作为肯定张俊的依据，岂非完全失实。

叶適是宋代有名的思想家，人们一般都予以正面评价。但其《水心文集》卷23的杨愿墓志铭和卷24的汪勃墓志铭，却为秦桧独相期间的两个短命执政，其实是为虎作伥的狗腿子树碑立传。如果仅据这两个墓志铭，人们也会对杨愿和汪勃产生误解。

根据多年来的经验，笔者以为评判任何历史人物，一条重要的原则是须经受反面事实的揭发。自古迄今，虚美的记录不可胜数。其他且不说，笔者特别有感于目前盛行的吹牛风，报刊上经常登载不少介绍学术成就的吹牛文字，内行的知情人当然知道，完全是虚美，将一个个小橡皮袋，吹成一个个大气球，并且一个强似一个。但若是外行，或是不知情，就完全难以辨别。

三 现代知识分子是否需要名节或气节

如今是一个并不强调名节或气节的时代。我曾经揭露过一位被奉为“马克思主义史学家”的名人。“文化大革命”后期，邓小平赶走了迟群所派工宣队，改派林修德、刘仰峤和宋一平主持中国科学院哲学社会科学

① 《剑南诗稿》卷20《感秋》。

② 《剑南诗稿》卷25《夜读范至能揽辔录言中原父老见使者多挥涕感其事作绝句》。

③ 《剑南诗稿》卷27《书愤》。

④ 《剑南诗稿》卷34《感事》。

⑤ 《剑南诗稿》卷34《村饮示邻曲》。

学部的工作。当时人们都明白，这当然是与江青争夺舆论地盘之举。及至1976年，毛泽东亲自发动和领导所谓批邓、反击右倾翻案风，自然又使林修德等人处于很困难的境地。其时学部的老干部约有二三百人，一般对这次政治运动都持消极抵制的态度。但几乎是唯一的例外，就是这位先生。他十分起劲卖力地利用近代史所的领导地位，主动贴大字报，上蹿下跳，向林修德等人逼宫，要他们交代与邓小平的黑关系。人们都清楚，他显然是积极投靠九天玄女娘娘，准备在一旦登基时高升呢。当然，其所作所为也引起人们普遍的厌恶。

到九天玄女娘娘倒台，政治风向为之一变，触犯众怒的他自然成了众矢之的。人们强烈要求撤销其人大代表资格，追查他与“四人帮”的黑关系。一天，笔者登上当时三号楼的楼梯，正逢他一把眼泪，一把鼻涕下楼，估计是在楼上小礼堂挨了批判。笔者当时心想：“早知今日，何必当初！”但不久就传达了上级指示，为了维护安定团结，还是保留他人大代表的资格。

然而曾几何时，这位先生又抖起来了，并且晋升为人大常务委员。邓小平号召批判精神污染，于是这位当年曾卖力追查林修德等与邓小平黑关系者，又积极响应邓小平的号召，以史界左派的资格，向精神污染开火，甚至咬定历史唯心主义就是精神污染。历史所党委书记梁寒冰先生召集座谈会，要大家座谈反精神污染问题。笔者忍不住发言：“如果让某同志能够认真检讨一下在‘文化大革命’后期所犯的唯心主义错误，岂不是对大家更有教益。”治元史的杨讷先生当即开玩笑说：“你不要盯住某同志不放，好不好！”应当承认，梁寒冰先生还是很有涵养的，他不表态，其实就是包容笔者。

这位先生总的表现是显得很“左”。例如他很喜欢强调，孙中山先生是“资产阶级革命家”。据邓广铭先生说，他参加陈寅恪先生纪念会，就处心积虑地想给陈寅恪先生定调为“资产阶级学者”，只是当时的政治气氛不同，大多数人对此论不予理睬。邓先生明白他的意图后，就处处软软地顶他。他经常强调别人是“资产阶级”，无非是突出自己是“无产阶级”。笔者有时很感慨地说，如果孙中山先生真是所谓“资产阶级革命家”，陈寅恪先生真是所谓“资产阶级学者”，也比这位所谓的“无产阶级史学家”和“马克思主义史学家”好上千倍，强上千倍。对中华民族而言，此类“无产阶级史学家”和“马克思主义史学家”无疑是少一个，好一个。

说到这位先生，笔者不由联想起前述近一千年前欧阳修批判“长乐老”的故事。然而如今的士风，只怕还比不得当时，不是照样不断地为这位“马克思主义史学家”发表纪念文字，开纪念会吗？实际上是欲将这位先生树立为中国史学界的一面旗帜和一个榜样。然而如果真是普遍、完全而彻底地将他奉为旗帜和榜样，堂堂的中国史学界又有何希望!?

记得马克思曾无比感慨地说，他播下龙种，却收获跳蚤。一些所谓“马克思主义史学家”的基本特征，无非是以利己主义的心态，兼以实用主义的手段，去对待马克思主义。他们的最大特色，无非是随风使舵，而随风使舵的手段，则是曲学阿世。如若马克思和恩格斯魂而有知，看到中国大陆有这么一位马克思主义史学家，肯定会感叹欷歔，甚至伤心落泪。

从这位先生代代红的奋斗历程，倒使笔者看到了在我们这个时代，恢复和强调古人倡导的名节观或气节观的重要性。难道这个时代的知识分子，就不需要继承和发扬古人倡导的名节观或气节观，就不需要或强调有新时代内涵的名节观或气节观?

什么是新时代内涵的名节观或气节观，确实不易作出准确而清楚的回答。但只怕还是离不开五四新文化运动强调的爱国、民主和科学，离不开学术道德。目前祖国尚未完成统一，对于一切分裂祖国的思想和行为的反对和抵制，当然也是一种爱国气节，但似乎还不够，一个真正的爱国者，应当能够清醒地正视本民族的一切缺陷和错误，而不能文过饰非、颟顸自大，这也应是一种气节观的表现。万恶的专制主义与民主势不两立，伪科学和愚昧也与科学势不两立，如果为专制主义和伪科学辩护或和平共处，这总不能算是守节吧。再如当今的学术腐败可谓五光十色，如趋炎附势风、拼抢名位风、空头主编风、剽窃风、浮躁风、吹牛风等，不一而足，愈演愈烈。如果随风而靡，也总不能算是守节吧。如此等等，我只是谈若干想法而已。

本文的论述很可能是片面的或错误的，衷心欢迎大家提出商榷和批评意见。

附记：本文关于对中国古代士大夫和士风的估价，曾与著名的汉唐史专家张泽咸先生进行讨论，他表示赞同。

（原载《河北学刊》2011 年第 1 期，改标题为“论中国古代士大夫及士风和名节”；又转载《新华文摘》2011 年第 7 期）

三学生、京学生与宋朝政治

宋朝的学生运动确是在中华古史上留下了不可磨灭的辉煌篇章，论述不少。如台湾学者王建秋先生撰有《宋代太学与太学生》[①] 的专著，较近者如汪圣铎先生著有《南宋学生参政析论》。[②] 但是，古代的太学和太学生也与一切社会现象一样，不可能是单纯的夺目的金色，而必然混杂着各种各样的色彩。本文力图从多种角度论述宋朝的太学生。此外，随着进一步的研究，发现单纯谈论太学生，也是不够的，首先就必须对宋朝的所谓"三学"和"京学"，作一考证。

一　宋朝三学和京学考

宋初看来并无"三学"之称，武学与太学或称"文、武两学"，[③] 更多的则称"三学"。大致始自宋神宗时，正式设立武学和律学。《宋史》卷164《职官志》大医局称北宋的"三学生"为"太学、律学、武学生"。《宋朝诸臣奏议》卷79程颐《上哲宗三学看详条制》相同，这已是北宋后期的概念。《宋史》卷157《选举志》说，医学"常以春试，三学生愿与者听"，即是指此三学。南宋初，抗金名臣宗泽辞世，开封城的"三学之士千余人为文以哭"，也应是指此三学。[④]

绍兴时恢复的学校，主要是文、武两学。绍兴末期，"太学录刘甄夫、

① 中国学术著作奖助委员会，1965年。

② 载《宋代社会生活研究》，人民出版社2007年版。

③ 《燕翼诒谋录》卷2："此与书学、画学、算学、律学并列于文、武两学者异矣。"

④ 《要录》卷16建炎二年七月癸未朔，《宗忠简公集》卷7《遗事》。

武学谕叶怀忠等以皇太后新年八十，率两学生上表称贺”。[1]“中书舍人洪遵等言：‘太学、武学、临安府学诸生以皇太后圣寿八十，上表称贺，文理可采。’诏两学大职事十六人并永免文解，两学小职事四十五人，府学正、录三人并免解一次”。[2] 可知当时已无“三学”之称。尽管绍兴十四年（公元1144年），已重建宗学，[3] 但宗学并未取得与太学和武学平列的地位。临安另有“府学”，也称“京学”，[4] 但似被宋人视为地方的学校，与中央的学校不同。

宋宁宗嘉定时，出现了太学生、宗学生和武学生，即“三学”论政的情况，这与北宋的“三学”有异。[5] 宋理宗后期，冯去非“召为宗学谕。丁大全为左谏议大夫，三学诸生叩阍，言不可。帝为下诏禁戒，诏立石三学，去非独不肯书名碑之下方”。由此可知，三学应为太学、武学和宗学。[6] 但在崇尚文治的前提下，武学的地位显然不能与太学比肩。《左史谏草·左史吕公家传》亦称“太、宗、武学诸生”。《梦粱录》卷4《解闱》载“三学生员”为“太、宗、武学士人”。《宋史全文续资治通鉴》卷35宝祐四年十一月乙巳所载，三学亦为太学、武学和宗学。《隐居通议》卷31《前朝科诏》记录南宋末期咸淳七年科考，有“二月十八日，引试三学泛免一场。二月十九日，引试京学频申一场。二月二十日，引试京学零分一场”。可知京学不与三学相提并论。故程公许说：“京学养士，其法本与三学不侔。”[7] 但有时也合并称“四学”。[8]

二 “无官御史台”

从今存史料看来，太学生糠秕时政，褒贬政要，大致始于宋神宗时。

---

① 《要录》卷180绍兴二十八年十二月丁未。

② 《要录》卷183绍兴二十九年八月壬申。

③ 《要录》卷151绍兴十四年二月丙午。

④ 《宋史》卷156《选举志》。

⑤ 《四朝闻见录》甲集《请斩乔相》、《吹剑四录》。

⑥ 《宋史》卷425《冯去非传》。

⑦ 《宋史》卷415《程公许传》。

⑧ 《宋季三朝政要》卷2淳祐四年。

据《林希野史》说，苏颂之子苏嘉“在太学”，撰写策文，针对变法，“非毁时政”，激怒王安石，罢免一批学官。① 宋神宗说：“太学生好雌黄人物，虽执政官亦畏其口。”宋人认为，“‘无官御史台’之号恐自此始”。② 当时处分了一批与太学有关的官员。沈季长“坐受太学生竹簟、陶器，升补内舍生不公”。③ 官员王沇之“坐受太学生章公弼赂，补上舍不以实，罪当徒二年”。余中“坐受太学生陈度赂，罪当杖”。范峒“坐为封弥官，漏字号”。④ 但到宋哲宗元祐时，左正言丁骘奏：“太学之狱至于六、七，而沈季长、叶涛、王沇之、叶唐懿、余中、沈铢、孙谔、龚原、周常等无辜被罪，太学生非理而死者不可胜数。”⑤ 刘挚则说，“谨按太学公事，本因学生虞蕃就试不中，狂妄躁忿，上书告论学官阴事，自此起狱”。“上自朝廷侍从，下及州县举子，远至闽、吴，皆被追逮。根株证佐，无虑数百千人，无罪之人，例遭箠楚，号呼之声，外皆股栗”。“近年惨辱冤滥，无如此狱”。⑥ 宋神宗时“太学之狱至于六、七”，固然多少反映太学中的腐败，但镇压异论，亦无可疑者，故“太学生非理而死者不可胜数”，当是事实。

宋徽宗崇宁时，四川太学生雍孝闻在殿试中“力诋”蔡京兄弟“及时政未便者”，被流放而死于海南岛。⑦ 大观时，太学生陈朝老上书说：“蔡京奸雄悍戾，诡诈不情，徒以高才大器自处，务于镇压天下”。“厥今官爵冗而非才杂进，财用竭而妄费无已，恩泽滥而侥倖成风，科配苛而农民重困，释老盛而寺观兴，修造多而土木耗，宦竖纵横而权移小人，学校纷更而士失所业，谀佞成俗而上不闻知，恩宠上分而人多侮法，钱与法俱重而无术以平之。推其弊之所在，良由士出其门，人无所守，各怀私恩，而不

① 《长编》卷226熙宁四年八月己卯注，卷228熙宁四年十一月戊申，卷299元丰二年七月癸巳、八月丙辰。

② 《苕溪渔隐丛话》后集卷35引《上庠录》。《鹤林玉露》丙编卷2《无官御史》称“太学，古〔诗〕云：‘有髪头陀寺，无官御史台。’”

③ 《长编》卷300元丰二年十月戊申。

④ 《长编》卷301元丰二年十一月庚午。

⑤ 《长编》卷409元祐三年三月癸亥。

⑥ 《忠肃集》卷4《论太学狱奏》。

⑦ 《挥麈前录》卷2；《玉照新志》卷1；《万姓统谱》卷2说他是阆州人。

知国家之公议，几成风俗。且爵禄名位，天下之公器，权臣盗之，以植私党，最国家之大患。况蔡京尤能深结陛下左右近习之人，故此曹为之隐蔽，是以公肆诞谩，莫敢谁何”。他又上书议政说：“陛下即位于兹，凡五命相矣。有若韩忠彦之庸懦，曾布之赃汙，赵挺之之蠢愚，蔡京之跋扈，今复相何执中，是犹以蚊负山也。”[①]《宋史》卷351《何执中传》和卷472《蔡京传》也记载了陈朝老上书指斥蔡京与何执中，在此不备录。《万姓统谱》卷18说，“陈朝老，字廷臣，（福建路建州）政和（县）人。元符末，为太学生，论事剀切，台谏受蔡京风旨，例以狂妄目之。”另有“太学生张寅亮应诏论事，得罪屏斥”。[②]政和初，张商英罢相，“太学诸生诵商英之冤”。[③]太学生朱梦说屡次上书，指责“入仕之源太浊，不急之务太繁，宦寺之权太盛”，被“编管池州”。[④]另一太学生邓肃“上十诗，备述花石之扰”，其中有“但愿君王安万姓，圃中何日不东风”之句，“诏屏逐之”。[⑤]

北宋末，爆发了著名的太学生陈东领导的伏阙上书爱国群众运动，这其实是一场自发的运动，事先根本没有严密的组织。但从另一方面看，也是太学生由个别人的活动升格为集体性的运动，在宋代确是开了先例。当时参加此次运动的太学生沈长卿说，陈东原先只是“率士数百，伏阙上书”，这是有组织的。“京城百姓群聚阙廷，不约而来者几数万人，仰天椎心，祈哀请命，莫不欲李纲之相，邦彦之罢也”。“其后乘〔势〕恃众，殴击内侍，盖缘平居细民受虐之深，积怨之久，〔以至于是〕”。“举数万之众，不烦召而群聚帝阍，若出一家，曾无异意者，岂陈东一布衣寒士所能驱率哉”？[⑥]群众的激烈行为失控，陈东“止之虽甚力，众怒哗不听”。[⑦]陈东随即离别开封。南宋初，他又应召到行在南京应天府，正好得知李纲

---

① 《宋宰辅编年录校补》卷12；《会编》卷50。

② 《宋史》卷355《上官均传》。

③ 《宋史》卷351《张商英传》。

④ 《会编》卷159、卷160；《宋史》卷22《徽宗纪》。

⑤ 《挥麈后录》卷2。邓肃《栟榈文集》卷1《花石诗十一章并序》文字略异。另见《宋史》卷375《邓肃传》、《吹剑四录》。

⑥ 《会编》卷41，以《宋宰辅编年录校补》卷13校。

⑦ 《陈少阳集》卷7陈东行状。

罢相，又上书言事，说皇帝不当即位，建议留李纲为相，而罢免奸臣黄潜善和汪伯彦。宋高宗恼羞成怒，亲下御批，杀害陈东与另一文士欧阳澈。[①] 陈东是宋代太学生中最杰出、最重要的代表人物和英烈。

北宋末到南宋初，在一场空前的浩劫中，不少太学生表现了爱国气节。太学生杨诲上书宋钦宗，反对对金割地乞和。[②] 当金军第二次攻开封城时，太学生丁特起针对宋廷“犹冀和好可成”，“上书论列，以谓金人有三可灭之理，而用兵有五不可缓之说，书奏，不报”。[③] 开封城破之后，宋钦宗去金营求和，“太学诸生数百人泣诣南薰门，上书于大金元帅，言办金银事，乞车驾还内。朝廷大臣阴以兵拦截，又厉声云：‘诸生不可，恐致生事。’”徐揆“以书抵二酋，请车驾还阙”，他到金营，“厉声抗论”，而被杀害。[④] 另有太学生黄时偁也单独上书金帅完颜粘罕。[⑤] 前述朱梦说被宋钦宗重新招入太学，参加了吴革领导的抗金斗争。[⑥]

南宋建炎时，有太学生魏祐“论黄潜善、汪伯彦误国十罪”，宋高宗“不报”。[⑦] 宋高宗在南京应天府即位后，不断南逃。但开封府作为京城，仍保留所谓“三学”，由民族英雄宗泽任东京留守。魏祐显然尚在开封城里。宗泽不幸辞世，如前所述，“三学之士千余人为文以哭”，其祭文尚存。祭文最后说：

> 语及二圣，号呼拊膺，愿身督战，以济中兴。属纩之际，犹未忘情。世谓金石，浸烁不侵，公之忠诚，逾石与金。谗人何辜，诋议日寻，皇天后土，实鉴此心。呜呼哀哉！人之无禄，丧我元老，天为雨泣，霣汝中道。稚子庸夫，罢市相吊，悍将骄卒，投兵痛悼。某等受

---

① 参见拙作《陈东和欧阳澈之死》，载《岳飞和南宋前期政治与军事研究》，河南大学出版社2002年、2005年版。此文的主旨，就是针对南宋不少记载曲意掩饰皇帝的罪恶和元凶地位，考订宋高宗是杀害陈东和欧阳澈的元凶。

② 《会编》卷36。

③ 《会编》卷66。

④ 《会编》卷74、卷76；《宋史》卷447《徐揆传》；《挥麈后录》卷4。

⑤ 《会编》卷78，《挥麈后录》卷4。

⑥ 关于朱梦说，参见拙作《尽忠报国——岳飞新传》附录四岳飞的部将和幕僚，河北人民出版社2001年、2007年版。他后来担任岳飞制置使司的幹办公事，因指斥朝政，宋高宗迫令岳飞辞退。

⑦ 《会编》卷115；《要录》卷12建炎二年正月癸丑。

恩甚渥，大庇久依，天子谁忍，弃子如遗。九原可作，繄谁与归？兴言及此，涕血交颐。[①]

这是宋代首次出现“三学之士”的联合行动，表明律学与武学生也登上政治舞台。祭文除了对宗泽予以高度评价外，也指斥了小朝廷的“谗人”，表明他们对朝政的昏暗有足够的了解。随着开封的沦陷，北宋留下的三学也不复存在。

极其屈辱的绍兴和议后，宋高宗在临安府“首开学校，教养多士，以遂忠良”，秦桧为太学作石刻题记说：“孔圣以儒道设教，弟子皆无邪杂背违于儒道者。今缙绅之习或未纯乎儒术，顾驰狙诈权谲之说，以侥幸于功利。”[②] 所谓“以遂忠良”，就是要学生们服帖地接受皇帝的降金苟安政策，如果主张抗金，就是“未纯乎儒术”，“狙诈权谲”。他们一方面是须要以学校装饰偃武修文的门面，另一方面，又害怕学生闹事，禁止“两学”“上书言事”，此项禁令沿袭到宋孝宗时。[③]《水心别集》卷13《学校》说：“朝廷以为倡乱动众者，无如太学之士。及秦桧为相，务使诸生为无廉耻以媚己，而以小利啖之，阴以拒塞言者。士人靡然成风，献颂拜表，希望恩泽，一有不及，谤议喧然。故至于今日太学尤弊，遂为姑息之地。”但到秦桧死后，又有太学生黄作、詹渊等人企图突破禁令，上书议政，宋高宗当即“诏作、渊皆送五百里外州编管”，[④] 以为镇压。王十朋“与冯方、胡宪、查籥、李浩相继论事，太学生为《五贤诗》述其事”。[⑤] 当金海陵王再次兴兵南侵时，太学生程宏图和宋芑也分别突破法禁，上书要求为岳飞等人平反。[⑥]

宋孝宗隆兴时，面对宰相汤思退的投降卖国行为，张观（觐?）等太学生们置个人祸福生死于度外，顶住“黄榜”的巨大压力，为挽回国运，

① 《宗忠简公集》卷7。

② 《金石萃编》卷149《李龙眠画宣圣及七十二弟子像赞高宗御制并书》。

③ 《四朝闻见录》乙集《钱唐》。

④ 《要录》卷172绍兴二十六年三月己未；《宋史》卷385《周癸传》。

⑤ 《要录》卷186绍兴三十年九月壬寅；《宋史》卷387《王十朋传》、卷459《胡宪传》。

⑥ 《会编》卷236、卷237；《要录》卷190绍兴三十一年五月戊戌。

毅然决然上书言事，发表一代公论，伸张正气，还是产生了强大的政治威力，对拯救时局起了重大作用。这无疑是继北宋末陈东领导的学生运动之后的又一辉煌篇章。由于另有专文，[①] 在此不作详述。

此后，太学以至三学，无论如何已成为最重要的民间舆论力量，影响着时政。

宋光宗时，太学生余古上书抨击时政的不少腐败状况，“送秀州听读”。[②] 所谓“听读”，还是继承秦桧当政时的一项发明，“虽为听读，当职官亦挂意防守。必送之厢司，与编管人无异”。[③] “太学生乔嘉、朱有成等移书”谏官何澹，责备他不为继母守丧，何澹只能离官丁忧。[④] 宋光宗与太上皇发生矛盾，不去朝拜重华宫，又有太学生汪安仁等二百余人上书，“而龚日章等百余人以投匭上书为缓，必欲伏阙”。[⑤] 宋光宗得精神病后，“太学生程肖说等以帝未朝，移书大臣，事闻”，宋光宗决定“以癸丑日朝”。[⑥] 上述情况说明太学生的舆论力量，甚至连皇帝也须有所听纳。

宋宁宗庆元时，韩侂胄与赵汝愚政争，太学生杨宏中、周端朝、张衜、林仲麟、蒋傅、徐範等“伏阙”言事，为赵汝愚辩护，“悉送五百里外羁管”。尽管如此，他们“遂得六君子之名”，后称“庆元六君子”。[⑦]华岳是武学生，有相当军事造诣，著有《翠微先生北征录》，这是宋代一部重要的军事著作。开禧时，他上书反对韩侂胄仓促北伐，“复入学登第，为殿前司官属”，嘉定时，“谋去丞相史弥远”，遇害。[⑧]《说郛》弓47《古杭杂记》：“开禧韩侂胄开边隙，至函其首以乞和，太学有诗云：‘晁错既诛终叛汉，於期已入竟亡燕。’”

嘉定三年（公元1210年），发生太、武“两学”生与临安府尹赵师睪

---

① 详见拙作《汤思退与隆兴和议》，载《丝毫编》，河北大学出版社2009年版。

② 《续编两朝纲目备要》卷2绍熙二年五月。

③ 《宋宰辅编年录校补》卷16。

④ 《续编两朝纲目备要》卷2绍熙二年秋，《宋史》卷394《何澹传》。

⑤ 《宋史》卷400《杨大全传》，《续编两朝纲目备要》卷2绍熙三年正月。

⑥ 《宋史》卷36《光宗纪》绍熙五年四月。

⑦ 《续编两朝纲目备要》卷4庆元元年四月庚申，《宋史》卷392《赵汝愚传》，《四朝闻见录》甲集《庆元六君子》，《齐东野语》卷20《庆元开庆六士》。

⑧ 《宋史》卷455《华岳传》。

冲突的事件。最初是“府民有因讼行赇者，事连武学生柯子冲、卢德宣，府命付理院械系之”。赵师睾判案，造成“士论哗然”。武学生周源等投牒，指斥赵师睾“本权臣（韩侂胄）之死党，奴事苏（师旦）、周（筠），贿结贪相（陈自强）”云云。太学生也参加投牒。实际上应是当政的史弥远讨厌赵师睾，将他罢免。[①] 在事隔七百年后，此事的曲直是非只怕就难以判断。但有两条可以肯定，一是当时上政治舞台者还仅是“两学”，没有包括宗学。二是以太学为首的“两学”已经成为影响时政的重要舆论力量，能使临安府尹下台。

嘉定六年（公元 1213 年），真德秀使金，得知蒙古攻金，半途而返，主张断绝对金岁币。当政的史弥远自然犹豫不决。但“朝绅、三学主真议甚多”。乔行简时任淮南转运判官、兼提点刑狱、提举常平，[②] 他上书史弥远，主张“宜姑与币，使得拒鞑”。于是“太学诸生黄自然、黄洪、周大同、家榱、徐士龙等，同伏丽正门，请斩行简，以谢天下”。[③] 此次伏阙上书，虽仅是太学生出面，但自绍兴以来，今存史料中初次提及了“三学”。如前所述，这与建炎时的“三学”中有律学不同。

《说郛》弓38《白獭髓》载：“嘉定间，外患交攻，廷臣有以和、战、守三策为言者，谓战为上策，守为中策，和为下策。是时，胡榘侍郎专主和议，会入朝时，四明袁燮侍郎与胡公廷争，专主战守议，仍以笏击胡公额。遂下侍从、台谏集议。后袁君以此辞归，太学诸生三百五十四人作诗以送袁君曰：‘天眷频年惜挂冠，谁令今日远长安。举幡莫遂诸生愿，祖帐应多行路难。去草岂知因害稼，弹乌何事却惊鸾。韩非、老子还同传，凭仗时人品藻看。’”此处所说，应是嘉定十二年（公元 1219 年）的事。当年又有“太学生伏阙上书”，“何处恬等论工部尚书胡榘欲和金人，请诛之，以谢天下”。[④] “胡榘既论罢，九华叶寘作《三学义举颂》，其序曰：‘嘉定十二年五月五日己亥，太学生何处恬等二百七十三人相率上书，言

① 《续编两朝纲目备要》卷 12 嘉定三年十二月丙寅；《宋史》卷 247《赵师睾传》；《吹剑四录》。

② 乔行简官衔据《宋史》卷 417《乔行简传》。

③ 《四朝闻见录》甲集《请斩乔相》。

④ 《续编两朝纲目备要》卷 15 嘉定十二年五月己亥。

工部尚书胡榘及其兄槻，中外相挺，引董居谊、聂子述、许俊、刘琸，误军败国。奏闻未报，宗学生公玘（记?）等十二人，武学生郭用中等七十二人又相继伏阙，极言其事。'”这是自建炎以来，三学生首次联合行动。史弥远是个工于内斗、怯于外战的小人，他面对学生运动，“乃召太学博士楼昉至赐第，俾谕诸生，以学校为伸公论对为体，朝廷庙堂未尝加喜愠”，以示安抚，又悛使谏官不分青红皂白，“论榘及礼部侍郎袁燮俱罢”。[①]但太学生显然有自己的判断，于是就有“太学诸生三百五十四人作诗以送袁君”。其实，从嘉定十年（公元1217年）始，宋金已重新开战。居然还有人“专主和议”，这当然是史弥远当政下才能出现的荒唐。

作为南宋第三个权臣，史弥远表面上不像秦桧与韩侂胄那么张牙舞爪，“外示涵洪，而阴掩其迹；内用牢笼，而微见其机”。[②] 正是在他专权之际，三学生议政的分量大为加重。史弥远表面上“未尝加喜愠”，某种程度上助长了三学生的议政之风。但史弥远对三学生议政实际上有个限度，就是不能触及他本人的专权。“胡卫、卢祖皋在翰苑，草明堂赦文云：‘江淮尽扫于胡尘。’太学诸生嘲之曰：‘胡尘已被江淮扫，却道江淮尽扫于。’又曰：‘传语胡、卢两学士，不如依样画胡卢。’”[③] 用以讥刺其用人，但史弥远也能容忍。

宋宁宗病死，史弥远使用阴谋手段，废黜原定的皇储济王赵竑，另立宋理宗。接着发生霅川之变。《说郛》弓49《三朝野史》记载：“潘丙、潘壬，太学生也，就湖州册立济王为帝，事败。”不少臣僚抗论，为济王遇害喊冤。史弥远打算逐走真德秀和魏了翁，“朝士莫有任责，梁成大独欣然愿当之。遂除察院（监察御史），击搏无遗力。当时太学诸生曰：‘大字傍宜添一点，曰梁成犬。’”[④] 大理评事胡梦昱也因此流窜岭南象州，太学生胡炎赠诗送行：“一封朝奏大明宫，嘘起庐陵古直风。言路从来天样阔，蛮荒谁使径旁通。朝中竞送长沙傅，岭表争迎小澹翁。学馆诸生空

---

① 《吹剑四录》。

② 《宋史》卷401《柴中行传》，他虽是议论“朝廷用人”，其实正是反映史弥远的特点。

③ 《鹤林玉露》甲编卷4《词科》。

④ 《鹤林玉露》丙编卷2《大字成犬》。

饱饭，临分忧国意何穷。”[①] 到史弥远病死，宋理宗亲政后，喜熙元年（公元1237年）发生火灾，“三学生员上书，谓火起新房廊，乃故王旧邸之所”，这当然是一种迷信的因果报应之说。殿中侍御史蒋岘为皇帝开说，认为不必为赵竑平反。“于是太、武学生刘实甫等二百馀人相率上书，力攻之，岘遂罢言职”。[②]

《癸辛杂识》后集《三学之横》，“三学之横，盛于景定、淳祐之际，凡其所欲出者，虽宰相、台谏，亦直攻之，使必去权，乃与人主抗衡。或少见施行，则必借秦为谕，动以坑儒恶声加之，时君、时相略不敢过而问焉”。“一时权相如史嵩之、丁大全不恤，行之亦未如之何也”。

淳祐四年（公元1244年），史弥远的族侄史嵩之“遭父丧，起复右丞相、兼枢密使”。“于是太学生黄恺伯、金九万、孙翼凤等百四十四人，武学生翁日善等六十七人，京学生刘时举、王元野、黄道等九十四人，宗学生与寰等三十四人，建昌军学教授卢钺皆上书，论嵩之不当起复”。[③] 其上书的内容可见《宋季三朝政要》卷2，《宋史全文续资治通鉴》卷33，“太学斋廊榜云：‘丞相朝入，诸生夕出；诸生夕出，丞相〔朝〕[④] 入。’”可知“四学”与史嵩之对立的严重。次年，直言的侍御史刘汉弼死，太学生蔡德润等173人“伏阙上书，以为暴卒”。[⑤] 接着，又有宰相杜範死，工部侍郎徐元杰“暴卒”。“物论沸腾，直谓数公皆中毒死。徐则遍体青黑，朝野为之惊骇”，[⑥]“人皆疑嵩之致毒”。[⑦]“六馆诸生叩阍吁告”，[⑧] 宋理宗下令调查，结果是史嵩之致仕，但三人暴死的调查却不了了之。

奸相丁大全是在宝祐四年（公元1256年）升执政官签书枢密院事，宝祐六年（公元1258年）任相，才一年有余，到开庆元年（公元1257年）罢相。《齐东野语》卷20《庆元开庆六士》：“开庆间，丁大全用事，

① 《鹤林玉露》甲编卷6《象郡送行诗》；《齐东野语》卷14《巴陵本末》文字稍异。

② 《齐东野语》卷14《巴陵本末》。

③ 《宋史》卷414《史嵩之传》。

④ “朝”原作“夕”，据《宋史纪事本末》卷96《史嵩之起复》校。

⑤ 《宋史》卷406《刘汉弼传》。

⑥ 《钱塘遗事》卷3《嵩之起复》；《宋史》卷415《程公许传》。

⑦ 《宋史》卷413《赵与懽传》。

⑧ 《宋史》卷415《程公许传》。

以法绳多士。陈宜中与权、刘黼声伯、黄镛器之、林则祖兴周、曾唯师孔、陈宗正学亦以上书得谪，号六君子。”与前“庆元六君子”并名。刘黼在《宋史》卷405有传，但叙事有颠倒。“侍御史陈垓诬劾程公许，右正言蔡荥诬劾黄之纯”，刘黼“率诸生上书”，是在淳祐十一年（公元1251年），郑清之任相，徐清叟任同知枢密院事时，[①] 而《宋史·刘黼传》将此事系于“及大全贬，黼还太学”之后，系误。《宋史》卷44《理宗纪》宝祐四年十一月载：“以监察御史吴衍、翁应弼劾太学、武学生刘黻等八人不率，诏拘管江西、湖南州军，宗学生与倘等七人并削籍，拘管外宗正司。”《宋季三朝政要》卷2记事说：“太学生陈宜中等上书攻丁大全。大全怒，取旨，陈宜中、黄镛、林则祖、曾唯、刘黼并削籍、编置，下临安府，押出国门。祭酒司业率二十斋学生冠带送出圜桥府。大全愈怒，立碑三学，戒励诸生，毋得诪张嚛吻，妄议国政。又令今后诸生上书，须前廊学官看详，牒报检院，方许闻奏。”[②] 但随着丁大全的倒台，此项禁令便成废纸。

贾似道是南宋最后一个权臣。《癸辛杂识》后集《三学之横》说：“贾似道作相，度其不可以力胜，遂以术笼络。每重其恩数，丰其馈给，增拨学田，种种加厚，于是诸生啖其利而畏其威。虽目击似道之罪，而噤不敢发一语。及贾要君去国，则上书赞美，极意挽留，今日曰‘师相’，明日曰‘元老’，今日曰‘周公’，明日曰‘魏公’，无一人敢少指其非。至鲁港溃师之后，始声其罪，无乃晚乎！”《贾相制外戚抑北司戢学校》说：“学舍在当时最为横议，而啖其厚饵，方且讼盛德、赞元功之不暇，前庑一得罪，则黥决不少贷，莫敢非之。”看来，贾似道对付学生，是有他一套办法。《齐东野语》卷20《庆元开庆六士》记载：“至景定初，時相（贾似道）欲收士誉，悉上春官，并擢高第。”用“高第”进行利诱。然而在他上台之初，推行公田，景定五年（公元1264年）出现彗星，按

① 参见《宋史》卷214《宰辅年表》，卷415《程公许传》。

② 《宋季三朝政要》卷2将此事系于宝祐四年。《宋史全文续资治通鉴》卷35宝祐四年十一月“戊子朔，以丁大全为左谏议大夫，吴衍、翁应弼并除监察御史。癸巳，太学诸生复叩阍上书”。“乙巳，以监察御史吴衍、翁应弼言，太、武学生刘黻等八人拘管江西、湖南州军，宗学生与伯等七人并削籍，拘管外宗司”。其时间似都有差误。

照古代迷信习俗，宋理宗“下诏责己，求直言”，“三学、京庠”之士还是纷纷上书。待到彗星过后，贾似道“以京学士人萧规、唐隶、叶李、吕宙之、姚必得、陈子美、钱焴、赵从龙、胡友开等不合谤讪生事，送临安府追捕勘证，议罪施行各有差，自是中外结舌焉”。[①] 直到襄樊和郢州失守，贾似道仍“欲优学舍以邀誉，乃以校尉告身、钱帛等，俾京庠拟试”。“有无名子作诗，揭之试所云：‘鼙鼓惊天动地来，九州赤子哭哀哀。庙堂不问平戎策，多把金钱媚秀才。”[②]

贾似道倒台，南宋已接近亡国，但左相王爚和右相陈宜中还互相攻击，据说王爚之子“乃嗾京学生伏阙上书，数宜中过失数十事”，[③] 这是由临安府学生单独出现，而三学生并不参与。值得提出的，应是徐应镳。《宋史》卷451《徐应镳传》载，“徐应镳字巨翁，衢之江山人，世为衢望族。咸淳末，试补太学生。德祐二年，宋亡，瀛国公入燕，三学生百馀人皆从行。应镳不欲从，乃与其子琦、崧、女元娘誓共焚。子女皆喜，从之。太学故岳飞第，有飞祠，应镳具酒肉祀飞”，然后自焚而死。故元人将他编入《忠义传》，成为宋代太学最终的悲壮谢幕。

“无官御史台”一词准确地反映了太学生或三学生参与政治的基本特征。依今天的观点看，就是民间舆论对权势的监督，这是宋代专制社会的一抹绚丽的民主色彩。特别是在国难当头之际的爱国救亡运动，更表现了一种崇高的正气。“民主与专制政体的主要分野大致有三。一是马克思主义特别强调的普选，即直接选举制。中国大致自夏代进入阶级社会后，就取消了原始社会的选举传统。二是对最高权力能否实行有效的监督和制约。三是舆论监督权力，而不是权力监控舆论。《孟子·告子下》说：‘入则无法家拂士，出则无敌国外患者，国恒亡。’前一句话译成现代语，如无‘法家拂士’主持正论，以舆论监督和制约君主的权力，国家总须灭亡。古代开明的台谏政治多少体现了后两条精神，堪称是在专制政体下的一点民主因素，值得今人继承和发扬”。[④] 如果说古代的（御史）台官和

① 《齐东野语》卷17《景定彗星》。

② 《齐东野语》卷17《咸淳三事》。

③ 《宋史》卷418《王爚传》、《陈宜中传》。

④ 拙作《中国古代台谏政治的一些借鉴》，今编入本书。

谏官是官员，而太学生或三学生的身份恰好是无官位。与历朝历代比较，宋代的学生运动是相当突出的。特别是靖康与隆兴时两次伏阙上书的爱国群众运动，无疑是中国古代学生运动史上最辉煌的篇章。

三 鱼龙混杂

在宋时的阶级社会及专制主义中央集权的等级授职制的大环境下，各级官学不可能不成为腐败的官僚机构。太学以至三学不可能成为圣洁的学术殿堂，各种各样的腐恶现象，如考试作弊、行贿索赂、嫖娼狎妓等，也势不可免。前述宋神宗时的一些太学案件，就多少反映了此类情况。罗大经《鹤林玉露》丙编卷2《无官御史》说：

> 《太学》，古〔诗〕[1] 云："有发头陀寺，无官御史台。"言其清苦而鲠亮也。宋嘉定间，余在太学，闻长上同舍言，乾淳间，斋舍质素，饮器止陶瓦，栋宇无设饰。近时诸斋，亭榭、帘幕，竞为靡丽，每一会饮，黄白错落，非头陀寺比矣。国有大事，鲠论间发，言侍从之所不敢言，攻台谏之所不敢攻，由昔迄今，伟节相望。近世以来，非无直言，或阳为矫激，或阴有附丽，亦未能纯然如古之真御史矣。余谓必甘清苦如老头陀，乃能摅鲠亮如真御史。

此处引用的大约是一首题名"太学"的五言古诗。事实上，中国大致自秦汉以降，"纯然如古之真御史"的比例颇小，又如何以此要求宋代的太学生或三学生呢？太学生们还自己创作若干警语，如"有色者，其累重，既知食美而服亦美；好色者，其费重，当知业穷而身亦穷"。又有"破《乞丐官人》云：'欲求其利，必重其名。'"[2] 然而在所谓"有发头陀寺"里，也不乏六根不净的、纵欲的花和尚。《癸辛杂识》后集《三学之横》说，"三学之横，盛于景定、淳祐之际"，"其所以招权受赂，豪夺

① "诗"，原作"语"，据文渊阁《四库全书》本改。

② 《湖海新闻夷坚续志》前集卷1《俗谑试题》。

庇奸，动摇国法，作为无名之谤，扣阍上书，经台投卷，人畏之如狼虎。若市井商贾，无不被害，而无所赴诉”。当三学生成为一股政治势力之后，他们当中各种为非作歹的行径也必然应运而生。宝祐三年（公元1255年），洪天锡出任监察御史，这是南宋最后一位著名的正直御史。由于弹击宦官董宋臣、卢允升和权贵，被调离御史台。有太学生池元坚上书，“既而三学亦皆有书”。但被弹击者“复厚赂太学率履斋上舍生林自养”，“力诋”洪天锡。“于是学舍鸣鼓攻之，且上书以声自养之罪”。[①] 学舍内的混战，正是反映了其中的鱼龙混杂。如前所述，在贾似道的利诱和威逼之下，三学生的负面作用就更加突出。

宋朝有的宰相原是太学生，无独有偶，其中正好有北宋末的李邦彦和南宋末的陈宜中两人。李邦彦“美风姿，为文敏而工。然生长闾闫，习猥鄙事，应对便捷，善讴谑，能蹴鞠，每缀街市俚语为词曲”。[②] 他和王黼、蔡攸其实都是宋徽宗的优伶，甚至在内宫涂抹粉墨、“淫言媟语”，“自言：‘赏尽天下花，踢尽天下球，做尽天下官。’而都人亦呼邦彦为浪子宰相”。[③] 但李邦彦是拥护太子，即后来的宋钦宗，而王黼和蔡攸则拥护郓王赵楷，企图废太子。故宋钦宗称帝后，就将李邦彦由少宰（次相）升为太宰（首相）。李邦彦面对金军进攻，不但束手无策，并且全力主和，排挤李纲，故被陈东领导的群众运动轰下台。如前所述，太学生陈宜中最初反对奸相丁大全，时称“六君子”之一。但本人任相后表现并不好，“多术数”，在宋末危亡之际，“实无经纶”，屡次逃遁，最终又自占城逃往暹国。[④] 这与文天祥的不避危难，最终死节，形成鲜明对照。开庆六君子中的林则祖和陈宗已经辞世。[⑤] 丁忧中的刘黼，则赴流亡宋廷之召，中途病死。“其配林氏举家蹈海”，实际上是成全夫志。[⑥] 剩下的黄镛和曾唯，却

---

① 《齐东野语》卷7《洪君畴》。

② 《宋史》卷352《李邦彦传》。

③ 《会编》卷28《幼老春秋》，卷41沈长卿上书。

④ 《宋史》卷418《陈宜中传》；《文山先生全集》卷16《相陈宜中第十六》、《至福安第六十二》。

⑤ 《齐东野语》卷20《庆元开庆六士》。

⑥ 《宋史》卷405《刘黼传》。

“相继卖降”。故人称“开庆六君子，至元三搭头”。[①]

北宋亡国时，“金人索太学生博通经术者三十人”。“太学生皆求生附势，投状愿归金国者百余人。元募八十人，而投状者一百人，皆过元数。其乡贯多系四川、两浙、福建，今在京师者。比至军前，金人胁而诱之曰：‘金国不要汝等作大义策论，各要汝等陈乡土方略利害。’诸生有川人、闽、浙人者，各争持纸笔，陈山川险易，古今攻战据取之由以献。又妄指娼女为妻，要取诣军前。后金人觉其无能苟贱，复退者六十余人。”金人将他们“髡之”，待到金军撤退，也有“至中路，裸体逃归”者。[②]《癸辛杂识》续集下《入燕士人》：“丙子岁（景炎元年，公元1276年）春，三学归附士子入燕者共九十九人，至至元十五年（公元1278年），所存者止一十八人，各与路学教授。太学生一十四人，〔宗〕学二人，武学二人。”并且开列了18人的名单，其中宗学有南宋宗室两人。两次亡国中的卑贱苟活者，又与陈东、徐揆、徐应镳等烈士，形成鲜明对照。

记得在20世纪五六十年代，在北京大学里或自豪地称北京太学。的确，北京大学在中国近代为祖国作出了特殊贡献，作为新文化运动的策源地，提出了民主和科学的新爱国主义口号。但是，如今民主和科学已经成了整个中华民族的精神财富，应当排除那种狭隘的只此一家、别无分店式的古代传家宝的思维；北京大学的人们固然理应继承和发扬此种光荣传统，难道其他大学的人们就不应当，或是没有权利继承和发扬此种光荣传统？

事实上，北大人未必都能继承和发扬民主和科学的光荣传统。例如著名的力拓事件，侵吞自己祖国的巨额财富，就是北大毕业生。即使以北大历史系而论，不是也有毕业生甘当所谓“盛世修史”的伪科学炮制者，不是也有毕业生居然为汉奸洪承畴评功摆好，说他降清是弃暗投明。我的回答是弃暗投暗，清朝是罪恶的、残酷的胜利者，[③] 借用王春瑜先生的话，

---

① 《癸辛杂识》续集上《开庆六士》。

② 《会编》卷81。

③ 参见拙作《试论国史上的所谓“盛世”》，今编入本书；《南宋初年的抗金斗争》，载《丝毫编》，河北大学出版社2009年版，第187—188页。

这是抗战时期标准的汉奸理论。在科学和学术剧烈竞争的时代，北京大学不可能，也做不到门门学科领先。在我们学生时代，绝大多数的北京大学学生是用功的，但也有个别例外。时值 21 世纪，不是也有北大师生在学问和学业上不求上进，与此相关者，是有的老师对学生极不负责，只想凭借名牌招摇混世吗？原来太学和大学殿堂的本来面目就是万花筒，不可能追求一律和完美，古今一揆。但人们理应强调和继承其积极的、正面的、催人奋进的传统。常听到一些反映，说北大的人出来很傲，但时间久了，未必令人佩服。更有人说，北大的光荣传统被成功地改造了。我不免感觉痛心。北大人不能靠名牌混饭吃，应当多想一下，在爱国、民主和科学的传统面前，在马寅初校长和林昭烈士的光辉榜样面前，自己是否有羞愧感？是否应当效学他们之万一？

（原载《燕京学报》新第 29 期，2010 年 11 月）

公罪不可无，私罪不可有

——中国古代哲人为官之道

宋朝范仲淹有两句很有名的格言，一是人们熟知的“先天下之忧而忧，后天下之乐而乐”，二是“作官公罪不可无，私罪不可有”。此语出自《晁氏客语》的记载，我是从著名的美籍史学家刘子健先生的作品中得知的。唐宋时，官员犯罪，分公罪和私罪。据《宋刑统》卷2，“公罪谓缘公事致罪，而无私曲者”，“私罪谓不缘公事私自犯者，虽缘公事，意涉阿曲，亦同私罪”。用现代的话说，政治上必须坚持原则，不怕得罪上级和皇帝，不怕受罪，而个人操守，则务求清白，决不能贪赃枉法。

中国古代是个等级森严的社会，实行的是专制主义中央集权的等级授职制。尽管如此，依照儒家的教义，是不能求利而不求义。义就是凡事须讲究原则。据《三朝北盟会编》卷191载，有个低官杨炜写信批评副相李光说：“某闻忠孝从义，而不从君、父。”忠孝是古人的重要道德规范，但忠孝须讲原则，不能说绝对服从君主和父亲的错误，也是忠孝。

在等级授职制的官场里，只有像范仲淹那样的哲人，才能提炼和总结出“公罪不可无，私罪不可有”的为官之道。一般说来，做官无非希望步步高升，得罪上级和皇帝，就无法指望升迁，甚至受惩罚，得死罪。《聊斋志异》卷8《梦狼》说：“黜陟之权，在上台，不在百姓。上台喜，便是好官，爱百姓，何术能令上台喜也?”说破了官场中阿谀奉承的真谛。坚持原则，不计较个人的升黜荣辱，当然是一种很高的情操和修养。

北宋苏轼说：“平居必〔常〕有〔忘〕躯犯颜之士，则临难庶几有徇义守死之臣。若平居尚不能一言，则临难何以责其死节?”[①] 欲在官场中阿谀奉承，迎合上级和皇帝，就决不能说真话和直言。宋朝优养士大夫，超过前朝后代，然而到北宋末的危亡时刻，那些称颂“四海熙熙万物和，太平廊庙只赓歌”[②] 的宠臣辈，一个个立即显露出鼠辈的本色。面对金军凌厉攻势，当时主要有两个屈沉下僚的李纲和宗泽临危脱颖而出，敢于以大气魄和大器识身膺救国重任，但宋廷从皇帝到群臣，却容不得两人施展抱负，而使他们沦为悲剧人物。这两人正是按范仲淹的为官之道，而立身行事。李纲曾因上奏直言，“谪监南剑州沙县税务”,[③] 贬为一个最低等的税务所长。宗泽更是整整在官场屈沉了 35 年。宋徽迷信道教，宗泽却因“建（道教）神霄宫不虔”，受很重的“除名，编管”处分,[④] 他“半生长在谪籍中”。[⑤] 他们宁愿受打击，被贬黜，也要坚持原则不动摇。惟其如此，所以在国难当头时，方能挺身而出。

朱熹《朱子语类》卷 129 说，“至范文正（仲淹谥号）方厉廉耻，振作士气”，“至范文正时便大厉名节，振作士气”，“本朝惟范文正公振作士大夫之功为多”，他对宋朝士大夫名节观的发展和振作，产生了重大的影响。

但此种影响也不应估计过高。事实上，范仲淹的为官之道对少数优秀士大夫，即真正是精英的人物，是产生影响的，对多数士大夫却并未产生影响。宋仁宗时，包拯说：“官吏至众，黩货暴政，十有六、七。”[⑥] 宋哲宗时，李新说：“廉吏十一，贪吏十九。”[⑦] 等级授职制的官场是个贪墨的大染缸，大多数士大夫经历官场的染色，只能成为国家和民族的蠹虫，他们贪污腐化有种，横征暴敛有能，奉承拍马有才，结党营私有分，勾心斗角有术，文过饰非有方，妒贤嫉能有为。史实证明，他们是决不会受范仲

① 《东坡七集·东坡奏议》卷 1《上皇帝书》;《皇朝文鉴》卷 54。
② 《挥麈后录》卷 2。
③ 《宋史》卷 358《李纲传》。
④ 《宋史》卷 22《徽宗纪》宣和元年三月。
⑤ 《湖山集》卷 4《哭元帅宗公泽》。
⑥ 《包拯集》卷 2《请先用举到官》。
⑦ 《跨鳌集》卷 19《上皇帝万言书》。

淹的为官之道感化的，其为官之道只能是公罪不可有，私罪不可无。等级授职制的官场绝不可能培育人们高尚的道德和情操，在大多数，以至绝大多数的情况下，官场中代代相传、无师自通者，无非是一套黑道，或曰潜规则，只能成为贪官污吏的大学校。从另一方面看，等级授职制的官场又是埋没真正的精英和清官的坟场。如果没有两宋交替时的浩劫，如李纲和宗泽那样的正人君子，就只能泯灭在众贪官之下，绝不可能在史书上留名。

从如今的现实看来，也同样如此。今日的公仆应与历史上的清官有严格区分，进行公仆意识的教育，固然是必要的，却不是主要的。除了孔繁森等很少数自觉自愿的公仆外，多数干部事实上觉悟不高。“觉悟不高”当然不是指他们的口头或书面语言，如陈希同、陈良宇之流，难道不会说反贪的道理，做反贪的报告？没有法治，没有直接选举制的驱迫，他们是难以成为公仆的，却可能成为贪官或贪官的后备军，特别是在贪官们已经将社会风气和道德搅得相当糟的情况下。唯有积极地、逐步地以马克思主义特别强调的直接选举制取代等级授职制，由县，由教科文单位，而省，而中央，这才是民族进步的必由之途，整治积弊的根本之举。有人说，直接选举就是资产阶级自由化，是西方式民主，这是完全错误的，说明他们对马克思主义一窍不通。难道坚持马克思主义批判的、陈腐的等级授职制，反而是正理和正道？坚持自古相传的等级授职制，将其视为所谓中国特色文明的、不得撼动的传家宝，只能是阻绝中华民族的进步之途，使各种严重积弊，包括近二十年间愈来愈严重的教科文单位衙门化，以及由此引发的各种学术腐败，得不到根本性的扭转，其结果如何，自不待言。以直接选举制取代等级授职制，方是按马克思主义的教导行事。尽管如此，今天宣传范仲淹的为官之道，也是很有必要的，至少可以使某些公仆们自省，古代哲人尚有“公罪不可无，私罪不可有”的为官之道，自己又当如何做公仆？

（原载《北京日报》2010 年 1 月 4 日）

北宋晚期政治简论

——从腐败走向灭亡

北宋皇朝经历了一百六十余年的稳定发展，至宋徽宗时，进入了“太平极盛之日”，[①]“辇毂之下，太平日久，人物繁阜”，“不识干戈”。[②]宋徽宗对国家的富盛，也颇为得意，他在御制《艮岳记》中说，“昔我艺祖，拨乱造邦”，“且使后世子孙，世世修德，为万世不拔之基”，“祖功宗德”，“社稷流长”，“足以跨周轶汉”。词臣奉命进谀诗说，“四海熙熙万物和，太平廊庙只赓歌”，“宵旰万机营四海，更将心醉六经中”，“吾皇圣学自天衷”，“子孙千亿寿无疆”。[③]得意之情，跃然纸上。

从表面上看，宋徽宗确有其自我矜夸的资本。《宋史》卷85《地理志》说，“建隆初讫治平末，一百四年，州郡沿革无大增损”，此说尚不确切，因为西北若干州郡被西夏夺据，宋的疆土有减而无增。宋哲宗时，开始大规模蚕食西夏疆土。自宋徽宗“崇宁以来”，对西夏战争节节胜利，“斥大土宇，靡有宁岁”，“迨宣和四年，又置燕山府及雲中府路”，“可谓极盛矣”。直到宣和元年（公元1119年），宋军在统安城之战大败，方被迫与西夏休兵。[④]

在人口方面，宋徽宗即位之初，户数已超过二千万，[⑤]一些学者估计人口已超过一亿。在一个依赖手工劳动的农业社会里，人口的增殖，就意味着生产的发展，财富的增加。宋徽宗在位的26年间，并非没有“大

① 《真文忠公文集》卷5《江东奏论边事状》，《东京梦华录》跋。

② 《东京梦华录》序。

③ 《挥麈后录》卷2。

④ 《宋史》卷22《徽宗纪》，卷486《夏国传》。

⑤ 《宋史》卷85《地理志》。

水”、“大蝗”以及旱灾记录，[①] 但总的说来，仍可算是“天地顺应，年谷屡丰”。[②]

宋徽宗并非单纯是继体守成之主。他即位后，很快沿袭宋哲宗“绍述”宋神宗“良法美意”的方针，立元祐党人碑，进一步惩罚反变法派，除了方田均税和保甲军训外，又采取了财政、教育等方面的新政。今仅枚举其荦荦大端者，分别介绍于下：

一、改变财政体制：宋神宗元丰改制时，中央财政主要是皇帝内库和户部两个系统，户部又分左、右曹。然而在宋徽宗时，却出现了“御前钱物、朝廷钱物、诸局所钱物、户部钱物”四个系统。所谓诸局所，如应奉司、御前生活所、营缮所、苏杭造作局、御前人船所、行幸局、采石所、延福宫西城所、后苑书艺局等，往往由宦官掌管，其钱物直属皇帝。四个财政系统之间，“讲画裒敛，取索支用，各不相照，以致暗相侵夺，公私受弊”，“天下常赋多为禁中私财”。[③] 按宋朝制度，皇帝内库，即御前钱物，尚非天子私财，往往用于补贴中央财政的亏空，而诸局所钱物却全成“禁中私财”。如蔡京设计，增收茶利，“岁以百万缗输京师所供私奉，掊息益厚”，“民滋病矣”。[④]

二、方田均税法：崇宁四年（公元1105年），宋廷下令在各地重新方田，均定赋税。但因吏治腐败，出现了不少弊端，到宣和二年（公元1120年），宋徽宗又下诏罢方田。[⑤]

三、保甲军训：宋神宗时的保甲军训，迟至宋哲宗在位之末的元符二年（公元1099年）尚未恢复。宋徽宗于翌年即位后，下令“陕西、河东路流冗未肯归业”，“免今年保甲冬教一次”。此后，冬教和月教来回变更，军训范围一度扩大到京东和京西。[⑥] 但是，正如李纲所说，北宋末“十余年来”，“免教阅”，“保甲不知兵，徒有其名而已”。[⑦]

---

① 《宋史》卷61，卷62，卷66《五行志》。

② 《历代名臣奏议》卷44王安中奏；《宋大诏令集》卷122宋徽宗南郊赦制。

③ 《宋会要》食货56之39；《宋史》卷179《食货志》。

④ 《宋史》卷184《食货志》。

⑤ 《宋会要》食货4之9—15；《宋史》卷174《食货志》。

⑥ 《宋史》卷192《兵志》；《宋会要》兵2之39。

⑦ 《梁溪全集》卷63《乞籍陕西保甲京东西弓箭社免支移折变团结教阅札子》。

四、盐法改革：宋徽宗时，将钞盐制延伸至东南沿海，规定商人先向政府纳钱，申请盐钞，再往东南沿海凭钞取盐。由于官府不断另印新钞，使旧钞贬值，持旧钞者必须搭配新钞，增付钱币，方能得到盐货。致使“数十万券一夕废弃，朝为豪商，夕侪流丐，有赴水投缳而死者”。崇宁时，在四个多月内，官府得此项盐利达五百余万贯。政和时，两年之间，官府“所收已及四千万贯”，被吹嘘为“富国裕民之政”。①

五、茶法改革：蔡京对茶法作了三次变更，规定商人必须向官府纳钱，换取茶引。茶引分价格较高、期限较长的长引和价格较低、期限较短的短引。商人凭茶引向种茶的园户买茶，官府“岁收息钱至四百余万缗”。②

六、采矿业和币制混乱：宋徽宗时加强和增设了提点坑冶铸钱司的机构，大力奖励和开发金属矿藏。但因当时探矿和开采技术所限，矿业不振，“或苗脉微，或无人承买，而浮冗之人虚托其名”，“骚动邀赂”。“坑冶之利”最丰的广南，收益不及宋神宗时十分之一。③

蔡京倡议铸当十钱，每贯约重十八宋斤十二宋两，而普通铜钱每贯约重五宋斤。④ 于是民间盗铸盛行，“规利冒法”。此后，当五钱、当三钱、夹锡钱等反复变更，“滥钱益多，百物增价”，“刑禁益烦”。此外，在四川地区滥发纸币交子，又引起交子的剧烈贬值，宋徽宗下令将交子改为钱引，钱引亦复贬值，“至引一缗当钱十数”。⑤

七、直达纲：东南各路漕运开封的粮食，“常有余蓄”，可以丰补歉。各路粮船运到真州下卸，改由发运司船沿汴河运往开封，谓之转般。蔡京“用所亲胡师文为发运使，以籴本数百万缗充贡，入为户部侍郎，来者效尤”，此后各路粮食“直抵京师，号直达纲，丰不加籴，歉不代发”。宋

① 《宋史》卷182《食货志》，《宋会要》职官27之18。

② 《建炎以来朝野杂记》甲集卷14《总论东南茶法》。关于宋徽宗时的盐法和茶法，参见漆侠先生《宋代经济史》，上海人民出版社1988年版，第788—794、841—849页。

③ 《宋会要》职官43之120—144，《宋史》卷185《食货志》。

④ 《续资治通鉴长编纪事本末》卷136《当十钱》说“每钱重三钱”，“当十钱每贯重十四斤十两”，是指每贯770文的省陌。普通铜钱的重量据《鸡肋编》卷中。

⑤ 《宋史》卷180，卷181《食货志》，《历代名臣奏议》卷44周行己奏。

廷在直达和转般问题上来回变卦，破坏了漕运，“公私横费百出”。[①]

八、农田水利：与宋哲宗时相比，宋徽宗时较重视农田水利。在开封一带，“根括诸县天荒瘠卤地，开修水田，引水种稻”。在低洼的浙西和江东修筑沟渠，疏浚河道，建造圩田。但此类农田收入却归稻田务和应奉司，由这两个机构“督御前租课”。至于所谓北方“公田”，又以垦耕荒地，创置稻田等为名，强占大量民田，另成一大祸害。[②]

九、加重赋税：史称“崇宁以来，言利之臣殆析秋毫”，各种苛捐杂税，“名品烦碎”，“不得而尽记也”，“掊剥横赋，以羡为功”。“絮帛则有和买，有预买，有泛买，有常平司和买，有应副燕山和买，米谷则有和籴，有均籴，有补发上供和籴，有应副军粮和籴，有拨发辇运司和籴。名曰预买，无钱可敷，名曰和籴，其价每下”。[③] 其他著名的民间税役负担有花石纲、[④] 经制钱、[⑤] 免夫钱[⑥]等。宋朝事实上从未采取轻徭薄赋的政策，百姓的负担是不断加重的，宋徽宗对百姓的搜刮更超迈其列祖列宗。

十、设置居养院、安济坊和漏泽园：居养院收养贫困的鳏寡孤独，安济坊免费为穷人看病，漏泽园负责殡葬穷人和死于异乡的旅客。但这三项慈善事业开支过大，超过官府的财力，后来不得不大加裁削。[⑦]

十一、崇奉道教：宋徽宗耽溺道教，自称道君教主皇帝，不惜耗费巨资，在各地大造道观，扩充道士名额，设置道官、道职、道学等。[⑧]

十二、学校和科举改革：宋徽宗尊崇王安石，将王学作为官方经学。当时沿用宋神宗时创设的太学三舍法，并扩大太学、州学、县学等规模，

---

① 《宋史》卷175《食货志》。

② 《宋会要》食货61之103—107；《文献通考》卷7；《宋史》卷95、卷96《河渠志》、卷173、174《食货志》、卷468《杨戬传》、《历代名臣奏议》卷253；《皇朝编年纲目备要》卷28政和六年十二月。

③ 《宋史》卷179《食货志》；《梁溪全集》卷41《上道君太上皇帝封事》。

④ 《宋史》卷470《朱勔传》；《续资治通鉴长编纪事本末》卷128《万岁山》、《花石纲》；《容斋三笔》卷13《政和宫室》；《说郛》弓68张淏《艮岳记》。

⑤ 《宋会要》食货64之84—86；《建炎以来朝野杂记》甲集卷15《经制钱》。

⑥ 《宋史》卷175《食货志》；《会编》卷31；《铁围山丛谈》卷1；《皇朝编年纲目备要》卷29宣和六年六月。

⑦ 《宋会要》食货68之128—137。

⑧ 参见《宋史研究集》第7、8辑的金中枢《论北宋末年之崇尚道教》。

在各路设提举学事司，作为专门的教育机构。接着又下令废科举，直接从太学生中选拔进士，以孝、悌、睦、姻、任、恤、忠、和八种德行作为取士标准，实际上便取消了科举考试的平等竞争原则。于是请托公行，“利贵不利贱，利少不利老，利富不利贫”。最后，宋徽宗又下令取消州县学三舍法，撤销各路提举学事司，恢复科举考试。①

总的说来，宋徽宗时的一系列新政呈现了复杂的情况，其中不能说没有合理的、有积极意义的成分，但更多的则有粉刷太平，好大喜功，特别是搜刮民脂民膏的成分。

宋哲宗辞世后，他最倚重的左相章惇（宋哲宗亲政时未另命右相）反对端王入继大统，其理由是赵佶“轻佻，不可以君天下”。② 章惇因此遭受毫不留情的贬黜和打击，但之后的历史演变，却证实了其先见之明。

宋徽宗是历代帝王中首屈一指的天才艺术家，他在音乐、绘画、书法、棋艺、诗词等方面的才华，与处置军国大事的昏愦，有机地融合于一身。天水一朝十五帝（南宋亡国时三个幼儿不计在内）中，真正算得上大纵侈心者，第一个是宋真宗，第二个是宋徽宗，并且后来居上，其奢侈和享受超过了宋朝任何一个皇帝。

宋徽宗最初尚有所克制，“时承平既久，帑庾盈溢”，蔡京“倡为丰、亨、豫、大之说”。宋徽宗“尝大宴，出玉琖、玉卮示辅臣”，说：“先帝作一小台，财数尺，上封者甚众，朕甚畏其言。此器已就久矣，倘人言复兴，久当莫辨。”蔡京说：“事苟当于理，多言不足畏也。陛下当享天下之奉，区区玉器，何足计哉！”③ 启迪皇帝侈心者，自然决非蔡京一人。宋徽宗进行规模空前的宫殿、后苑、艮岳等建设，穷侈极丽，挥霍民脂民膏，用之如泥沙不惜。④ 宋徽宗酷嗜女色，“五、七日必御一处女，得御一次，即畀位号，续幸一次，进一阶。退位后，出宫女六千人”，其总数“盖以

① 《宋会要》选举4之1—16；《宋史》卷155、卷157《选举志》；《文献通考》卷31；《续资治通鉴长编纪事本末》卷126《八行取士》、《州县学》。

② 《宋史》卷22《徽宗纪赞》。

③ 《宋史》卷472《蔡京传》。

④ 参见周宝珠《宋代东京研究》，河南大学出版社1992年版，第38—44、507—517页。

万计”。[①] 浩大的宫廷开支，非御前钱物所能维持，故另外创设诸局所钱物乃势在必行。

尽管宋徽宗纵情声色犬马，竭天下以自奉，在口头上，却自诩“永惟继志之重，深念守文之艰”。“勤于政，庶以图天下之佚；俭于家，庶以资天下之丰”。“经营欲致黎元福”。他自称“不可以燕乐废政”，“言者”指责皇帝“金柱玉户”，皇帝反指他“厚诬宫禁”。[②]

宋徽宗周围的一帮宠臣，被太学生陈东指为“六贼”者，有蔡京、王黼、朱勔和宦官童贯、梁师成、李彦。[③] 其实，当时的奸佞决不止上述六人，如宦官杨戬、兰从熙、谭稹等人，掌军的高俅，掌河防的孟昌龄和孟扬、孟揆父子，蔡京之子蔡攸之类，都是祸国的蠹贼，害民的大憝。人称蔡京为公相，童贯为媪相，梁师成为隐相。这帮奸佞既互相勾结，又互相倾轧。蔡京最初侍奉童贯，“不舍昼夜”，得以蹿升，但童贯后来又“寖咈京意”。蔡京与蔡攸居然“父子遂为仇敌”。[④]

这帮奸佞窃据要津后，必然援引亲故，广结党羽。“蔡京拜相不数年，子六人、孙四人同时为执政、从官”。“诸孙生长膏粱，不知稼穑”，蔡京曾问他们：“米从何处出？”一人说：“从臼子里出。”另一人说：“不是，我见在席子里出。”[⑤] 朱勔“子侄官承宣、观察使，下逮厮役，〔亦〕为横行，媵妾亦有封号”。童贯也是“厮养、仆圉官诸使者至数百辈”。[⑥] 一时“乳臭童稚，目未知书，绮襦竹马，方务嬉戏，而官已列禁从”者比比皆是。[⑦]

专制和腐败是一对双生子，专制必然滋生腐败，而腐败也必然依赖专制，专制政体不可能具备真正制约腐败的机制。宋朝的腐败并非始于宋徽宗，但在宋徽宗时，腐败政治达到了极度膨胀和恶性泛滥的新阶段。

招权纳贿，贿赂公行，是北宋晚期政治的一大特色，其奥秘正在于上

① 《靖康稗史笺证·青宫译语》，《鸡肋编》卷下。

② 《宋大诏令集》卷2《改大观元年赦》；《挥麈录余话》卷1。

③ 《会编》卷32；《宋史》卷455《陈东传》。

④ 《宋史》卷468《童贯传》、《梁师成传》，卷472《蔡京传》、《蔡攸传》；《宾退录》卷5。

⑤ 《文献通考》卷34；《宋史》卷472《蔡京传》，《独醒杂志》卷10。

⑥ 《宋史》卷468《童贯传》、卷470《朱勔传》；《玉照新志》卷4。

⑦ 《靖康要录》卷4靖康元年三月二十五日；《要录》卷96绍兴五年十二月辛亥。

行而下效。宠臣们懂得，其恃宠固位的主要手段，就是为皇帝搜刮钱财。蔡京巴结内宫，“宫妾、宦官合为一词誉京”，遂得以进用。他“拔故吏魏伯刍领榷货，造料次钱券百万缗进入”，宋徽宗大喜，说：“此太师与我奉料也。”① 童贯“颇疏财，后庭妃嫔而下及内侍，无大小，致饷无虚月，交口称誉一词”，故能“权倾四方”。② 上有皇帝以身作则，宠臣辈贪污受贿自然成了家常便饭。王黼“公然受贿赂，卖官鬻爵”，时谚称“三千索，直秘阁；五百贯，擢通判”。③ 童贯“庭户杂遝成市，岳牧、辅弼多出其门”。④ 朱勔“与其子汝贤、汝功各立门户，招权鬻爵，上至侍从，下至省寺，外则监司，以至州县长吏官属，由其父子以进者甚众，货赂公行，其门如市”。⑤ 蔡京“暮年即家为府，营进之徒举集其门，输货僮隶得美官”。他本人“目昏眊，不能事事”，仍贪恋权势，一应政务由幼子蔡絛处置，“代京入奏”，“由是恣为奸利”，“骤引其妇兄韩梠为户部侍郎”。宋徽宗“亦厌薄之”，命蔡攸和童贯往取蔡京辞职表，蔡京惊慌失措，说：“京衰老宜去，而不忍遽乞身者，以上恩未报，此二公所知也。”居然“呼其子为公”，左右“莫不窃笑”。⑥

尽管官场中一片乌烟瘴气，宋徽宗仍标榜要惩治腐败，针对官员们“受赇作弊”，“非法受财，嘱托公事”，“货赂公行，莫之能禁，外则监司守令，内则公卿大夫，讬公徇私，诛求百姓，公然窃取，略无畏惮”，“士庶之间”的“侈靡之风”等情况，屡下禁令。⑦ 宋徽宗也处分一批官员，如河北路转运副使李昌孺“廉声不闻”，⑧ 滁州知州唐恪“于邻郡营私第，搔动一方”，⑨ 贺希仲“任河北监司，凡所荐举，使其私仆干求百出”，⑩

① 《宋史》卷472《蔡京传》。

② 《宋宰辅编年录校补》卷12。

③ 《曲洧旧闻》卷10。《会编》卷31《中兴姓氏奸邪录》作“三百贯，直通判；五百索，直秘阁”。

④ 《宋史》卷468《童贯传》；《会编》卷39。

⑤ 《玉照新志》卷4。

⑥ 《宋史》卷472《蔡京传》；《清波别志》卷中。

⑦ 《宋会要》刑法2之51、53、59、92。

⑧ 《宋会要》职官69之9。

⑨ 《宋会要》职官69之11。

⑩ 《宋会要》职官69之15。

提点江东路铸钱王阐“贪墨”，“巡历贾贩，盗取官钱”，[①] 汪希旦“贪污不法，狼藉有声”，都被贬黜。[②] 但是，一批真正的大贪污犯，却备受皇帝的青睐，恩赏有加。因贪污而得利者甚众，而败露率极低，故装潢门面的禁约和惩罚，适足以助长贪贿之风，而成变本加厉之势。

面对着隐伏危机的表面盛世，也有一些正直的官员和太学生，起而痛陈时弊。宋徽宗即位之初，李朴上奏说：“天下有事不足忧，无事深可畏”，“骄盈怠惰之气，亦能以治安而至于危乱”。[③] 赵鼎臣在对策中说，应“以长治为难”，“以居安为惧”。[④] 宣和时，李纲上疏，认为“当以盗贼外患为忧”，但“朝廷恶其言，谪监南剑州沙县税务”。[⑤] 太学生朱梦说屡次上书，指责“入仕之源太浊，不急之务太繁，宦寺之权太盛”，被“编管池州”。[⑥] 太学生雍孝闻“力诋”蔡京兄弟“及时政未便者”，被流放而死于海南岛。[⑦] 另一太学生邓肃“上十诗，备述花石之扰”，其中有“但愿君王安万姓，圃中何日不东风”之句，“诏屏逐之”。[⑧] 右正言陈禾力陈宦官之弊，说“陛下他日受危亡之祸”，“责授信州监酒”。[⑨] 宦官邵成章“性特谅直，诸内侍皆不喜之，常出之于外”，他上奏历数“童贯五十罪，中外大骇”。[⑩] 宋徽宗对此类忠言完全置若罔闻。

北宋帝国积累了很深重的矛盾，各地爆发了诸如方腊之类的暴动，宋廷动用优势兵力，方能予以镇压。面对金朝的勃兴，宋徽宗君臣采取联金灭辽政策。因长期对西夏作战，陕西军成为宋军精锐。宋朝动用陕西军攻残辽，却反而被打得一败涂地。童贯和高俅长期主兵的结果，致使“军政大坏”，[⑪]

---

① 《宋会要》职官69之17。

② 《宋会要》职官69之19。

③ 《宋朝诸臣奏议》卷4《上徽宗论人君之要道三》。

④ 《历代名臣奏议》卷44。

⑤ 《宋史》卷358《李纲传》;《宋会要》职官69之3;《梁溪全集》卷40《论水〔灾〕便宜六事奏状》;《历代名臣奏议》卷305李纲奏。

⑥ 《会编》卷159，卷160;《宋史》卷22《徽宗纪》。

⑦ 《挥麈前录》卷2。

⑧ 《挥麈后录》卷2;邓肃《栟榈文集》卷1《花石诗十一章并序》文字略异。

⑨ 《挥麈录余话》卷1。

⑩ 《会编》卷128。

⑪ 《梁溪全集》卷62《乞修军政札子》;《真文忠公文集》卷5《江东奏论边事状》;《靖康要录》卷7靖康元年五月二十一日。

至此便暴露无遗。金军灭辽后，立即攻宋，宋军或一触即溃，或不战而溃。唯有王禀指挥的太原保卫战，有力地牵制了西路金军。太原最后陷落，宋军主力在救援时耗折殆尽，于是开封的失守便成定局。

直到金军进犯时，宋徽宗方下诏罪己，承认“言路壅蔽，导谀日闻，恩倖持权，贪饕得志”，“赋敛竭生民之财”，“多作无益，靡侈成风”，“众庶怨怼”等弊政，“凡兹引咎，兴自朕躬”。[①] 他急忙传位于宋钦宗。平庸的宋钦宗面对险恶的局势，毫无措置能力，只是来回摇摆于投降和冒险之间。金东路军初攻开封时，宋军尚有抗击能力，但宋徽宗仓皇南逃，宋钦宗欲逃而被李纲制止。太原失陷后，宋钦宗却不听老将种师道临终的忠告，退避关中。靖康元年（公元 1126 年）闰十一月，金军攻破开封，俘宋徽宗和宋钦宗，北宋灭亡。

在多灾多难的中华四千年的历史上，亡国记录比比皆是，而北宋亡国，万民涂炭的惨状，却特别令人触目惊心。即使以成千上万宋宫俘虏而言，金帅完颜粘罕（宗翰）“宴诸将，令宫嫔等易露台歌女表里衣装，杂坐侑酒，郑、徐、吕三妇抗命，斩以徇”。“烈女张氏、陆氏、曹氏抗二太子意，刺以铁竿，肆帐前，流血三日”，于是宫妇“人人乞命”。[②] 宋宫俘虏道途大批死亡之余，抵达金太宗御寨，朝拜其祖庙，“二帝、二后但去袍服，余均袒裼”。金太宗升殿，“二帝以下皆跪”，“妇女千人赐禁近，犹肉袒”。宋钦宗朱后“归第自缢，甦，仍投水薨”。[③] 宋徽宗和宋钦宗在寒冷的东北五国城忍辱苟活，分别在被俘后 9 年和 30 年死去，时年分别为 54 岁和 57 岁。[④]

一小撮统治者的祸国，使千百万无辜平民以至宫女惨遭劫难。刘子翚写诗说：“空嗟覆鼎误前朝，骨朽人间骂未销。夜月池台王傅宅，春风杨柳太师桥。”[⑤] 作为大宋臣子，他不能指责皇帝，只能斥骂蔡京、王黼等

① 《会编》卷 25。

② 《靖康稗史笺证·南征录汇》。

③ 《靖康稗史笺证·呻吟语》。据《金史》卷 24《地理志》，金朝御寨当时尚无上京之名，其简陋状况可参《会编》卷 20《宣和乙巳奉使行程录》、卷 166《金虏节要》。

④ 宋钦宗死期据《金史》卷 5《海陵纪》正隆元年六月庚辰。

⑤ 《屏山集》卷 18《汴京纪事二十首》（其七）。

人。宋徽宗被俘后，仍有一些诗词流传南宋，其中的一首说："九叶鸿基一旦休，猖狂不听直臣谋。甘心万里为降虏，故国悲凉玉殿秋。"① 对照本文开头的御制《艮岳记》，成了绝妙的自我讽刺。遗民毛麾凭吊北宋故宫诗说："万里銮舆去不还，故宫风物尚依然。四围锦绣山河地，一片云霞洞府天。空有遗愁生落日，可无佳气起非烟。古来国破皆如此，谁念经营二百年。"②

拥有当时世界上首屈一指的人力、物力和财力的北宋帝国，在新兴金朝的攻击下，仅一年之间覆亡。同任何一个历史大事件一样，北宋灭亡也有其复杂原因。但若用简单化的比喻，北宋帝国恰似一座金碧辉煌的大厦，其梁柱已被白蚁蛀蚀一空，故根本无法经受暴风骤雨的袭击。其白蚁即是腐败，而滋生白蚁的温床就是专制政体自身。靡不有始，鲜克有终，只要专制体制不变，祖宗发家，子孙败家，由腐败走向灭亡，这是古代权力和财产遗传规律的必然性，肯定会通过各种各样的偶然性表现出来。

（定稿于 1994 年 5 月 4 日，五四运动七十五周年和北京大学校庆纪念日。原载《中国史研究》1994 年第 4 期）

① 《鸡肋编》卷中。

② 《宾退录》卷 2。

秦桧独相期间"柔佞易制"的执政群

——兼论"时势造小丑，小丑造时势"的历史哲学

"法治"是当前的时髦名词。法治固然需要有完备的法制，能做到事事有法可依。但纵观中华数千年史，更重要的还是对任何权力能够进行有效的制约和监督，这才是秉公执法的根本保证，否则，法治必定会成为空谈和废话。因为书面规定的法制是死的，而人是活的，人可以制定法制，也可以破坏法制，钻法制的空子。就以天水一朝而论，经过历代的编纂，法制的书面规定是十分详密的，所谓"事为之防，曲为之制"，[①] 任何政务大致上都是有法可依，有章可循，有例可援，然而只要稍稍有点历史常识，谁都不会承认宋朝是个法治时代，其书面规定与实施、操作之间，无疑存在着极大的伸缩余地。

宋朝官制的设计，今人可以概括出一个重要原则，就是皇帝集权，臣僚分权，中央集权，地方分权。即以在官制中居于中心地位的宰执制度而论，宋朝在一般情况下，是任命两三个宰相，两三个宰相之间，当然存在着相权分散和互相制约的情况。在宰相之下，有所谓执政，包括参知政事等名目的副相和枢密院长贰。枢密院掌军事，与宰相的中书门下、三省等对峙，号称西府、东府。执政地位略低于宰相，但他们与宰相之间，也同样存在着权力分散和互相制约的情况。如此的设计和安排，无非是为了皇帝的集权。用现代汉语作不甚恰当的比喻，宰执就相当于国家领导人。

参知政事作为副相，从制度上说，其地位当然低于宰相，但也不能一概而论，在某些场合，参知政事的作用却大于宰相。北宋两次公认的变

---

① 《长编》卷17太平兴国元年十月乙卯。

法，其创导者范仲淹和王安石都是参知政事，他们当时的政治能量都大于宰相，只是后来范仲淹下台，而王安石升宰相。与他们形成鲜明反差的，是秦桧独相期间的群体执政，其地位“不异奴隶”。[①] 同是执政，他们的权位与范仲淹、王安石等人相比，不啻天壤。由此看来，问题的关键绝不在于法制的规定，而是在于实施和操作时的各种因素。

这还须从秦桧再相后的权势膨胀说起。他自绍兴八年（公元1138年）再次任右相，同年就排挤掉左相赵鼎，却是迟至绍兴十一年（公元1141年），方才升任左相。他在独任右相期间，虽然不断扩张权势，但其相权臻于极盛，还是在任左相之后。枢密副使岳飞的遇害，枢密使韩世忠和张俊的相继罢免，使朝廷之上再无一个能与他对峙的有力人物。另一方面，则是通过对金屈辱和议，金朝剥夺了宋高宗对秦桧的罢免权，规定“臣构”“不许以无罪去首相”。[②]

古代皇权所以大于相权，主要的标志就是可以任免宰相。宋高宗向杀父之仇下跪称“臣构”，所付出的重大政治代价之一，就是丧失了对秦桧的罢免权。尽管如此，从制度上讲，皇帝对秦桧不是全无制约的余地，例如他可以提高执政的权威，或另外任命右相，与秦桧抗衡。然而史实表明，在秦桧生前，宋高宗在与他的权力斗争中并无多少成功的记录。秦桧既保持了独相的地位，又将执政的权势压到了最低点。有人说北宋晚期的蔡京已是权相，这是不合史实的，宋徽宗还是把蔡京置于招之即来，挥之即去的地位。唯有秦桧才是天水朝的第一个权相。关于秦桧独相期间的大部分执政，《三朝北盟会编》卷220《中兴遗史》、《中兴姓氏录》，《宋宰辅编年录校补》卷16和《宋史》卷473《秦桧传》各有一段内容相近的文字，今摘录《中兴姓氏录》于下：

> 荐执政柄，必选世无名誉、柔佞易制者，不使预事，备员、书姓名而已。百官不敢谒执政，州县亦不敢通书问。如孙近、韩肖胄、楼

① 《要录》卷167绍兴二十四年十一月丁卯；《宋宰辅编年录校补》卷16。

② 《四朝闻见录》乙集《吴云壑》；《鹤林玉露》甲编卷5《格天阁》；《朱文公文集》卷95张浚行状；《鄂国金佗稡编》卷20《吁天辨诬通叙》。“臣构”的自称见《金史》卷77《宗弼传》载宋高宗给金熙宗“进誓表”。

> 炤、王次翁、万俟卨、程克俊、李文会、杨愿、李若谷、何若、段拂、汪勃、詹大方、余尧弼、巫伋、章夏、宋樸、史才、魏师逊、施〔钜〕、郑仲熊等，皆其奸党，不一年，或半年，亦诬以罪而罢之。尚疑复用，多使居千里外州军，时使人伺察之。是时，得两府不以为荣。

以上的执政名单共计21人，其中韩肖胄尚不当列入“柔佞易制”者的统计，而另外三份记载都补充了范同，再加上登上执政末班车的汤思退和董德元，共计23人，占了秦桧独相期间执政的大多数。由于他们说不上有多少历史地位，故在《宋史》中大多无传。此外的一些执政，如李光、何铸、外戚孟忠厚等人，还有秦桧的养子秦熺，各有特殊情况，不属本文论述的范围。

在秦桧独相期间，对一些中意的人，“其始也，见其能助我，自冗散小官，不三二年至执政”。[①] 此类执政“止除一厅，谓之伴拜。稍出一语，斥而去之，不异奴隶。皆褫其职名，阁其恩数”。[②] 台谏官和执政官就是他手心里的两批玩物和鹰犬，好似走马灯一般轮换。“台谏除授，悉由密启，风之以弹击执政，而补其处”。[③] 旧的执政被台谏轰下台，旧的台谏升任执政不久，却又遭一批新的台谏弹击而下台。“秦桧每有所欲为事，讽令台谏知后，只令林一飞辈往论之。要去一人时，只云劾某人去，台谏便著寻事，上之。台谏亦尝使人在左右探其意，才得之，即上文字”。[④] 林一飞是秦桧的庶子。“于是为执政者，皆惴惴然备去计，不以为荣；而遭罢斥者，亦谓分当如此耳”。[⑤] 虽然当执政如此可怜，而不少利欲熏心者仍然望着执政的座位，眼红心热。“秦桧为相，久擅威福。士大夫一言合意，立取显美，至以选阶一二年为执政。人怀速化之望，故仕于朝者，多不肯求外迁。重内轻外之弊，颇见于时”，以至有“官人宁死，却是讳‘出去’二

① 《容斋续笔》卷15《李林甫秦桧》。

② 《要录》卷167绍兴二十四年十一月丁卯；《宋宰辅编年录校补》卷16。

③ 《鹤山先生大全文集》卷18《应诏封事》。

④ 《朱子语类》卷131。

⑤ 《宋宰辅编年录校补》卷16。

字”的笑料。[①] 戴表元在《剡源戴先生文集》卷19《题方公删定家藏诸贤墨迹》感叹说：

> 当秦桧专国时，士大夫嗜进者蝇奔蚋集，有自庶僚，谈笑至政府，权焰可知也。然亦往往未久而败，盖有自桧予之，自桧夺之。所得富贵几何，而名字汙人齿颊，为千古叹辱。

台谏官不是为秦桧特别卖力地弹击和排斥异己，决难升迁执政；而执政官名望低，任期短，不但无力对秦桧稍有牵制，更无可能进拜右相，时间稍长，便自然成为秦桧的异己，必欲排除而后快。这是秦桧独揽大权的要诀。值得注意的是，他的做法并没有触犯法制，而是在法制许可的范围之内，作了十分巧妙的操作。

从法制上说，任免执政的权力仍在宋高宗的手中。宋高宗最初为了推行降金乞和政策，不惜大力支持秦桧扩张相权。后来发现秦桧的相权对皇权构成威胁，却为时已晚。宋高宗当时任命执政，有一条基本原则，就是必须赞助他的媾和政策。然而当时稍有血性，稍有骨气，能与秦桧相抗者，第一件事就只能是反对此项政策。宋高宗与秦桧合伙，在肃清小朝廷抗战派方面，都是不遗余力。凡“士大夫之有名望者，悉屏之远方”，于是剩余可供挑选执政的人选，就只能是“龌龊委靡不振之徒”。[②] 正如朱熹评论说：“高宗初见秦能担当得和议，遂悉以国柄付之，被他入手了，高宗更收不上。高宗所恶之人，秦引而用之，高宗亦无如之何。高宗所欲用之人，秦皆摈去之。举朝无非秦之人，高宗更动不得。”[③] 需要对此说作补充的，是“士大夫之有名望者”，当时已没有一人能被宋高宗所看中。

以下就二十三名执政的拜罢等情况分别作一些介绍。

一、孙近（？—1153），字叔诣，[④] 常州武进县人。[⑤] 绍兴四年（公元

---

① 《桯史》卷7《朝士留刺》。

② 《要录》卷167绍兴二十四年十一月丁卯，《宋宰辅编年录校补》卷16。

③ 《朱子语类》卷131。

④ 《曝书亭集》卷65《杭州洞霄宫提举题名记》。

⑤ 《要录》卷48绍兴元年十月甲戌。

1134年），他曾作为副使，去金朝求和，归朝后，升吏部侍郎、兼直学士院。[①] 当年宋高宗又命魏良臣等出使，首次决定向金朝输纳岁币，就是由孙近传达，他对魏良臣等“举五指于胸前，盖闻有大举意，遂添作五十万”。[②] 绍兴八年（公元1138年），当讨论对金屈辱媾和，朝士们群起抗争时，经秦桧援引，其党羽勾龙如渊又向宋高宗举荐，孙近由知绍兴府调任翰林学士承旨，十一月，正式拜参知政事，[③] 成为秦桧独相后的第一个执政。关于孙近如何追随秦桧，胡铨在一份著名的上疏中有如下的叙述和评议：“孙近傅会桧议，遂得参知政事。天下望治，有如饥渴，而近伴食中书，漫不〔敢〕可否。桧曰虏可讲和，近亦曰可和；桧曰天子当拜，近亦曰当拜。臣尝至政事堂，三发问而近三不答，但云：‘已令台谏、侍臣议之矣。’呜呼！身为执政，不能参赞大政，徒取容充位如此。”[④] 另一孙近的亲戚杨炜，他上书参知政事李光，反对和议，信中评论说：“参政孙公，某之舅子，平生龌龊谨畏，天下初不以此责之。今日可任《春秋》之责，唯阁下耳！”[⑤] 孙近的人品和人望，由此可见。

然而到绍兴十一年（公元1141年）四月，正值岳飞等三大将罢兵权前夕，“执政二年余”的孙近罢官，“虏之寇淮西也，参知政事孙近请召知福州张浚都督诸军。秦桧素忌浚，闻近言，大恶之”。“御史中丞何铸乃论近本无体国之忠，但有谋身之计，乞行罢黜。近闻，引疾求去。上未许。铸又劾近怀私立异。殿中侍御史罗汝楫因交章论近于君父之前，则缪为将顺，而多所面从；对士大夫之前，则退有后言，而惟知掠美”。于是皇帝最后下了罢免令。[⑥] 从上引记述看，似乎孙近想多少改变一点对秦桧亦步亦趋，“伴食中书”的形象，特别在举荐张浚当都督的问题上犯了秦桧的大忌。这是在秦桧独相之初，权势未臻极盛，所以孙近尚有此胆量。

---

① 《要录》卷78绍兴四年七月乙亥。

② 《会编》卷161《绍兴甲寅通和录》；《要录》卷80绍兴四年九月庚午。

③ 《要录》卷122绍兴八年十月乙亥、卷123绍兴八年十一月甲申；《宋宰辅编年录校补》卷15。

④ 《挥麈后录》卷10、《宋宰辅编年录校补》卷15。

⑤ 《会编》卷191。

⑥ 《会编》卷206、《要录》卷140绍兴十一年四月己卯；《宋宰辅编年录校补》卷16引《中兴遗史》、《宋会要》职官78之41。

七月，何铸“复论资政殿学士孙近之罪，以为近自罢政以来，每对客谈，即云缘与陛下，与秦桧议边事不合，遂致丐祠而去”。[①]

孙近屡遭贬谪，绍兴十二年（公元1142年）正月，“左通议大夫孙近责授左朝散郎、秘书少监，漳州居住，以万俟卨论其谪轻也”。[②] 此后，孙近不断贬降或移居，到绍兴二十三年（公元1153年），病死在赣州，[③] 总计前后贬窜流离了十多年。

二、楼炤（1088—1160），字仲晖，婺州永康县人，《宋史》卷380有传。楼炤在政和五年（公元1115年）登科，与秦桧算是同榜进士。绍兴元年（公元1131年），秦桧初次拜右相后，“朝奉郎、主管临安府洞霄宫楼炤为兵部员外郎”，“秦桧所荐也”。[④] 秦桧企图排挤左相吕颐浩，设修政局，楼炤出任检讨官。[⑤] 绍兴二年（公元1132年），秦桧罢相，时已升任尚书省右司员外郎的楼炤“坐秦桧党”，“落职，与宫观”。[⑥]

绍兴五年（公元1135年），“左朝散郎楼炤守尚书右司员外郎，炤坐秦桧累，久斥，至是始用之”，[⑦] 官复原职。秦桧重新当执政，并任相后，楼炤自然与他关系密切。绍兴八年（公元1138年）六月，正当宋高宗大力进行对金媾和时，楼炤和另一秦桧党羽勾龙如渊同时被任命为中书舍人，后改给事中、兼直学士院。[⑧] 当时正值群臣纷起抗议降金乞和，楼炤却为秦桧充说客。[⑨] 为了给宋高宗遮羞，楼炤向秦桧献计，援引《尚书·周书·无逸》和《礼记·丧服四制》中“高宗谅阴，三年不言”的典故，因此确定了由秦桧等宰执代表皇帝，向金使下跪，接受国书。[⑩]

宋高宗于绍兴九年（公元1139年）初发布由楼炤起草的赦文，作为遮羞布，其中有“上穹开悔祸之期，大金报许和之约”。“睦邻修好，既

① 《要录》卷141绍兴十一年七月甲辰。
② 《要录》卷144绍兴十二年正月癸亥。
③ 《要录》卷164绍兴二十三年二月癸未。
④ 《要录》卷48绍兴元年十月乙丑。
⑤ 《要录》卷54绍兴二年五月丙戌。
⑥ 《要录》卷57绍兴二年八月壬子。
⑦ 《要录》卷95绍兴五年十一月丙戌。
⑧ 《要录》卷120绍兴八年六月辛巳，卷123绍兴八年十一月甲辰。
⑨ 《要录》卷124绍兴八年十二月丁丑。
⑩ 《要录》卷124绍兴八年十二月戊寅、庚辰；《四朝闻见录》丙集《秦桧待金使》。

通两国之欢；和众安民，以图万世之利”等语。[①] 由于与金使“书诏填委，多出于炤之笔”，楼炤“真拜”翰林学士。[②] 三月，楼炤升任签书枢密院事，四月，奉命“往陕西宣谕德意”。[③] 由于他“贪财贿，所至苦厌之”。[④]

绍兴十年（公元1140年）六月，楼炤“以父忧去位”。[⑤] 绍兴十二年（公元1142年）九月，“端明殿学士楼炤升资政殿学士、知绍兴府”。[⑥] 绍兴十四年（公元1144年）二月，楼炤“过阙入见，即日除签书枢密院事、兼权参知政事”。五月，“御史中丞李文会、右谏议大夫詹大方论炤素无绳检，交结蔡京，亟改京秩。其帅绍兴，不恤国事，溺爱二倡。诏以本职提举江州太平观”。[⑦] 楼炤任执政不过三月，就被台谏官用揭老底的手法轰下台，当然是出自秦桧的指使。从“过阙入见，即日”任命的简单记载看，大约是因为宋高宗事先未与秦桧商量而任命，引起秦桧的忌恨，害怕楼炤影响自己的权势。与其他执政相比，楼炤的处境还是较好的，在秦桧死后外任知州，死于绍兴三十年（公元1160年）。[⑧]

三、王次翁（1079—1149），字庆曾，济南府历城县人，《宋史》卷380有传。王次翁曾入太学，礼部别头试第一。绍兴六年（公元1136年），秦桧政敌吕颐浩任荆湖南路安抚制置大使时，辟王次翁为参议官。[⑨] 王次翁最初还是得到一些好评，如吕祉曾介绍他“天资孝友，履行清修，年未六十，浩然求退”，似乎是个淡泊名利的清节之士。但秦桧在重新上台前，曾在婺州与王次翁结识，又经楼炤介绍，而对王次翁另眼相看，认为王次翁与吕颐浩“非其类也”。[⑩] 此后，秦桧就一力援引王次翁，王次

① 《会编》卷191，《要录》卷125绍兴九年正月丙戌。

② 《会编》卷193，《要录》卷126绍兴九年二月癸丑。

③ 《要录》卷127绍兴九年三月辛丑，四月辛亥；《宋宰辅编年录校补》卷15，《西征道里记》。

④ 《会编》卷197；《要录》卷131绍兴九年八月己酉；《宋史》卷380《楼炤传》。

⑤ 《要录》卷136绍兴十年六月壬戌；《宋宰辅编年录校补》卷15。

⑥ 《要录》卷146绍兴十二年九月乙未。

⑦ 《要录》卷151绍兴十四年二月己酉、五月甲子；《宋宰辅编年录校补》卷16；《宋会要》职官78之43。

⑧ 《要录》卷171绍兴二十六年正月丁未、卷184绍兴三十年三月癸未。

⑨ 《要录》卷45绍兴元年六月甲戌、卷100绍兴六年四月辛丑。

⑩ 《要录》卷111绍兴七年六月乙卯；《宋史》卷380《王次翁传》。

翁的官位升迁很快。绍兴十年（公元1140年）二月，王次翁取代屡次与秦桧作对的廖刚，为御史中丞，标志着秦桧完全控制了台谏部门。此人“尤为柔媚”,[①]“受桧风旨治善类，自此人始”。[②]

当年金军破坏盟约，入侵河南地区，使力主和议的秦桧一时处境狼狈，害怕被皇帝罢相，王次翁此时向宋高宗进言，认为不应当“事有小变，则更用他相”，“无使小人异议乘间而入”，宋高宗“深然之”，而秦桧“德之”。[③] 七月，王次翁升任参知政事。[④]

绍兴十一年（公元1141年），王次翁参与了三大将罢兵权，对金和议，陷害岳飞等一系列活动。当年“两浙转运司秋试，举人凡解二百八人”，“有司观望”，“而温州所得四十有二”，秦“桧与参政王次翁子侄预选者数人”。这种明目张胆的作弊行为，使“士论大骇”。[⑤] 绍兴十二年（公元1142年），在所谓皇太后回銮的闹剧中，王次翁以参知政事之重，担任了奉迎两宫礼仪使的重要角色。[⑥] “奉迎两宫”当然也是名不副实的遮羞之词，王次翁的任务其实只是到淮水之滨，奉迎宋高宗的生母韦氏。这本是一件唾手可得的立大功的机遇，不料王次翁居然把这件事办得十分糟糕，并断送了自己的前程，成为大闹剧之中的一小段啼笑皆非的插曲。其原始记录见于王明清《挥麈后录》卷11：

> 绍兴壬戌夏，显仁皇后自虏中南归，诏遣参知政事王庆曾次翁与后弟韦渊迓于境上。时虏主亦遣其近臣与内侍凡五辈，护后行。既次燕山，虏人惮于暑行，后察其意，虞有他变，称疾请于虏，少须秋凉进发，虏许之。因称贷于虏之副使，得黄金三百星，且约至对境，倍息以还……既将抵境上，虏必欲先得所负，然后以后归我……王之行也，事之纤粟，悉受颐指于秦丞相，独此偶出不料。虏人趣金甚急，

---

① 《要录》卷134绍兴十年二月庚申；《宋史》卷380《王次翁传》及《论》。

② 《朱子语类》卷131。

③ 《要录》卷135绍兴十年五月戊戌；《宋史》卷380《王次翁传》，卷473《秦桧传》。

④ 《要录》卷137绍兴十年七月丙午；《宋宰辅编年录校补》卷15。

⑤ 《要录》卷144绍兴十二年三月乙卯；《宋史》卷380《王次翁传》。

⑥ 《要录》卷145绍兴十二年四月甲子朔。

王虽所赍甚厚，然心惧秦，疑其私相结纳，归欲攘其位，必贻秦怒，坚执不肯偿，相持界上者凡三日……中外大恐。时王映（秦桧妻兄，秦熺生父）以江东转运副使为奉迎提举一行事务，从王，知事急，力为王言之，不从。映乃自裒其随行所有，仅及其数以与之，虏人喜，后即日南〔渡〕，疑惧释然，而王不预也。王归白秦，以谓所以然者，以未始禀命，故不敢专。秦以王为畏己，果大喜。已而后泣诉于上："王某大臣，不顾国家利害如此。万一虏生它计于数日间，则使我母子不相见矣！"上震怒，欲暴其罪而诛之。初，楼炤仲辉自枢府以母忧去位，终制，起帅浙东，储之欲命谢于虏廷。至是，秦为王营救回护，谓宜遣柄臣往谢之。于是辍仲辉之行，以为报谢使，以避上怒。逮归，上怒稍霁，然终恶之。秦喻使辞位，遂以职名奉祠，已而引年，安居于四明。秦终怜之，馈问不绝。秦之擅国，凡居政府者，莫不以微过忤其指，例以罪行。独王以此，情好不替。王卒，特为开陈，赠恤加厚，诸子与婿、亲戚、族人添差浙东者又数人，以便其私。议者谓秦居政府二十年间，终始不贰者，独见王一人而已。

王次翁无疑是个庸才，但在一些枝节问题上却又颇善于计较利害得失，他在为韦氏出赎金的问题上，其实是两害相权取其轻，宁愿得罪太后和皇帝，而不敢触犯秦桧。皇太后回銮的闹剧刚演完，秦桧就安排他出任大金报谢使，[①]“以避上怒”。绍兴十三年（公元1143年）闰四月，王次翁“引年求去”，体面下台。[②]代表皇帝的罢官制称赞他“问学该洽，襟怀粹夷。排却纷华，务清心而寡欲；探讨理乱，期尊主以庇民。晚登禁涂，洊掌风宪。深嫉官邪之败，力扶国是之归。遂膺侧席之求，入佐秉钧之任。坐阅四载，实勤百为”。[③]此处的所谓“国是”当然就是指降金乞和的大政。这个表面上曾被认为是清心寡欲的人，其实比很多无耻之徒更加利欲熏心，他遭逢秦桧之后，就如鱼得水，自我揭穿了阳宣的君子伪

① 《会编》卷212；《要录》卷146绍兴十二年九月戊申。

② 《要录》卷148绍兴十三年闰四月乙卯；《宋宰辅编年录校补》卷16；《宋会要》职官78之42—43。

③ 《东窗集》卷6《王次翁除资政殿学士宫观制》。

装，而将阴伏的小人本质暴露无遗。他的特点是对秦桧无比的柔媚，而对稍有气节的臣僚，对秦桧的政敌却有“深嫉”的气概。绍兴十九年（公元1149年）岁末，王次翁善终于明州。[①] 秦桧与他“始终不贰”，也是秦桧独相期间唯一的一例，其实也说明两人相知之深。

四、范同（1097—1148），字择善，建康府江宁县人，[②] 《宋史》卷380有传。范同在政和五年（公元1115年）登科，不但与秦桧是同乡和同榜进士，并且还是同学。《夷坚丁志》卷10《建康头陀》记载，“政和初，建康学校方盛，有头陀道人之学”相面，说：“异事！异事！八坐贵人都著一屋关了，两府直如许多。”“有秦秀才者，众目为秦长脚，范（同）素薄之，乃指谓曰：‘这长脚汉也会做两府？’”当时的同窗除秦桧和范同外，还有“段去尘（拂）”、“何任叟（若）、巫子先（伋）”等人。由此可见，范同在青年时代颇为心高气傲，根本看不起秦桧，“长脚汉”是蔑称，宋人“谓贱丈夫曰汉子”。[③]

绍兴四年（公元1134年）。宋高宗“命（赵）鼎荐举人才”，范同也是被赵鼎荐举者之一，[④] 可知范同还是有一定的声誉。范同真正崭露头角，还是在绍兴八年（公元1138年）时，“与秦桧力主和议”。由于金使的气焰嚣张，引起官员和军民的广泛抗议，宋高宗两次特命范同“假太常少卿，接伴金使”，并且下手诏严令范同：“途中稍生事，当议编置！”范同奉命唯谨，“萧哲、张通古入境，同北向再拜，问金主起居，军民见者多流涕”。[⑤] 当时，胡铨上奏抗论，引起极大的轰动，秦桧“怒甚”，范同却对秦桧说：“只莫采，半年便冷了。若重行遣，适成孺子之名。”秦桧虽然听从他的意见，但内心却认为此人诡计多端，“甚畏范”。[⑥]

绍兴十一年（公元1141年），范同“献计于秦桧，请皆除枢府，而罢其兵权”，于是宋廷召韩世忠、张俊和岳飞三大将入朝，实现了第二次杯

---

① 《要录》卷160绍兴十九年十二月。
② 《要录》卷44绍兴元年五月丙午。
③ 《老学庵笔记》卷3。
④ 《要录》卷74绍兴四年三月戊午。
⑤ 《宋史》卷380《范同传》；《要录》卷119绍兴八年五月丁未、卷123绍兴八年十一月戊申。
⑥ 《朱子语类》卷131。

酒释兵权。[①] 范同也因此在七月升迁参知政事。[②] 他还参与了杀害岳飞的谋划，《朱子语类》卷131说：“杀岳飞，范同谋也。”然而到当年十一月，即岳飞入狱后不久，右谏议大夫万俟卨弹劾范同说：“朝廷收天下兵柄，归之宥密，而同辄于稠人之中，贪天之功，以为己有。”范同因此罢官，又很快“责授左朝奉郎、秘书少监，分司南京，筠州居住”。[③] 当时所谓“居住”是一种官员贬降的处分，在某种程度上没有人身自由。[④]

绍兴十五年（公元1145年）十一月，范同复左中大夫、知太平州。[⑤] 绍兴十八年（公元1148年），范同“引疾请奉祠，诏复左太中大夫，令终任”，他不久就去世，复资政殿学士致仕。[⑥] 总的说来，在秦桧独相期间的执政群中，范同无疑是个有歪才而又不甘居秦桧之下的人，他费尽心机，钻营官禄，而其骤然升沉毕竟成了当时权力斗争的一段小插曲，到头来还是不免被本人曾经瞧不起的“长脚汉”，玩弄于股掌之中。

五、万俟卨（1083—1157），字元忠，开封府阳武县人，孙觌《鸿庆居士集》卷36有他的墓志铭，孙觌是个有名的无耻文人，尽管在墓志铭中为他涂脂抹粉，评功摆好，而《宋史》卷474还是将他列入了奸臣传。万俟卨在政和二年（公元1112年）登第，正好是比秦桧早一榜的进士。

绍兴四年（公元1134年）四月，“左朝请郎万俟卨为湖北转运判官”。绍兴七年（公元1137年）四月，“左朝散大夫万俟卨提点荆湖北路刑狱公事”。[⑦] 当时荆湖北路是岳飞统辖的战区，“岳飞宣抚荆湖，遇卨不以礼，卨憾之”。岳飞被公认为是礼贤下士，特别尊重士大夫，居然鄙视万俟卨，“不以礼”，这是很少有的例外，足可说明万俟卨的人品。

绍兴十年（公元1140年）闰六月，左朝散大夫、新除荆湖南路转运

---

① 《要录》卷140绍兴十一年四月辛卯；《宋史》卷380《范同传》；《宋宰辅编年录校补》卷16。

② 《要录》卷141绍兴十一年七月庚子；《宋宰辅编年录校补》卷16。

③ 《要录》卷142绍兴十一年十一月己亥、丁未；《宋宰辅编年录校补》卷16；《宋会要》职官70之24—25、78之42；《挥麈后录》卷11。

④ 参见郭东旭《宋代法制研究》，河北大学出版社2000年版，第234—236页。

⑤ 《要录》卷154绍兴十五年十一月丙午。

⑥ 《要录》卷157绍兴十八年二月甲辰、卷158绍兴十八年闰八月癸亥。

⑦ 《要录》卷75绍兴四年四月乙未、卷110绍兴七年四月庚戌。

判官万俟卨出任监察御史。万俟卨突然从地方官改为御史，是因为他“陛辞”时，“希秦桧意，谮（岳）飞于朝”。这成了他蹿升的起点，又很快升右正言。“时桧谋收诸将兵权，卨力助之，言：‘诸大将起行伍，知利不知义，畏死不畏法，高官大职，子女玉帛，已极其欲，盍示以逗遛之罚，败亡之诛，不用命之戮，使知所惧。’”绍兴十一年（公元1141年）四月，万俟卨升右谏议大夫。①

万俟卨任台谏官后，“尤喜附桧，愿效鹰犬”，参与弹劾岳飞等人。②岳飞被诬，入诏狱后，御史中丞何铸“明其无辜”，于是宋廷改命万俟卨为御史中丞，作为诏狱的主审官，完成了诬陷和杀害的使命。③万俟卨还弹劾在这次冤案中营救岳飞的宗室赵士㒟，反对这次冤狱的前御史中丞何铸、大理少卿薛仁辅、大理寺丞何彦猷、李若樸，弹劾岳飞幕僚朱芾、李若虚以及支持岳飞的刘洪道等人。④他无疑是秦桧的一条最凶狠的、作恶最多的走狗。

绍兴十二年（公元1142年）八月，万俟卨升参知政事，充大金报谢使，他对宋高宗说：“陛下属时多艰，嗣承大统，日者独断，屈己销兵，以交与国，天人同符，捷逾响报，送往事居，悉如圣志。臣将命绝域，实与荣焉。”⑤万俟卨“为参知政事二年，噤嘿奉秦桧而已”。他南归后，秦桧“假金人誉己数〔十〕言，嘱卨以闻，卨难之”。他害怕得欺君之罪，却得罪了秦桧。又有一次，秦桧“批上旨，辄除所厚者官”，万俟卨说：

---

① 《要录》卷136绍兴十年闰六月癸未、卷137绍兴十年八月甲戌、卷140绍兴十一年四月乙未；《宋史》卷474《万俟卨传》；《鸿庆居士集》卷36《宋故特进观文殿大学士河南郡开国公致仕赠少师万俟公墓志铭》。

② 《鄂国金佗稡编》卷8《鄂王行实编年》；《要录》卷141绍兴十一年七月壬子、八月甲戌；《宋史》卷474《万俟卨传》；《鸿庆居士集》卷36《宋故特进观文殿大学士河南郡开国公致仕赠少师万俟公墓志铭》。

③ 《鄂国金佗稡编》卷8《鄂王行实编年》；《要录》卷142绍兴十一年十一月乙卯、卷143绍兴十一年十二月癸巳、卷144绍兴十二年正月戊申；《宋史》卷380《何铸传》、卷473《秦桧传》、卷474《万俟卨传》。

④ 《要录》卷143绍兴十一年十二月丁卯、卷144绍兴十二年三月辛亥、卷145绍兴十二年五月甲辰、卷146绍兴十二年八月丙寅；《宋史》卷247《赵士㒟传》、卷474《万俟卨传》。

⑤ 《要录》卷146绍兴十二年八月甲戌；《宋宰辅编年录校补》卷16；《宋会要》职官51之15—16；《宋史》卷474《万俟卨传》；《鸿庆居士集》卷36《宋故特进观文殿大学士河南郡开国公致仕赠少师万俟公墓志铭》。

"偶不闻圣语。"没有画押。秦桧"大怒，自是不交一语"。绍兴十四年（公元1144年）二月，御史中丞李文会和右谏议大夫詹大方弹劾万俟卨"黩货营私，窥摇国是"，于是万俟卨被罢官。[①] 六月，因李文会再次劾奏，左通奉大夫、提举江州太平观万俟卨"降三官"，为左中大夫，归州居住。其兄万俟止、侄子万俟允中等也受处分。后万俟卨又移沅州居住。[②]

绍兴二十五年（公元1155年），秦桧死后，宋高宗立即将万俟卨复官左通奉大夫、资政殿学士、提举万寿观、兼侍读，其兄"右朝散大夫、武冈军编管人万俟〔止〕"也"放令逐便"，复官。[③] 绍兴二十六年（公元1156年）三月，万俟卨回朝，说了些"权臣执国命，威福之柄下移"之类言词，立即拜参知政事。五月，升任右相。[④] 万俟卨当政后，仍然秉承宋高宗的旨意，坚持对金乞和政策，他和其他宰执劝皇帝下诏，强调"偃兵息民"，"讲信修睦"，"断自朕志，决讲和之策"，"如敢妄议，当重置典刑"![⑤] 正如《朱子语类》卷131说，"及秦死"，宋高宗所进用的万俟卨等人，"皆秦党也"，"此数人皆是当时说和亲者"。"秦老既死，中外望治"，而皇帝发表此诏，"甚沮人心"。绍兴二十七年（公元1157年）三月，万俟卨死。[⑥] 纵观万俟卨的一生，始则献媚秦桧，终则与他势同水火，但"主和固位"，陷害爱国志士，却又始终"无异于桧"。[⑦]

六、程克俊（1089—1157），字元籲，饶州浮梁县景德镇人，《新安文献志》卷94有家传。[⑧] 程克俊是宣和六年（公元1124年）进士，此后逐步升迁，到绍兴八年（公元1138年），即秦桧再任右相后不久，他出任尚

---

① 《要录》卷151绍兴十四年二月丙午；《宋宰辅编年录校补》卷16；《宋史》卷474《万俟卨传》；《宋会要》职官78之43；《鸿庆居士集》卷36《宋故特进观文殿大学士河南郡开国公致仕赠少师万俟公墓志铭》。

② 《要录》卷151绍兴十四年六月庚子、卷152绍兴十四年八月丁亥、卷161绍兴二十年八月甲辰朔；《宋会要》职官70之29。

③ 《要录》卷170绍兴二十五年十二月甲戌朔、乙亥、丁丑、癸巳。

④ 《要录》卷172绍兴二十六年三月乙卯、己未、五月壬寅；《宋宰辅编年录校补》卷16；《宋史》卷474《万俟卨传》；《鸿庆居士集》卷36《宋故特进观文殿大学士河南郡开国公致仕赠少师万俟公墓志铭》。

⑤ 《要录》卷172绍兴二十六年三月丙寅。

⑥ 《要录》卷176绍兴二十七年三月辛卯、壬辰。

⑦ 《宋史》卷474《万俟卨传》。

⑧ 关于程克俊的乡贯，《要录》卷41绍兴元年正月甲寅作饶州鄱阳县人，今据家传。

书右司员外郎。[①] 翌年，左司员外郎程克俊升起居舍人、起居郎和中书舍人。[②] 绍兴十一年（公元1141年）七月，程克俊任给事中，十一月，又兼权直学士院。[③] 程克俊在秦桧再相后，官位步步高升，但如岳飞郾城大捷的奖谕诏即是由他起草，还是对此战作了实事求是的绝高评价。[④]

绍兴十二年（公元1142年）三月，宋高宗发表“给事中、兼侍读、权直学士院程克俊兼资善堂翊善，秘书少监、兼崇政殿说书秦梓兼赞读”，作为“未出阁”的养子赵璩的教师。[⑤] 当时秦桧企图利用赵璩，阻止另一养子赵瑗，即后来的宋孝宗取得皇子的地位，他安排程克俊和自己的亲兄秦梓充当赵璩的教师，就足以证明程克俊在秦党中的地位。同年九月，宋高宗因“皇太后回銮”，宣布大赦，由秦桧养子秦熺和程克俊行词的赦文说，“大国行仁，遂子道事亲之孝”，“敢忘莫报之深恩”。这篇代表皇帝向杀父之仇谢恩的赦文，“邮传至四方，遗黎读之，有泣者”。然而程克俊正是在赦文发表后升翰林学士。[⑥]

十月，程克俊充端明殿学士、签书枢密院事、兼权参知政事。在此前，“秦桧之除太师也，克俊草其制词，有曰：‘庙算无遗，固众人之所不识；征车远狩，惟君子以为必归。’桧大喜之”。他所起草的秦桧拜太师制通篇阿谀之词，仅是上引一联最得秦桧喜欢而已，这成了程克俊拜执政的主要原因。[⑦] 十二月，宋高宗在召见宰执时说：“秦熺论唐文皇（太宗）之文华，汉文帝之文实。”程克俊连忙献媚说：“圣人之文与众人异，陛下圣学高妙，施行治具，得斯文之传矣！”[⑧]

绍兴十三年（公元1143年）六月，程克俊“为言者所攻”，“以疾求

---

① 《要录》卷118绍兴八年三月庚戌。

② 《要录》卷128绍兴九年五月庚辰朔，卷131绍兴九年八月壬子、庚申。《新安文献志》卷94程克俊家传作“擢起居舍人，兼左、右司”。

③ 《要录》卷141绍兴十一年七月壬寅、卷142绍兴十一年十一月丁未。

④ 《鄂国金佗续编》卷4《郾城斩贼将阿李朵孛堇大获胜捷赐诏奖谕仍降关子钱犒赏战士》；《新安文献志》卷2《奖谕武胜定国军节度使湖北京西宣抚使岳飞郾城胜捷仍降犒赏诏》。

⑤ 《要录》卷144绍兴十二年三月己亥。

⑥ 《会编》卷212；《要录》卷146绍兴十二年九月壬寅、戊申；《桯史》卷5《刘观堂读赦诗》。

⑦ 《要录》卷147绍兴十二年十月乙亥；《宝真斋法书赞》卷2《高宗皇帝除目手札御书》；《宋宰辅编年录校补》卷16载秦桧拜太师制全文。

⑧ 《要录》卷147绍兴十二年十二月己未朔。

去位，遂罢，在枢府凡八月”。紧接着，“中书舍人张〔扩〕[1] 提举江州太平观，坐朋附程克俊，动摇国是，为殿中侍御史李文会所劾也”。[2] 绍兴二十五年（公元1155年），秦桧死后，宋高宗发表“端明殿学士、提举临安府洞霄宫程克俊知建康府”，翌年又发表“提举临安府洞霄宫程克俊知湖州”。[3] 宋高宗“诏克俊过阙”，旋即任命“新知湖州程克俊参知政事”，但“再执政才七十五日”，又“以疾自请”，改提举洞霄宫。他于绍兴二十七年（公元1157年）病死，后谥章靖。[4]

七、李文会（？—1158），字端友，泉州惠安县人，一说为晋江县人。《宋史翼》卷40有传。李文会是建炎二年（公元1128年）进士。绍兴十二年（公元1142年），“左宣教郎、充〔敕〕令所〔删〕定官李文会守监察御史”。[5]

绍兴十三年（公元1143年），李文会升殿中侍御史。[6] 他上奏“论寄居士大夫干扰州县，又监司、郡守类皆亲故，莫敢谁何。望严加戒约，倘或不悛，令监司、郡守密具姓名闻奏，重置典宪，不以赦原”。此奏得到宋高宗批准。“时士大夫与秦桧异论者多奉祠里居，或侨寄他郡，自是以次被罪矣”。[7] 此奏无疑是秉承秦桧风旨行事。他在秦桧指使下，不断上奏弹击“异议”者，又很快升侍御史。[8] 宋使洪皓在北方守节不屈，有当代苏武之称，而遭秦桧忌恨，李文会特别上奏，说洪皓“贪恋显列，不求省

---

① 张扩，原作张广，亦疑为张扩之误。经研究生周立志先生来信提醒，“扩”乃避宋宁宗御讳，而改为“广”。周先生又说：“然按《皇宋中兴纪事本末》卷60载页7上‘初中书舍人张扩为左仆射秦桧所知，不数年至侍从，缘屡缴词，人多不乐，至是吏部引赦行词，扩每秉烛草制，言者谓其大遽而文不工，扩乃罢去。’又数次载及‘张扩’，此处所引张扩罢似另有所因。”关于此事，可参本文杨愿绍兴十三年记事。

② 《要录》卷149绍兴十三年六月壬寅、甲辰；《宋宰辅编年录校补》卷16；《宋会要》职官78之43。

③ 《要录》卷170绍兴二十五年十二月甲戌朔、卷172绍兴二十六年四月己卯。两处记载都是以宫祠任郡守，似程克俊实际未往建康赴任。《新安文献志》卷94程克俊家传则说“知建康数月”。

④ 《要录》卷173绍兴二十六年六月丁丑、卷174绍兴二十六年八月辛卯、卷177绍兴二十七年八月庚戌；《宋会要》职官78之45；《宋宰辅编年录校补》卷16。

⑤ 《要录》卷145绍兴十二年四月辛巳。

⑥ 《要录》卷148绍兴十三年正月辛亥。

⑦ 《要录》卷148绍兴十三年四月庚辰。

⑧ 《要录》卷149绍兴十三年八月壬寅、丙午。

母，若久在朝，必生事端”，于是宋高宗“乃命黜皓”。[①] 十二月，李文会言：“金国遣使，礼意至厚，宜严戒有司讨论旧典，精加补缉，以称陛下和好之诚。”在投降派看来，接待金使，如何克尽以臣事君、以小事大之礼，是头等要务，宋高宗当即批准此奏。[②]

绍兴十四年（公元1144年），李文会升御史中丞。[③] 他继续充当秦桧的鹰犬，弹击秦桧嫌忌的人，如万俟卨等昔日的同党。武将解潜“不从和议”，亦遭李文会的弹击，“责濠州团练副使，南安军安置”。[④] 宗室赵令衿曾建议“留张浚，为桧所斥，久之，以事至临安”。李文会即上劾奏说：“令衿昔为大臣缓颊，今复奔走请托。”宋高宗即令赵令衿离开行朝。[⑤] 秦桧怀疑高闶举荐张九成，又命李文会弹奏高闶。五月，李文会弹奏成功后，就取代刚下台的楼炤，任签书枢密院事、兼权参知政事，“自是执政免，即以言者代之”。[⑥] 七月，李文会随秦桧奏对，宋高宗说：“秘府书籍尚少，宜广求访。”李文会说：“若非干戈偃息，此事亦未易举。”[⑦]

然而李文会任执政仅半年有余，即遭御史中丞杨愿、殿中侍御史汪勃和右正言何若共劾而下台，宋高宗“诏文会筠州居住”。翌年，又自左朝奉郎降官左奉议郎。[⑧] 绍兴二十年（公元1150年），宋廷令“筠州居住李文会移江州”。[⑨] 绍兴二十四年（公元1154年），李文会任知遂宁府。[⑩] 绍兴二十五年（公元1155年），改任知泸州。[⑪] 绍兴二十六年（公元1156

---

① 《要录》卷150绍兴十三年九月甲子；《盘洲文集》卷74《先君述》；《宋史翼》卷40《李文会传》。

② 《要录》卷150绍兴十三年十二月丙午。

③ 《要录》卷151绍兴十四年正月癸酉。

④ 《要录》卷151绍兴十四年三月壬申。

⑤ 《宋史翼》卷40《李文会传》；《要录》卷151绍兴十四年四月乙未；《宋史》卷144《赵令衿传》。

⑥ 《要录》卷151绍兴十四年五月乙丑；《宋宰辅编年录校补》卷16；《宋史翼》卷40《李文会传》。

⑦ 《要录》卷152绍兴十四年七月戊寅。

⑧ 《要录》卷152绍兴十四年十二月丁酉、卷153绍兴十五年三月癸亥；《宋宰辅编年录校补》卷16；《宋会要》职官78之43。

⑨ 《要录》卷161绍兴二十年八月甲辰朔。

⑩ 《要录》卷167绍兴二十四年七月丙辰。

⑪ 《要录》卷169绍兴二十五年九月辛亥。

年），李文会复左朝奉郎。[1] 绍兴二十七年（公元 1157 年），李文会复龙图阁学士，改知潭州。[2] 绍兴二十八年（公元 1158 年），时任知成都府、兼四川安抚制置使的李文会复端明殿学士。[3] 授予此职名其实是恢复执政的待遇。[4] 当年八月，李文会死，[5] 翌年，宋高宗赠李文会左中奉大夫，中书舍人洪遵说："文会奴事秦桧，排斥忠良，改秩三年而登政府。及守成都，贪毒弛缪，动为民害。望罢其恤典，以慰蜀人。"宋高宗"诏赠官勿行，其致仕、遗表恩泽共与二人而已"。[6]

八、杨愿（1101—1152），字原仲，楚州山阳县人，《宋史》卷 380 有传，《水心文集》卷 23 有墓志铭。北宋末，杨愿任太学录，靖康之难，金军曾下令取杨愿到军营，杨愿"托疾得免"。[7] 金人退兵后，执政曹辅"遣太学录杨愿上书帅府"，报告伪楚情况。[8] 杨愿到济州，对康王"劝进"。宋高宗即位后，六月，杨愿"以元帅府结局恩，补修职郎"。[9]

绍兴元年（公元 1131 年），参知政事"秦桧荐之"，杨愿自越州观察推官升枢密院编修官。[10] 吕颐浩和秦桧并相后，杨愿充枢密院计议官。绍兴二年（公元 1132 年），杨愿进士中第。[11] 秦桧初相时，就开始"大植朋党"，而杨愿已经成为公认的秦党。[12] 秦桧罢相后，杨愿也接着罢官。[13]

绍兴八年（公元 1138 年），秦桧再相后，"左宣教郎杨愿为秘书郎，

---

① 《要录》卷 173 绍兴二十六年七月癸亥。

② 《要录》卷 176 绍兴二十七年二月甲子。

③ 《要录》卷 179 绍兴二十八年正月庚午。

④ 《宋史》卷 162《职官志》。

⑤ 《要录》卷 180 绍兴二十八年八月戊子朔。

⑥ 《要录》卷 181 绍兴二十九年正月壬午；《历代名臣奏议》卷 188。

⑦ 《要录》卷 2 建炎元年二月甲申；《水心文集》卷 23 杨愿墓志铭和《宋史》卷 380《杨愿传》作"女真闻其名，聘之北行，匿民间"。

⑧ 《要录》卷 4 建炎元年四月甲子。

⑨ 《要录》卷 6 建炎元年六月甲申；《水心文集》卷 23 杨愿墓志铭；《宋史》卷 380《杨愿传》。

⑩ 《要录》卷 45 绍兴元年六月丁丑；《水心文集》卷 23 杨愿墓志铭；《宋史》卷 380《杨愿传》。

⑪ 《要录》卷 49 绍兴元年十一月辛酉、卷 52 绍兴二年三月甲寅。《水心文集》卷 23 杨愿墓志铭和《宋史》卷 380《杨愿传》将升计议官系于绍兴二年科举中第后。

⑫ 《历代名臣奏议》卷 182 胡寅奏。

⑬ 《要录》卷 57 绍兴二年八月丙辰。

既而中书言，愿未终满外任，后旬日，以愿通判明州”。[①] 绍兴十年（公元1140年），“左宣义郎杨愿守秘书丞”，调赴行朝。[②] 闰六月，他与万俟禼“并为监察御史”，此后又任司封员外郎。[③] 绍兴十一年（公元1141年），升尚书右司员外郎。[④]

绍兴十二年（公元1142年）正月，杨愿任起居舍人、兼中书舍人。[⑤] 他与张扩同僚，起草文书，多蒙张扩“润色”。有一次，张扩“戏成二毫笔绝句”：“包羞曾借虎皮蒙，笔阵仍推兔作锋。未用吹毛强分别，即今同受管城封。”杨愿“以为诮己，大怒”，向秦桧进谮，于是“言路弹之”，张扩罢官。[⑥] 绍兴十三年（公元1143年），任给事中。他兼修玉牒，上奏说：“合载靖康末推戴赵氏事，窃虑太师秦桧有当时建议文字，可见本末，望令抄录，封送本所照用。”这份阿谀秦桧的奏疏，自然得到宋高宗的批准。他很快升权直学士院，[⑦] 并充大金贺元旦接伴使。[⑧] 绍兴十四年（公元1144年），“秦桧进呈直学士院杨愿、秦熺所撰贺金主正旦及生辰国书，上览熺所撰，再三称善，于是命用之”。[⑨] 十一月，杨愿升任御史中丞。[⑩]

杨愿上任伊始，即出面弹击秦桧政敌、前参知政事李光，并上奏说：“数十年来，士风浇浮，议论蜂起，多饰虚名，不恤国计。沮讲和之议者，意在避出疆之行；腾用兵之说者，止欲收流俗之誉。甚者私伊川元祐之说，以为就利避害之计。慢公死党，实繁有徒。今四方少事，民思息肩，

---

① 《要录》卷126绍兴九年二月丙子。

② 《要录》卷134绍兴十年二月丁巳。

③ 《要录》卷136绍兴十年闰六月癸未、卷138绍兴十年十一月丁巳。

④ 《要录》卷140绍兴十一年五月己酉。

⑤ 《要录》卷144绍兴十二年正月庚申、辛酉。

⑥ 《要录》卷146绍兴十二年九月辛亥、卷149绍兴十三年六月甲辰；《挥麈录余话》卷2。

⑦ 《要录》卷149绍兴十三年八月丙午，卷150绍兴十三年九月丙寅、十月甲辰；《宋史》卷380《杨愿传》。

⑧ 《要录》卷150绍兴十三年十一月庚午。《宋史》卷380《杨愿传》说，金使“入境，犹欲据主席，中使传宣”，“不迎拜，愿以礼折之，皆听服”。《水心文集》卷23杨愿墓志铭则说，杨愿“始揖”金使“于淮中流，舟行以宾主为次，御筵口宣，设案拜舞，南人骤睹旷礼，泣下沾襟”。金使人名，各书记载不同。按当时宋金使节交往，宋方强调的是以小事大、以臣事君之礼，杨愿的《宋史》本传和墓志对此事记载既不同，而《要录》又不载此事，疑为曲笔，今不取。

⑨ 《要录》卷152绍兴十四年八月壬寅。

⑩ 《要录》卷152绍兴十四年十一月癸丑。

惟饰诈趋利之徒，尚狃於乖谲悖伪之习，窥摇国论，诖误后生。此风不革，臣所深忧也。愿下臣章，揭示庙堂，俾中外洗心自新，以复祖宗之盛。"此奏当然得到宋高宗的批准。[①] 十二月，杨愿参与弹劾李文会下台，随即充端明殿学士、签书枢密院事、兼权参知政事。[②] 史称"杨愿未为执政时，士大夫号其为'内简牌'，言愿传桧旨意为多也"。[③] 他当执政后，自然更是加倍的阿谀。《容斋续笔》卷15《李林甫秦桧》载：

> 杨愿最善佞，至饮食动作悉效之。秦尝因食，喷嚏失笑，愿于仓卒间，亦阳喷饭而笑，左右侍者哂焉。秦察其奉己，愈喜。既历岁亦厌之，讽御史排击，而预告之，愿涕泪交颐。秦曰："士大夫出处常事耳，何至是?"愿对曰："愿起贱微，致身此地，已不啻足。但受太师生成，恩过于父母，一旦别去，何时复望车尘马足邪? 是所以悲也。"秦益怜之，使以本职奉祠，仅三月起知宣州。

杨愿任执政其实还不足一年，于绍兴十五年（公元1145年）十月罢官，"时侍御史汪勃言愿之过"，杨愿连上五份辞职奏，宋高宗发表他任提举江州太平观，依然保留了端明殿学士的职名。[④] 但并不是三个月后即任知州，而是于绍兴十九年（公元1149年）出任宣州知州，[⑤] 后升资政殿学士。[⑥] 绍兴二十二年（公元1152年），改知建康府，[⑦] 又很快病死，《挥麈后录》卷11记载说：

> 杨原仲愿，秦会之腹心，为之鹰犬。凡与会之异论者，驱除殆尽，以此致位二府。出守宣城，王公明（炎）与原仲为中表，原仲为之经营，举削改官，得知蕲水县。往谢，原仲款集，醉中戏语原仲

① 《要录》卷152绍兴十四年十一月壬申、癸酉。
② 《要录》卷152绍兴十四年十二月丁酉、庚子、辛丑；《宋宰辅编年录校补》卷16。
③ 《宋宰辅编年录校补》卷16。
④ 《要录》卷154绍兴十五年十月丙子；《宋宰辅编年录校补》卷16；《宋会要》职官78之43。
⑤ 《要录》卷159绍兴十九年二月己未。
⑥ 《要录》卷162绍兴二十一年四月乙巳。
⑦ 《要录》卷163绍兴二十二年二月丙寅朔。

云："昔尝于吕丞相（颐浩）处得公顷岁所与渠书，其间颇及秦之短，尚记忆否？"公明初出无心也，原仲闻之，色如死灰，即索之，云："偶已焚之。"原仲自此疑公明，虑其以告秦，出入起居，跬步略不暂舍，夜则多以人阴加防守。公明屡求归而不从，深以为苦。如此者几岁。原仲移帅建业，途中亦如是焉。既抵金陵，馆于玉麟堂后宇。诸司大合乐，开燕，守卒辈往观优戏，稍怠。公明忽睹客船缆于隔岸，亟与其亲仆挈囊，唤而登之，遁去。会散，原仲呼之，则已远矣，即遣人四散往访之，邈不可得。原仲忧挠成疾而毙。①

吕颐浩是秦桧的政敌，估计是在秦桧初次罢相，而吕颐浩得势时，已被视为秦党的杨愿觊觎重新得到任用，而写了一封"颇及秦之短"的信，而最终竟因此断送了性命。绍兴末，"故资政殿学士杨愿家乞遗表恩，授子婿"。给事中黄祖舜等人说："愿于秦桧当国之日，踪迹诡秘，阴济其恶，中伤善类。至今士大夫无不切齿。政使于法应得，犹当排抑，以厉其余，况欲引例而害成法，安可不论。"于是宋高宗又"诏前降指挥更不施行"。②

杨愿在秦桧再相的执政群中，可算是一个最工于柔媚的磕头虫。但令人惊讶的是，他早年并非没有慷慨激昂的议论。据《水心文集》卷23杨愿墓志铭所引：

谋以活国者，国常存而身随之安；谋以活身者，国常亡而身随之危。今一举而迁金陵，求活身也，非活国也。虏既灭吾国矣，陛下将活其国以自存乎？将活其身而国终于亡乎？

如此痛切的批评，与本人后来的立身行事简直判若两人，是什么缘由使杨愿发生了一百八十度的转变呢？其实不外乎"利欲熏心"四字。

九、李若谷，洺州曲周县人，是北宋末年死难的李若水之兄。绍兴十

① 《要录》卷163绍兴二十二年十一月戊午记载较略。

② 《要录》卷190绍兴三十一年五月庚辰、癸未。

年（公元1140年），左朝散郎李若谷为司农寺丞。[①] 官衔带“左”字，表明他是科举出身。翌年，“将作监丞李若言：‘昨除司农寺丞，以本寺卿李若虚系臣亲弟，合回避。诏与将作监丞王言恭两易。契勘将作监统辖文思院上、下界，而幹办文思院上界李若川亦系臣亲弟，又有妨嫌，未敢供职。’”宋高宗“诏特免回避”。[②] 绍兴十二年（公元1142年），将作监丞李若谷任屯田员外郎。[③] 可知上面引文中的“李若”之下脱一“谷”字。李若水有“二兄三弟”，[④] 李若虚也是其兄，[⑤] 则李若谷为李家的长子。当时，李若谷之弟李若虚作为岳飞的前幕僚，遭到流放，另一弟大理寺丞李若樸因反对岳飞冤狱，而被罢官。但李若谷却反而得到升迁，当年九月，又任尚书右司员外郎。[⑥]

绍兴十三年（公元1143年），李若谷迁左司员外郎。[⑦] 翌年十一月，权工部侍郎李若谷任给事中。十二月，又兼资善堂翊善。[⑧] 当时秦桧力图阻止后来的宋孝宗当皇子，由李若谷充当教师，似别有用心。绍兴十五年（公元1145年），李若谷兼侍讲，又升敷文阁直学士、枢密都承旨，仍兼侍讲，又升侍读。[⑨] 当年十月，李若谷充端明殿学士、签书枢密院事，又兼参知政事。[⑩]

绍兴十六年（公元1146年）十二月，金部员外郎李若川遭右谏议大夫汪勃弹劾，说他“恃为执政之弟，为所亲经营差遣，妄作威福”，因而罢官。[⑪] 汪勃的弹奏无非是出自秦桧的旨意，预示着李若谷的官位已岌岌可危。绍兴十七年（公元1147年）二月，又是时任御史中丞的汪勃“论其不忠不孝”，李若谷罢官。接着，汪勃又“论若谷谄事张邦昌之党，又往宗泽

① 《要录》卷138绍兴十年十二月癸酉。李若谷的乡贯据《宋史》卷446《李若水传》。
② 《宋会要》职官63之13。
③ 《要录》卷144绍兴十二年正月庚申。
④ 《忠愍集》卷1《上吴少宰书》。
⑤ 《会编》卷82；《要录》卷70绍兴三年十一月庚申。
⑥ 《要录》卷146绍兴十二年九月戊午。
⑦ 《要录》卷148绍兴十三年二月壬午。
⑧ 《要录》卷152绍兴十四年十一月癸丑，十二月辛巳。
⑨ 《要录》卷153绍兴十五年二月庚寅，卷154绍兴十五年八月庚子、九月辛酉。
⑩ 《要录》卷154绍兴十五年十月癸未；《宋宰辅编年录校补》卷16。
⑪ 《要录》卷155绍兴十六年十二月丙午。

处，以伪楚年月改秩”，于是李若谷被革除资政殿学士的职名，“江州居住”。[①]《容斋续笔》卷15《李林甫秦桧》记载李若谷受重责的内情说：

李若谷罢参政，或曰：“胡不效杨原仲之泣？”李河北人，有直气，笑曰：“便打杀我，亦撰眼泪不出。”秦闻而大怒，遂有江州居住之命。

绍兴二十年（公元1150年），左中大夫李若谷移饶州“居住”。[②] 李若谷大约不久病死，直到秦桧死后，才“追复资政殿学士，与恩泽二名”。[③]

十、何若（？—1150），字任叟，建康府江宁县人，如前所述，何若是秦桧青年时代的同窗，为宣和六年（公元1124年）进士。绍兴十年（公元1140年），左通直郎何若为秘书省正字。[④] 绍兴十二年（公元1142年），何若升校书郎，又出任监察御史。[⑤] 担任最低等的台官，无疑是秦桧看重和提拔昔日同窗的重要一步。绍兴十四年（公元1144年），何若升任右正言，[⑥]不久，就上奏说：“陛下倚任忠贤，排屏奸慝，盖深知致治之要。臣望陛下独观昭旷之上，以照临臣下，审知其君子也，则信任之，知其小人也，则斥逐之。如是则一心徇国者得以辅治，异趣而徇私者不能以害治，中兴之业愈久而愈隆矣。”宋高宗看后，对秦桧说：“朕任台谏，正要分别君子、小人，若小人者，但时察而去之，斯不害治矣。”[⑦] 所谓要“分别君子、小人”，无非是坚决镇压异论，将任何不利于降金政治的言行，消灭在萌芽状态。何若又上奏攻击守节不屈的宋使洪皓说，“士夫丧廉耻之节，权要启侥幸之涂，处持橐之任，而睥睨钧衡，有如洪皓”，“兹风一扇，浸淫不已，则朝廷纪纲几何而不为其紊哉”！[⑧] 他还攻击“伊川

① 《要录》卷156绍兴十七年二月辛酉、三月戊子；《宋宰辅编年录校补》卷16；《宋会要》职官78之43。

② 《要录》卷161绍兴二十年八月甲辰朔。

③ 《要录》卷172绍兴二十六年五月戊申。

④ 《要录》卷137绍兴十年八月壬申朔；《南宋馆阁录》卷8。

⑤ 《要录》卷144绍兴十二年三月辛酉、卷147绍兴十二年十月乙丑；《南宋馆阁录》卷8。

⑥ 《要录》卷151绍兴十四年五月己卯。

⑦ 《要录》卷151绍兴十四年六月丙午。

⑧ 《要录》卷152绍兴十四年八月癸未；《盘洲文集》卷74《先君述》。

之学”为“专门曲学”，“伏望申戒内外师儒之官，有为乖僻之论者，悉显黜之”。[①] 这也是秉承秦桧打击洛学的旨意。十二月，何若与其他台谏官共同弹劾李文会下台。[②] 何若“论士大夫不恤国事，专为身谋，议论朝纲，思出其位，此兆乱之阶，不可不虑。乞揭示朝堂，使洗心涤虑，以承休德”。宋高宗赞赏此奏，将何若升右谏议大夫。[③]

绍兴十五年（公元 1145 年），何若升御史中丞。[④] 他劾奏刘一止“阿附李光”，“辞气怨怼，无臣子之礼”，于是刘一止被削除秘阁修撰的职名。[⑤] 绍兴十六年（公元 1146 年），德兴知县陈鼎是个好官，曾“上书请备边”，当地士民请求他再任。何若“即奏鼎朋附廖刚（秦桧政敌），其任德兴，不遵法令，用刑惨酷”，于是陈鼎被罢免。他又劾奏太学博士关注“阴有交结，图为不靖”，当时“不靖”一词往往被指为主张抗金，关注也被罢官。[⑥] 何若还弹劾上奏建议改变对金政策的张浚，说：“浚建造大第，强占民田，殊失大臣省愆念咎之体，居常怨恨，以和议非便。惟欲四方多事，侥幸再进，包藏祸心，为害实大。”于是张浚被进一步贬降。[⑦] 何若又论奏礼部侍郎游操“阿附”吕颐浩和赵鼎，于是游操被罢免。[⑧]

绍兴十七年（公元 1147 年）正月，何若升任端明殿学士、签书枢密院事。然而执政仅四十四日，即“引疾”罢官，改提举江州太平观。[⑨] 绍兴二十年（公元 1150 年），何若死，宋高宗得到衢州奏报，说何若“疾亟，乞致仕”，“惊叹久之”，说：“莫已云亡，真可惜也。此人似不能言者，其实胸中开廓可喜。”[⑩] 他是秦桧再相后的执政群中少量未遭弹击而狼狈下台的。

---

① 《要录》卷 152 绍兴十四年十月甲午；《道命录》卷 4《何若乞申戒师儒黜伊川之学》。

② 《要录》卷 152 绍兴十四年十二月丁酉。

③ 《要录》卷 152 绍兴十四年十二月癸卯。

④ 《要录》卷 154 绍兴十五年十一月戊午。

⑤ 《要录》卷 154 绍兴十五年闰十一月丁亥、戊子。

⑥ 《要录》卷 155 绍兴十六年五月甲申、丙戌。

⑦ 《要录》卷 155 绍兴十六年七月壬申。

⑧ 《要录》卷 155 绍兴十六年十一月庚寅。

⑨ 《要录》卷 156 绍兴十七年正月壬辰、三月乙亥；《宋宰辅编年录校补》卷 16；《宋会要》职官 78 之 43。

⑩ 《要录》卷 161 绍兴二十年八月丙辰；《宋宰辅编年录校补》卷 16 则说何若死于七月。

十一、段拂（？—1156），字去尘，建康府江宁县人，如前所述，段拂是秦桧青年时代同窗。据宋高宗的《翰墨志》说，书法家和画家米芾“有洁疾”，“方择婿，会建康段拂，字去尘，芾释之曰：‘既拂矣，而又去尘，真吾婿也！’以女妻之”。[①] 他曾摄建康府通判。[②] 绍兴八年（公元1138年），左朝奉大夫段拂知大宗正丞。[③]“左”字表明了他是进士出身。绍兴十二年（公元1142年），他改任祠部员外郎。[④] 绍兴十三年（公元1143年），段拂升任起居舍人、兼玉牒所检讨官，因“起”字犯曾祖名讳，改宗正少卿，又升礼部侍郎。[⑤]

绍兴十四年（公元1144年），段拂升中书舍人，仍兼权实录院修撰、兼资善堂翊善，后又兼侍讲、兼权直学士院。[⑥] 绍兴十五年（公元1145年），段拂以中书舍人的身份上奏，反对刘一止升贴职，说：“一止趣操朋邪，自作弗靖。陛下以其尝在琐闼，特优容之，而乃轻躁怨忿，形于奏牍，乞罢除职指挥。”[⑦] 绍兴十六年（公元1146年），段拂升给事中。[⑧]

绍兴十七年（公元1147年）三月，段拂升翰林学士，又旋即升参知政事。[⑨] 从段拂的经历看，他当然有相当的文字水平，但“为人愦愦”。[⑩] 尽管如此，秦桧还是对他严加防范。执政数月后，殿中侍御史余尧弼“奏权尚书工部侍郎严抑日游执政之门”，于是严抑居然罢官。[⑪] 绍兴十八年（公元1148年）正月至二月，段拂在殿中侍御史余尧弼和右正言巫伋的连续弹击下罢政。《容斋续笔》卷15《李林甫秦桧》载：

段拂为人愦愦，一日，奏在前开陈颇久，遂俯首瞌睡。秦退，始

① 此事《说郛》卷7《轩渠录》所载稍略。

② 《要录》卷157绍兴十七年正月乙酉；《宋会要》职官78之43—44。

③ 《要录》卷122绍兴八年九月丁未。

④ 《要录》卷144绍兴十二年二月丙寅。

⑤ 《要录》卷149绍兴十三年八月庚寅、卷150绍兴十三年十二月己亥。

⑥ 《要录》卷151绍兴十四年三月庚申、壬申，卷152绍兴十四年九月癸亥、十一月戊午。

⑦ 《要录》卷154绍兴十五年闰十一月丁亥。

⑧ 《要录》卷155绍兴十六年正月丙申。

⑨ 《要录》卷156绍兴十七年三月丁卯、己卯；《宋宰辅编年录校补》卷16。

⑩ 《容斋续笔》卷15《李林甫秦桧》。

⑪ 《要录》卷156绍兴十七年六月乙巳。

觉，殊窘怖。上犹慰拊之，且询其乡里。少顷，还殿廊幕中。秦闭目诵佛，典客赞揖至三，乃答。归政事堂，穷诘其语，无以对，旋遭劾，至于责居。

秦桧最忌讳的，就是执政单独奏对，所以在“穷诘”段拂面对言语，而“无以对”的情势下，必须将他赶下台。《建炎以来系年要录》卷157绍兴十七年正月丁丑、壬午、乙酉、二月乙未，《宋会要》职官78之43—44和《宋宰辅编年录校补》卷16的记载有异，说他“闻赵鼎死于海南，为之叹息，秦桧怒”。于是台谏官奉命弹击，首先攻击太常博士骆庭芝“密与执政私交，漏泄机事”，接着又劾奏段拂“灭弃人伦，顷为小官，身对宾客，尝使其父执爨具食。官于行朝，阴交非类，滥居政府，漏泄机政”。“又尝语典谒者曰：‘我岂是执政！’”最后段拂“落资政殿学士，兴国军居住”。

绍兴二十年（公元1150年），左中大夫段拂移至南康军居住。[①] 绍兴二十五年（公元1155年），秦桧死后，段拂被解除拘禁，“任便居住”。[②] 绍兴二十六年（公元1156年），段拂病死。[③] 后追复资政殿学士，与恩泽二名。[④]

十二、汪勃（1088—1171），字彦及，徽州黟县人，《水心文集》卷24有墓志铭，《新安志》卷7有《汪枢密传》。《汪枢密传》说他“登绍兴二年第”，墓志铭说他“绍兴三年，类省试饶州。二年（似应指绍兴五年），登进士第”。后历任严州建德县主簿、池州建德县丞、镇江府沿江安抚司属官等。“试干秦桧，求一近阙”。[⑤] 绍兴十三年（公元1143年），左宣教郎汪勃任太常寺主簿。[⑥] 不久，又因秦桧党羽御史中丞罗汝楫奏举，任御史台检法官。[⑦]

---

① 《要录》卷161绍兴二十年八月甲辰朔。

② 《要录》卷170绍兴二十五年十二月甲戌朔。

③ 《要录》卷171绍兴二十六年二月癸未。《宋宰辅编年录校补》卷16作六月。

④ 《要录》卷172绍兴二十六年五月戊申。

⑤ 《东南纪闻》卷1。此书说他当时“年逾六十”，显然不确。

⑥ 《要录》卷148绍兴十三年三月丙辰。

⑦ 《要录》卷148绍兴十三年闰四月壬寅。

绍兴十四年（公元1144年），汪勃升监察御史，旋即升殿中侍御史。[①] 他上奏说，“显仁后（宋高宗母韦氏）归，孝之大也”。“陛下独擅圣人之德，上天昭监，果定和议於众论鼎沸之中，极天下之至养。望降明诏，令募工摹刻，使家至户晓，以彰圣孝”。于是宋高宗“诏诸州以御书《孝经》刊石，赐见任官及系籍学生”，用以为自己的降金乞和作遮羞布。[②] 汪勃又上奏说：“陛下兼爱南北之民，力定和议，与天下更始，崇儒重道，同符祖宗。臣愚以为今年科场，当国学初建，万方多士将拭目以观取舍，为之趋向。欲望戒敕攸司，苟专师孔孟，而议论粹然，一出于正者，在所必取；其或采摭专门曲说，流入迂怪者，在所必去。”宋高宗看后说，“勃论甚善”，“此所以正人心也”，他下“诏有司，凡私意臆说尽黜之”。[③] 实际上，即凡是有抗金言论者不得科举登第。汪勃又劾奏秦桧厌恶的秘书郎张阐，说他“往时托迹（席）益门，朝廷置而不问，而乃罔有悛心，愈为不靖”。于是张阐罢官。[④] 汪勃又与其他台谏官共同弹击执政李文会下台。[⑤] 当年岁末，汪勃升侍御史。[⑥]

绍兴十五年（公元1145年），洪皓之子洪迈以博学宏词科合格，汪勃“论迈知其父不靖之谋，同恶相济”，于是洪迈降为福州州学教授。[⑦] 吏部侍郎陈康伯“接伴”金使，在若干小礼节上不愿“辱命”，汪勃便上奏弹击，说他“酬对辱国，望罢之，以副惇信睦邻之意”，于是陈康伯外任。[⑧] 讲官陈鹏飞曾是秦熺的教师，他因看不惯秦氏父子所为，在讲解儒家经典时“有所开讽”，也被汪勃弹击，“除名，惠州编管”。[⑨] 汪勃又受秦桧指

---

① 《要录》卷151绍兴十四年五月己未、己卯。

② 《要录》卷152绍兴十四年七月辛未；《水心文集》卷24汪勃墓志铭。

③ 《要录》卷152绍兴十四年八月癸卯、甲辰；《水心文集》卷24汪勃墓志铭；《道命录》卷4《汪勃乞戒科场主司去专门曲说》。

④ 《要录》卷152绍兴十四年九月丙子；《宋史》卷381《张阐传》；《宋名臣言行录》别集下卷6《张阐》。

⑤ 《要录》卷152绍兴十四年十二月丁酉。

⑥ 《要录》卷152绍兴十四年十二月癸卯。

⑦ 《要录》卷153绍兴十五年四月辛丑；《宋史》卷373《洪迈传》。

⑧ 《要录》卷153绍兴十五年五月丁卯；《宋史》卷384《陈康伯传》。

⑨ 《要录》卷154绍兴十五年七月辛亥；《水心文集》卷13《陈少南墓志铭》；《朱子语类》卷132。

示，将杨愿赶下台。[①] 十一月，汪勃升右谏议大夫。不久，他奏劾太常寺主簿吴元美说：“李光顷为执政，行同市井，而元美出入其门，相与谋议。望斥去之，以一四方之观听。”于是吴元美罢官外任。[②]

绍兴十六年（公元1146年），汪勃弹奏左司郎中李柽，说：“今和议既谐，乃使异意者攘臂其间，缓急恐不可信。”李柽遂知信州。[③] 李柽似乎并未发表什么异论，只是怀疑他对降金乞和有“异意”，也不容于朝廷。八月，汪勃兼侍讲。[④] 他弹奏刑部员外郎李颖士说：“李颖士倾险回邪，禀自天性。昨以赵鼎用为大理属，阴怀附丽，及鼎之去，则不辍报以时政。鼎赴贬所，则令其子通问，厚有赆遗。快谢祖信（秦桧党羽）之死，公然以书抵亲旧曰：‘谢成甫疾亟休致，可怜，但击天水（指赵鼎）之章，谬用其心，为可惜。’闻凌景夏、樊光远之补外，则曰‘必皆有说’，王居正、范冲之罢，则曰‘时势使然’。今虽为郎，尚怏怏不满，每见差除，则忿见于言色，谓天水在朝，必不至尔。其亏忠正之节甚矣。”于是宋高宗“诏颖士送吏部，差监澧州慈利县税务”。[⑤] 汪勃又奏两浙东路提点刑狱朱敦儒“专立异论，与李光交通”，朱敦儒遂罢官。[⑥]

绍兴十七年（公元1147年），汪勃升御史中丞。[⑦] 他承秦桧风旨，弹劾李若谷罢执政。[⑧] 四月，汪勃升端明殿学士、签书枢密院事。[⑨] 绍兴十八年（公元1148年），段拂罢政后，汪勃兼参知政事。[⑩] 八月，汪勃“为言者所攻，以亲老，乞归养”，宋高宗“诏依旧职，提举江州太平兴国宫”。[⑪] 关于他的罢政，《水心文集》卷24汪勃墓志铭说：

---

① 《要录》卷154绍兴十五年十月丙子。
② 《要录》卷154绍兴十五年十一月戊午、闰十一月癸未。
③ 《要录》卷155绍兴十六年二月辛亥。
④ 《要录》卷155绍兴十六年八月庚申。
⑤ 《要录》卷155绍兴十六年八月癸亥。
⑥ 《要录》卷155绍兴十六年十一月辛卯。
⑦ 《要录》卷156绍兴十七年二月乙未朔。
⑧ 《要录》卷156绍兴十七年二月辛酉，三月戊子；《宋宰辅编年录校补》卷16。
⑨ 《要录》卷156绍兴十七年四月己亥；《宋宰辅编年录校补》卷16。
⑩ 《要录》卷157绍兴十八年二月乙未。
⑪ 《要录》卷158绍兴十八年八月丙申；《宋宰辅编年录校补》卷16；《宋会要》职官78之44。

> 自秦桧志得，恶同列逼己，始废序迁之制。甫签署或参知，已逐去，俄复窜谪。公上所属任，非桧引者，每造前倾接，俞咈旋首，下殿目送，必与桧钧礼。桧瞬息间喻意，相縻岁余，未有以逞。公顾桧忮忍，欲有所建白，答上恩遇，常沮塞，不得间，则叹息曰："此岂伴食处哉!"及赐桧犀带，忽问："枢密有否?"使者曰："带二，一赐枢密。"桧忾然曰："上果厚汪枢哉!"弥不平。公亦慨然曰："吾可以去矣!"即告上："陛下幸哀臣，母老病，得退就田里。"上雅知公为桧发也，重慰荐，以旧职食宫观禄。终桧在，不敢动摇公者，上力也。

此段记载反映了汪勃与秦桧的若干矛盾，却无疑又是在美化汪勃。从前引的记录看来，汪勃当然是秦桧一条标准的鹰犬，他是在弹劾李若谷后，取而代之的，墓志铭也避讳了他"为言者所攻"的史实。事实上，他的升降进退与其他执政并无差异。秦桧死后，汪勃于绍兴二十六年（公元1156年）知湖州。[①] 当时，一些被秦桧排斥的原党羽，有的当执政，有的当宰相，而汪勃终于没有重新进入政府，这表明宋高宗对他根本不像墓志铭所说的那么器重。绍兴二十七年（公元1157年），汪勃"乞奉祠"，自左朝奉郎迁左朝奉大夫。[②]

绍兴二十八年（公元1158年），殿中侍御史叶义问弹劾汪勃，说他"贪纵不治，所爱吏盗库中钱帛以万计，勃悉使他人代偿之"。提刑司究治属实，"又得勃在州买婢，不偿直，及到官以来，市银至三百七十余铤"。叶义问"力论其贪鄙"，于是汪勃改提举江州太平兴国宫，"夺职"，即削除端明殿学士。[③] 宋孝宗初，"特诏复与，言者未已，命再格"。乾道七年（公元1171年），"又诏复龙图阁"，而汪勃死。[④]

---

① 《要录》卷173绍兴二十六年六月己卯；《嘉泰吴兴志》卷14。

② 《要录》卷176绍兴二十七年四月甲辰。

③ 《要录》卷179绍兴二十八年四月乙巳；《嘉泰吴兴志》卷14。

④ 《水心文集》卷24汪勃墓志铭；《宋集珍本丛刊》影印明抄本《周益公文集》卷94和文渊阁《四库全书》本《文忠集》卷94《三十二年九月六日敕陈诚之董德元余尧弼并与复端明殿学士宋朴郑仲熊巫伋章复魏师逊汪勃史才并与复龙图阁学士见任宫祠人依旧汪勃与宫观》；《盘洲文集》卷47《缴巫伋召命札子》、《缴余尧弼职名札子》；《宋会要》职官77之75。

十三、詹大方（？—1148），严州建德县人，其父詹良臣死于方腊之变。[①] 绍兴十三年（公元1143年），御史台检法官詹大方任监察御史，旋即升右司谏。[②] 詹大方击张九成，说：“鼓唱浮言，九成实为之首，径山僧宗杲从而和之，今宗杲已远窜，为之首者岂可置而不问。”当时“径山僧宗杲善谈禅理，从游者众，九成时往来其间”。秦桧“恐其议己，令司谏詹大方论其与宗杲谤讪朝政”。于是宗杲“编配”，张九成“令南安军居住”。[③] 宋使张邵给秦桧书信，主张“迎请”被俘的宋钦宗和宗室等，“大忤”秦桧。于是左司谏詹大方出面弹击，说张邵“奉使无成，尝与其副不协，持刃戕之，其辱命为甚”，张邵因此“改授外祠”。[④]

黄龟年曾弹劾秦桧下台，当秦桧再相之后，自然决不能放过。绍兴十四年（公元1144年），詹大方弹击他“谄附匪人，缙绅不齿。今当朝廷清明之时，自宜退听深藏。而乃覆出为恶，凌压百姓，干挠郡政，害及一方”，于是宋高宗说：“此岂士人所为！”将黄龟年“落职，令本贯福州居住”。[⑤] 詹大方升右谏议大夫、兼侍讲，[⑥] 又承秦桧风旨，将昔日的同党万俟卨和楼炤弹击下台。[⑦] 五月，詹大方升御史中丞。[⑧] 秦桧害怕和仇视宋使洪皓，宦官白锷与洪皓无一面之交，却公开抨击秦桧，赞扬洪皓。于是詹大方出面弹奏，说洪皓与白锷“为刎颈交，更相称誉，诳惑众听”，结果洪皓贬黜，白锷流放。[⑨] 詹大方又上奏说：“陛下作新庶政，光启中兴，而

① 《要录》卷148绍兴十三年四月壬戌说他为建德人。《宋史翼》卷30《詹良臣传》说詹良臣为福建崇安人，方腊之变中被杀，“事闻，官其子大方”。然而《宋史》卷446《詹良臣传》又说他“睦州分水人”，按睦州即是在方腊之变后改名严州。《严州图经》卷1说他是“郡人”，死“时长子大方已仕矣”。

② 《要录》卷148绍兴十三年四月壬戌、癸酉。

③ 《要录》卷149绍兴十三年五月甲子；《宋史》卷374《张九成传》、卷473《秦桧传》；《宋名臣言行录》别集上卷9《张九成》。

④ 《要录》卷150绍兴十三年九月丁卯；《宋史》卷373《张邵传》、卷473《秦桧传》；《会编》222张邵行实；《齐东野语》卷13《张才彦》。

⑤ 《要录》卷151绍兴十四年正月丁卯；《宋史》卷381《黄龟年传》、卷473《秦桧传》。

⑥ 《要录》卷151绍兴十四年正月癸酉、三月癸酉。

⑦ 《要录》卷151绍兴十四年二月丙午、五月甲子。

⑧ 《要录》卷151绍兴十四年五月己卯。

⑨ 《要录》卷151绍兴十四年六月丙申；《会编》卷221洪皓行状；《盘洲文集》卷74《先君述》；《独醒杂志》卷5；《宋史》卷373《洪皓传》、卷473《秦桧传》。

士大夫轻于为国，重于谋身。前此事之未定，且进且却，利于己身则就之，谋及国家则避之。今事之既成，时向安平，则专务进取，阴交伺隙。此风不革，最害治之大者。伏望明诏大臣，崇奖廉隅，退抑奸险，将见大小之臣，咸怀忠良，中兴之盛，可立而待。”此奏的宗旨，还是害怕主张抗金者“阴交伺隙”，而害降金乞和之治。宋高宗“诏榜朝堂”。[①] 詹大方升任兼侍读。[②] 他劾奏秦桧政敌赵鼎，说他“邪谋秘计，深不可测”，如“置之不问，则鼎与其党转相惑乱，决无安静之理”。于是赵鼎被流放海南岛。[③] 十一月，詹大方试工部尚书。[④]

绍兴十五年（公元1145年），左承议郎詹大方外任龙图阁学士、知绍兴府。[⑤] 绍兴十七年（公元1147年），詹大方又被召至宋廷，任工部尚书，充贺大金生辰使。[⑥] 绍兴十八年（公元1148年），詹大方上奏说：“近充贺大金生辰使，自入境，待遇使人甚厚。及至大金阙廷，供张饮馔，一一精腆。臣已戒一行官吏，不得过有须索。窃虑后来三节人或有不识大体，责办供应，妄生语言，望严行戒饬，庶几邻好修睦，永久不替。”宋高宗“诏今后使、副及三节人并具知委状，申尚书省”。[⑦]

当年八月，汪勃罢政，詹大方为端明殿学士、签书枢密院事，寻权参知政事，却在九月病死。[⑧] 九月之前有闰八月，故詹大方执政两月。

十四、余尧弼，字致勳，信州上饶县人。绍兴十五年（公元1145年），左朝散郎、新任国子监主簿余尧弼充敕令所删定官，又改任太常寺主簿和御史台检法官。[⑨] 官衔带“左”字说明他是科举出身。绍兴十七年（公元1147年）三月，余尧弼任监察御史，四月，即升殿中侍御史。[⑩] 皇

---

① 《要录》卷151绍兴十四年六月辛丑。

② 《要录》卷152绍兴十四年九月癸亥。

③ 《要录》卷152绍兴十四年九月辛未；《宋史》卷360《赵鼎传》、卷473《秦桧传》；《宋宰辅编年录校补》卷15。

④ 《要录》卷152绍兴十四年十一月戊申朔。

⑤ 《要录》卷153绍兴十五年正月庚午；《嘉泰会稽志》卷2。

⑥ 《要录》卷156绍兴十七年八月丙午、戊申；《嘉泰会稽志》卷2。

⑦ 《要录》卷157绍兴十八年五月壬申。

⑧ 《要录》卷158绍兴十八年八月丁酉、九月丙午；《宋宰辅编年录校补》卷16。

⑨ 《宋宰辅编年录校补》卷16；《要录》卷154绍兴十五年十月己丑、十二月辛亥。

⑩ 《要录》卷156绍兴十七年三月壬午、四月辛丑。

太后韦氏朝景灵宫，其弟韦渊“出言诋毁”，宋高宗命余尧弼“鞫治”，韦渊“具伏诬罔”。[①] 关于韦渊“诋毁”的内容，宋朝官史讳莫如深。但景灵宫作为安放宋朝祖宗“神御”的所在，[②] 韦渊又特别在皇太后朝拜时“诋毁”，可能与宋高宗的降金乞和政策有关。饶州通判李勤告讦洪皓“有欺世飞语”，而饶州知州王洋和添差通判陈之渊“皆与闻之”。于是余尧弼劾奏“皓造为不根之言，簧鼓众听，几以动摇国是，望窜遐裔。洋、之渊亦乞置之典宪”。宋高宗下令，洪皓“责授濠州团练副使，英州安置”，王洋和陈之渊罢官。[③] 余尧弼在秦桧的授意下弹击多人，其中包括资政殿学士、四川宣抚副使郑刚中。[④] 九月，余尧弼兼崇政殿说书。[⑤]

绍兴十八年（公元 1148 年），余尧弼依奉秦桧风旨，弹击执政段拂下台，[⑥] 又奉秦桧之命，劾奏知建康府晁谦之，说他与赵鼎、王庶“交通”，晁谦之罢官。[⑦] 七月，余尧弼守侍御史。九月，试御史中丞。[⑧]

当年十月，余尧弼为端明殿学士、签书枢密院事、兼权参知政事。[⑨] 绍兴二十年（公元 1150 年），余尧弼任参知政事。[⑩] 他拜参知政事后的一件大事，就是以执政之重，作为贺大金登位使，向篡位成功的金帝完颜亮祝贺。[⑪] 当年九月，秦桧“以疾在告”，余尧弼和另一执政巫伋“至都堂，不敢开一言可否事”。十月，他们“请自今朝参退，依典故，权赴太师秦桧府第聚议”，得到宋高宗批准，[⑫] 遂开秦桧在私宅处理政务的先例。

---

① 《要录》卷 156 绍兴十七年四月甲寅。《宋史》卷 465《韦渊传》说余尧弼为侍御史，系误。

② 《宋史》卷 109《礼志》。

③ 《要录》卷 156 绍兴十七年五月己巳。标点本《宋史》卷 373《洪皓传》：“终丧，除饶州通判。李勤又附桧诬皓作欺世飞语。”按洪皓时为提举江州太平观，引文中的“除”应为衍字，当作“饶州通判李勤”。

④ 《要录》卷 156 绍兴十七年九月丙子、十二月甲寅。

⑤ 《要录》卷 156 绍兴十七年九月甲申。

⑥ 《要录》卷 157 绍兴十八年正月丁丑、壬午。

⑦ 《要录》卷 157 绍兴十八年四月癸丑。

⑧ 《要录》卷 158 绍兴十八年七月丁丑、九月甲辰。

⑨ 《要录》卷 158 绍兴十八年十月丙辰；《宋宰辅编年录校补》卷 16。

⑩ 《要录》卷 161 绍兴二十年三月癸未。

⑪ 《要录》卷 161 绍兴二十年三月丙戌、庚子；《宋会要》职官 51 之 17—18；《金史》卷 60《交聘表》、卷 129《张仲轲传》。《金史》将余尧弼改名余唐弼，盖避金世宗父完颜完尧名讳。

⑫ 《要录》卷 161 绍兴二十年十月庚午；《宋宰辅编年录校补》卷 16 引《中兴遗史》。

绍兴二十一年（公元1151年）十一月，余尧弼遭右谏议大夫章夏和殿中侍御史林大鼐弹劾，说他“倾邪贪鄙，交通三衙，结诸州将，朝廷有大议论，则闵默无言，请贬之，以清政府”。余尧弼被削除资政殿学士，提举江州太平兴国宫，以左中大夫家居。① 据《容斋续笔》卷15《李林甫秦桧》说：

秦尝以病谒告，政府独有余尧弼，因奏对，高宗访以机务，一、二不能答。秦病愈，入见，上曰：“余尧弼既参大政，朝廷事亦宜使之与闻。”秦退，扣余曰：“比日榻前所询何事？”余具以告。秦呼省吏取公牍阅视，皆已书押，责之曰：“君既书押了，安得言弗知？是故欲相卖耳！”余离席辩析，不复应。明日台评交章。

这段记载交代了余尧弼罢政的一些内情，一条走狗，虽然为牵线者竭尽狂吠乱咬的能事，还是免不了倒霉的下场。宋孝宗初，左中大夫余尧弼家居，通过信州上奏，说自己“筋力衰惫，不敢久窃祠禄，乞守本官致仕”，宋孝宗下旨复余尧弼龙图阁学士，受洪适论奏，说他“以台谏而为鹰犬，坐政事堂而伴食”，“无用而易制”，余尧弼于是罢新职。②

十五、巫伋，字子先，建康府句容县人，《鸿庆居士集》卷36有其父巫必墓志铭。巫必有五子，巫伋最幼。如前所述，巫伋是秦桧青年时代同窗。绍兴十三年（公元1143年），他任右宣教郎、权敕令所删定官。③“右”字表明他非科举出身，但后来应取得科举出身。绍兴十四年（公元1144年），御史台检法官巫任监察御史。④ 绍兴十七年（公元1147年），巫伋守右正言，后兼崇政殿说书。当时“每除言路，必与经筵，朝廷动

① 《要录》卷162绍兴二十一年十一月庚戌、卷163绍兴二十二年四月丁卯；《宋宰辅编年录校补》卷16；《宋会要》职官78之44。

② 《宋史》卷373《洪适传》；《宋集珍本丛刊》影印明抄本《周益公文集》卷94和文渊阁《四库全书》本《文忠集》卷94《三十二年九月六日敕陈诚之董德元余尧弼并与复端明殿学士宋朴郑仲熊巫伋章复魏师逊汪勃史才并与复龙图阁学士见任宫祠人依旧汪勃与宫观》；《盘洲文集》卷47《缴余尧弼职名札子》；《宋会要》职官77之76。

③ 《要录》卷150绍兴十三年十二月丁酉。

④ 《要录》卷152绍兴十四年十一月癸丑。

息，台谏常与之（秦桧）相表里焉”。[①] 巫伋参与弹劾郑刚中等人。[②] 绍兴十八年（公元1148年），巫伋参与弹击执政段拂，[③] 后升任右司谏，右谏议大夫、兼侍讲。[④] 绍兴十九年（公元1149年），巫伋兼权直学士院，又改试给事中。[⑤]

绍兴二十年（公元1150年）三月，巫伋为端明殿学士、签书枢密院事，寻兼权参知政事。[⑥] 针对秘书少监汤思退建议将秦桧“推戴赵氏事迹”，“宣付史馆”，秦桧“谦退久之”，巫伋说：“秦桧忠义大节，天下所共知，然要当屡书，不一书，使后世奸臣贼子闻风悚惧。”宋高宗“然之”。[⑦] 当年九月，秦桧“以疾在告”，巫伋和余尧弼“至都堂，不敢开一言可否事”。十月，他们“请自今朝参退，依典故，权赴太师秦桧府第聚议”，得到宋高宗批准。[⑧]

绍兴二十一年（公元1151年），巫伋以执政身份充大金祈请使。[⑨] 关于此次出使，宋高宗是希望在完颜亮即位之初，能在放回宋钦宗和在宋朝皇陵上做一点“祈请”尝试。《三朝北盟会编》卷219简单记载了巫伋对完颜亮“祈请”的经过：

> 巫伋、郑藻以祈请使、副使于金国，至金国阙下，引见毕，内殿奏公事，惟正使巫伋得入。虏主问：“所请者何事？”伋首言：“乞修奉陵寝。”虏主令译者传言：“自有看坟人。”伋第二言：“乞迎请靖康帝归国。”又令译者传言：“不知归国甚处顿放？”伋第三言：“本朝称皇帝二字。”又令译者传言：“此是你国中事，当自理会。”伋唯唯而退，以待辞而归。

---

① 《要录》卷156绍兴十七年二月乙未朔、四月辛丑。

② 《要录》卷156绍兴十七年十二月甲寅。

③ 《要录》卷157绍兴十八年正月乙酉。

④ 《要录》卷158绍兴十八年七月丁丑、九月丁未、辛亥。

⑤ 《要录》卷160绍兴十九年十一月辛丑、乙巳。

⑥ 《要录》卷161绍兴二十年三月癸未、庚子；《宋宰辅编年录校补》卷16。

⑦ 《要录》卷161绍兴二十年五月甲辰。

⑧ 《要录》卷161绍兴二十年十月庚午；《宋宰辅编年录校补》卷16引《中兴遗史》。

⑨ 《要录》卷162绍兴二十一年二月壬戌、九月癸亥；《金史》卷5《海陵纪》、卷60《交聘表》。

同书引《中兴遗史》评论说：

> 巫伋作祈请使，而无祈请之辞，投书而已。议者谓不识字之承局可优为也。[1]

绍兴二十二年（公元1152年）四月，巫伋在章夏弹击后罢政，史书说：

> 伋与秦桧居同乡。一日，桧在都堂，偶问伋云："里中有何新事?"伋不敢对，徐云："近有一术士自乡里来，颇能论命。"桧变色，谓伋曰："是人言公何日拜相。"伋皇恐而罢。章夏闻之，即劾伋阴怀异意，以摇国是，林大鼐亦奏伋黩货营私。于是并迁二人，而伋以本职提举江州太平兴国宫，章再上，遂落职。[2]

绍兴三十二年（公元1162年），宋高宗自建康返回临安，左朝奉郎巫伋在无锡"入见"。[3]宋孝宗初，巫伋复龙图阁学士，因"臣僚有言"而罢。隆兴二年（公元1164年），"诏巫伋召赴行在"，于是洪适等言，"巫伋者，才学识见，政事操履，略无一长，徒以谄事秦桧，为之鹰犬，故能躐取大官。今废退十年，议者不以为屈。若伋收召，则汪勃、章夏之流皆复用矣"。巫伋"寄寓无锡县，专以私酤为生，裒聚无赖，为害一邑"。巫伋因此罢召。乾道二年（公元1166年）致仕。[4]

---

① 参见《要录》卷162绍兴二十一年九月。

② 《要录》卷163绍兴二十二年四月丙子；《宋宰辅编年录校补》卷16；《宋会要》职官78之44。

③ 《要录》卷197绍兴三十二年二月己酉。

④ 《宋宰辅编年录校补》卷16；《宋史》卷373《洪适传》；《宋集珍本丛刊》影印明抄本《周益公文集》卷94和文渊阁《四库全书》本《文忠集》卷94《三十二年九月六日敕陈诚之董德元余尧弼并与复端明殿学士宋朴郑仲熊巫伋章复魏师逊汪勃史才并与复龙图阁学士见任宫祠人依旧汪勃与宫观》；《盘洲文集》卷47《缴巫伋召命札子》；《宋会要》职官77之78。

十六、章夏，或作章厦，章复，字季常，[①] 宣州宣城县人。绍兴十七年（公元1147年），左奉议郎章夏主管官告院。[②] 官衔带“左”字，表明他科举出身。绍兴十八年（公元1148年），章夏为监察御史。[③] 绍兴十九年（公元1149年），他任右正言。[④] 绍兴二十年（公元1150年），章夏“论太常寺主簿、权吏部员外郎叶绂顷为李光所私，及光抵罪，常怀怏怏”，于是叶绂罢官，[⑤] 并弹奏以主战闻名的胡寅，胡寅被“责授果州团练副使，新州安置”。[⑥] 章夏上奏：“陛下敷德善邻，协和海宇，是宜内外小大之臣，咸怀忠良，共享升平之盛。士大夫尚有怀奸自徇，时肆谤讪，如近日吴元美之徒者，未尽屏斥，是致营营，鼓惑群小。欲望睿断，凡异意诋诬之人，迹或彰露，必严行窜殛，庶为小人之戒。”此奏得到宋高宗批准。[⑦] 吴元美案是当时一件捕风捉影的文字狱案。

绍兴二十一年（公元1151年），章夏弹奏直秘阁马纯“常出怨言，辄议时政，每会宾客，往往多言朝廷政事得失。窃恐远近传播，有误耳目，望加屏窜，庶为奸雄异意之戒”。宋高宗令马纯“落职，依条致仕，令汀州居住”。[⑧] 九月，章夏试右谏议大夫。[⑨] 章夏等弹击执政余尧弼下台。[⑩]

绍兴二十二年（公元1152年）四月，章夏等弹劾执政巫伋罢官，而出任端明殿学士、签书枢密院事。[⑪] 九月，章夏即遭台谏宋朴和林大鼐的攻击，说他“多纳贿赂，引致市井小人，以为肘腋。平居备位充数，未见有害；一旦临大利害，内怀奸邪，外肆谖险，必致败事而后已”。“斗筲小器，一旦致身宥密之地，议论喧然，皆曰：‘章新妇也作两府。’言夏为人踧踖无仪矩也。况又背公营私，附下罔上，朝廷机密，无不漏泄。”宋时

① 《曝书亭集》卷65《杭州洞霄宫提举题名记》。
② 《要录》卷156绍兴十七年十二月乙未。
③ 《要录》卷158绍兴十八年十二月丁丑。
④ 《要录》卷160绍兴十九年十一月乙巳。
⑤ 《要录》卷161绍兴二十年三月庚寅。
⑥ 《要录》卷161绍兴二十年三月壬寅。《宋史》卷435《胡寅传》作章复。
⑦ 《要录》卷161绍兴二十年七月戊寅。
⑧ 《要录》卷162绍兴二十一年五月己酉。
⑨ 《要录》卷162绍兴二十一年九月庚申。
⑩ 《要录》卷162绍兴二十一年十一月庚戌。
⑪ 《要录》卷163绍兴二十二年四月丙子、辛巳；《宋宰辅编年录校补》卷16。

“新妇”类似今“小媳妇”之意，但是，从前引章夏为秦桧攻击他人的奏章看来，他还是敢于出头露面，冲锋在前，而并无忸怩作态之意。否则，也不可能升迁执政。章夏因此罢政夺职，执政才九十三日。关于章夏罢政的原因，据《朱子语类》卷131说：

太上一日问〔虔〕州兵反事，秦久未对，章夏在后，恐秦忘之，因对一句。后秦语之曰：“桧不能对时，参政却好对。桧未对，参政何故便如此？”即时逐去之。

此段记载的错误，是章夏未任参知政事。秦桧于是扬言：“我眼底觑不得章夏!”台谏官辈即闻风而动。[①]

绍兴二十五年（公元1155年），秦桧死后，左朝奉郎、提举江州太平兴国宫章夏知太平州。[②] 绍兴二十六年（公元1156年），宋高宗依章夏的请求，依旧命他提举江州太平兴国宫。[③] 绍兴二十八年（公元1158年），章夏知婺州。[④] 绍兴三十年（公元1160年），殿中侍御史陈俊卿论奏章夏“以佞邪，持媚灶之术，致身政地，饕窃过当。其在言路，专与大臣为支党，济其喜怒，以害善良。今典名藩，偃然以前执政自大，漫不省事，民无所诉”。于是章夏罢官，“与在外宫观”。[⑤] 宋孝宗初，章夏等复龙图阁学士，因言官论列而罢。[⑥]

十七、宋楧，《夷坚丁志》卷2《刘三娘》说他字镇甫，太平州当涂县人。他“好道，每与方士游”，由曾对秦桧有恩，后来成为秦家的“狎

① 《要录》卷163绍兴二十二年九月己酉、癸丑；《宋宰辅编年录校补》卷16；《宋会要》职官78之44。

② 《要录》卷170绍兴二十五年十二月甲戌朔。

③ 《要录》卷174绍兴二十六年八月辛未。

④ 《要录》卷179绍兴二十八年二月壬子。

⑤ 《要录》卷186绍兴三十年九月己丑；《宋会要》职官70之50。

⑥ 《宋集珍本丛刊》影印明抄本《周益公文集》卷94和文渊阁《四库全书》本《文忠集》卷94《三十二年九月六日敕陈诚之董德元余尧弼并与复端明殿学士宋楧郑仲熊巫伋章复魏师逊汪勃史才并与复龙图阁学士见任宫祠人依旧汪勃与宫观》；《盘洲文集》卷47《缴巫伋召命札子》；《宋会要》职官77之75—77。

客"丁禩[①]举荐秦熺，"力加引拔"。绍兴二十一年（公元1151年），左朝散郎、抚州州学教授宋樸充诸王宫大、小学教授，后任监察御史。[②] 翌年四月，又升殿中侍御史。[③] 他弹劾左司郎中宋仲堪，说他"劾郑刚中，狱事淹延，且交结巫伋"，宋仲堪罢官。八月，宋樸兼崇政殿说书。[④] 九月，宋樸升侍御史，新任之初，即弹劾章夏罢政。[⑤] 十月，宋樸即升御史中丞，又兼侍讲，旋即充端明殿学士、签书枢密院事。他"自抚州学官召还，甫逾年而执政"。[⑥]《老学庵笔记》卷2说：

> 秦会之问宋朴参政曰："某可比古何人？"朴遽对曰："太师过郭子仪，不及张子房。"秦颇骇，曰："何故？"对曰："郭子仪为宦者发其先墓，无如之何，今太师能使此辈屏息畏惮，过之远矣。然终不及子房者，子房是去得底勋业，太师是去不得底勋业。"秦拊髀太息曰："好！"遂骤荐用至执政。秦之叵测如此。

这是宋樸超迁执政的内幕。当然，所谓秦桧使宦官们"屏息畏惮"，也不合事实，他与宦官们的关系是互相勾结。宋樸的超擢，"为殿中侍御史，欲骤用之，令台中申称本台缺检法主簿，须长贰乃可辟，即就状奏除侍御史，许荐举，遽拜中丞，谢日除签枢，其捷如此"。[⑦] 另一个同伙林大鼐却"以其出己上，愤然不平"，结果当然在秦桧的授意下，由右正言史才出面弹奏而罢官。[⑧] 绍兴二十三年（公元1153年）十月，右谏议大夫史才论奏宋樸"执政无状"，"为士而不自爱，乃违道罔俗，与丐者为伍。其欺诞罔俗，罪不在少正卯之下"。于是宋樸不仅罢政，还被削除端明殿

---

① 《避暑漫抄》，《老学庵笔记》卷3。

② 《要录》卷162绍兴二十一年三月癸巳；十一月戊申。

③ 《要录》卷163绍兴二十二年四月戊子。

④ 《要录》卷163绍兴二十二年六月戊辰；八月甲戌。

⑤ 《要录》卷163绍兴二十二年九月己酉。

⑥ 《要录》卷163绍兴二十二年十月壬戌朔、丙寅、甲戌；《宋宰辅编年录校补》卷16，《容斋四笔》卷12《仕宦捷疾》。

⑦ 《容斋续笔》卷15《李林甫秦桧》。

⑧ 《要录》卷164绍兴二十三年二月己巳。

学士的职名。[①]

绍兴二十八年（公元1158年）三月，殿中侍御史葉义问论奏宋樸"阿附秦桧之罪"，"且言樸肆为怪诞，布衣芒屩，与担夫同群，俚唱街谈，有识骇异"。于是左朝奉郎、提举江州太平观宋樸罢宫观官，徽州居住。[②] 绍兴三十二年（公元1162年），左朝奉大夫宋樸提举台州崇道观。[③] 宋孝宗隆兴二年（公元1164年），左朝奉郎、提举太平兴国宫宋樸复龙图阁学士，遭言官论列，旋即夺职名。[④]

十八、史才（？—1159），字德夫，[⑤] 明州鄞县人，宋孝宗的老师，大臣史浩是其侄子。绍兴十七年（公元1147年），左奉议郎史才为国子监主簿。[⑥] 官衔带"左"字，表明其进士出身。绍兴二十二年（公元1152年），"用侍御史宋樸请"，史才充御史台检法官。[⑦]史才很快升右正言，并弹奏监太平惠民北局张昉。[⑧] 绍兴二十三年（公元1153年），史才弹劾前台谏官、现任吏部尚书林大鼐，说："陛下擢宋樸为枢密，大鼐以其出己上，愤然不平，若不亟去，必摇国是。"于是林大鼐罢官。[⑨] 史才兼崇政殿说书，升右谏议大夫。[⑩]

当年十月，史才又秉承秦桧旨意，弹劾曾举荐他的执政宋樸，并接着升任端明殿学士、签书枢密院事。[⑪] 他的超擢，"由御史检法官超右正言，

---

① 《要录》卷165绍兴二十三年十月戊辰；《宋宰辅编年录校补》卷16；《宋会要》职官78之44。

② 《要录》卷179绍兴二十八年三月戊子。

③ 《要录》卷198绍兴三十二年三月己亥。

④ 《宋宰辅编年录校补》卷16；《宋集珍本丛刊》影印明抄本《周益公文集》卷94和文渊阁《四库全书》本《文忠集》卷94《三十二年九月六日敕陈诚之董德元余尧弼并与复端明殿学士宋樸郑仲熊巫伋章复魏师逊汪勃史才并与复龙图阁学士见任宫祠人依旧汪勃与宫观》，《盘洲文集》卷47《缴巫伋召命札子》，《缴余尧弼职名札子》；《宋会要》职官77之75—77。

⑤ 《曝书亭集》卷65《杭州洞霄宫提举题名记》。

⑥ 《要录》卷156绍兴十七年十一月戊辰、卷174绍兴二十六年九月丁未；《攻愧集》卷74《跋葉氏夫人墓志》，卷93史浩神道碑。

⑦ 《要录》卷163绍兴二十二年九月戊午。

⑧ 《要录》卷163绍兴二十二年十月丁亥。

⑨ 《要录》卷164绍兴二十三年二月己巳；《朱子语类》卷131。

⑩ 《要录》卷164绍兴二十三年三月庚寅朔、卷165绍兴二十三年七月庚寅。

⑪ 《要录》卷165绍兴二十三年十月戊辰、壬申；《宋宰辅编年录校补》卷16。

迁谏议大夫，遂签书枢密”。[1] 绍兴二十四年（公元1154年）六月，御史中丞魏师逊论奏史才，说他“天资阴贼，顷受李光荐，改秩，迨今阴相交通，谋为国害，屡贻书问，不惮数千里之远。凡光所厚者，悉与结托，包藏祸心，自为不靖。”右正言郑仲熊说：“李光曩知温州，孙仲鼇掌其表章，才用其荐书以改秩。及今得路，遂与仲鼇及光所厚者互相交结，密通光书於万里之外，盖欲阴连死党，以摇国是。”孙仲鼇也是一个献媚秦桧，钻营利禄之辈，但不久前以“尝为李光客”，而被劾罢。[2] 史才也与他以同样的罪名罢政，在魏师逊等人继续论奏下，削除端明殿学士的职名。[3] 绍兴二十九年（公元1159年），左朝奉郎史才病死。[4]

十九、魏师逊（1108—?），字良翰，建康府溧水县人，《绍兴十八年同年小录》载，他为绍兴十八年（公元1148年）第三甲第三十六名进士。绍兴二十一年（公元1151年），魏师逊为敕令所删定官，又以左承事郎充枢密院编修官。[5] 绍兴二十二年（公元1152年），魏师逊任监察御史，升殿中侍御史。[6] 绍兴二十三年（公元1153年），魏师逊兼崇政殿说书，升侍御史，又升御史中丞、兼侍讲。[7] 太府寺丞范彦辉作《夏日久阴》诗说：“何当日月明，痛洗苍生病。”魏师逊捕风捉影，劾奏他“阴怀异意，谤讪朝廷”。大理寺审讯后，范彦辉受严惩。[8]

绍兴二十四年（公元1154年），秦桧荐举魏师逊等人充当考官，魏师逊与汤思退、郑仲熊、沈虚中、董德元、张士襄等共同作弊，录取了秦桧、孙秦埙等一大批亲党子弟，并且提议以秦埙为状元，却未得宋高宗的

① 《容斋续笔》卷15《李林甫秦桧》。

② 《要录》卷154绍兴十五年十二月丁巳、卷166绍兴二十四年三月丁巳；《能改斋漫录》卷11《秦益公赏孙仲鼇诗》。

③ 《要录》卷166绍兴二十四年六月癸巳；《宋宰辅编年录校补》卷16；《宋会要》职官78之44—45。

④ 《要录》卷182绍兴二十九年闰六月乙卯。

⑤ 《要录》卷162绍兴二十一年二月壬辰朔、九月庚申。《要录》说他是江宁人，应以《绍兴十八年同年小录》为准。

⑥ 《要录》卷163绍兴二十二年八月乙亥、十月壬戌朔。

⑦ 《要录》卷164绍兴二十三年三月庚寅朔，卷165绍兴二十三年七月庚寅、十月戊寅、癸未。

⑧ 《要录》卷164绍兴二十三年三月戊申。

批准。[①] 监察御史王纶"本师逊所举"，"以论事忤秦桧意"。于是魏师逊上奏，说王纶"因其兄绰、弟纮举进士不第，而怒形于色，谤骂考官"，他"自言智识浅昧，于纶不得其详，望将纶罢黜，庶使臣有改过之实"。王纶因此罢官。[②]

当年六月，魏师逊又劾罢执政史才，出任端明殿学士、签书枢密院事，寻兼权参知政事。[③] 十一月，魏师逊遭殿中侍御史董德元论奏，说他"嗜利怀奸，不恤国事"，于是以提举江州太平兴国宫罢政。董德元又"再论师逊买贱卖贵，自同商贩。在朝堂，有诣禀白者，则必背而他视，略不关省。黎明而入，既饭而出，漫不可否一事，乞重加窜殛"，于是魏师逊被削除端明殿学士的职名。其实，他"漫不可否一事"等行为，无非是为表明自己决无与秦桧争权的野心，服帖地当傀儡执政，然而待到秦桧需要撤换走狗时，此类奴颜婢膝的举止居然又成了一条罪名。董德元还论奏知平江府李朝正"与其女婿魏师逊共为商贩"，李朝正也被罢官。[④] 宋孝宗初，魏师逊一度准备复龙图阁学士，因"臣僚有言"而罢。[⑤]

二十、施钜，字大任，湖州武康县人。绍兴二年（公元1132年），左奉议郎、知嘉兴县施钜被御史中丞沈与求所辟，出任御史台主簿。[⑥] 吕颐浩保奏施钜出任湖南宣谕，旋即因追究他在嘉兴县时的失职，降一官，放罢。[⑦] 绍兴七年（公元1137年），左承议郎施钜充诸王宫大、小学教授。[⑧] 绍兴十年（公元1140年），敕令所删定官施钜为都官员外郎。[⑨] 绍兴十一

① 《要录》卷166绍兴二十四年三月辛酉、卷170绍兴二十五年十二月乙酉；《宋史》卷473《秦桧传》。

② 《要录》卷166绍兴二十四年五月癸亥。

③ 《要录》卷166绍兴二十四年六月癸巳、甲午；《宋宰辅编年录校补》卷16。

④ 《要录》卷167绍兴二十四年十一月乙丑、壬申；《宋宰辅编年录校补》卷16；《宋会要》职官78之45。

⑤ 《宋集珍本丛刊》影印明抄本《周益公文集》卷94和文渊阁《四库全书》本《文忠集》卷94《三十二年九月六日敕陈诚之董德元余尧弼并与复端明殿学士宋楧郑仲熊巫伋章复魏师逊汪勃史才并与复龙图阁学士见任宫祠人依旧汪勃与宫观》。

⑥ 《会编》卷219，《嘉泰吴兴志》卷17。《苕溪集》卷49有其父墓志。《要录》卷55绍兴二年六月丁巳说施钜是湖州归安县人。

⑦ 《要录》卷58绍兴二年九月壬午、卷59绍兴二年十月丙午。

⑧ 《要录》卷112绍兴七年七月癸酉。

⑨ 《要录》卷137绍兴十年七月己酉。

年（公元1141年），施钜为吏部员外郎，因御史中丞何铸荐举，改监察御史。[①] 绍兴十二年（公元1142年），由于何铸反对岳飞冤狱的牵累，施钜被论奏，说他为“何铸所荐，密与交通，唱为不靖”，外任知处州、徽州等。[②]

绍兴二十二年（公元1152年），宋高宗召左朝奉郎施钜赴行在，升左朝请郎，为监察御史。[③] 绍兴二十三年（公元1153年），施钜为中书、门下省检正诸房公事，出任大金贺正旦使。[④] 绍兴二十四年（公元1154年），施钜为吏部侍郎。[⑤]

当年十月，施钜上奏说：“属者误蒙圣选，衔命出疆，礼备将还，而邻国之君尝问陛下师臣所兼何职，又问今年有几，臣皆以实对。兹有以见陛下圣明，登崇贤哲，朝廷尊荣，故邻诚信而仰重之也。伏望特降睿旨，宣付史馆，昭示万世，不胜大愿。”宋高宗“从之”。[⑥] 十一月，施钜即升参知政事。[⑦] 施钜原先由于与何铸的瓜葛，在官场的升迁几乎濒临绝望。但是在宋金关系以小事大、以臣奉君的格局中，金人能美言几句，便成宋朝臣僚的重要政治资本。秦桧要万俟卨编造金人谎话，即是一例。宋高宗和秦桧当然重视对金使者的选派，但除个别情况外，又不能选派真正的大员出使。造物主似乎格外垂顾施钜，他幸逢金海陵王对秦桧几句美言，归国后上奏转达，又成了他取悦“师臣”，跻身执政的资本。当时往往由台谏官升执政官，而施钜是因出使而迁执政的唯一特例。

然而好景不长，绍兴二十五年（公元1155年）三月，“百官以国忌诣景灵宫”，而施钜“拥盖入櫺星门，众论大喧，钜始送其卒于有司，亦不待罪。时台谏方共摘其过，钜自是不安于位矣”。四月，侍御史董德元和

---

① 《要录》卷141绍兴十一年八月辛未、卷142绍兴十一年十一月壬寅。

② 《要录》卷146绍兴十二年八月丁卯、戊辰；《新安志》卷9。

③ 《要录》卷163绍兴二十二年十月甲子、十一月辛卯朔；《新安志》卷9。

④ 《会编》卷219；《要录》卷165绍兴二十三年十月戊午。

⑤ 《要录》卷166绍兴二十四年五月戊辰。

⑥ 《要录》卷167绍兴二十四年十月壬午，参见《金史》卷129《张仲轲传》，可知金帝完颜亮确有此类言语。

⑦ 《要录》卷167绍兴二十四年十一月丁卯；《宋宰辅编年录校补》卷16；《容斋续笔》卷3《执政四入头》；《容斋四笔》卷12《仕宦捷疾》；《宝真斋法书赞》卷2《高宗皇帝除目手札御书》。

右正言王珉弹奏施钜，说他“顷为小官，常与李光游。后为何铸引用，铸既被斥，钜常怏怏”。“钜慢易宗庙，与僧宗喜往来，共为奸谋，有不可测”。施钜罢政，被削除资政殿学士职名，提举江州太平兴国宫。[①]

但宋高宗又发展他为资政殿学士、知静江府。[②] 绍兴二十七年（公元1157年），施钜移知洪州。[③] 绍兴二十九年（公元1159年），右正言都民望弹劾施钜，“前帅静江，当兵火之后，不能抚绥，遂致强暴杀人。及移洪州，败阙尤甚，盗贼横行”。宋高宗“诏与宫观”。[④] 宋孝宗初，命提举太平兴国宫施钜为左太中大夫，依前资政殿学士致仕。[⑤] 施钜享年94岁。[⑥]

二十一、郑仲熊，字行可，[⑦] 衢州西安县人。绍兴二十三年（公元1153年），左奉议郎、临安府府学教授郑仲熊为国子监主簿，改任监察御史。[⑧] 他面对时，“首论定国是，久任用，与推诚于有功之宿将，其言率多阿附，时论鄙之”，升右正言，又兼崇政殿说书。[⑨] 郑仲熊攻击工部员外郎杨迥和监察御史胡襄“心向胡寅之门，有识之士为之切齿”。他论罢秘书省校书郎、兼国子博士王佐，说他“以私所向，赵鼎之余党也”，并攻击伊川之学。[⑩]

绍兴二十四年（公元1154年），郑仲熊论罢司勋员外郎、兼权中书舍人孙仲鼇，因为他“尝为李光客”。[⑪] 他作为秦桧提名的考官，与魏师逊等人共同作弊，录取大批秦党子弟，其中也包括自己侄子郑时中和侄孙郑缜。[⑫] 郑仲熊上奏宋高宗，说：“陛下偃革休兵，已见成效。至于岁时庆

---

① 《要录》卷168绍兴二十五年三月丙子、四月乙酉；《宋宰辅编年录校补》卷16；《宋会要》职官78之45。

② 《要录》卷169绍兴二十五年七月壬戌。

③ 《要录》卷178绍兴二十七年十二月戊午。

④ 《要录》卷182绍兴二十九年六月甲午。

⑤ 《宋宰辅编年录校补》卷16。

⑥ 《寿亲养老新书》卷2；《万姓统谱》卷4作91岁。

⑦ 《万姓统谱》卷107。

⑧ 《要录》卷164绍兴二十三年正月庚戌、卷165绍兴二十三年十月丙寅。

⑨ 《要录》卷165绍兴二十三年十月壬午、十一月戊子；《宋宰辅编年录校补》卷16。

⑩ 《要录》卷165绍兴二十三年十一月甲午、己酉；《道命录》卷4《郑仲熊论赵鼎立专门之学可为国家虑》；《渭南文集》卷34《尚书王公墓志铭》。

⑪ 《要录》卷166绍兴二十四年三月丁巳。

⑫ 《要录》卷166绍兴二十四年三月辛酉。

贺，驿骑交驰，盛典缛仪，所以燕遇接纳之勤，情文备至。惟是州县之吏，或不能上体圣意，间有灭裂。欲望申敕有司，凡迎劳馆饯之礼，务加严整。稍有慢戾，臣得按劾以闻。"宋高宗批准此奏。[①] 郑仲熊参与弹劾执政史才下台，又论奏前知雷州王趯保护和周济流放海南的李光、胡铨等人。宋高宗命王趯下大理寺狱"究治"，受到严惩。他又以"阿附"赵鼎，"倡为专门之说"等罪名，劾罢成都知府萧振。[②]

当年十一月，郑仲熊升吏部侍郎，旋即升端明殿学士、签书枢密院事。他和施钜的超擢，"施钜由中书检正，郑仲熊由正言，同除权吏部侍郎，方受告正谢，施即参知政事，郑为签枢"。[③] 史称他"为桧所用，自国子监主簿不二年而登政府，中间更历台谏，专附桧意，挤排善类，无所不至"。[④] 此次升迁执政，当然也是论功行赏。

绍兴二十五年（公元1155年），发生了沈长卿、芮晔等文字狱案。郑仲熊企图"营救"与此案有牵连的新淮南路转运司幹办公事陈祖安。"狱具，桧奏其事"，而郑仲熊在旁"嘿无一言"。于是秦桧"颇咎之"。六月，侍御史董德元和右正言王珉弹劾郑仲熊，说他"素行贪秽，众所共闻。旧在李光门下，赃污狼藉，密令侄时中与背驰之党日夕相通，招权纳货，几无虚日。近日沈长卿以谤讪被乡人讼，送棘寺，而陈祖安最为长卿密交。仲熊令时中营救祖安，故语言文字，州县并为隐匿，及至棘寺，得以脱免"。他们还指责郑仲熊对金使怠慢，"近日大金遣使庆贺生辰，南北敦好既久，陛下屡降诏旨，馆遇使客，务加周旋。仲熊既被旨押宴，对客蹇傲，略无和颜，酒行匆遽，顷刻而罢。误国之深，莫甚于此"。当初郑仲熊任谏官时，强调要"按劾""慢戾"金使者，如今居然本人因"慢戾"而成了"按劾"对象，成为宋高宗对金屈辱外交的一个荒唐而可悲的小插曲。郑仲熊罢政当然势不可免，[⑤] 他成了秦桧独相期间最后一个被

---

① 《要录》卷166绍兴二十四年五月辛酉。

② 《要录》卷166绍兴二十四年六月癸巳，卷167绍兴二十四年七月癸丑、甲子、十二月丁亥。

③ 《容斋续笔》卷3《执政四入头》、卷15《李林甫秦桧》；《容斋四笔》卷12《仕宦捷疾》；《宝真斋法书赞》卷2《高宗皇帝除目手札御书》。

④ 《要录》卷167绍兴二十四年十一月甲寅、丁卯；《宋宰辅编年录校补》卷16。

⑤ 《要录》卷168绍兴二十五年二月壬寅、五月己巳、六月庚辰；《宋宰辅编年录校补》卷16；《宋会要》职官78之45；《宝真斋法书赞》卷3《高宗皇帝御批郑仲熊奏札帖》。

逐的执政。

当年秦桧死后，右正言张修又论奏“端明殿学士郑仲熊与大臣联姻，不一、二年致身右府，贿赂狼籍”，于是郑仲熊被削除职名，“依旧提举太平兴国宫”。[①] 宋孝宗初，郑仲熊一度准备复龙图阁学士，因“臣僚有言”而罢。[②] 乾道九年（公元 1173 年），“诏仲熊复端明殿学士致仕”。[③]

二十二、董德元（1096—1163），字体仁，吉州永丰县人。《夷坚三志》己卷 7《善谑诗词》载，他最初“举场不利”，曾作《柳梢青》词说：“满腹文章，满头霜雪，满面埃尘。直至如今，别无收拾，只有清贫。功名已是因循，最恼恨，张巡、李巡。几个明年，几番好运，只是瞒人。”抒发其胸中的不平和苦闷。《夷坚支景》卷 5《董参政》则称他“庐陵”人，“累举不第，用特恩得州助教，贫甚，无以自养，乃从富人家书馆”。当绍兴十八年（公元 1148 年）科考时，他已五十三岁，“该免举特奏名，赴廷试，以文学除官，还乡里，后赴转运司请解，省、殿试考中第一人，盖前所未有也”。董德元赴省试和殿试已官至右迪功郎，其策文说：“晋之失不在于虚无，失于用兵故耳；唐之失不在于词章，亦失于用兵故耳。东汉固无如是之失也。”用以歌颂宋高宗的对金政策。考官“奏德元第一”，“以上三人皆系有官”，于是由王佐当状元，董德元为第一甲第二名。[④] 他得意地写诗报家人说：“御笔题封墨未干，君恩重许拜金銮。故乡若问登科事，便是当初老榜官。”当时或“谓特奏名为老榜”。[⑤]

绍兴二十一年（公元 1151 年），董德元为秘书省正字。[⑥] 八月，升校书郎。[⑦] 绍兴二十二年（公元 1152 年），董德元上奏，讨论对高禖神的祀

① 《要录》卷 170 绍兴二十五年十二月甲戌朔。

② 《宋集珍本丛刊》影印明抄本《周益公文集》卷 94 和文渊阁《四库全书》本《文忠集》卷 94《三十二年九月六日敕陈诚之董德元余尧弼并与复端明殿学士宋樸郑仲熊巫伋章复魏师逊汪勃史才并与复龙图阁学士见任宫祠人依旧汪勃与宫观》。

③ 《宋宰辅编年录校补》卷 16。

④ 《要录》卷 157 绍兴十八年四月庚寅；《宋宰辅编年录校补》卷 16；《独醒杂志》卷 10。《要录》作吉水县人，今据《绍兴十八年同年小录》。

⑤ 《独醒杂志》卷 6。

⑥ 《要录》卷 162 绍兴二十一年闰四月甲申。

⑦ 《南宋馆阁录》卷 8。

典。[①] 当时祀高禖神的迷信活动，无非是为丧失生育能力的宋高宗求子。

绍兴二十四年（公元 1154 年），董德元出任监察御史。[②] 接着，他又与魏师逊等人充当科举考官。魏师逊等共"议以敷文阁待制秦埙为榜首。德元从誊录所取号而得之，喜曰：'吾曹可以富贵矣！'遂定为第一榜，未揭，（沈）虚中遣吏逾墙，而白秦熺"。董德元之子董克正也中第。[③] 科举作弊，成了魏师逊、董德元、汤思退等人躐升的关键。董德元升殿中侍御史。[④] 他屡次承秦桧风旨，弹击秦桧所讨厌的人，兼崇政殿说书，将执政魏师逊轰下台。[⑤] 董德元又配合秦桧制造文字狱，诬陷洪兴祖为程瑀遗作《论语说》写序，讥刺时政。[⑥]

绍兴二十五年（公元 1155 年），董德元兼侍讲，升侍御史，又劾罢参知政事施钜。[⑦] 他弹击李光之子李孟珍和妻兄管镐，使李光"一家残破"。[⑧] 董德元又奏劾宗室赵令衿，说他"恣为狂悖之言"，"诬以赃私"，[⑨] 导致秦桧起最后一次大狱，说赵令衿与赵鼎之子赵汾过从甚密，将赵汾投入大理寺狱，准备以谋大逆的罪名，陷害所有的主战者。接着，董德元又弹劾执政郑仲熊下台，升吏部侍郎。[⑩]

当年八月，董德元升参知政事，他"登第七年而执政"，自北宋"吕蒙正以后所未有"。[⑪]《独醒杂志》卷 5 载：

> 秦丞相、董参政同执政，二府之夫人俱入见。参政戒其夫人，无

---

① 《要录》卷 163 绍兴二十二年三月己未。

② 《要录》卷 166 绍兴二十四年三月甲寅朔。

③ 《要录》卷 166 绍兴二十四年三月辛酉；《宋史》卷 473《秦桧传》。

④ 《要录》卷 166 绍兴二十四年六月癸卯。

⑤ 《要录》卷 167 绍兴二十四年八月戊戌、十一月乙丑、壬申。

⑥ 《京口耆旧传》卷 4《洪兴祖传》。

⑦ 《要录》卷 168 绍兴二十五年二月甲午、三月丁卯、四月乙酉。

⑧ 《要录》卷 168 绍兴二十五年四月己丑、辛卯。李孟珍，《要录》作李孟津，今据《朱文公文集》卷 92《荣国夫人管氏墓志铭》改。

⑨ 《要录》卷 168 绍兴二十五年五月癸丑；《宋史》卷 244《赵令衿传》。

⑩ 《要录》卷 168 绍兴二十五年六月庚辰、丁亥；《宝真斋法书赞》卷 2《高宗皇帝除目手札御书》。

⑪ 《要录》卷 169 绍兴二十五年八月丙戌；《宋宰辅编年录校补》卷 16；《宝真斋法书赞》卷 2《高宗皇帝除目手札御书》。

妄奏对，惟丞相夫人是从。退归，丞相果问："参政夫人有何言?" 夫人曰："无所言。" 丞相喜，于是待参政益亲。

可知董德元是如何小心翼翼地侍奉这个权相。秦桧"病笃，召参知政事董德元、签书枢密院事汤思退至卧内，以后事嘱之，且赠黄金各千两。德元以为若不受，则他时病愈，疑我二心矣，乃受之。思退以为桧多疑心，他时病愈，必曰：'我以金试之，便待我以必死邪！'乃不敢受"。[①] 秦桧嘱咐的后事，无非是教其养子秦熺继相。《朱子语类》卷132说：

汤思退作枢密，董德元参政，商量荐小秦作相。董言之，不答，汤即背其说。逐董出。

此处的"不答"，当然是指宋高宗。秦桧死后，董德元即受殿中侍御史汤鹏举等弹劾，说他"朋比大臣，欺罔君父"。"为侍御史，与之交通，令检人往来，传道密意，所喜者即骤进之，所怒者即挤排之。群小得计，相为党与，善类惴栗，若无所容，此实台谏附会，以至于此极也"。"贪鄙之心，知无不为"。董德元当考官作弊，自然也被揭发。其实，当时哪一个台谏官又何尝不是如此，也并非是董德元"至于此极"。于是宋高宗下令将他罢政落职，削除资政殿学士的职名。[②] 宋孝宗初，董德元一度准备复端明殿学士，因"臣僚有言"而罢。[③] 隆兴二年（公元1164年）正月，左中大夫、提举太平兴国宫董德元复端明殿学士致仕，二月，追赠左正奉大夫。[④]

最近见到电视上报道江西有董德元的后裔，为当地大家族。但说董德

① 《要录》卷169绍兴二十五年十月丙申；《宋史》卷371《汤思退传》。

② 《要录》卷170绍兴二十五年十二月乙酉；《宋宰辅编年录校补》卷16；《宋会要》职官78之45。

③ 《宋集珍本丛刊》影印明抄本《周益公文集》卷94和文渊阁《四库全书》本《文忠集》卷94《三十二年九月六日敕陈诚之董德元余尧弼并与复端明殿学士宋楧郑仲熊巫伋章复魏师逊汪勃史才并与复龙图阁学士见任宫祠人依旧汪勃与宫观》。

④ 《宋宰辅编年录校补》卷16；《宋会要》职官77之75；《周益国文忠公集·杂著述》卷4《闲居录》。

元是南宋宰相，当然不确，他是执政。中国人的传统心理，总是希望有个名人做祖宗，可以光耀门庭。于是在不少传世家谱中，伪造资料、冒认祖宗的事层出不穷，令史学家辨不胜辨。如果江西董氏家族见到本文，肯定会出现心态上的不平。其实，好人的子孙未必无坏人，坏人的子孙也未必无好人。例如秦桧的曾孙秦钜，虽然实际上与他并无血缘关系，却死难于蕲州，记录在《宋史》卷449的《忠义传》中。祖宗的不光彩更不等于自己不能做光彩的事。

二十三、汤思退（？—1164），字进之，笔者对此人另写专文，在此不必复述。本文中可作一点补充的，是在宋孝宗隆兴年间，为昔日的秦党，如汪勃、章夏、宋樸、余尧弼、巫伋、董德元等人恢复职名，或召赴行朝，不早不晚，正好是当汤思退再相时，其实应是反映汤思退援引旧党，以便实现降金政策的图谋，但没有成功。

英雄造时势，时势造英雄，是中国两个古老的历史哲学命题。其实，在不少场合下，还有时势造小丑，小丑造时势的历史哲学命题。马克思主义特别重视作为自觉的历史活动家的人民群众①的能动作用，但是，也不可否认，在不少场合，在不少重大的历史事件中，人民群众并没有起多少能动作用，甚至置身局外。历史现象最为纷繁复杂，杰出人物固然对历史的演进起着作用，而小丑式的人物对历史倒退的作用也不应忽视。在军事史上，良将不能施展雄才，而驽将却得以发挥庸才的事例也比比皆是。众所周知，马克思的名著《路易·波拿巴的雾月十八日》，就是旨在“说明法国阶级斗争怎样造成了一种条件和局势，使得一个平庸而可笑的人物有可能扮演了英雄的角色”②。

马克思曾对两个英国政治家作了小丑式的讥刺。一个是约翰·罗素，“一个最可怜的庸才”，“他在骗人的幌子下成了勇士”。“作为一个演说家，他没有给人留下任何值得一提的独到见解，没有一句至理名言，没有一点真知灼见，没有一点鲜明的记述，没有一点美妙的思想，没有一个生动的隐喻，没有一点幽默的描写，没有一点真实的情感”。“罗素不是凭感

① 《列宁选集》第1卷，人民出版社1972年版，第146页。

② 《马克思恩格斯选集》第1卷，人民出版社1956年版，第599页。

情行动的，而始终是凭盘算行事的，可是他的盘算正像他本人一样浅薄，永远只能敷衍一时。因此他经常摇摆不定，支吾搪塞；突然冲上前去，忽又厚着脸退却；出言不逊，但又立刻转舵；提出高傲的保证，却又无耻地收回”①。另一个是帕麦斯顿，“虽然他不是一个样样精通的国家活动家，但他至少是一个任何角色都能扮演的演员。喜剧人物和英雄人物，高歌和私语，悲剧和闹剧，他都同样演得很成功；但更适合他性格的恐怕还是闹剧”。“厚颜无耻使他对任何突如其来的攻击都能处之泰然；利己的心肠和圆滑的手腕使他不致有任何真情流露；极端的轻佻，十分的冷淡，以及贵族的傲慢态度，使他永远不致激动”。“他即使没有本领搞通某个问题，但是知道怎样东拉西扯；即使缺少总的看法，也随时都可以用一般的词句编出一套漂亮话来”。“他不是一个有深远打算的人，他不作任何长远的图谋，没有任何伟大的奋斗目标，所以他投身于困难，只是为了以后炫耀一下他能摆脱困难”。“他能使民主的词句和寡头政治的观点调和起来，他会用旧时英国贵族的傲慢语言来掩盖资产阶级投和平之机的政策；他会在纵容别人的时候装成进攻者，在出卖别人的时候装成保护者；他知道怎样对表面的敌人讨好，怎样使假盟友吃苦头；他会在争执的适当时机站到强者那边去欺压弱者，他也有一边溜走一边说大话的本事”②。马克思以辛辣的文笔，对两人形容和描绘得入木三分，既说明他伟大的讽刺天才，同时也为我们提供了时势造小丑，小丑造时势的生动实例。政治上的小丑是千姿百态的，似无须仅以京剧中的丑角定位。虽然有的小丑也许“是一个任何角色都能扮演的演员”，但还是万变不离其丑。

纵观中华数千年史，其实时势造英雄，英雄造时势的情况，还远不如时势造小丑，小丑造时势的情况多，而后一种情况对民族兴衰的影响，也远比前一种情况多而大。一批小丑主宰国运，一方面是自己演出丑剧和闹剧，另一方面则是给广大民众制造悲剧。小丑主宰国运的现象层出不穷，有其历史必然性。中国传统儒家哲学很强调所谓君子和小人之争，强调名节。事实上，在专制政治体制下，皇帝亲小人是正常状态，亲君子却是非

① 《马克思恩格斯全集》第 11 卷，人民出版社 1962 年版，第 432—434 页。

② 《马克思恩格斯全集》第 9 卷，人民出版社 1961 年版，第 390—391 页。

常状态，士大夫失节是正常状态，而守节却是非常状态。从根本上说，专制政治总是宠爱随风转舵之人，曲学阿世之士。专制政治体制经常会造就小丑神气活现的时势，而小丑也经常会对昏暗腐败政治推波助澜，甚至叱咤风云。一个伟大民族不时遭受一小撮小丑的侮弄和折磨，这是显而易见的史实。一位西方哲学家说：“产生英雄的民族是不幸的。”我们岂不可以补充说：“不时产生小丑的民族更是可悲的。”

上述的23名执政中，秦桧的同乡、同窗和同榜进士占了一定比例，但从研究的视野而论，似乎并不重要。秦桧虽然把执政视若“奴隶”，但从任人唯亲的角度看，同乡、同窗或同榜进士自然是一种亲近的条件。然而善于翻脸不认人的秦桧也很难与人建立稍久的亲善关系。这些执政都是文官，尽管有关史料不足，但一般应是科举出身，按宋时的观念，都是标准的士大夫，即知识分子。在昏暗的专制政治下，士人要吃得开，出人头地，无论如何也离不开“投机钻营、奴颜婢膝、勾心斗角”十二字。当然，尽管人人都依十二字方针行事，但互相倾轧的结果，真正得利者也只能是少数，多数人还是免不了有悲剧式的下场。23名执政助纣为虐，对于当时的黑暗政治都起了程度不等的推波助澜的作用，但就其结局而论，最终爬上相位者，却只有万俟卨和汤思退两人，这不仅由于他们各自的钻营，更有各自的机缘。时势或可帮助小丑，也更可玩弄小丑。本文继《荒淫无道宋高宗》一书之后，进一步论述了23名小丑式执政的发迹和悲剧，在他们身上体现了五光十色的人性的扭曲，这在专制政治体制下有其必然性。本文并不是以轻松和调侃的感情，对此类小丑写一篇讥刺文字，而是以沉重的心态，对中国式可悲、可痛、可怕而可憎的专制历史传统，作进一步的反省和批判。

（原载《燕京学报》新11期）

王曾瑜说辽宋夏金总说

一 政治概述

从10世纪到13世纪，在今天中国境内，曾并列存在着辽、宋、西夏、金、回鹘、于阗、喀喇汗、吐蕃、大理、蒙古（后定国号元）等政权，这其实是中国历史上又一个分裂的南北朝时代。辽朝辖有今东北和内蒙大部，南至北京、大同等地。西辽辖有今新疆和中亚部分地区。北宋辖有今华北大部，西起兰州、四川，直至南方。南宋丧失约1/3土地，退至今宝鸡市以南大散关和淮水以南。西夏辖有今宁夏、甘肃河西走廊和内蒙小部。金朝辖有今东北、华北和内蒙大部。西州回鹘和于阗辖有今新疆的一部分。喀喇汗辖有今新疆南部和中亚部分地区。吐蕃辖有今西藏与青海。大理辖有今云南。辽朝和金朝先后是东亚的第一军事强国，西辽也曾一度称雄于中亚，宋朝在经济文化上是当时世界上最为先进的国家。西夏、回鹘、于阗、喀喇汗、吐蕃、大理等也对本地区和民族的发展作出了贡献。今将各国的政治概况分述于下。

（一）辽朝

契丹族可能于神册元年（公元916年）建国，其国号汉语称辽。从传世的契丹文看来，或使用“哈剌契丹”双国号，“哈剌”之契丹语义为“辽”。辽朝的全盛期，其统治区包括今东北、内蒙、外蒙、华北的北京、大同一带以至新疆东北等地。

在中国古史上，辽朝是一个相当特殊的皇朝，其政治和典章制度适应并表现了对游牧民族和农耕民族的兼容。辽朝有许多民族，人数最多的则是契丹人、奚人、汉人（时称汉儿）和渤海人。契丹人作为统治民族。皇族耶律氏和后族萧氏两大族系在辽国国家体制中居于绝对的统治地位。“契丹与奚言语相通，实一国也”,[①] 早在辽朝建国前，就已征服了奚人。辽朝将奚人作为一大部族，并与后族同称萧姓。辽朝于天显元年（公元926年）灭渤海国，于会同元年（公元938年）得到后晋割让的燕、雲十六州，又先后将大量的渤海人和汉人收归其统治。

辽朝当然也存在民族歧视和压迫。但是，允许汉人、渤海人等保留农耕民族的生产方式，以至发型、服饰等习俗，就比较宽松，这与后来金朝强迫汉人剃头辮发，清朝入关后的留头不留发，留发不留头，适成鲜明对照。至于韩、刘、马、赵诸族为首的幽蓟汉人地主阶级，在辽国政权构成中，仅次于契丹人，而居于第二位。渤海人与契丹人的民族矛盾较深，不但曾举行叛乱，当金朝兴起后，很多渤海人又归金反辽。

辽朝的契丹人虽然“嗜学”汉文明,[②] 却长期保存了游牧民族的习俗。辽朝先后建立了五京，即上京临潢府（治今内蒙巴林左旗南波罗城）、东京辽阳府（治今辽宁辽阳市）、中京大定府（治今内蒙宁城西大明城）、南京析津府（又称燕京，治今北京市）和西京大同府（治今山西大同市）。其中上京作为契丹人发祥和兴起之地，地位尤其重要。但是，辽朝皇帝却有相当一部分时间不住京城宫殿，而是住在露居野营的宫帐中处置国务。宫帐又是一年四季，迁徙不定。从政治地位而论，宫帐反重于五京，这与中原皇朝的皇帝常住京都的宫殿颇异。

辽朝实行北、南面两套官制，北面官处置契丹等各游牧民族事务，南面官处置汉、渤海等各农耕民族事务。“辽俗东向而尚左，御帐东向”,[③] 这与中原汉族皇帝面南而治不同。北面官即是左，而南面官即是右，北面官重于南面官。在地方行政管理系统上，游牧民族实行部族制，而汉人、渤海人等实行州县制，分别隶属于中央的北、南面官僚机构。此外，辽朝前后的九帝、二后、一个皇太弟和一个改契丹姓的汉族大臣，共置十三个

① 《辽史》卷73《耶律曷鲁传》。
② 《萍洲可谈》卷2。
③ 《辽史》卷45《百官志》。

斡鲁朵，汉语称十二宫一府。各个斡鲁朵设有宫户等，也分别设置统治游牧和农耕民族的北、南面官机构，成为辽朝单独的行政和经济实体，不受辽廷管辖的国中之国。

与斡鲁朵类似的是头下军州。头下军州主要是在契丹统治的腹心地区，环绕上京、中京建立起来的，可说是契丹贵族的领地。头下军州与皇帝的斡鲁朵、契丹国家直接统治的行政区鼎足而三，在契丹社会经济生活、政治生活中占有重要地位。

契丹族不同于汉族，妇女地位较高，故皇后与皇太后掌政的时间不短，而臣僚们也并不如汉人那样，将此视为不正常的情况。在人事方面，辽朝主要实行贵族世选制，科举制仅居次要地位。“风俗贵亲，率以近亲为名王将相，以治国事，以掌兵柄，而信任焉”。[①] 契丹人既长期保持游牧风俗，故辽军以骑兵为主力，但比较散漫。

辽朝东南与高丽接壤，南方先后与后唐、后晋、后汉、后周与宋朝为邻，西南又与西夏、回鹘等相连，彼此都曾发生战争，但主要对手还是中原皇朝。辽军曾南下灭后晋。后周则发兵收回三关之地。辽宋之间有26年战争，辽军虽占上风，但因不善进行攻城战，无力深入宋朝内地，故对经济破坏不大。此后则有长达118年的和平，这在中华古史上还是绝无仅有的。辽宋之间建立比较平等的外交关系，但辽朝还是力图占据主导地位，并且利用西夏，牵制和消耗宋朝的力量。

在辽朝中、后期，西北的阻卜，即后来的蒙古成为主要边患。辽朝并不重视对东北生女真的防范，而生女真建立金朝，前后进行12年战争，于保大五年（公元1125年），灭了辽朝。

契丹族的一支则迁徙到中亚和今新疆，以虎思斡鲁朵（今吉尔吉斯斯坦托克马克附近）为中心，重新建国，史称西辽。西辽臣服原来的高昌、喀喇汗等国，适应中亚和新疆的地理和人文环境，对辽朝的政治体制有因有革。西辽于天禧三十四年（公元1211年），被乃蛮的屈出律篡位。1218年，亡于蒙古。

---

① 《宋朝诸臣奏议》卷135富弼《上仁宗河北守御十三策》。

（二）宋朝

在五代十国分裂之际，经过周世宗的经营，开始出现了重新统一的转机。建隆元年（公元960年），武将赵匡胤沿用五代“帅强则叛上”[①] 的武夫政治故伎，发动兵变，夺取政权，建立宋朝，后庙号太祖，史称新皇朝为北宋。北宋定都于东京开封府（今属河南），渐次削平各割据政权，完成了从中原到南方大部分汉族聚居区的重新统一。

宋朝吸取五代弊政的教训，专注于免蹈覆辙，堵塞各种政治上的漏洞，而并不追求规模一新。宋朝强调“祖宗之法”，其基本精神是“事为之防，曲为之制”，“专务以矫失为得”。[②] 其流弊则是矫枉过正，在第二代皇帝宋太宗时已发展到“守内虚外”，甚至“斥地与敌”。[③] 北宋的弊政大都可追溯到宋太宗时。

北宋政治军事和典章制度的利弊得失是十分鲜明的，大致可以概括如下：

第一，按照皇帝集权，臣僚分权，中央集权，地方分权的原则，北宋各种政治制度的设计和操作，还是有效地维护了政治稳定，消弭各种内讧，有利于经济和文化的发展。

第二，自宋太宗始，以兴盛的科举制，造就了发达的文官政治。官场中从重视门第到重视出身，是唐宋时期的一大转变。宋朝“取士不问家世，婚姻不问阀阅”，[④] 官场中只讲究出身，科举入仕者算是“有出身”，其他门径入仕者都是“无出身”。宋朝所谓皇帝“与士大夫治天下”，[⑤] 其实就是与“有出身”者治天下。文官政治，即“以儒立国”，[⑥] 对政治稳定和文化发展是有正面影响的。

第三，在人类历史上，政争是不可避免的，但在专制时代，政争又往

① 《新唐书》卷50《兵志》。

② 《长编》卷17开宝九年十一月乙卯；《水心别集》卷12《法度总论二》。

③ 《历代制度详说》卷10《屯田》。

④ 《通志》卷25《氏族略·氏族序》。

⑤ 《长编》卷221熙宁四年三月戊子。

⑥ 《陈亮集》（增订本）卷1《上孝宗皇帝第三书》。

往是十分残酷的。宋太祖立下了秘密誓约："藏于太庙，誓不诛大臣、言官，违者不祥。"[①] 故北宋的政争少有诛杀，较为文明。即使在北宋后期有三次大规模贬窜士大夫的运动，一般也不开杀戒。宋人称"古者士大夫多被诛夷，小亦鞭笞。太祖皇帝以来，始礼待士大夫，终始有恩矣"。[②] 赵宋一代在强调皇帝大权独揽的同时，又兼顾对臣僚的体貌宽柔，在中华古史上是绝无仅有的。[③]

第四，北宋除后期外，将"异论相搅"作为"祖宗之法"，其初意是使臣僚"各不敢为非"。[④] 在较为宽松的政治和舆论环境下，宋朝台谏政治的发达，超越前朝后代。在人治条件下，台谏政治固然有各种流弊。但按照儒家理论，台谏官作为政治上的反对派，行使监督权，发表异论，对于"扶直道",[⑤] 维系一个时代的正派士风，有一定意义。

第五，文官政治并不意味着就是保守，但宋朝文官政治的特点在总体上说则是保守。正如王安石讥评说，"因循苟且"，"侥幸一时",[⑥] 不求振作有为，但求勉强维持，得过且过。"因循苟且"是"守内虚外"的"祖宗之法"的重要表现形式。

第六，宋政多"繁缛之文",[⑦] 缺乏行政效率。长期稳定的政治局面，造成"无意外仓卒之变，惟无意外之变，所以都不为意外之防"。[⑧] 北宋从整个政治体制到决策都缺乏应变能力。这在金军南侵，北宋亡国时，表现得尤其明显。正如朱熹说："今看著徽宗朝事，更无一著下得是。古之大国之君犹有一二著下得是，而大势不可支吾，那时更无一小著下

---

① 《松隐文集》卷26《进前十事札子》。

② 《黄氏日抄》卷80《引放词状榜》。

③ 《辽史》卷20《兴宗纪》："南府宰相杜防、韩绍荣奏事有误，各以大杖决之。"《说郛》卷8文惟简《虏廷事实》载："虏中上自宰执公卿，下至判司簿尉，有罪犯者，亦不能免杖。"这是金朝的情况。朱熹《朱子语类》卷133也记载金朝高官的杖责。明朝更有残酷的廷杖。

④ 《长编》卷213熙宁三年七月壬辰。

⑤ 《文山先生全集》卷3《御试策一道》。

⑥ 《王文公文集》卷1《上时政书》。

⑦ 《金史》卷46《食货志》。《朱子语类》卷127谈论"今官府文移之烦"，说："国初时事甚简径，无许多虚文。"并举了实例。

⑧ 《朱子语类》卷128。

得是。”①

第七，北宋的荫补制，即官僚世袭制盛行，超迈汉唐，这是严重的倒退，却是贯彻了“与士大夫治天下”的精神。除北宋初期外，宋朝大约在十分之九的时间里都是冗官为患，冗官的中心问题就是荫补制。冗官造成沉重的财政负担，严重的社会痼疾，又严重影响官僚机构的行政效率。

第八，由于宋太祖以武将“黄袍加身”的来历，宋朝“守内”的第一要旨就是猜忌和防范武将。宋朝维持着超越前代的大规模常备军，冗兵造成沉重的财政负担，严重的社会痼疾，而其军制却是以束缚武将才能，降低武将地位和素质，牺牲军事效能为特征。在崇文抑武、以文驭武的方针指导下，整个时代的尚武精神沦落。北宋逐步实行文臣统兵和宦官统兵，降至北宋末，举国竟无折冲御侮之将。

第九，人们常说，宋朝积贫积弱。其实，北宋的人力超过唐朝，物力和财力，政府财政收入更大大多于唐朝。但丰厚的财政收入难以负荷冗兵、冗官等支出，而横征暴敛又加重了民贫，这就是积贫。宋朝的综合国力无疑强于辽朝、西夏、金朝等，但因“守内虚外”、崇文抑武等因素，实力的运用水平很差，这就是积弱。

第十，一般说来，腐败与专制是一对双生子，专制必然滋生腐败，腐败必然依赖专制。但宋朝的腐败还有其突出的表现。金元时代评论，认为宋政失之于“宽柔”。②“宽柔”表现为对误国败事者有罪不罚，罚不当罪，罪废复用，所谓“赏重于罚，威不逮恩”。③宋朝的上层官员，大多治国救国无方，而彼此勾心斗角，玩弄机谋权术，又有足够的聪明才智。发展到顶点，则是不管国家存亡，百姓死活，自己不能治国和救国，却必须破坏他人治国和救国。

总的说来，北宋的专制政治有开明的成分，保守的成分，拙劣和荒唐可笑的成分，互相交织着。

北宋于靖康二年（公元1127年）亡于金朝。宋高宗又于当年重建宋

① 《朱子语类》卷127。

② 《金史》卷46《食货志》。

③ 《长编》卷138庆历二年十月戊辰。

朝，史称南宋，后定都于临安府（治今浙江杭州）。南宋保存了北宋约2/3的统治区，并且基本继承了北宋的政治军事传统和典章制度。但南宋也有若干不同于北宋的特点：

第一，“守内虚外”的方针发展到了极点。在宋军愈战愈强的形势下，南宋当政者却宁愿杀害抗金名将，与金朝订立极其屈辱的和约，这在中华古史上是空前绝后的。宋金的不平等外交前后持续了 87 年。

第二，相权的扩张。南宋也有重视皇权压制相权的时期，但四个权臣专擅的时间共计 70 年，[①] 不仅占据了南宋 153 年的近一半时间，并且促成了南宋灭亡。

第三，南宋在大半时间放弃了“异论相搅”的“祖宗之法”，特别是在南宋前期，为保证对金屈辱媾和，实施严厉的迫害和文禁，甚至制造文字狱。南宋在大半时间内，政治和舆论环境并不宽松，台谏官“扶直道”的功能下降。

第四，南宋先后面对金朝和蒙古的军事威胁，依托江淮和西部山地，总的说来，还是沿用“祖宗之法”，维持了内部的稳定，并且表现了顽强的自卫能力。横扫欧亚大陆的蒙古军，唯有在进攻南宋时，遭受到最顽强的抵抗。宋元战争持续长达 46 年。

南宋最后在祥兴二年（公元 1279 年）亡于元朝。但对元朝混一天下不宜估计过高，即使在元世祖时，对国家也治理得并不好，此后更是每况愈下。

（三）西夏

西夏原是在夏州（治今内蒙与陕西靖边县北交界处）地方割据政权的基础上发展起来，于天授礼法延祚元年（公元 1038 年）正式建国，或自称白上国、大夏国，但人们习惯依辽人和金人等称呼为西夏。其统治区包括今宁夏全部、甘肃大部和陕西、青海、内蒙古的小部分，其国都为兴庆府（治今宁夏银川市），后改名中兴府。

---

① 秦桧专擅，应以绍兴十一年（公元 1141 年）宋金和议，金朝保证他当终身宰相，收大将兵权等为标志，为时 15 年。韩侂胄专擅 13 年。史弥远专擅 26 年。贾似道专擅 16 年。

西夏是多民族国家，党项人为统治民族，但又联合汉人、吐蕃人、回鹘人等上层，可称是蕃汉联合政治。西夏立国首先是依靠党项族的强宗大族，夏景宗开国，也杂用汉臣“主谋议”，但“主兵马”看来大多是党项人，对宋战争前，须与“诸豪歃血”。[①] 皇族嵬名氏（兼用汉姓李）[②] 注意与党项的大姓通婚，后族“贵宠用事”，[③] 而皇权与后权，皇族与强宗大族之间也不时发生冲突。但西夏看来没有建立像辽朝那样的两套官制，大体是效仿宋制，设立中央官制和地方的州县制。

夏景宗建国时，对境内各族下秃发令，创制西夏文，规定统一服饰，以求境内各族党项化。但西夏各族的逐渐汉化还是势不可免的。西夏在后期81年间，正式实行科举制，基本以科举取士选拔官吏，不论宗室贵族、平民百姓，也不论党项族或汉族和其他民族，通过科举而进入仕途是正当的途径。这意味着加强中央集权，至少是削弱了强宗大族的政治地位，削弱了贵族世选制。

西夏巧妙地利用了辽朝与北宋的矛盾，争取自身的独立和生存，但主要的敌手是北宋，双方进行了长期的战争。西夏最初处于攻势，并且成为胜者。西夏军以骑兵为主力，但显然不善于攻城战，故对宋只限于边境杀掠。后来又不断地被北宋攻城略地，被动挨打，却仍努力支撑困境。直到北宋末、南宋初，西夏利用金军攻宋的机遇，夺取若干被占之地。此后与南宋隔绝，而与金朝基本维持和平。到夏金晚期，双方都在蒙古的威胁下，仍然发生战争。西夏于宝义二年（公元1227年）亡于蒙古。

（四）金朝

生活在东北白山黑水之间的生女真族，于辽天庆四年（公元1114年）起兵反辽，建立金朝，灭辽破宋。金朝极盛期的统治区大致包括原辽朝的辖区，另加南至淮水的广大地域。金朝的国都最初设在生女真发祥地的上京会宁府（治今黑龙江阿城南白城子），后迁至中都永安府，改名大兴府

---

① 《宋史》卷485《夏国传》。

② 据《辽史》卷115《西夏传》、《金史》卷134《西夏传》、《长编》卷199嘉祐八年七月丙辰，西夏皇族虽曾被宋朝赐姓赵，但与辽宋金交涉时用汉姓李。

③ 《涑水记闻》卷11。

（治今北京市）。

金朝是多民族国家，女真人始终占统治地位。金朝初年，事实上存在着女真人，渤海人，契丹人和奚人，汉儿（原辽统治区汉人）和南人（原宋统治区汉人）五个民族等级。后来汉儿与南人之间的界限逐渐模糊。金朝存在着很强的民族歧视，特别是在金朝初期，强迫汉人剃头辮发，又大量驱掳汉人当奴隶，激起以汉人为主体的各民族的强烈武装反抗。金朝为了据守夺得的中原之地，将大量女真等落后民族迁入燕山以南，大量掠夺汉人的耕地，并将统治中心也转移华北。女真人相当快地汉化，其汉化程度高于契丹人和蒙古人，同时又相当快地腐化，经历类似清朝八旗子弟的命运，并且加深了民族矛盾，直到金朝后期，仍爆发汉人的武装反抗。刘祁说，“大抵金国之政”，“分别蕃、汉人，且不变家政”，“偏私族类，疏外汉人”，“此所以不能长久”。①

金朝政制与辽朝不同，最初保留了原始社会部落联盟制的若干特点，后由辽宋降金的汉人制定了中央集权制，逐步撤销东、西枢密院、行台尚书省等对广大中原地区的单独管辖，并将隋唐以来的中央三省制合并为尚书省。金朝对地方管辖主要实行路州县制，但南迁的女真族等的猛安、谋克又成为与州县平行的行政单位，而对北方游牧民族也另外设置部族、乣等行政单位。行台尚书省虽在前朝与金初已设，而在金朝晚期，为军事需要临时设置的行尚书省制，实为元明清逐步建立省一级行政区划之嚆矢。

金朝初年，女真完颜皇族掌握军政大权，用人方面以贵族世选制为主。此后经历了残酷的政争，完颜皇族的势力不断削弱。但总的说来，女真强宗大族仍在金朝政权构成中唱主角，女真人入仕的主要途径有三：荫补、世选和军功，后来女真考试制度也成了一条重要途径。金朝对于考试制度的重视，远超辽朝和元朝。但金朝总的说来是以武立国，汉人文士通过科举入仕，仅居次等地位。

金朝初年，“文移极少”，② 行政效率颇高。“及其中叶，鄙辽俭朴，袭宋繁缛之文；惩宋宽柔，加辽操切之政。是弃二国之所长，而并用其所

① 《归潜志》卷12《辩亡》。

② 《朱子语类》卷127。

短也"。[1] 金朝不时爆发残酷的政争，唐宋制度里的政治冲突和妥协，并没有与女真原有的民主因素合流。相反，两种制度里的专制和野蛮的成分结合在一起，促成了政治过程的残暴化。金朝一反宋朝优礼臣僚的传统，实行"杖责"，"上自宰执公卿"，"亦不能免杖"，金帝的杖责有"御断"和"监断"两种，"有因而致死者"。[2]

自金朝中期以降，近侍的权势就愈来愈膨胀。因外廷大臣不受信任参与决策，经常只是皇帝身边的近侍。此外，金朝吏的地位远高于宋朝，重用吏，以吏排挤士大夫，也是金朝政治生活的一大特点。

金初武力，以女真骑兵为基干，有顽强的战斗力，胜过辽与西夏骑兵，又能进行大规模的攻城战，故能深入中原。但随着移居中原的女真人的腐化，"狃于宴安，习成骄惰"，[3] 以北方游牧民族组成的乣军，又成为金军的精锐。

金朝取代辽朝之后，也接收了辽朝的边患，而对漠北地区的统治已大为减弱。北方的鞑靼，即蒙古，始终是大患。即使在金朝强盛时，实际上也努力避免南北同时用兵。金章宗时对宋战争，表面上金朝勉强成为胜利者，实则两败俱伤。蒙古很快接踵兴兵攻金，而乣军又发生叛变，于是金朝只能弃地南逃，迁都开封，退守黄河以南，却又与宋、西夏、蒙三方同时交兵。金朝最后于天兴三年（公元1234年），被宋蒙联军灭亡。

（五）回鹘

唐朝后期到五代，今中国西北进一步形成多民族错居的形势。回纥族，又称回鹘，即今维吾尔族，乘吐蕃衰微之机，其一部的族帐扩散到河西走廊，驻牧地于凉州（治今甘肃武威）、甘州（治今甘肃张掖）、肃州（治今甘肃酒泉）、瓜州（治今甘肃安西东南）、沙州（治今甘肃敦煌）一带，并且与沙州的张氏、曹氏汉族政权时或发生冲突，又逐渐融合。回鹘族以甘州为中心建立的政权，史称甘州回鹘，或称"甘、沙州回鹘"。[4]

---

① 《金史》卷46《食货志》。

② 《说郛》卷8文惟简《虏廷事实》。

③ 《历代名臣奏议》卷350卫泾奏。

④ 《宋史》卷490《回鹘传》；《宋会要》蕃夷4之2。

沙州后来应被甘州回鹘所控制。

甘州回鹘是个多民族政权。回鹘“可汗王禄胜遣使曹万通”出使宋朝，“自言任本国枢密使”。[①] 甘州回鹘的使宋者多有汉人，说明汉族在其政权中有一定地位。宋端拱时（公元988—989年），“回鹘都督石仁政、麽啰王子、邈拏王子、越黜黄水州巡检四族并居贺兰山下，无所统属”。[②] 这表明其统治的松散，各部首领以都督、王子、巡检等名号，各统其族帐，与甘州的可汗甚至没有隶属关系。

甘州回鹘与辽朝、宋朝有相当接触。西夏建国前，与甘州回鹘前后进行了约30年的战争，最后占据了河西走廊，甘州回鹘灭亡。但沙州回鹘政权显然还在此后一段时期保持了某种独立。

回鹘的一部据有今新疆的大部分地区，以高昌（治今新疆吐鲁番东南）为中心。史称高昌回鹘，又称西州回鹘。其国主自称阿厮兰汗，汉语译为西州狮子王。《辽史》中屡见的“阿萨兰回鹘”，即是高昌。或说龟兹（治今新疆库车）另有回鹘政权。

高昌国显然是适应多民族的情况，实行较松散的统治。“所统有南突厥、北突厥、大众熨、小众熨、样磨、割禄、黠戛司、末蛮、格哆族、预龙族之名甚众”，伊州（治今新疆哈密）“州将陈氏，其先自唐开元二年（公元714年）领州，凡数十世”，这里指的是汉人。[③]

西辽建国，高昌臣服于西辽。但人数较少的契丹人逐渐同化于回鹘人，据西辽亡国后的记载，“其国人无几，衣服悉回纥也”。[④] 回鹘后又臣服于蒙古。

（六）于阗

于阗位于今新疆和田南，是唐朝的安西四镇之一，其国主为尉迟氏。五代时，国主用汉姓名李圣天，由后晋册封为大宝于阗国王。于阗国主仿效汉人衣冠，使用同庆年号，并设置州的行政区划，据有今新疆南部一

① 《宋史》卷490《回鹘传》。
② 《宋史》卷490《回鹘传》；《宋会要》蕃夷4之2。
③ 《宋史》卷490《高昌传》，《挥麈前录》卷4。
④ 《归潜志》卷13《北使记》。

带。于阗的佛教兴盛。大约在 11 世纪初，西部的喀喇汗国灭掉了于阗李氏政权。

（七）喀喇汗

喀喇汗史或称黑汗、黑韩，这是今中国境内第一个伊斯兰国家。喀喇汗国大约于 10 世纪在中亚建国，实行双王制和分封制，后分裂为东、西两汗国。在灭掉于阗后，今新疆南部归其控制。

喀喇汗国与宋朝交往时或仍称于阗。如宋元丰四年（公元 1081 年）国主称“于阗国偻罗大（有?）福力量知文法黑汗王”。[①] 政和间（公元 1111—1117 年），又自称“日出东方、赫赫大光、照见西方五百里国，五百国内条贯主、〔师子〕黑汗王”。[②] 所谓“五百国”，应是指分封制下的众多小国。

东、西喀喇汗国先后臣服于西辽。13 世纪初，东、西喀喇汗国先后灭亡。

（八）吐蕃

吐蕃是今藏族的祖先，当唐朝时，曾建立军事强国。但到唐朝末年，“亦自衰弱，族种分散，大者数千家，小者百十家，无复统一矣”。[③] 除西藏本部外，在今青海、甘肃一带，“至五代时，吐蕃已微弱，回鹘、党项诸羌夷分侵其地”，更形成多民族错居的形势。[④]

吐蕃族发展过程中，曾融入党项、吐谷浑、回鹘、沙陀、汉等多种民族成分。五代后唐时，西凉府（即凉州）的六谷蕃部建立政权，六谷蕃部还包括吐蕃化的汉人、党项人、回鹘人等。宋初，六谷蕃部与尚未建西夏国的党项政权相抗。后党项大约在宋大中祥符八年（公元 1015 年）占领西凉府，吐蕃的“旧部往往”逃往河湟。[⑤]

---

① 《清波杂志》卷 6；《宋史》卷 490《于阗传》。

② 《清波杂志》卷 6；《铁围山丛谈》卷 1；《游宦纪闻》卷 5。

③ 《宋史》卷 492《吐蕃传》。

④ 《新五代史》卷 74《吐蕃传》。

⑤ 《宋史》卷 492《吐蕃传》。

在河湟一带的吐蕃大致在宋真宗时建立政权，“又得回纥种人数万”，于阗人阿里骨也被奉为首领，可知其多民族成分，但“其国大抵吐蕃遗俗”。吐蕃政权大约于宋明道二年（公元1032年）“徙居青唐”（治今青海西宁）。[①] 青唐吐蕃曾帮助北宋与西夏相抗，也成为西夏争取和打击的对象。后来宋朝改变政策，几次出兵，于崇宁三年（公元1104年）消灭青唐政权，设西宁州，而其首领赐姓名赵怀德。

金朝进据中原，“复分陕西北鄙”与西夏，双方“以河为界”。[②] 于是西夏统治了西宁州一带的吐蕃族，但“西番三十八族首领赵继忠”又投归南宋。[③] 河湟的吐蕃族“虽属夏国，叛服不常”。[④]

此外，四川西部也与吐蕃为邻，南宋孝宗时，有吐蕃族首领赖苗。[⑤] 蒙古于1239年进兵西藏，吐蕃遂正式归入中国版图。

（九）大理

唐天复二年（公元902年），占据今云南的南诏国亡，此后有郑、赵、杨、段四姓先后建立长和国、兴元国、义宁国和大理国。段氏大理国建于文德元年（公元938年）。[⑥]

大理是多民族国家，宋人一般称“大云南蛮”和“小云南蛮”，“其他小国，或千百家为一聚，或二三百家为一族，不相臣属”。[⑦] 目前一般认为，大理国的统治民族是白族。大理效法汉制，“其规模服色”，“略本于汉”，还“设科选士”，实行科举制，[⑧] 并设有府、郡等行政区划，但各民族仍保留各自的生产方式和组织形式。

大理及周边民族与宋朝的经济和文化交流，有时还相当频繁。大理于天定二年岁末（公元1254年初），被蒙古军灭亡。

---

① 《宋史》卷492《吐蕃传》；《东都事略》卷129《附录七》。

② 《金史》卷134《西夏传》。

③ 《宋史》卷486《夏国传》。

④ 《金史》卷91《移剌成传》附结什角传。

⑤ 《宋史》卷496《黎州诸蛮》；《成都文类》卷27王敦诗《雄边堂记》。

⑥ 《说郛》卷36李京《云南志略》。《鉴诫录》卷6《布燮朝》有长和国的记载。

⑦ 《宋史》卷496《黎州诸蛮》；《历代名臣奏议》卷339吴昌裔奏。

⑧ 《大理行记》。

二 社会经济概述

（一）中国古代经济发展的重要阶段

在中国古代经济发展的长河中，辽宋西夏金代，主要以宋为代表，显然占有突出的地位。在两宋统治的三百年中，我国经济、文化的发展，居于世界的最前列，是当时最为先进、最为文明的国家。辽宋西夏金的经济也发生两次严重的“逆转”，这是由女真人和蒙古人两次南下造成的。

从另一角度看，在辽宋西夏金代，今中国境内的各地人口分布和经济发展是很不平衡的。在手工生产的时代，人口密度大致决定了一个地区的经济发展水平。当然，人口密度的增加也意味着天然植被和生态系统的破坏。中国古代的生态环境主要有西北沙化和黄河水患两大问题，其实是紧密关联的。辽宋西夏金代的生态环境状况有进一步恶化趋势。宋初在内地已缺乏木材，需要由西北地区输入，这自然加剧了西北森林的砍伐，又转而加重黄河的水患。南宋初，“决黄河，自泗入淮”。[①] 黄河入泗水河道，然后自南清河入淮入海。这又给淮河流域造成水患。

当时存在着农耕经济、半农半牧经济、游牧经济，还有少量的渔猎经济。如以经济发达区和不发达区作大致区分。在东部可以燕山为线，总的说来，是燕山南北形成相当强烈的反差。燕山之南，先后被辽金统治的“幽州之地沃野千里”，“地则五谷百果，良材美木，无所不有”，而出榆关“才数十里，则山童水浊，皆瘠卤，弥望黄草白云，莫知亘极”。[②] 当然，这并不排除辽朝的古北口以北奚人聚居区，辽东汉人和渤海人聚居区，有一定程度的开发，金朝在东北平原也有零星开发。

在西部，则大致可以关中平原西端作为发达地区和不发达地区的分界。中原皇朝政治中心的东移，显然对西部经济产生影响。当盛唐时，“自安远门西尽唐境万二千里，闾阎相望，桑麻翳野，天下称富庶者无如

① 《要录》卷18建炎二年十一月乙未；《宋史》卷25《高宗纪》。

② 《宣和乙巳奉使金国行程录》。

陇右”。[1] 一些学者经认真考证，认为这条史料至少有夸张之处，但当时陇右也确实不是落后地区。然而自中唐以降，西北的社会经济虽有局部的、暂时的发展，但总的趋势是停滞甚至倒退的，中唐五代以来就已经形成的西北与内地经济发展的差距，在宋夏金时，差距又进一步扩大。自宋朝陕西沿边的鄜延、秦凤、泾原、环庆、熙河五路往西，总的说来，都属不发达地区。

即使是宋的统治区内，经济发展也同样不平衡。大致以淮水为界，淮水以北的北方地区的生产不如淮水以南的南方地区，即北不如南。宋代的经济重心已自北方转移到南方。即使在南方，若以峡州（湖北宜昌）为中心，北至商雒山秦岭，南至海南岛，划一南北直线，又表现为西不如东。北不如南，是量的差别；而西不如东，则不仅是量的差别，而且是表现了质的差别，因为有的地区还是处于“刀耕火种”的原始农业水平。当然，西部地区的成都府路等也是发达地区。

宋朝农耕经济最有代表性的，是浙西平原。两浙路的精耕细作冠于全国，主要有人多地少、劳动力充足的条件。两浙等地依靠精耕细作，提高单位面积产量，提高复种指数，大面积地创造了当时世界上最高的亩产量，这显示了中国人多地少的种植业的长远发展方向。换言之，人们常说，中国农业的优良传统是精耕细作，这主要开始于宋朝。汉唐之际，以北方为主体的粮食生产发展，着重于用牛耕代替耒耜，实际上是横向开拓生产广度。大致自宋开始，南方粮食生产的崛起，着重于纵向开拓生产深度，其实是当时世界上的绿色革命。

东部的粮食生产主要是北方的粟麦和南方的稻。青藏吐蕃则以青稞为主粮。[2] 高昌回鹘“地产五谷，惟无荞麦”。[3] 当时内地的纤维作物还是传统的丝麻，而高昌回鹘和四川、广南、福建、四川都有棉花种植，并且开始向两浙、江南等地扩展，甚至超越黄河，在北方金朝的河间府一带也有种植。棉花时称木绵、吉贝，所织的布称木绵布、吉贝布或白叠布。契

① 《资治通鉴》卷216天宝十二载八月。

② 《金史》卷91《移剌成传》附结什角传。

③ 《宋史》卷490《高昌传》；《挥麈前录》卷4。

丹、党项、吐蕃等族则广泛使用皮毛和毛织物。

辽、宋、西夏、金境内广泛实行牛耕，故养牛业与种植业关系最为密切。但回鹘却是“以橐驼耕而种”。[①] 从今东北到青海，广大的半农半牧区和游牧区，大抵牧养牛、羊、马、驼等牲畜。马关系到古代骑兵的建设。但“契丹马骨格颇劣”，宋境“凡马所出，以府州（治今陕西府谷）为最，盖生于黄河之中洲曰子河汊者有善种”。[②] “地愈西北，则马愈良”。[③] 当时以凉州和青唐吐蕃马最为优良。[④] 西南大理等地的马匹矮小。西夏和吐蕃的特殊牲畜是牦牛。高昌回鹘可能是另一良马产地，“其驽马充食”，“贫者皆食肉”，“贵人食马，余食羊及凫雁”。[⑤]

宋朝有发达的手工业，其造船业、金属矿冶业、纺织业、制纸业、印刷业、制瓷业等均比唐朝有相当大的提高。煤古称石炭，中国在世界上最早利用煤，但大量开采和利用大致始于宋朝，使燃料构成发生重大变化，辽朝与西夏也有煤的生产和利用。由于煤主要贮藏于北方，后来金朝又取代宋朝，成为最大的生产国。中原的印刷业也传播到边疆，西夏和回鹘都发展了活字印刷。西夏发展了独特的铁冷锻技术，“契丹鞍、夏国剑”被誉为“天下第一”，[⑥] 是辽和西夏先进的手工业产品。

宋朝的铸钱额大大高于唐朝，不仅流通于境内，还通过走私贸易，广泛流传海外和内陆。辽、西夏和金的铸钱业规模小，其境内主要行用宋钱，以供商品流通之需。大致在宋天圣元年（公元1024年初），四川地区开始发行世界上最早的纸币——交子。南宋和金发行各种纸币，纸币行用扩大到两国全境，但滥印纸币引起通货膨胀。中国古代的纸币发行持续到元朝和明初，其中以金朝后期与元朝后期的纸币贬值最为严重。白银初步转化为货币，但只居辅助地位。吐蕃、回鹘、大理等都不行用宋钱。回鹘

---

① 《新五代史》卷74《回鹘传》。

② 《宋会要》兵24之3。

③ 《岭外代答》卷9。

④ 《宋朝诸臣奏议》卷45王襄《上钦宗论彗星》：“盖青唐之马最良。”又《袖中锦》称“西马”“天下第一”，当亦是指青唐等地的马。

⑤ 《宋史》卷490《高昌传》。引文中之“羊”，《挥麈前录》卷4作“牛”，今参据《说郛》弓56王延德《高昌行纪》，似应以“羊”为准。

⑥ 《袖中锦》。

有银币，其境内交易，“善马直绢一匹”，“驽马”“才直一丈”。[①] 帛也行使货币职能，大致处于钱帛兼用的水平。大理以马与宋交易，宋方支付金银等。宋朝除货币外，官府发行的各种交引、公据、关子、僧道度牒等也成为有价证券。

中国古代的城市是政治中心和工商业、消费中心。城市的规模和人口取决于乡村人口提供余粮的水平。尽管辽朝营建上京临潢府（治今内蒙巴林左旗南波罗城）和中京大定府（治今内蒙宁城西大明城），西夏建设国都兴庆府（治今宁夏银川市），金朝营建上京会宁府（治今黑龙江阿城南白城子），但人口密集的大城市还是全部集中在燕山以南。宋朝拥有如开封、临安等人口在十万户以上的一批大城市，这在当时世界上还是空前绝后的。城市中打破了唐代的坊、市区区分颇严的格局，居民区和商业区互相交融。作为城市居民的坊郭户已经与乡村户分开，单独进行户口统计。由于坊郭户的增多，城墙不再成为城乡的天然分界。商业活动也突破前代朝启暮闭的格局。城墙外的工商业区称为草市，草市居民也算坊郭户。除州县城外，还有成千上万的镇和市，星罗棋布于各地，是小工商业点。

宋朝商业达到很大的规模，特别在大城市，店铺林立，天南地北的商品数量丰富，品种繁多。在全国范围内形成了北方、东南、川蜀、关陇四个各具特色的区域性市场。这些市场不仅有力地推动了农业和手工业的发展，也活跃了与北方诸族和南海的交换活动。在城市中，为便于官府的控制和勒索，往往设置商业的同业组织，称为“行”，而手工业的同业组织或可称为“作”。商行保护和垄断本行的商业利益，有各种行规。商业中的雇佣制相当普遍。城市中的质库，即当铺和各种服务业相当发达。出租住房也十分普遍。商业信用，如赊买、预付货款、交引等信用证券的交易之类，都有很大发展。高利贷盛行，以财物、地契、房契等的抵押借贷颇为流行。

宋朝与今中国境内的各族贸易兴盛，主要是发达地区的农产品、手工业产品与不发达地区的畜牧业产品进行交易，显示了各族互相依存的、密切而不可分的经济关系。宋朝的海外贸易较唐代有了很大发展，是当时世

① 《宋史》卷490《高昌传》；《挥麈前录》卷4。

界上重要的海上贸易国。

宋朝的内河运输以长江、运河和汴河为主动脉，国都开封的物资供应，大部分依赖这三条河道运输。黄河也有相当的运输量。沿海如明州、泉州、广州等都是当时世界上的大商港。陆路以开封为中心，修建了抵达各州各县的官道。官道两旁往往植树，并开挖排水沟，设置标明里程的里堠，标明国界、州界和县界的界堠。

北宋缺马，其畜力车多用牛、驴、骡等，尤以牛车最为普遍，运输也用人力车或牲口驮载。马匹用于骑乘，而牛车和轿子是人们乘坐的重要交通工具。内河和海上的船舶大小不等，官私船只的数量和运输量很大。在大城市，还有交通工具的出租业。官府的物资运输，沿用唐制，往往编组为“纲”,[①] 如米以一万石为一纲，铜钱以二万贯为一纲，金以二万两为一纲，银以十万两为一纲。官府以纲作计量单位，制订有关法令，其中包括对押纲人员的奖惩。

在不发达地区，道路条件颇差，马、驼等是主要的交通工具，辽朝颇有特色的畜力车是驼车。

宋朝的通信系统是遍布各地的驿站网。规定步递日行二百里，除官府文书外，还可邮寄私人信件。马递日行三百里，急脚递日行四百里，金字牌递日行五百里。辽朝用银牌邮传紧急公文，规定“昼夜驰七百里，其次五百里”。[②] 金朝的邮递有金牌、银牌和木牌，规定的最高速度是“日行七百里”。[③]

（二）辽宋西夏金代的人口和社会

总的说来，辽宋西夏金代是继汉与隋唐以后，中国古代人口的第三个增长期。古代的户口统计缺乏准确性，但据北宋晚期统计，人口大约已经超过一亿。南宋中期和金朝中期的南北人口总数大约也与此相当。

宋朝政府户口登记的一大特点，是进行分类管理。如居住城市者称坊

① 《新唐书》卷53《食货志》。

② 《辽史》卷57《仪卫志》、《甲申杂记》。

③ 《北行日录》上，《金史》卷58《百官志》。

郭户，居住乡村者称乡村户，拥有田地、房产等称主户，不拥有田地、房产等称客户，田地、房产等多者称上户，田地、房产等少者称下户，乡村主户分为五等户，坊郭户分十等户，品官之家称官户，非品官之家称民户，官户与富有的吏户称形势户，其余的人户称平户。户口分类便于官府在赋役的摊派，灾年赈贷与蠲免赋税等方面，实行不同的政策。

户口分类在某种程度上反映了宋时的阶级结构，如官户大致上是官僚地主，乡村上三等户大致是地主，乡村四、五等户称下户，乡村下户与客户大致是农民，包括自耕农、半自耕农和佃农。宋时的私人奴婢称人力和女使，其身份较前代有所提高。坊郭户包括了官吏、城居地主、工商业者等复杂成分。地主阶级大致可划分为皇室、官户、吏户、乡村上户、僧道户、幹人等几个阶层。除了赵氏皇室外，官户作为一个法定的阶层，居于社会的最高层。

宋代是典型的租佃制农业社会。地主、官僚等拥有大部分农田，农田经营以租佃制为主，雇佣制为辅。农民以佃农和半自耕农居多，他们租种田地后，须缴纳地租。地租以实物租为主，有分成租和定额租两类，货币租有相当发展。租额大体上依田地亩产量的一半上下浮动，定额租一般每宋亩几宋斗到一宋石，但有的米、谷高达两、三宋石。农民与地主往往订有租佃契约。乡村佣工也有所发展，在农田经营中占有不可忽视的比例。地主、商人和官僚兼并土地，往往兼用强占、买卖、典当等多种方式。土地兼并问题虽然引起不少士人的关注和呼吁，但政府事实上不可能采取任何措施，予以解决。

宋朝由于各地经济发展不平衡，经济关系也存在不小的差别。如海南岛黎族居住区，还处于原始社会，而大部分地区则是实行租佃制。如先进的两浙路等，则采取实物和货币两种形态的定额地租。租佃制基本上适应了当时的生产力水平。

在手工业部门中，工匠与国家的隶属支配关系发生较大变化，国家的劳役制被逐步排除，唐代的雇佣制更加推广和扩大。工匠在生产上有了更多的自由和主动性。宋代涌现了更多专业化的手工业者。宋代事实上废弃了唐律中奴婢的贱人身份，实现了私家奴婢的大部分雇佣化。

中国古代宗族制度大致经历了三个发展阶段：第一是夏商周时期，第二是秦汉到隋唐时期，第三是宋元明清时期。随着隋唐以来门阀宗族制度的逐渐衰落，以“敬宗收族”为特征的第三种类型宗族制度，在宋代社会逐渐确立。此后元明清代的宗族制度大致是宋代制度的延续和发展。

在辽、西夏和金的契丹、党项和女真社会中，其宗族不仅是血缘关系组成的共同体，而且是一个重要的经济实体。每个宗族不仅有血缘关系的族属，也有血缘相异的非族属。党项宗族经济实体之所以重要，在于它孕育着奴隶制和非奴隶制的经济成分。但契丹族、党项族奴隶制的发展，局限于边疆一隅之地，虽有所破坏，还不算大。女真贵族集团却把奴隶制推广到北中国，造成了北中国的局部倒退。猛安谋克户内迁华北，强占大量耕地，激化了民族矛盾，女真族逐步采用了租佃制，又促使其自身腐化。

三 教育科技文化概述

辽宋西夏金代的中国境内，主要流行七种文字，即汉文、契丹文、西夏文、女真文、回鹘文、喀喇汗国文和古藏文。其中辽、西夏和金境内是汉文与契丹文、西夏文、女真文并行。大理境内通行汉文，但个别汉字略异。契丹文和女真文又分大、小字，大字是仿汉字的方块字，小字是拼音字。西夏文是仿汉字的方块字。回鹘文是依粟特文字创制的，在新疆、中亚等地广泛使用，西辽时，“其书契、约束并回纥字”。[①] 蒙古最早也是使用回鹘字母拼写蒙古文。喀喇汗国文则是以阿拉伯字母为基础，而创制的一种突厥文。古藏文也是一种拼音文字，后来的所谓蒙古新字，即八思巴字，其字母主要来源于藏文字母。光从文字上看，就足以证明当时中国境内各民族密切的文化联系和交流。

宋朝在中国古代教育、科技和文化发展史上占有突出的重要地位。或认为唐朝是中国古代文化的鼎盛期。此处不妨对唐宋文明成就做些比较。唐代文明最重要的代表是唐诗，是公认的古代诗歌发展巅峰，唐诗胜于宋诗。但宋代文明胜过唐代文明的主要有教育、经学、科技、史学、宋词和散文六项。当然，以上的比较并不完全，人们还可以在如传奇小说与话

---

① 《归潜志》卷13《北使记》。

本，音乐，舞蹈，建筑，绘画，雕塑，书法等较次要的方面有所轩轾，但只怕无碍于上述的总体评论。宋朝文明在当时世界上占据领先地位。宋代以后，文化方面不是没有新的进展，例如人们常称道的元曲，明清小说，李贽和明末清初思想，乾嘉学派等。但总的说来，中华文明已愈来愈趋于落伍了。一些前辈学者认为宋代文明是中华古文明的高峰，是经得住推敲的。以下对宋朝的教育、科技和文化成就略作介绍。

1. 教育：宋代的太学和各地的州县学、书院蓬勃兴起。其中书院对后世影响尤大。宋神宗时，在太学实行三舍法，即外舍、内舍和上舍的升级制度，这是中国以至世界教育史上的首创，开了现代教育分级制的先河。北宋对前代的教育分科有所发展，在太学之外，先后建立武学、律学、医学、算学、书学、画学等。北宋著名教育家胡瑗“在湖州，置治道一斋，治兵、治民、水利、算法之类，各使诸生精论熟讲”，[①] 也显示了分科设教的倾向。尽管对其他学科重视不够，但无疑是高等教育实行分科的先驱。

由于印刷术的发展，如《百家姓》、《千字文》一类识字课本的流行，宋朝的教育较前朝有了很大的普及，城乡出现了许多专职的教书先生，不少地区的乡村利用农闲举办冬学。南宋后期的临安城内外，“乡校、家塾、舍馆、书会，每一里巷须一二所，弦诵之声，往往相闻”，[②] 甚至还可招收女孩入学。[③] 福州号称“城里人家半读书”。[④]

在肯定宋代教育成就的同时，也应指出，正是从北宋开始，完成了经学、教育和科举三位一体的紧密结合，因而将教育的功能简单地、狭隘地与仕途相联系，这就孕育着此后中国教育转向落后的因素。

2. 宋学：宋代是中国古代经学发展的最重要时期，完成了由“汉学”向“宋学”的转变，即由章句之学转变为义理之学。但长期以来，人们将宋学简单地归结为程朱理学，这是不确切的，因为程朱理学仅是宋学的一个流派，直到南宋中后期，才成为显学，后又长期占据了经学的主导地

① 《鹤林集》卷28《与魏鹤山书》。

② 《都城纪胜·三教外地》。

③ 《警世通言》卷23《乐小舍拼生觅偶》，依原注，是采自南宋话本《喜乐和顺记》。

④ 《淳熙三山志》卷40。

位。宋学流派纷呈，非程朱理学一家所能囊括。

谈到宋学的出现，人们自然可以追溯到中唐韩愈等人的影响，但主要还是形成于北宋中期。学者们不仅对儒经的注疏，甚至对儒经也提出大胆的怀疑。从方法论上说，汉学属于微观类型，而宋学则属于宏观类型。在我国古代学术史上，宋学确实开创了学术探索的新局面，并表现了它独特的新思路和新方法。宋学强大的生命力和突出的特点还表现在，把学术探索和社会实践结合起来，力图在社会改革上表现经世致用之学。但程朱理学又把内心反省工夫放在首位，脱离社会现实的实践，以静、诚、敬等自我修身养性，这大致上又是理学异于不少宋学流派的基本点。

在宋学诸多流派中，先后占据支配和主导地位的，则是王安石的王学和程朱理学。两派尽管有尖锐的分歧，但在尊孟方面，却有其共同性。正是在两派的倡导下，孟子在宋代由诸子之一而被提到亚圣的地位，儒学开始了孔孟并称的新阶段。

中国学术思想史上强调门户之见，道统之说，总认为只有自己的学说为谠言正论，其他思想是异端邪说。王学的创立者王安石强调“一道德”，反对“异论纷然”。[①] 程朱理学则强调“自孟轲没，圣学失传”，唯有自己“得不传之学于遗经，志将以斯道觉斯民”。[②] 双方其实都认为唯有自己的学说才是儒学发展史上的第三块里程碑。这本质上是一种文化专制主义，特别是将一种学说贯彻于科举取士，更起着严重的禁锢思想的恶劣作用。这是宋学发展留下的一条重要教训。我们承认世界是丰富多彩的，就应当承认思想也是丰富多彩的。检验真理只能通过实践，通过平等讨论，相信自己掌握着真理，就无须依靠权力的支撑。中国有着深厚的一言堂传统，直到近代，才有蔡元培在北京大学提出了一个相反的方针——兼容并包，即群言堂。

依照古代大儒的思维，是偏喜抽象，偏喜综合，偏喜概括，偏喜想象，偏喜模糊，甚至混沌，而不求具体，不求分析，不求实证。按现代科学实验可分两种层次，一是理论科学实验，二是技术科学实验。中国古代

---

① 《宋史》卷155《选举志》。

② 《河南程氏文集》卷11《明道先生墓表》；《伊洛渊源录》卷2。

恰好是缺乏理论科学实验的思维和传统。中国古代哲学偏重于政治和伦理，而哲人们大都无兴趣对自然界进行细微的观察和研究，而满足于从某些抽象概念创立宇宙论。如无极、太极、阴阳、五行等概念长期行用，停滞不前，而缺乏通过实证和分析，不断探索宇宙和自然奥秘的精神和思维模式。宋学也沿袭这种传统，并有了进一步的发展。这又潜藏着中国哲学由先进转向落后的因素。因为哲学只有扎根在自然科学的沃土，才能有强大的生命力。这是宋学发展的又一条教训。中国古代哲学，包括宋学的思维模式，也不能不影响自然科学的发展。

3．科技：宋代是中国古代科技发展的黄金时期。闻名于世的中国古代四大发明中，指南针、印刷术和火药三项主要是在宋代得到应用和发展。沈括是宋代主要的科技代表人物，有笔记小说《梦溪笔谈》和医书《良方》传世，他的科学成就是多方面的。北宋有两次天文史上著名的超新星记录。苏颂和韩公廉制造了水运仪象台和浑天仪，成为世界上第一台天文钟和假天仪。其他如农学、农业技术、以《营造法式》为代表的建筑学等都有显著成就。北宋初构筑横跨长江的大浮桥，为桥梁史上的创举。南宋时广泛使用车船，应用了原始的螺旋桨，如此，等等。

有人认为，研究科学史，必须注重科学发展的连贯性，即后人不断在前人研究的基础上添加成果，方才成其为科学史。从这个角度看，中国古代的科学主要应有数学和医学两门，这与宋代学校设有医学和算学是相应的。宋代数学有其成就，但对近代数学说不上有何影响。中华传统医学独特的理论体系无疑是深受古代哲学的影响。宋金时期的医学理论有新的发展，出现了《洗冤录》法医专著和妇科专著。北宋时的医学分科，已与近代医学分科类似。女真人没有医学，金朝医学其实是北宋医学的延续和发展。人体的经络机制和气功，是东方科学思维的重要结晶，尽管至今还未能以现代精密科学作出解析。宋代制作的两具针灸铜人和留下的相关医书，是针灸学划时代的进步。与古代数学不同，中华传统医学至今仍然造福于中华民族，并且对人类健康作出越来越大的贡献。

4．史学：宋代是中国古代史学的鼎盛期。各种官修史书卷帙庞大，一些史学新体裁先后创立。地理总志和方志的纂修引人注目，南宋的方志修撰，取得了划时代的进步，后世明清，甚至民国的方志，在规模与体例方面大致未脱其窠臼。史学领域扩大到了金石学，宋人开创的金石学为近代考古学的嚆矢。司马光的《资治通鉴》，为中华古史学中足以与《史记》齐名和争辉的经典之作。李焘的《续资治通鉴长编》为中国古代私人撰写的最大编年体史书。凡此种种，加之鸿篇巨制之多，史学家成就之大，都足以凌驾汉唐，睥睨明清。但与唐朝史学相比，宋朝没有像刘知幾《史通》那样有创见，有强烈追求真理和批判精神的史学著作。

5. 词：词和诗的最重要区别，在于其音乐性。虽然一些古诗、乐府之类都能咏唱，但词的音乐特色却更为鲜明，其长短句和严格的韵律，都是更便于咏唱者，词可谓是宋朝的流行歌曲。尽管按固定的曲谱填词，可以追溯更早，但确立为音乐文学，或者说是一种中国特色的音乐，主要是始于词这种文学体裁。宋朝许多文士参加词的写作，特别是出现了所谓豪放派的词人。从文学角度看，豪放派开拓了词的创作新境，南宋的辛弃疾等又从事爱国词的写作；但从音乐角度看，豪放词却造成了词的文字与音乐情调的乖离，即文学语言和音乐语言的乖离。因为词的曲谱一般是“浅斟低唱”、“绸缪宛转”的“艳词”，如从《念奴娇》的词牌名推测，本是用音乐表达妓女念奴如何娇美，这种乐曲显然与苏轼用该词牌创作的“大江东去”的文字不协调。可惜如今词的曲谱已基本失传，但词的发展却是开创了一种重要的音乐模式，特别是对戏剧的发展产生重大的影响。从元杂剧到近代京剧和地方戏，其基本模式，就是按固定的曲谱填词，实为词的传承和发展。京剧和地方戏根据剧情，选择相应的、不同的曲谱填词，实现文学语言和音乐语言的统一与和谐，又是对词的改进。人们往往把词称为宋词，当然是标志着宋代是词这种文学体裁的最高水平。

6. 散文：唐朝虽有韩愈、柳宗元创导古文，但直到北宋初，骈体文仍占据统治地位。北宋开始的新的古文运动，到北宋中期取得了全胜，名家辈出，其散文至今传诵不衰。后人称“唐宋八大家”，北宋即占据六人。汉字是方块字，最适合表达其文字美的体裁大致有骈体文、古诗词和对联。骈体文不宜一概否定，但当时的所谓古文与骈体文比较，无疑是更自由地、充分地表达思想和描绘、论析事物。总的说来，宋代的散文成就超过了唐朝。

7. 诗：宋诗不如唐诗，这已是定论。但宋诗也有自己的特点。宋朝出现了如苏轼、陆游等重要诗人。特别是陆游的爱国诗，对华夏的精神文明产生了久远的影响。

总之，我们要实事求是地、充分地估价作为中华古文明鼎盛期的灿烂的宋代文明，但也应努力探索宋代文明的缺陷，探寻中华文明此后落伍的因素，这才是辩证唯物论。惟其如此，研究历史，就不单纯是为古人算账，而是为今人和后人开路。

四　宗教风俗概述

如对当时的宗教文化区域作大致分类，燕山以南的汉族聚居区虽然也有佛教、道教的流行，占主导地位则是儒家文化，可算是儒家文化区。后来的金朝亦复如此。辽朝和西夏是佛教和儒家的混合文化区。回鹘、吐蕃和大理是佛教文化区，尽管其教派并不相同。喀喇汗国则是伊斯兰教文化区。

在辽宋西夏金代的中国，宗教仍以佛教为主，道教只居次要地位。各政权下的佛、道教都有不同教派，并且出现一些新教派。大致在喀喇汗国灭于阗后，伊斯兰教正式在今新疆南部扎根。此外，以天地、山川、鬼神等崇拜为特征的祠庙也十分兴盛。

在此期间，中国人风俗的变化主要有四项。一是居室从席地跪坐转变为垂足而坐，引起礼仪和家具等一系列变化，结果是中国变革了唐俗，而日本反而保留了唐俗。睡炕在北方开始逐渐普及。二是衣料开始了由棉取代传统的丝麻的漫长过程。三是大量开发石炭作为民用燃料。四是汉文的口语化，以及标准语开始由洛阳话向今北京话的漫长转变进程。

附　　录

王曾瑜　男，汉族，1939 年生，上海人，1962 年毕业于北京大学历史系。现任中国社会科学院历史研究所研究员、河北大学宋史研究中心特聘教授等。著有《鄂国金佗稡编、续编校注》、《尽忠报国——岳飞新传》、《荒淫无道宋高宗》、《宋朝兵制初探》、《金朝军制》、《宋朝阶级结构》、《岳飞和南宋前期政治与军事研究》、《辽宋西夏金社会生活史》（此书与他人合撰）等专著，历史系列小说《靖康奇耻》、《河洛悲歌》、《大江风云》、《转战湖汉》、《扬威南北》、《关山怅望》、《忠贯天日》等七部，论文和译文 200 余篇，另发表论文选集《凝意斋集》，论文集《锱铢编》。参加《中国大百科全书·历史卷》辽宋西夏金部分和《中国历史大辞典·宋史卷》的编写。近年来开始发表若干杂文，如《腐败就是今天的国耻、党耻》（《北京观察》1998 年试刊第 3 期）、《巴黎公社原则和苏维埃政权的灭亡》（《北京观察》2000 年第 3 期）等。发表的作品不计重复，总数约 750 万字以上。

本人治史，根底浅薄，先天不足，又兼之以后天失调，与前辈优秀学者确实存在着不可弥补的学问差距，所以必须声明，自己不必谬充“大家”之列，做人应有自知之明。但如今回顾起来，个人也有两条幸运之处：一是接触和学习了马克思主义，对史识大有裨益；二是正逢研究手段革命的开端，即古籍的电子化、数字化。本人原先只治宋史，在 20 世纪 80 年代，因工作关系，由辽史的外行和金史的半内行转为内行。90 年代以来，既以批判中华古代专制主义，专制腐败政治为主攻方向，又得益于古籍的电子化、数字化，故个人的研究，由辽宋金断代史逐渐走向通史，自秦汉至明代都写有专文，对秦汉以下的各代，已非完全外行。另外也兼写小说与杂文。

归纳个人的论著，一些重要的论点可列举如下：

一、学习和掌握马克思主义理论，对治史有极大的重要性。考证当然是史学家必须具备的基本功，其要领无非是祛伪求真，由表（现象）入里（本质），自此及彼，分清主次。考证固然需要逻辑推理，但至少在某些场合下，欲由表入里，分清主次，就更需要马克思主义哲学的指导和运用。

二、治史不应单纯为古人算账。理解过去，透视现在，指点未来，这是一个现代爱国史家对祖国和中华民族应尽的一份义务。史学的此种重要功能，非其他学科所能取代。研究历史，在不少场合，史识是第一位的，发表出人意表、发人深思、令人回味的史论，很不容易。史识本质上是科学性的问题，是追求真理，却不能不与追求民主的态度息息相关。古今一揆，知今有助于识古，究古有助于察今。治史应当古今一体化，有条件者，也应中外一体化。在某种意义上，史识可说是对历史和现实的综合洞察力。

三、由于中华历史悠久，古籍浩繁，即使在古籍开始电子化、数字化的今天，史家的基本训练不可丢，治中华古史打基础，还是应当认真通读前四史和《资治通鉴》。断代史的观念仍不可废，治中华古史必须从断代史入门，方有深入的可能。但可以设想，将来史学的学术竞争的主战场将不是在断代史方面，而是在通史方面，看谁拥有的通史知识更多更深更广，因而就有更精湛的研究。高明的史学家的作品将会以千万字为统计单位。尽管今后古籍数字化、信息化水平会不断提高，而由断代史走向通史，仍将是一条正确的、高明的治史之道。

四、当今的学术腐败可谓五光十色，如趋炎附势风、拼抢名位风、空头主编风、剽窃风、浮躁风、吹牛风等，不一而足，愈演愈烈。记得马克思曾无比感慨地说，他播下龙种，却收获跳蚤。一些所谓学者的基本特征，无非是以利己主义的心态，兼以实用主义的手段，去歪曲、篡改、阉割或抹杀马克思主义的精华。马克思主义强调事物的必然性，既然有此类人得便宜的滋生条件，抢实惠的活动空间，那么这种姑且称之为跳蚤式的理论家或史学家，必然应运继踵而生。一切稍有良知的治史者应当起而抵制和反对，努力使中华史学的发展走上正道。最大限度地集中精力和时间，应是治史的第一要诀。科学无禁区，媚骨必然扼制史才，科学本身要求从事研究者无私和无畏，其中也包括有勇气承认自己的错误和失败。

五、迄今为止，一切文明社会都是阶级社会。将社会总人口划分为阶级，是人类对自身社会认识的一次飞跃。阶级区分不能说是将纷繁复杂的社会结构包举无遗，却是抓住了人类文明社会结构的根本和核心问题。马克思主义阶级论最根本的实质问题，是强调阶级之间的经济剥削和政治压迫，这是人类文明史的科学提炼和总结。国家是统治阶级镇压被统治阶级的工具，法律是体现统治阶级的意志，其实都是阶级论的派生。阶层论等蓄意掩盖和抹杀阶级之间的经济剥削和政治压迫，就只能是违背人类文明社会的根本事实，违背马克思主义的伪科学和歪理邪说。

目前经常可以在论著中见到所谓“精英”一词，这在西方史学界用得烂熟，而中国史学界却以为新鲜。究其含义，无非是指社会上层的人士。按照马克思主义的阶级论，他们是统治和剥削阶级，我有一句诗，“冠盖炎凉少义丘”，这是符合史实的概括。在中国古代儒家思想的教育和影响下，剥削和统治阶级中确实也有少量真正意义上的社会精英。然而其大多数在等级授职制的大染缸里浸沉后，只能是贪污腐化有种，横征暴敛有能，奉承拍马有才，结党营私有分，勾心斗角有术，文过饰非有方，妒贤嫉能有为，无非是国家和民族的蠹虫。治史者应当关注者，是占人口绝大多数的被剥削和被压迫阶级，他们才是灿烂古代文明的基石，尽管在古代史料中，对他们的状况反映很少。

六、人类作为群体动物，形成社会，社会上总是需要有人管理公共事务，并且随着文明的演进，管理公共事务的工作不是愈来愈简单，而是愈来愈复杂。如何选贤任能，无疑是掌握公共权力和管理公共事务的永恒主题。人类进入文明社会，即阶级社会后，管理公共事务不可避免地沦为阶级统治，其各种各样的陈规和陋矩，必然严重地阻碍着选贤任能原则的贯彻。人类数千年文明史的经验证明，如何掌握公共权力和管理公共事务是一个关系民族兴衰的重大问题，而比较最先进的制度和方式，仍然是马列主义早已昭示的直接选举制，而不可能是等级授职制。

对中国古代秦汉以降的政治体制，治史者过去常用专制主义中央集权一词，应当补充为专制主义中央集权的等级授职制，方可成为一个更加完整、更加科学、更加准确的定性。这是援引马克思一句重要的话：“用等级授职制去代替普选制是根本违背（巴黎）公社的精神的。”从一般意义上说，贪腐是阶级社会的痼疾，一切剥削阶级的通病，但民主和法治可以大大压缩贪腐滋生的空间。中国古代至近代的史实证明，等级授职制和人治必然产生诸如裙带风、卖官等各种人事腐败，必然成为贪官污吏同性繁殖的最佳温床，贪腐现象滋生不息的怪圈，必然出现官官相护的情况，而编织成庞大的贪腐保护网。在各种各样的腐败中，人事腐败居于中心地位。在等级授职制下，百姓的好恶和口碑，绝不可能决定一个官员的升沉和荣辱，而上级或最高权力的青睐，才是升沉和荣辱的关键。

中国的古史过于悠久，历代兴亡的往事也积累得过多。一方面是每代开国，总是企求长治久安，致力于堵塞各种招致败亡的漏洞，另一方面又是从来无不亡之国，无不败之朝。尽管每朝每代的覆灭，总是各有许多具体的条件和情况，而其中一个根本性的因素，一条贯穿历代败亡的基线，说来说去，还只是“腐败”两字。腐败的根源，说来说去，也无非是专制主义中央集权的等级授职制。靡不有始，鲜克有终，只要专制体制不变，祖宗发家，子孙败家，由腐败走向灭亡，这是古代权力和财产遗传规律的必然性。欲走出“兴亡成败一刹那”的古史周期律，必须有“居安思危”的认识，首要的一条，就是以马克思主义特别强调和倡导的直接选举制，去逐步取代等级授职制。

七、有的学者提出，要将制度史写成活的制度史，这是很对的。马克思主义对等级授职制的批判，就研究中国制度史而论，应有更高层次上的指导意义。在专制主义中央集权的等级授职制下，制度的运作，不可能离开人治和人事腐败。如若不从这个理论的制高点去俯瞰和研究制度史，制度史就有可能成为死的制度史。

八、中国古代卖官鬻爵的出现和发展，至少有三个普遍性的条件：一是商品经济的某种程度发展，使官爵可以成为商品；二是官爵成为肥缺，方得有愿意买官的可能；三是自秦汉以来，实行专制主义中央集权体制下的各种形式的官员等级授职制，方得有卖官的可能。一个时代的卖官，总是与政治的昏暗和腐败程度成正比，总是成为一个时代政治昏暗和腐败程度的重要标尺。依据古代的儒家舆论，腐恶的卖官现象，也与中国自古相传的各种可怕而可憎的政治遗传基因一样，是作为反面事物而受谴责的，处于无理地位。但另一方面，卖官现象仍是滋生不息，且有变本加厉之势。其故非他，卖官现象有丰厚的滋生沃土，就绝不可能做到正本清源式的根治。

九、在人类历史上，经济、技术的新旧交替往往是一刀两断型的，一旦新的工艺、产品之类被采用，旧的工艺、产品之类就会被人们弃如敝屣，毫不顾惜。然而政治、文化的新旧交替却往往是藕断丝连型的，旧的政治、文化表现出一种顽强的连贯性或持续性，甚至是“剪不断，理还断”。用马克思主义的话说，就是死的拖住活的。

十、中华民族是伟大而古老的，迭经磨难而又有强韧生命力的民族。在其漫长的民族发展史上，芳香与秽臭共生，光荣与耻辱并存，正义与邪恶互争，进步和倒退兼备。优秀的历史传统可以成为民族进步的动力，腐恶的历史传统则可以成为民族进步的阻力，甚至反动力。历史传统是不可能被割断的。

任何一个民族的历史传统，大致总有好的、坏的、适用的和不适用的四个部分。一个民族的进步，离不开继承本民族好的、适用的历史政治和文化传统，也应当吸收外民族好的和适用的历史政治和文化传统。中华文明当然是人类史上的优秀文明，否则，又何以在相当长的时期内，居于世界的领先地位；但中华文明也有其严重缺点，否则，又何以在最近的五百六十年左右逐渐落伍。当中华民族处于先进地位时，或不免产生自傲感，不易虚心体察和学习其他民族的长处；反之，当无情的事实证明中华民族处于落后地位时，或不免产生自卑感，将自己的历史政治和文化传统看得一文不值。更有甚者，则是本民族与外民族坏的、应当废弃的历史传统反而极度膨胀，恶性泛滥。既不要自傲，更不能自卑，这就是中庸之道。时至今日，中华大地仍处在文明重建阶段。中华民族不甘永远落人之后，也不会永远落人之后。在复兴中华的伟大事业中，中国传统文明的精华，必将以其久远而顽强的生命力起着重大的、无可替代的作用。

十一、中华历史传统主要可否区分为政治和文化两个层面，而两者似有所差别。

中华文化传统当然有其精品，例如方块字、中医、书法、国画、古乐、民乐、诗词歌赋、戏曲、曲艺、中国建筑园林、中华烹饪，等等，都属文化传统，却不一定必须与专制主义挂钩。

但从另一方面看，中华文化传统也确是以专制主义意识为指导思想，专制主义意识至今仍在毒化中华民族的心灵。中国自古以来，几乎是一直强调统一思想。正确的政令，特别是军令，应当追求统一；但强制推行思想统一，结果也无非是以权力介入舆论，追求表面上的统一，无非是引导或挟制人们虚伪。实际上，人们的思想永远不可能统一。不论是言者无罪或有罪，都只能是专制统治者的语言。言论当然有是有非，但应当通过平等讨论，通过实践加以解决。以言定罪，以言量刑，则无疑是人类政治文明低级阶段的产物。《国语·周语》的“防民之口甚于防川”是古代著名的格言，然而后代的专制统治者，一般并不以周厉王监谤的败亡为戒，其安全感正是建立在“防民之口”的虚妄基础上。迷信权力，通过行政权力监控舆论，苛待异论，成为中华古代积久的弊政。当然，监控舆论并非不能取得暂时的效果，就长远而论，却无异于饮鸩止渴。对于错误的思想言论，是应当进行批判的，特别是某些歪理邪说，也理应口诛笔伐，以求最大限度地压缩其蛊惑人心的空间。

十二、就中华政治传统而论，中国古代也有忧国爱民、清正廉明、直言敢谏、举贤任能、忍辱负重、临危授命等好的政治传统。但是，若对古史作整体考察，好的政治传统无疑不占主导地位，可以命名为非主流政治传统。

至于专制、愚昧和腐败的传统，却在中华古史中占据主导地位，可以命名为主流政治传统。专制必然滋生腐败，而腐败又必然依赖专制。这亦可谓是一对难舍难分、形影不离的传统政治遗传基因。愚昧，可否包括三个层面，一是民众缺乏文化教育，二是统治者实行愚民政策，三是有文化的统治者也可以做出愚昧的决策。历史证明，绝顶聪明的统治者在某些场合可能利令智昏，做出绝对愚蠢的事。专制政体的自身就是反常思维、变态心理之类的温床，而掌握了最高的、得不到监控的权力的个人，其反常思维、变态心理之类在历史上所起的破坏作用是极其巨大的。中国古代主流政治传统之所以根深蒂固、牢不可破，成为非常可怕且可憎的习惯势力，其遗传基因又被不断复制，给世界上古老的、人口最多的民族制造了无穷尽的灾祸，其必然性就在于一个专制政体，以及在此政体下的各种形式的等级授官制不仅一直维持下去，并且不断地强化。

十三、中华专制主义最恐怖、最可憎的首要罪恶，也可说是传统，就是草菅人命。马克思曾深刻地批判说，“君主政体的原则总的说来就是轻视人，蔑视人，使人不成其为人”。“专制制度必然具有兽性，并且和人性是不相容的。兽的关系只能靠兽性来维持”。我痛感中华民族过于多灾多难，数千年间，供奉在专制主义祭坛上的牺牲过于惨重。老祖宗也发明了人命关天一词，此种观点正好与草菅人命相悖，但不居主导地位。人命最为可贵，随着人类文明的演进，国际上已制定了一个公认的反人类罪标准，而专制政体大致不可能避免惨酷的反人类罪，反人类罪为其首要的最大罪状。这在根本上还是源于专制统治者极端贱视人命。

十四、我们民族至今仍有很沉重的专制主义包袱，在这个包袱甩掉以前，思想解放运动不可能半途而废，反专制主义的任务也不可能半途而废。这是一个千真万确的客观存在，任何人闭着眼睛不承认并不能使这个客观存在取消。任何政治权力的干预，只能使思想解放运动延缓或加速，而不能使之终止。光有物质生产的增长肯定是不够的，在专制主义包袱被抛入太平洋之前，中华民族绝不可能成为真正意义上的现代先进民族。

十五、英雄造时势，时势造英雄，是中国两个古老的历史哲学命题。其实，在不少场合下，还有时势造小丑，小丑造时势的历史哲学命题。纵观中华数千年史，其实时势造英雄，英雄造时势的情况，还远不如时势造小丑，小丑造时势的情况多，而后一种情况对民族兴衰的影响，也远比前一种情况多而大。一批小丑主宰国运，一方面是自己演出丑剧和闹剧，另一方面则是给广大民众制造悲剧。小丑主宰国运的现象层出不穷，贤良之辈尽管得到百姓的好评，往往屈沉下僚，甚至惨遭陷害。此类现象不断地复出迭见，正是专制体制自身具备的必然性。中国传统儒家哲学很强调所谓君子和小人之争，强调名节。事实上，在专制政治体制下，皇帝亲小人是正常状态，亲君子却是非常状态，士大夫失节是正常状态，而守节却是非常状态。从根本上说，专制政治总是宠爱随风转舵之人，曲学阿世之士。专制政治体制经常会造就小丑神气活现的时势，而小丑也经常会对昏暗腐败政治推波助澜，甚至叱咤风云。一个伟大民族不时遭受一小撮小丑的侮弄和折磨，这是显而易见的史实。一位西方哲学家说：“产生英雄的民族是不幸的。”我们岂不可以补充说：“不时产生小丑的民族更是可悲的。”

十六、古语称以史为鉴，今人说不要忘记历史。任何民族都需要从历史中提取民族进步的营养素，更何况是中华民族。但是，历代统治者为着一己一群的私利，可以强调和宣传某些历史教训，又隐讳和抹杀某些历史教训，这是不足取的。一个真正的爱国者，应当绝对正视本民族的一切缺陷和错误。只有有勇气正视所有重要的历史教训，克服和改正所有重要的缺陷和错误，才是一个真正伟大的、不可侮的现代民族。

十七、民主与专制政体的主要分野大致有三。一是马克思主义特别强调的普选，即直接选举制。中国大致自夏代进入阶级社会后，就取消了原始社会的选举传统。二是对最高权力能否实行有效的监督和制约，三是舆论监督权力，而不是权力监控舆论。《孟子·告子下》说：“入则无法家拂士，出则无敌国外患者，国恒亡。”前一句话译成现代语，如无“法家拂士”主持正论，以舆论监督和制约君主的权力，国家总须灭亡。古代开明的台谏（御史和谏官）政治多少体现了民主的后两条精神，堪称是在专制政体下的一点民主因素。古代优秀台谏官一不怕罚，二不怕死，而以忠于职守的直言，彪炳于史册，值得今人继承和发扬。

政见不同是普遍存在的，古今中外，概莫能外，而对不同政见的宽容程度，却无疑是人类政治文明演进的一个重要标尺。那种对不同政见压制、封杀，以至动辄罗织罪状，残酷斗争，无情打击，无疑是人类政治文明低级阶段的产物。不忌讳横挑鼻子竖挑眼式的苛责，鸡蛋里找骨头式的挑剔，正是社会自信力的表现，统治自信心的表现。反之，害怕直言，又是社会缺乏自信力的表现，统治缺乏自信心的表现。在中国古史上，惩创直言，从来是社会走向衰世的表征，是无道暴君的指标。用今人的眼光看来，君主专制体制下的某些台谏官，也可说是具有某种民主色彩的反对派，或者说，按儒家伦理，优秀的台谏官就应当是某种意义上的反对派，能够对君主、宰执等唱反调。反对派的存在起着监督作用，无疑对政治的清明有利。

官无监督，权无制约，必然产生腐败，这已成了人们的共识。君主专制和权臣等其他形式的专制所以是落后的政体，正是因为对最高统治者缺乏监督，而对最重要的权力缺乏制约。台谏官的监察权既是皇权的附庸，在某些场合下甚至是权臣的附庸，就绝不可能真正有效地制约腐败。这是古代监察制度的惨重教训。

十八、我们必须歌颂历史上的爱国民族英雄，为我们的时代树立正气。但是，新时代的爱国主义，应当以民主和科学作为基本内涵，这与古代的爱国主义，既有密切的传承关系，又有继往开来的创新。对古代的爱国民族英雄，人们不会去苛求他们具有反对专制政治的超前意识，而他们却是专制腐败政治的牺牲品。孙中山就不同了，他首先举起了一面民主的大旗。从他开始，任何一个真正的爱国者，就必须具备民主的素养，他们的爱国正气，也必然体现在他们的民主的素养上。在五四时代，我的母校北京大学又提出了民主和科学的著名口号，这是对孙中山爱国主义的重要补充。自此之后，任何一个真正的爱国者，就必须具备民主和科学的素养，他们的爱国正气，也必然体现在他们的民主和科学的素养上。在现时代，任何一个人，不管他口头上或书面上如何说，只要他事实上是个反民主，反科学者，在他身上就绝不可能体现真正的爱国正气。

十九、《孟子·滕文公下》说："富贵不能淫，贫贱不能移，威武不能屈。"古今的史实证明，这是很高的道德修养的境界，但中国古代确有一些清官，以自己的立身行事履践着这条古训，是极为难能可贵的。但清官不仅须忍受生活上的清苦，而在官场大都是蹭蹬不得志。等级授职制的官场筛选规律，往往是黄金下沉，而粪土上浮。清官固然可敬，至多也只是在小范围抵制了一些贪腐现象。清官也可能成为众多贪官的遮羞布。中华民族的反贪如果只是停留在清官戏的水平上，只能说明我们民族没有长进。我们需要的是依据马克思主义的巴黎公社原则，指导和实施反贪。今日的公仆应与古代的清官根本不同。古代的清官是在儒家思想的教育下出现的，但既然存在着人治，存在着等级授职制，他们还是高居于百姓之上的官老爷。但在现时代，"清官"的观念无疑是陈旧和过时了。公仆应是在马克思主义教育下出现的，其身份应由直接选举制和法治确定。划清清官与公仆的界线，在今日尤为重要、必要和迫切。

二十、古人对盛世的内涵没有作出全面的、规范性的诠释，如究其规范，盛世大致可有四条标准：一是吏治清明，贪官污吏稀少；二是百姓安居乐业；三是社会犯罪率低；四是容纳和欢迎直言。这四条标准当然是互相关连，互为因果的。值得注意者，后世人们羡称唐朝贞观之治，而唐太宗君臣身居盛世，不自诩盛世，这正是他们的高明处。清朝的康熙、雍正和乾隆三代，在奠定现代中国疆域方面，功不可没（今日的中国版图约只及乾隆时的四分之三）。但从另一角度看，这又是中国与西方列强拉开差距的主要时代，大致有三个方面。一是西方逐渐进入近代民主，逐渐走向以舆论监督权力，而清朝却加强专制政体，厉行历史上最长、最血腥的文字狱。彼此拉开了强盛的民主政体与腐朽的专制政体的差距。二是西方学者的聪明才智用于自然科学，实现了近代科学革命。胡适先生曾惊讶于清代学者的聪明才智反而用于故纸堆，这就是为一些人艳称的乾嘉学派。三是西方开始了工业革命，而中国仍停留在落后农业国的水平。

文化造神运动在历史上并不罕见，是一种重要的、值得深思的历史现象，而宋高宗和秦桧的文化造神运动又具有典型性。大凡统治者日子不好过，或者自感理亏心虚之时，就往往乞灵于自我造神，而必不可少的条件，是需要有一批文丐。利用权势掌控舆论，鼓吹所谓“中兴”、“盛世”之类，固然可使吹牛拍马的文字堆积如山，鼓噪一时，但到头来，此类文字便成了“满地黄花堆积”，“如今有谁堪摘”，其歪理邪说完全不足以欺骗天下后世。可怜后世的当政者并不能参悟此种浅显的道理，于是一代又一代，吹牛拍马的文字冰山被不断造作，又不断消溶。生前作恶多端，犹且痴心妄想，追求身后千古不朽，只能是永远的幻梦。尽管在清朝典籍中，有数不尽的对皇清“盛世”的赞谀，然而经历康、雍、乾三代，中国在国际竞争的败势遂成定局，却并不醒悟，犹夜郎自大。

至于所谓“盛世修史”，非古人之发明，而属今人之杜撰。20 世纪 70 年代的“评法批儒”，21 世纪开初之“盛世修史”，都是史学领域伪科学的标本。居然还要端出“宰相监修国史”的古史学糟粕，难道是值得今人发扬光大的先进文化否？

回顾个人的治史道路，从大学时代开始，其实只想远离政治，在学问上搞出点名堂。然而不间断的劳动和运动，特别是在悲惨的“文革”劫难时期，中华大地，竟放不下一张平静的书桌。从 20 世纪 70 年代后期到 80 年代，个人走的其实还是一条学究式的道路。记得大师兄漆侠先生曾评论我的文章，有“拘谨”两字，说为他《宋代经济史》写的书评还放得开。这是20世纪80年代末所写，其实已经有点转型了。从90年代开始，我告别了学究式的道路之后，自问史识上有点长进，视野上有点放开，力求站在新的高度，探索我们这个文明古国的来龙去脉。知识分子与政治的关系，是个长期争论的话题。依我观察，在较为良好的政治环境下，知识分子是可以两耳不闻窗外事，一心一意搞学问。然而在不良政治的环境下，却是另外的情况。大致有三类人：一是趋炎附势，曲学阿世，浑水摸鱼，以比他人多得到一碗或几碗残羹冷炙为荣，当然，毕竟是僧多粥少，有人可能中彩，成为“宠物”，更多的人则是黯然退出名利场；二是惹不起，躲得起，大致上还是追求洁身自好；三是多少有点良知，愿意为祖国和民族的前途尽一点非常微弱的责任，这就必须收获不公正的待遇，甚至承受乖舛的命运。

行将步入古稀之年，如果说本人感到有一点自豪的话，自己是光荣的北京大学的毕业生。有人把北大精神概括为“难得清高”。其实，中国自古以来，优秀的士大夫就强调清高。但如今的中国毕竟不同于往昔，是处在一个新时代。如果要说清高的话，就不是古代优秀士大夫的清高，而应是在专制制度和思想面前，表现出民主的清高，在愚昧和伪科学面前，表现出科学的清高，当然，在腐败面前，也必须表现出洁身自好，入污泥而不染的清高。这只怕才是所谓“北大精神”的精髓。愿以此与志同道合者互勉。